国际经贸秩序与规则的变革与重塑

（第一辑）

The Reform and Reshaping of
International Economic & Trade Rules and Order

Volume 1

赵　宏／主编

北京

图书在版编目（CIP）数据

国际经贸秩序与规则的变革与重塑. 第一辑／赵宏主编. -- 北京：法律出版社，2025. -- ISBN 978-7-5197-9914-4

Ⅰ．D996

中国国家版本馆 CIP 数据核字第 2025BK0225 号

国际经贸秩序与规则的变革与重塑(第一辑) GUOJI JINGMAO ZHIXU YU GUIZE DE BIANGE YU CHONGSU(DI-YI JI)	赵　宏　主编	策划编辑　周　诚 责任编辑　周　诚　马秋婧 装帧设计　李　瞻

出版发行　法律出版社	开本　710 毫米×1000 毫米　1/16
编辑统筹　辞书・融出版编辑部	印张 20　　字数 287 千
责任校对　张翼羽	版本 2025 年 4 月第 1 版
责任印制　吕亚莉	印次 2025 年 4 月第 1 次印刷
经　　销　新华书店	印刷　北京建宏印刷有限公司

地址：北京市丰台区莲花池西里 7 号(100073)
网址：www.lawpress.com.cn　　　　　　销售电话：010-83938349
投稿邮箱：info@lawpress.com.cn　　　　客服电话：010-83938350
举报盗版邮箱：jbwq@lawpress.com.cn　　咨询电话：010-63939796
版权所有・侵权必究

书号：ISBN 978-7-5197-9914-4　　　　　　　　　定价：80.00 元

凡购买本社图书，如有印装错误，我社负责退换。电话：010-83938349

总　序

2022年9月28—30日北京大学法学院举办了变革时代国际经贸法律规则的发展与改革研讨会（Conference on the Development and Reform of the Rules of International Economic Law in a Changing Era）。三天的研讨会以线上和线下相结合的方式召开，吸引了众多国内外学者、各大院校法学院师生以及国际组织、政府官员（线上）参与，会议日程涵盖了"变革时代国际经贸法律规则理论基础的构建与重塑""变革时代国际经贸规则前沿、热点和面临的挑战""变革时代国际经贸规则的发展与改革""变革时代中国参与国际经贸法律规则的对策和实现路径"四个单元。其中第三单元"变革时代国际经贸规则的发展与改革"包括了国际货物贸易，国际服务贸易，国际投资，国际税收，国际金融，国际知识产权、技术转让与竞争政策规则以及国际争端解决规则的发展与改革七个板块。国内外六十多位学者线上线下出席并发言，北京大学时任党委书记邱水平教授出席并致开幕辞，商务部原部长陈德铭、中国常驻世界贸易组织特命全权大使李成钢在开幕式做线上和视频致辞，可谓我国国际经济法领域的一次盛会。作为会议成果之一，与会学者在研讨基础上提交了各自的论文，由法律出版社在此基础上策划推出"国际经贸秩序与规则的变革与重塑"系列丛书。作为会议总体设计者和第一单元主持人，在乙巳春天到来之际，正值国际风云际会，美国总统特朗普第二次入主白宫，国际秩序正在经历新的震荡，借此机会谈几点浅见，向国际法、国际经济法学界同人求教，期待各位方家指正。

一、重视国家中心主义政治理论回归对本轮国际经济秩序震荡变革的法理影响

自2016年英国全民公投决定"脱欧"和特朗普第一次当选美国总统以

来,国际经济秩序可以说经历了布雷顿森林体系建立以来前所未有的震荡和调整。国际组织、国际机构和国际法面临危机,大国竞争、贸易战、科技战、产业链重整、经济保护主义政策盛行于世。新冠疫情、气候变化和人工智能革命带来的全球健康、环境以及人类生存和伦理层面的挑战此起彼伏。法学界从理论和实务的角度对这些挑战、调整和变化进行分析解读,而高校科研团队需要反思究竟是何种思想或理论导致了如此的现实结果。

自法国博丹的主权理论和英国霍布斯的《利维坦》问世以来,国家主义理论即以国家的政治建构和法律想象作为政治法律理论的核心构成了西方政治学、国际政治乃至国际法理论的生发起点。而自20世纪以来,随着资本主义国家制度的成熟,特别是第二次世界大战后,以国家间关系为主体的国际政治越来越在政治理论中占据重要地位,换言之,以西方政治体制为模板的国家制度在国际领域的传播成为理论关注的热点;其中,自由民主政治模式更是备受推崇。而这一时期国家政治的研究本身在一定意义上被边缘化。[1] 实证主义国际法在战后的快速发展也从法律规则层面证实了这一现实。

美国学者弗朗西斯·福山1989年发表的《历史的终结》一文和1992年出版的《历史的终结与最后的人》可以说是这种思想的代表。他在书中宣称自由主义的胜利和西方民主政治已经达到人类政治的终极目标,即自由民主制度已经无法被超越。但随后西方世界出现的各种各样的经济、政治和社会矛盾和危机,如1998年和2008年金融危机、恐怖主义、种族和身份问题等,使政治学者再次关注国家构建的政治理论。这一学术转向的代表性成果包括希达·斯考克波编著的《找回国家》,以及福山教授2011年和2014年分别出版的《政治秩序的起源:从前人类时代到法国大革命》和《政治秩序与政治衰败:从工业革命到民主全球化》,它们表明对国家政治建构的理论研究重新回到政治学的视野。福山教授认为,"国家建构是国际社会最重要的问题之一,因为国家的软弱或失败是世界上很多严重问题的根源,从贫困到艾滋

---

[1] Gianfranco Poggi, *The Development of the Modern State: A Sociological Introduction*, Stanford University Press, 1978, p. xiii.

病,从毒品到恐怖主义,不一而足"[1]。国内一些学者认为,福山教授晚近的几部著作可以被视为其本人对"历史的终结"观点的修正。但值得注意的是,如果说在21世纪第一个十年,福山教授关注的国家建构主要是针对国际社会弱小和腐败的失败国家的国内政治问题,其认为没有稳定的国内政治秩序,仅仅靠移植民主和自由制度并不能实现国家繁荣;那么,在21世纪第三个十年的今天,我们不得不注意到影响这一轮国际经济秩序震荡和变革的国家主义思想主要指向的是发达国家自身的国内政治建构和改革问题。

从特朗普两次担任美国总统始终高举"让美国再次伟大"(MAGA)旗帜和力推美国优先的国策,到当前西方国家经济政策中被日益泛化的"国家安全"政策,譬如一向自诩奉行经济贸易自由政策的英国和澳大利亚也制定了对外国投资的国家安全审查法案并设立了相关机构,我们可以强烈地感受到这轮以经济"民族主义""民粹主义""保护主义""政治保守主义"为特色的国家主义在全球特别是西方发达国家的复兴。因此,当前国际经贸秩序遭遇的全球化逆流,其政治理论的根源在于国家中心主义思想的某种强势回归。可以看到,埃隆·马斯克所推动的美国政府机构的改革,不过是这种国家主义政治理论的回归在美国社会实践中的反映而已。

政治思想理论对一国内政和外交政策的塑造是毋庸置疑的,且对该国所秉承的国际法理论的影响显然不可小觑。特别是在国际秩序中处于主导地位的大国,其政治理念的变化,往往是国际秩序特别是国际经济秩序调整的重要思想渊源;研究国际经济秩序变革者不可不察。

二、霸权主义与多极化并存、多边主义与区域主义共生是一段时期国际经济秩序的结构性特征

近期,在结束乌克兰危机问题上,美国抛开联合国安理会,试图操纵乌克兰的命运,成为"冷战"后超级大国和霸权势力操纵小国、弱国命运的又一例证。美国总统特朗普关于巴勒斯坦人搬出加沙的言论,同样显示了霸权国家对国际社会弱小民族的颐指气使。这些事例鲜活地体现了当前国际秩序中

---

[1] [美]弗朗西斯·福山:《国家构建:21世纪的国家治理与世界秩序》,郭华译,学林出版社2017年版,第7页。

霸权主义力量上升的倾向。

但与此同时,我们看到,发展中国家的群体性成长以及全球南方力量的整体上升也是"冷战"后不可无视的政治现实。世界的多极化趋势正在增强而不是减弱,特朗普总统的再次执政对世界政治多极化将产生影响,但不会根本改变现状。

2025年2月,《慕尼黑安全会议报告》指出,当前的国际秩序根本特色是多极化状态,对此乐观的看法是这在一定程度上形成了对于美国单极主导世界的制衡,悲观的看法是多极化不利于各方对全球性事务的协调以及各方合作应对全球性危机。[1] 在一定意义上,这表明美国主导的战后国际秩序正处于一种失序的状态。百年未有之大变局仍在演进。当前,金砖国家和广大全球南方国家是对现有国际秩序进行变革的主要诉求方;而欧洲国家不满于现行国际秩序,不断反思如何增强自身独立性、实现战略自主。因此,更符合现实的认知恐怕是世界多极化力量与霸权势力并行,多数国家普遍对当前国际秩序重回背弃多边规则、向实力主导的丛林法则转变表示强烈谴责和不满。

从国际经济贸易层面看,战后的多边贸易秩序受到强烈的冲击,多边谈判虽有进展但跟不上时代步伐,争端解决机制中虽一审制度仍在运作但上诉机制停摆数年无法恢复,规则改革受到国家安全、贸易救济等议题困扰,已经困难重重的世贸组织受到美国现任总统提出的实施对等关税的系统性冲击;可以想见,以世贸组织为代表的多边贸易体制仍将存续,并继续作为世界贸易的基本秩序发挥基础性作用,但其受到的冲击是史无前例的。未来区域贸易协定仍将发展,在《全面与进步跨太平洋伙伴关系协定》(CPTTP)、《区域全面经济伙伴关系协定》(RCEP)、《美国—墨西哥—加拿大协定》(USMCA)、欧盟以及非洲大陆自由贸易协定等超大自由贸易协定并存基础上形成的集团和区块贸易格局将持续一段时期;基于全球经济秩序的调整和动荡,区域贸易协定的发展速度将有所放缓。整体而言,多边体系和区域主义并行共生

---

[1] See *Munich Security Report* 2025, MSC, https://securityconference.org/en/publications/munich-security-report-2025/, last visited on 25 February 2025.

的局面将在一定时期得到维持。

如何坚持和发展以规则为导向的自由开放的贸易理论,适应国家安全需要的产业发展理论,研究真正互惠互利的贸易安排,实现国际经济贸易的普惠性和包容性,为提升全球人民的福祉提供高效稳定的法律和制度安排,将成为国际经济法学界在未来国际经贸秩序发展和变革中不得不面对的理论问题。

三、百年未有之大变局下国际经济秩序的调整与变革亟待新的思想和理论指引

世界秩序正在以前所未有的方式加速演进,无论是政府部门、私营企业还是国际组织都在这场正在进行的变革中扮演着各自的角色。全球知识界对这种加速转变和调整进行着各种解读。英国《金融时报》首席经济评论员马丁·沃尔夫(Martin Wolf)在其获奖作品《民主资本主义的危机》中指出,"冷战"结束后被认为历史上最成功的自由民主的政治制度和自由市场经济制度,今天看起来都不是那么成功;经济增长的乏力、不平等的加剧和民众对民主政治失去信心,使得无论是自由的民主政体还是市场经济制度都亟待改革。他同时认为这两种制度都是最不坏的制度,其提出的建议不过是对这种自由主义制度的修修补补。[1] 诺贝尔经济学奖获得者、美国学者斯蒂格利茨(Joseph E. Stiglitz)教授似乎认为当前多边体系出现的危机在一定程度上是由于多边规则被过度严格解读、过于强调规则实施的一致性导致的,因此对未来国际秩序和多边规则体系的变革提出的"药方"是放宽对国际法的执法。[2] 世贸组织前副总干事,现彼得森国际经济研究所研究员艾伦·沃尔夫(Alan Wm. Wolff),针对特朗普总统提出的对等关税法,建议世贸组织

---

[1] See Martin Wolf, *The Crisis of Democratic Capitalism*, Penguin Press, 2023, p. 1, 312; Trevor Jackson, *Never Too Much*, 72 New York Book Review 1 (2025); Elmendorf Douglas, *Review of the Crisis of Democratic Capitalism by Martin Wolf*, 62 Journal of Economic Literature 818 (2024).

[2] Joseph E. Stiglitz, *Rethinking Global Governance: Cooperation in a World of Power*, https://drodrik.scholar.harvard.edu/sites/scholar.harvard.edu/files/dani-rodrik/files/rethinking_global_governance_03132024.pdf.

成员集体行动、团结起来应对美国新一届政府的贸易政策异动。[1]

上述建议和主张也许在一定程度上有助于国际秩序朝着平稳的方向发展，但没有跳出既有的范式思维和思想藩篱，对于建立公平正义的国际秩序仍然是捉襟见肘、于事无补。我们必须认识到，从深层次看，当前国际秩序的动荡失序、国际法治的衰败以及人类面临的种种危机和困境，与国际社会普遍存在的伦理和道德水平下滑、国际法治缺乏公平和正义原则是分不开的。

众所周知，几个世纪以来的国际法是建立在以主权国家同意为基础的契约思想基础上，在缺乏强制执行力的背景下，国际法治沦为国际社会强权和霸权国家"恩赐"的产物；当强权和霸权任意妄为，国际社会除呼吁、谴责以外，缺乏更加有效的手段加以应对。但造成这一局面的思想根源在于西方文艺复兴以来以个体自由、权利导向为核心要素的政治学、经济学和法学思想在西方社会的滥觞，并随着资本主义在全球的快速扩张传向了世界的各个角落。在西方，发端于中世纪的内含公平、正义、良善理念的自然法思想曾一度成为诞生于西方的近代国际法的思想基础，至今闪耀光芒；但随即陷入自由主义、个体权利至上等在西方传统中根深蒂固理念走向极端带来的反噬，成为近日西方社会内部分裂、国际社会争斗不休的深层次原因。在东方，中国传统的社会和国家治理思想始终蕴含丰富的伦理和道德观念，统治者虽至高无上但受到强烈的道德约束，礼法始终是刑罚的重要补充。当西方炮舰政策打开古老中国的大门，五四运动成为中国与传统思想割裂的一场现代思想解放的启蒙运动。相较于西方，尽管当代中国受到西方自由主义思潮的强烈冲击，但在"四个自信"的思想指导下，中国与传统文化的联系正在恢复；这也决定了中国的外交思想始终坚持站在道义高地，保持了克制的基因。对于如何走出当前国家间残酷竞争的困境，重塑以正义和公平为核心价值的国际法治理体系，正确的思想理论引领是至为关键的因素。习近平总书记提出构建"人类命运共同体"的理念，反映了中国追求公平正义国际秩序的远大理想。

---

[1] Alan Wm. Wolff, *What Should All the Other Trading Countries Do? What Happens Now Is Largely in Their Hands*, PIIE（18 February 2025），https://www.piie.com/blogs/realtime-economics/2025/what-should-all-other-trading-countries-do-what-happens-now-largely.

这一思想主张越来越受到国际社会和广大发展中国家的欢迎和支持,已经写入联合国及其下属机构的若干文件之中。实现这一宏伟的目标,显然需要国际社会共同持续的努力和不懈奋斗。

在本丛书收录的《新时期国际经贸规则变革的国际法理论问题》一文中,笔者建议性地提出建立东方自然法思想等主张。通过东西方学者的共同努力,国际法能否以复兴东西方共同的自然法理念来实现构建以公平正义为引导的国际秩序和国际法治,成为国际社会破解当前困境的思想基础和可行的路径。这种探索仍需东西方学者的共同努力。本丛书收录的文章,从多个角度探讨了未来国际经济秩序变革和发展的基础理论、实现路径和前景展望;期待这些观点和主张可以启迪更多的国际经济法学人奋发有为,为构建更加美好的国际经济秩序作出更多贡献。

在丛书付梓之际,谨代表全体作者衷心感谢法律出版社法律翻译与出版研发中心朱峰和马秋婧对出版工作给予的有力支持、默默奉献。作为这次会议的召集策划者和组织者,再次感谢国际经济法学界对研讨会的鼎力支持和各位作者的慷慨赐稿。祝愿中国国际法、国际经济法学界同人不断取得理论和实践的丰硕成果,为民族复兴伟业奉献智慧和力量。

是为序。

赵　宏

乙巳年春正月二十八

于北京大学燕园凯原楼

目 录

1. 赵　宏◇新时期国际经贸规则变革的国际法理论问题　001
2. 张乃根◇国际经贸规则变革的政治经济学思考　035
3. 车丕照◇制度变革与理论解说
　　——国际经济法基础理论的嬗变　062
4. 王贵国◇简论国家豁免原则
　　——法自然的视角　085
5. 徐崇利◇美国贸易政策及法律策略之变：样态与机理　106
6. 何志鹏◇全球化、逆全球化、再全球化：中国国际法的全球化
　　理论反思与重塑　130
7. 曾华群◇双边投资条约实践目标的演进与创新　152
8. 刘敬东◇全球经贸关系演变中的国际法治危机及其应对　169
9. 屠新泉◇全球产业链重构与全球贸易治理体系变革　197
10. 孔祥俊◇反不正当竞争法补充保护知识产权的有限性　207
11. 沈　伟◇国际经济规则的安全困境
　　——基于博弈论的视角　232
12. 王江雨◇中美竞争语境下当代国际经济秩序规则体系的演变：
　　从理念之变到制度性权力博弈　259
13. 王　鹏◇国际投资规则的发展与变革：迈向协商式投资法？　279

新时期国际经贸规则变革的国际法理论问题*

赵 宏**

> **摘 要** 以世界百年未有之大变局的历史视野来观察,国际经贸规则发展与改革的历史脉络、目标、宗旨、动力、路径,及其所依托的理论基础都在发生着深刻变化,国际经贸规则的变革朝着更加公平、公正与合理的方向前进成为历史的必然,多边舞台应当成为国际经贸规则发展与变革的主渠道,对当前个别发达国家采取单边主义行动冲击、损害和影响国际经贸规则的各种迹象应予以高度关注;在坚持多边主义、维护多边贸易体制核心地位的同时,中国与广大发展中国家应积极运用"一带一路"倡议、双边和区域贸易合作机制,主动推进建设"公平、公正与合理"的国际经贸规则的实践进程。在回顾和反思以往国际政治、经济、法律理论的基础上,尝试提出具有东方思想色彩的"新自然法理念"、"基于大陆法传统的实证主义国际法学"、"实践人类命运共同体的集体主义国际法学"、"围绕人类共同命运的新历史主义国际法学"和"比较国际法学"的初步理论构想,以促进学术交流、为人类和平与发展事业作出贡献。
>
> **关键词** 国际经贸规则 "一带一路"倡议 双边和区域贸易合作机制 国际法理论

---

* 本文已发表于《中国法律评论》2023年第2期。
** 赵宏,北京大学法学院教授。

自法诞生以来,人类历史就是一部制度与规则不断发展和变革的历史。[1] 变是永恒的,不变是相对的。[2] 国家形成以来,国际法与国际规则与时俱进,不断发展、演化,始终具有鲜明的时代特色。进入21世纪第二个十年,受世纪疫情、俄乌军事冲突、科技和产业革命、大国竞争等因素影响,国际政治、经济和法律关系正在经历着一场深刻的变革。对于变革的原因、内容、方式和依托理论(为何变、什么在变、如何变、变的依据等)各方看法不尽相同,但是,相较于过去几十年相对稳定的国际经济秩序和蓬勃发展的国际经贸法律规则,[3] 国际关系中最活跃的国际经贸关系及国际经贸规则正在发生剧烈震荡,则是业内人士共识。在时代变局下,国际法学者有必要对国际经贸规则发展与改革的目标与宗旨、动因与路径,所依托的国际政治、经济和法律理论,进行客观的理性思考和研究,以期回答"国际经贸法律规则将如何改变"的历史之问和时代之问,努力做好国际法理论的创新和准备,以迎接大变局下国际法和国际经贸规则发展与变革所带来的挑战。

一、国际经贸法律规则变革的目标与宗旨

著名国际法学者阿尔弗雷德·菲德罗斯(Alfred Verdross)指出,"哪里有往来,哪里就有法"[4]。国际经贸法律规则因国际经贸交往而产生,并为国际经贸交往提供国际制度和法律规则的稳定性和预见性。如果说作为国际法渊源之一、构成国际习惯的国际经贸惯例的产生与发展具有一定的自发性和偶然性,那么对于通过国际条约、协定等国际造法活动生成的具有约束力

---

[1] 变革在本文中泛指发展、变化,革新、重构,基本未涉及推倒重来、颠覆性的"革命"。
[2] 恩格斯指出:"在辩证哲学面前,不存在任何最终的东西、绝对的东西、神圣的东西;它指出一切事物的暂时性;在它面前,除了生成和灭亡的不断过程、无止境地由低级上升到高级的不断过程,什么都不存在。"中共中央马克思恩格斯列宁斯大林著作编译局编译:《马克思恩格斯选集》(第4卷),人民出版社1995年版,第217页。
[3] "国际经贸法律规则"(Rules of International Economic and Trade Law),在本文意指规范国家、国际组织或个人在国际或跨国经济贸易关系中(包括规范货物、服务、投资、货币、技术、知识产权、争端解决等方面)行为的国际条约或国际习惯、惯例的总称。See Matthias Herdegen, *Principles of International Economic Law*, 2nd edition, Oxford University Press, 2016, p.3-4.
[4] [奥]阿尔弗雷德·菲德罗斯等:《国际法》(上册),李浩培译,商务印书馆1981年版,第16页。

的现代国际经贸法律规则而言,国际经贸规则的发展和改革则具有鲜明的导向性和目的性,正如《联合国宪章》、《关税与贸易总协定》(GATT)和《马拉喀什建立世界贸易组织协定》(以下简称《WTO协定》)等公约之序言所宣誓的目标与宗旨所言。因此,对于时代变局下的国际经贸规则的发展和改革,探寻并确立发展和改革国际经贸规则的目标与宗旨则是一项必要而紧迫的任务。

为国际经贸交往提供一种稳定的秩序可谓是国际法的基本功能,[1]而这一秩序是否能够实现普遍的公平与正义则是一个值得讨论的问题。[2] 换句话说,法律规则虽然可以造就某种秩序,但这一秩序能否实现普遍的公平与正义则需要经过一定的考量。质言之,实现公平、公正与合理的国际秩序是国际法追求的更高层级的理想和目标。[3] 这也符合作为"国际关系中的道德准则"的自然法所追求的人类"理性"。[4]

从国际法史学的角度,我们看到,西方学者逐步摆脱了国际法起源的西方中心论,[5]开始承认在人类古代时期,古埃及、两河流域、中国、印度等古老文明之间的交往即产生了早期国际法,[6]如公元前13世纪古埃及与赫梯(Hittite)帝国签署的条约,被认为是迄今完整保存的最古老条约,缔约双方承诺互不再战、履行相互间所缔结条约的义务、相互帮助、引渡逃亡者等。[7] 不同文明之间的贸易活动(如古代发端于中国的丝绸之路)形成了诸多国际习惯、惯例,比如对往来人员发放通关文书(类似今天的签证)等。虽然这些

---

[1] J. L. Brierly, *The Law of Nations*, Sir Humphrey Waldock ed., 6th edition, 1963, p. 56.
[2] 参见[英]J. G. 斯塔克:《国际法导论》,赵维田译,法律出版社1984年版,第7页。
[3] 参见[英]斯科特·维奇、[希腊]埃米利奥斯·克里斯多利迪斯、[意]马尔科·哥尔多尼:《法理学:主题与概念》(第3版),赵英男译,北京大学出版社2023年版,第241-266页。
[4] 参见[美]E. 博登海默:《法理学:法哲学与法律方法》,邓正来译,中国政法大学出版社1999年版,第153-162页。
[5] See Jan Wouters, Cedric Ryngaert, Tom Ruys & Geert De Baere, *International Law: A European Perspective*, Hart Publishing, Bloomsbury Park, Cumnor Hill, Oxford, OX2 9PH, UK, 2019, 1st edition, p. 16.
[6] See Malcolm N. Shaw, *International Law*, 8th edition, Cambridge University Press, 2017, p. 10-11.
[7] See Jan Wouters, Cedric Ryngaert, Tom Ruys & Geert De Baere, *International Law: A European Perspective*, Hart Publishing, Bloomsbury Park, Cumnor Hill, Oxford, OX2 9PH, UK, 2019, 1st edition, p. 16.

交往产生的惯例与规则，属于国际法的早期和萌芽状态，零星、分散、不成体系，但对于我们认识早期国际法的特性及其对当代国际法可能产生的影响和价值是有益的。譬如，中国历史上以"天下—朝贡"体系为主的传统世界秩序观，虽然表面上是中央国与归顺国之间的等级性结构，但并不意味着要在"溥天之下"强制推行相同的政治伦理秩序，而是奉行多样性和"天道"的各得其所；"远人不服，则修文德以来之"，主张以文明和文化的先进性吸引"四夷"归化而不是以武力征服。中国古代"天下"世界观蕴含了对不同文明、文化的包容性，这种包容性促进了不同种族、宗教、中央国与归顺国之间稳定的和平秩序。秦汉以后，以礼仪规范为重要内容的朝贡体系，形式上以中央王朝为核心，实则中央王朝对朝贡国的回赐常常超过纳贡，同时朝贡伴随互市贸易，甚至有时朝贡国为与中央王朝贸易而频繁朝贡，这使朝贡体系具有礼仪交往和贸易往来的双重属性，因此，礼仪形式的不对等与实质贸易的对等相互重叠。从史料中，我们可以溯源古代中国处于强大的中央帝国时期的对外礼仪秩序，看到除国家实力外，其中所蕴含的和平、开明、包容、依存、互敬与友好的人文精神和内在价值。这种人文精神和价值可谓源于中国的早期"自然法"，它与发端于西方被视为国际法起源的自然法思想有着异曲同工的妙用。当然这并不意味着我们主张恢复中央国家主导的国际秩序，只是说这种秩序中所蕴含的和平、友善的道德力量，对于我们理解今天中国的和平外交政策的历史渊源是有益的，同时对于我们探索符合人类共同利益的国际经贸秩序的主体间的和平共处、友好与平等交往的范式富有某种启发性。

一般认为，现代西方国际法源于古希腊城邦之间的惯例、罗马法适用于各国家和外国人的规则、十五六世纪建立的主权国家间及其与新大陆交往形成的习惯与惯例，以及十五六世纪以降众多欧洲国际法学者结合 11 世纪末以来已成为重新研究对象的罗马法、古代历史的先例，以及神学、教会法、"自然法"等对国际法的论述、汇总和研究。[1] 罗马法中适用于外国人的万民法，以及其私法中物权（占有）、债权制度，对西方早期自然法和文艺复兴后现代国际法的诞生均起到了重要的基础性作用。而大量史料显示古罗马帝国

---

[1] 参见[英]J. G. 斯塔克：《国际法导论》，赵维田译，法律出版社1984年版，第9–11页。

时期的征战、欧洲进入中世纪后的战乱频仍以及欧洲国家对新大陆和殖民地的武力征服，这些历史也促使我们反思不同地区的文明和文化基因对早期国际关系所产生的影响。人类古代社会早期形成的国际秩序、国际规则和国际惯例是由当时特定的历史条件和文明特征所决定的，也是与当时的生产关系和生产力水平相适应的。

经过30年宗教战争的残酷厮杀，1648年欧洲参战主体缔结了标志着现代国际法诞生的《威斯特伐利亚和约》，在欧洲国家之间建立了主权平等、互不干涉内政、和平解决国际争端的秩序安排，具有划时代的进步意义。如果对比《威斯特伐利亚和约》缔结前后的欧洲国际秩序，我们会比较容易地得出结论：现代国际法诞生后，所谓"文明"国家之间的国际关系比以往更加"文明"、和平。然而，当西方国家把诞生于欧洲的国际法扩展适用到前殖民地（被西方国家视为非文明国家），以枪炮和不平等条约打开与殖民地国家的商路和贸易关系时，彼时的国际经济秩序之不公正性是显而易见的。

"二战"后，在历时数年横跨几大洲的残酷战争与付出4000万~6000万人生命的代价后，以联合国为核心的多边主义国际秩序得以诞生，庄严确立了大小国家在法律上一律平等、互不干涉内政、除为公共利益等有限条件禁止会员国使用武力、[1]和平解决国际争端、推动世界和平与国际合作事业的发展等基本原则。与殖民时代血雨腥风的不平等国际秩序相比，这一秩序具有巨大的历史进步。

众所周知，战后在美国主导下建立的国际经济秩序以国际货币基金组织（IMF）、世界银行（IBRD）和《关税与贸易总协定》作为拉动世界经济的"三驾马车"和国际经济规则体系的三个支柱。在战后国际经济秩序重建中，发展中国家始终为战后国际经济秩序的公平和公正而奋斗。[2] 国际经贸交往随经济重建而日益恢复，国际贸易和跨国投资快速增长，各国之间商品、服务、资金、技术、人员等加速流动，国际经贸关系成为国际关系中最具活力的

---

[1] 《联合国宪章》序言规定："接受原则，确立方法，以保证非为公共利益，不得使用武力。"引自联合国达格·哈马舍尔德图书馆收藏的《联合国宪章》的翻译版本中文译文，参见联合国中文网站。

[2] See United Nations, *UNCTAD at 50: A Short History*, UNCTAD/OSG/2014/1, 2014, p.2-70.

因素,国际经贸规则成为国际法造法数量最多的领域。国际经济法成为独立于国际法、自成体系的法学学科。国际贸易、投资、金融、税收、知识产权、争端解决等实体和程序规则以及相应的国际机制全面发展,在以联合国为核心的国际法体系中,成为颇有成效的治理领域。其中以"《关税与贸易总协定》/世界贸易组织"为核心的多边贸易体制以其规则体系的系统性、创新性和争端解决的约束性在国际法领域尤为引人注目,它为繁荣国际贸易、推动全球经济增长和促进全球减贫事业发展作出了突出贡献。这是国际经济秩序运行比较稳定,国际经贸规则和国际法大发展的时期。

然而,进入21世纪以来,特别是2008年国际金融危机以后,新兴经济体在全球经济中的比重不断上升,发达国家因国内贫富分化加剧导致民粹主义势力抬头,反全球化和逆全球化的浪潮不断高涨。曾经作为自由贸易推动者的西方发达国家的贸易政策日益转向贸易保护主义,加之地缘政治纷争和激烈的大国竞争,全球经贸规则体系正在经历前所未有的震荡和调整。

随着人类文明的演进与发展,从大趋势看,国际法与国际规则经历了从战争到和平、从欧洲国家主权平等到联合国各成员国法律平等以及各国间合作范围不断扩大的发展历程,[1]尽管其中充满曲折和斗争,甚至是残酷的军事纷争,但总体呈现了一种不断进步的态势。[2] 无论是基于殖民主义历史

---

[1] 德国历史学家沃夫冈·普莱瑟(Wolfgang Preiser)指出:"到目前为止,国际法史的核心议题是欧洲的法律如何发展成为一种国家间秩序并且在进入近代以后扩展至全球。"[德]巴多·法斯本德、[德]安妮·彼得斯主编:《牛津国际法史手册》,李明倩、刘俊、王伟臣译,上海三联书店2020年版,第1037页。

[2] "在征服非西方的过程中,国际法扮演了重要角色,从中可以看出所谓的进步叙事,其实是欧洲中心主义的歪曲。但是这种进步叙事却是传统的自由国际主义历史的典型表述。从西方的角度看,这种永不停歇的进步可以创造出一种发展模型,即从在欧洲国家间的关系中使用武力到禁用武力,从国家作为唯一合法的国际主体到插入国际人权法对个体的保护。对进步的过分强调掩盖了西方国际法在创造殖民主义和帝国主义,以及征服非西方世界的过程中所发挥的作用。"[德]巴多·法斯本德、[德]安妮·彼得斯主编:《牛津国际法史手册》,李明倩、刘俊、王伟臣译,上海三联书店2020年版,第1055页。

时期的不平等,还是在当代现实中依然遭遇"文明"或"种族"的歧视,[1]在现有国际经济秩序形成与发展的历程中,发展中国家始终为维护自身权益进行着矢志不渝的斗争与抗争。这种斗争是现有国际经济秩序具有相对公平、正义与合理性的重要推动力量。事实上,正是发展中国家团结起来追求公平、公正与合理的国际经济秩序,摆脱殖民统治,废除不平等条约,加入联合国;为建立国际经济新秩序,[2]争取独立自主的经济政策;争取对自然资源的永久主权等不懈奋斗,才推动联合国设立了诸多以发展为核心的议程,包括联合国贸易与发展会议(被誉为发展中国家的国际贸易组织)的建立。在《关税与贸易总协定》第八轮贸易谈判中,发展中国家积极争取和维护自身权益,与发达国家进行了艰难谈判,才取得了相对平衡的谈判成果,使现有经济贸易秩序比以往公平、公正与合理。但这一斗争与努力并没有终结。在世界贸易组织成立后发起的第一轮多边贸易谈判即多哈发展议程中,发展中国家进行了艰苦努力,但除个别议题外,至今未取得全面收获。多边贸易谈判和争端解决机制陷入僵局和困境,状况堪忧。按照辩证唯物史观,历史将以螺旋上升的方式发展,尽管前路难免曲折,变革时代的国际经贸规则未来终将朝着公平、公正与合理的方向前进。无论如何,这一目标都应当成为人类社会继续奋斗的初衷与理想。在本轮国际经济秩序激烈震荡与调整的过程中,如何努力使现有的国际经贸法律秩序更加公平、公正与合理,是当代国际法学者的任务。

为此,我们需要回答何为公平、公正与合理的国际经济秩序,世界上是否

---

[1] "我的核心观点,无论是明示还是暗示,是基于'文明的标准'在两个看似矛盾的立场之间的摇摆。一方面基于根深蒂固(对非西方)的文化和种族劣等性的执念,(西方世界)对以非白人主导的政治共同体能否平等地在国际法领域被接受,存在疑虑,如果不是公开敌对的话;另一方面,这种接受被视为是可能和可取的,且基于这些(非白人)共同体所采取特定的改革、以确保他们与资本主义现代化制度相一致。因此,'文明的标准'在排斥和附条件的接纳之间创设了一个两难境地。我把这种摇摆的第一端点称作'生物学逻辑',一个树立了非西方共同体获得国际法下平等权利义务的不可能逾越的壁垒的论据模式,即基于'西方'(the west)与'他方'(the rest)之间不可转化的差异。同时,我所理解的所谓的'进步的逻辑'提供了一种被接纳的前景,即坚定地、有条件地基于向资本主义的转变。" See Ntina Tzouvala, *Capitalism as Civilisation: A History of International Law*, Cambridge University Press, 2020, p. 2-3.

[2] See United Nations, *UNCTAD At 50: A Short History*, UNCTAD/OSG/2014/1, 2014, p. 2-14.

存在一个符合全人类共同利益或地球村多数人利益的人类整体利益,以及如何构建符合人类整体利益的公平、公正与合理的国际经济秩序。

(一)何为公平、公正与合理的国际经济秩序?

从概念上看,公平(equality, fairness)的内涵是平等、非歧视,公正(justice)的核心要义是正义、正当,合理(reasonableness, rationality)通常指在特定条件下,合乎理性和情理。这些概念属于法学学科的核心理念和基本价值观。因此,公平、公正与合理的国际经济秩序带有理想和道义的色彩。

从法理学角度讲,马克思主义认为国家是维护统治阶级意志的工具,私有制是一切不平等的起源,当国家完成了"生产资料的全国性的集中"并成为"自由平等的生产者的联合体"以后,即人与人之间真正的自由与公正得以实现,那时国家也就没有存在的意义了。[1] 由此可见,马克思主义主张革命性地、彻底地消除一切人类不平等的根源,认为在全面消灭私有制后国家会自然消亡。显然,当今时代,在以主权国家为主体的国际法律秩序下还不具备这样的条件,我们所探讨的仍然是在主权国家之间如何实现共建公平、公正和合理的国际经济秩序。在这一背景下,罗尔斯在《正义论》中提出的"基于公平的正义"理论就被视作在当代法理学界富有影响力的学说。罗尔斯指出,正义的首要主题就是探索主要社会制度如何分配基本权利与义务、决定社会合作中优势分配方式的社会基本结构,[2] 他认为确定社会基本结构的最佳方式就是基于公平的正义。他同时提出两个关于正义的原则,一是"权利原则"(又称"自由主义原则"),即"每个人都有平等的权利获得完全充分的平等的基本自由的制度";二是"差异原则",包含两个条件,即"机会的公正平等"和"必须符合社会中最小受益者的最大利益",后者可以包括针对收入和财产所得的再分配性税收。因此,罗尔斯的正义理论被视为增进社会自由与平等的学说,该学说在一定意义上统一了学术界"关于'正义'的标准是

---

[1] 参见[英]斯科特·维奇、[希腊]埃米利奥斯·克里斯多利迪斯、[意]马尔科·哥尔多尼:《法理学:主题与概念》(第3版),赵英男译,北京大学出版社2023年版,第252页。
[2] See John Rawls, *A Theory of Justice*, Oxford University Press, 1971, p.3-6.

某种意义上的公平这一共识"。[1] 显然,罗尔斯的正义理论主要是为了在国内法体系中实现公平与正义,那么,这一理论是否也适用于在超越国界的更广泛的全球范围内探索实现公平正义的事业,全球正义理论者围绕这一问题进行了激烈的讨论。持进步派立场的全球正义理论者认为,罗尔斯正义理论所确立的观点不仅可以作为国内层面的分配标准,也可以将其理解为评判当今世界上不同国家和地区之间资源分配的标准,而保守派则持相反的立场。[2]

全球正义的基本理念是"用一种合理的正义原则来调节全球的背景制度,即对各国人民生活影响深远而持久的全球基本制度结构,调控普遍存在于全球基本结构中的不平等……全球正义理论者认为,导致国际不平等加剧的不是全球化进程本身,而是全球化的方式,特别是证明、推动和引导全球化的规范。我们所需要的不是对全球经济依赖性的全盘抛弃,而是更好的全球规范和全球制度",以便公平、公正、合理地实现全球化的利益与负担。[3] 对于建立一个公平、公正与合理的国际经贸秩序而言,全球正义理论的研究成果可以说具有一定的参考价值。

因此,按照罗尔斯的正义论,我们可以说,具有法理正义性的国际经济秩序首先应当是自由和公平的,即所有国家具有平等、自由参与的基本权利,这与《联合国宪章》规定的大小国家在法律上平等是一脉相承的。其次应当符合"差异原则",符合国际社会中"最小受益者的最大利益",即对发展中国家给予适当的补偿性的差别待遇。这一思想与中国古代道家思想中"损有余而补不足"的"天道"思想是相贯通的。[4]

从战后国际经济发展的历程和国家实践角度看,联合国成立以来,发展中国家在国际经济领域,为摆脱殖民主义、维护国家主权、争取独立自主的经

---

[1] 参见[英]斯科特·维奇、[希腊]埃米利奥斯·克里斯多利迪斯、[意]马尔科·哥尔多尼:《法理学:主题与概念》(第3版),赵英男译,北京大学出版社2023年版,第259-264页、第281-284页。
[2] 参见[新西兰]吉莉安·布洛克:《全球正义:世界主义的视角》,王珀、丁祎译,重庆出版社2014年版,"全球正义研究丛书"总序第4页。
[3] 参见[新西兰]吉莉安·布洛克:《全球正义:世界主义的视角》,王珀、丁祎译,重庆出版社2014年版,"全球正义研究丛书"总序第2-3页。
[4] 参见《道德经》第77章。

济政策和公平公正的发展权益而追求的"国际经济新秩序"就是一种公平、公正与合理的国际经济秩序。正如联合国1974年5月1日通过的《建立新的国际经济秩序宣言》所庄严宣布的,"我们一致决心紧急地为建立一种新的国际经济秩序而努力,这种秩序将建立在所有国家的公正、主权平等、互相依靠、共同利益和合作的基础上,而不问它们的经济和社会制度如何,这种秩序将纠正不平等和现存的非正义并且使发达国家与发展中国家之间日益扩大的鸿沟有可能消除,并保证目前一代和将来世世代代在和平和正义中稳步地加速经济和社会发展"。[1] 历经了1947年在建立国际贸易组织《哈瓦那宪章》中加入关于经济发展的新宪章、万隆会议、不结盟运动、亚非会议、联合国贸易和发展会议成立、世贸组织多哈发展议程等半个多世纪的一系列奋斗历程,发展中国家追求公平、公正与合理的国际经济秩序有高潮有低谷,但它始终是联合国及其成员一以贯之追求的目标。正如2000年具有里程碑意义的《联合国千年宣言》所重申的,"只有……通过广泛和持续的努力创造共同的未来,才能使全球化充分做到兼容并蓄,公平合理。这些努力还必须包括顾及发展中国家与转型期经济体的需要,并由这两者有效参与制订和执行的全球性政策和措施"。[2]

因此,我们强调,我们所探讨的国际经贸规则发展与改革的目的是为全人类的和平与发展探索构建公平、公正、合理的国际经贸秩序,即服务的目标是全人类和地球村多数人民的整体利益,而不是仅仅为了个别国家(如霸权国家)、个别国家集团或国家联盟(如七国集团、北大西洋公约组织等)的特殊利益,这也是为了避免从单一或部分主体的利益出发产生的局限性。这也符合人类社会的"理性"。所谓人类社会的"理性"是人类社会作为整体的存在(共同的善)及永恒和可持续的存在(真正的善),而非个别或少数民族的存在和短暂的存在。[3]

综上所述,从法理学、国际经济发展历程以及国家实践的多角度,我们可

---

[1] 参见联合国大会第2229次全体会议第3201(S-VI)号决议。
[2] 参见联合国大会2000年9月8日第55/2号决议。
[3] 参见林青:《人类社会的理想与现实——论自然法思想对当代国际法的影响》,载《理论界》2015年第4期。

以得出一个初步结论,公平、公正与合理的国际经济秩序的基本判定标准可以概括为普遍参与、实质受益、缩小差距的原则。第一是该秩序具有开放性、包容性且让成员普遍受益,即遵循自由原则,所有国际经济秩序的参与者有权自由参与其中,相关的多边机制对所有成员开放加入,支撑国际经济秩序的规则不以政治、文化(包括文明程度、价值观)、意识形态、种族、民族设定门槛和条件,所有成员均应受益;第二是"差异原则",即按"最小受益者的最大利益"原则,应当关照弱小和落后的成员,所有成员应当普遍受益,以实现国际经济秩序真正服务于全人类的目标。如果用经济指标和发展指标衡量,那么成员之间的贫富差距、发展指标差距等应当缩小而不是拉大,人民的生活水平与福祉应当普遍提高。

(二)是否存在全人类的共同利益?

当我们强调公平、公正、合理的国际经济秩序服务于全人类的利益时,有人会质疑,当国际法并不能消除国家间的利益之争、权力政治仍不时主导时代旋律时,是否存在全人类的共同利益?

首先,经济全球化的深度发展为人类的共同利益奠定了经济基础。

与人类历史早期、不同文明间鲜有交往的历史不同,20世纪末以来的超级经济全球化加深了各国之间的相互依存,复杂的跨国经济活动需要国家间(包括通过国际组织和机构)的相互协调与合作,以便为国际贸易、投资、金融活动提供必要的制度框架和规则体系。国际社会从未像今天这样如此需要一个稳健、可预期的国际经济秩序和规则体系。正如著名经济学家戴维·赫尔德(David Held)所指出的:"经济的全球化与政治的全球化使得世界不再由相互'分散的文明'或'分散的政治共同体'所构成。相反人类生活在一个'重叠的命运共同体'中。发生在一个国家的事件不可避免地会对另一个国家的国内政治产生影响……"[1]由于经济深度往来、人员密集、文化交流,世

---

[1] [英]戴维·赫德尔:《世界主义:观念、现实与不足》,载[英]戴维·赫德尔、[英]安东尼·麦克格鲁编:《治理全球化:权力、权威与全球治理》,曹荣湘、龙虎等译,社会科学文献出版社2004年版,第455-457页。

界各国已经交织成密不可分的利益与命运共同体,从人类理性的角度,人类存在管理好全球化未来的共同利益,这是时代的使命,也是无可否认的现实。虽然存在政治分歧,但我们面临的挑战就是如何克服这些分歧,实现共同利益,这是对人类智慧和理性的考验。

其次,全球性危机的应对成为凝聚人类共同利益的现实需求。

气候变化、世纪疫情、经济危机、能源危机、粮食危机等一系列全球性危机均是任何单一国家无法独自面对的,这些全球性危机前所未有地使人类的命运紧密结合在一起。只有共同面对,采取集体行动才有可能使人类存续,实现可持续发展,[1]这既是人类理性的召唤,也是构筑人类共同利益坚实的现实基础。

因此,在21世纪的今天,人类不乏广泛的共同利益,作为全球秩序的重要组成部分,国际经济秩序为之服务的全人类共同利益是客观存在的。构建一个符合人类共同利益的公平、公正、合理的国际经济秩序的理想和目标存在现实的基础。当然,必须承认,如何在具体的国际规则制定与国际合作中,克服国家间的利益之争,实现上述目标,是颇具挑战性的,但从人类理性的角度,这样的理想和目标必须存在且应当得到共同的坚守。

(三)如何实现公平、公正与合理的国际经济秩序?

如前所述,从历史的发展视角来看,如果说国际经济秩序的发展与演进总体上体现了一种人类文明不断前进的趋势,那么,构成当今时代国际经济秩序及其组成部分的规则体系的弊端、不足或不公正之处体现在哪些方面,其未来前进的方向何在,如何实现公平、公正与合理的国际经济秩序?

首先应当查找是否存在影响国际经济秩序公平、公正和合理的关键性和决定性因素。事实上,西方国际法学者并不避讳国际法在发展进程中,特别是从欧洲传播到世界其他国家和地区的普遍化过程中,所发挥的文化传播作用,即作为传播基督教、西方文化或文明范式、开拓贸易商路的法律工具所发

---

[1] See James Crawford, *Brownlie's Principles of Public International Law*, 9th edition, Oxford University Press, 2019, p. 17.

挥的重要作用，这样的作用即使在今天仍以不同面目在继续。[1] 果真如此，这至少将成为影响未来国际经济秩序能否公平、公正、合理地服务于全人类的共同利益的关键和决定性因素之一。这也令我们对西方发达国家把西方人权、价值观等非贸易因素引入国际贸易规则领域感到警觉。正如《牛津国际法史手册》作者所指出的，"无论在追求民族独立的斗争中，还是在推动国际法转型的斗争中，非西方法学家均认为他们是西方国际法的征服对象，而自由国际主义却认为这都是为了促进国际法的普遍化而必须付出的代价"[2]。这不仅让我们感到自由国际主义思想恐怕只是对西方征服者的自由，而对非西方的被征服者则成了被迫接受的不自由。这也许揭示了霸权主义、单边主义成为当今世界国际法、国际经济法及其规则体系最大威胁的思想根源。公平、公正、合理的国际经济秩序应当具有博大的胸襟、足够的包容性，而不应当囿于一元论的思想、观念或理论。[3]

因此，在追求和平、发展、公平、正义、民主、自由的全人类共同价值的进程中，[4] 能否在主权国家平等的基础上，实现制度、文明、文化、思想和理念的多样性，对各国不同的实现路径体现包容精神，[5] 也许将成为建立符合人类共同利益的更加公平、公正与合理的国际经济秩序的巨大挑战，这一问题值得深思。

---

[1] 参见[德]巴多·法斯本德、[德]安妮·彼得斯主编：《牛津国际法史手册》，李明倩、刘俊、王伟臣译，上海三联书店2020年版，第1056页。

[2] [德]巴多·法斯本德、[德]安妮·彼得斯主编：《牛津国际法史手册》，李明倩、刘俊、王伟臣译，上海三联书店2020年版，第1057页。

[3] 参见[美]塞缪尔·亨廷顿：《文明的冲突与世界秩序的重建》（修订版），周琪等译，新华出版社2009年版，第293页。

[4] 习近平主席2020年9月22日在第七十五届联合国大会一般性辩论发言时强调："让我们团结起来，坚守和平、发展、公平、正义、民主、自由的全人类共同价值，推动构建新型国际关系，推动构建人类命运共同体，共同创造世界更加美好的未来！"载中国政府网，http://www.gov.cn/xinwen/2020-09/26/content_5547277.htm。

[5] See Lester Person, *Democracy in World Politics*, Princeton University Press, 1955, p. 83-84.

二、国际经贸规则变革的动因与路径

在多重危机以及全球化与逆全球化势力持续角力的时代背景下,国际经贸规则正在经历震荡与调整。根据经济基础决定上层建筑的马克思主义政治经济学基本原理,这种变化的最根本的动因在于国际关系中的经济基础发生了重大变化,发达国家在国际经济事务(包括国际贸易、吸引投资、对外投资、专利申请等)中的实力从绝对优势变为与发展中国家平分秋色,国际经济格局与各国经济力量对比发生的变化是这一轮国际经贸规则变革的根本动因。同时,马克思主义同样指出上层建筑对经济基础具有反作用,在当前的时代背景下,这种反作用,即上层建筑对经济基础的干预来得很猛烈。主要体现在美国等西方国家基于大国竞争及意识形态之争,通过贸易、投资和产业政策对全球供应链进行的违背经济规律的粗暴干涉,这是当前世人感到国际经贸秩序和规则发生剧烈震荡的直接动因。

由于上述原因,加之时代背景的差异,本轮国际经贸规则的变革在发展动因和路径方面与以往有诸多不同。

(一)动因问题

本轮国际经贸规则变革的动因至少来自三个方面。

第一,科技进步带来的生产力的发展。信息技术、数字技术、人工智能、量子科技、材料科学以及生命科学的快速迭代带来新兴的产业模式数字经济、网络经济等,商界亟须新一代国际经贸规则出台,更新1994年达成的乌拉圭回合"一揽子"贸易规则,以适应电子商务和数字经济等新兴产业的快速发展。因此,经济(包括资本)、科技与市场的力量是推动全球化发展及与之相适应的国际经贸规则更新的内在动因。这是来自经济基础层面的决定性力量。

第二,与上两轮对国际经贸规则的变革诉求来自发展中国家不同,作为本轮国际经贸规则变动的始作俑者,发达国家可谓更为积极。譬如20世纪

70年代国际经济新秩序和21世纪初世贸组织多哈发展回合的启动,均系因发展中国家对国际经济秩序的不满而提出,最终由美欧等发达国家领导和推动。与以往发达国家作为构造国际规则的引领者不同,当前其主要成员是以破坏和解构的方式影响多边规则,特别是世界第一大经济体——美国。美国特朗普政府执政以来,在国内外大肆推行"美国优先"政策,频频退出国际组织,大搞贸易战、大幅提高关税、滥用国家安全措施、瘫痪世贸组织上诉机构,给多边贸易体制造成严重冲击和伤害。拜登政府上台后继承了前任的大部分贸易限制政策,同时还出台了《芯片和科学法案》《通胀削减法案》,为芯片产业、新能源汽车等高科技产业提供涉嫌违反世贸组织规则的财政补贴政策,受到欧盟等成员强烈抗议;同时与中国搞科技脱钩,采取出口管制,对中国高科技企业管控和制裁的名单不断扩大,且拒不执行世贸组织专家组裁决美国违规的报告。这些从本质上均属于采取单边主义行动,涉嫌违背作为世贸组织成员的核心义务。2019年1月美国向世贸组织正式提交《一个无差别的WTO:自我认定式的发展地位威胁体制相关性》总理事会文件(WT/GC/757),挑战世贸组织长期实施的发展中成员地位自我认定的做法,要求取消一批发展中成员的特殊与差别待遇。发展中成员地位、非市场导向的政策与做法、国有企业竞争中立等议题,是美国在世贸组织针对中国特别关注的事项。2022年12月世贸组织专家组裁定美国对中国、挪威等四个成员进口的钢、铝产品依据其《1962年贸易扩展法》第232条基于国家安全采取提高关税的限制措施违反世贸组织规则,不符合《关税与贸易总协定》第21条国家安全例外,美国贸易代表办公室发言人称世贸组织无权裁定国家安全事项,对裁决予以反对。[1]

这些行径反映了在国际经贸关系中作为上层建筑的美国贸易政策对国际经贸关系的经济基础所产生的反作用。遗憾的是,这种反作用对国际经贸关系的正常运转造成人为的破坏,对国际经贸规则变革的效用是负面的影

---

[1] See Statement from USTR Spokesperson Adam Hodge in Response to the Final Public Reports in United States—Certain Measures on Steel and Aluminum Products(DS544,552,556,and 564),9 December 2022, Statement from USTR Spokesperson Adam Hodge ǀ United States Trade Representative.

响。学界普遍认为,美国在国际经贸领域采取的脱钩、断链等做法是逆经济潮流而动,属于新干预主义。[1] 当前,美国对以世贸组织为核心的多边规则体系有弃之不顾之嫌,从多边主义转向双边甚至单边主义,这些对国际经贸规则的改革都不是福音。尽管在国内民粹主义右翼力量压力下,为应对逆全球化带来的挑战而采取贸易、投资保护主义,以人权为标杆对进口采取限制措施等方面,美欧发达国家立场和行动方向基本一致,但在对待多边主义特别是世界贸易组织及其争端解决机制方面的态度,美国与欧盟存在鲜明的分野。欧盟作为世界最大的单一超主权国家国际法主体实验场,其本身的存续依托于国际法的理念与规则,因此,其在捍卫以国际法和国际贸易规则为基础的世界贸易组织及其所代表的多边贸易体制方面立场坚定,这也是欧盟可以与中国等127个成员方坚持恢复世贸组织上诉机构正常运行的根本原因。

第三,与以往发展中成员作为国际经贸规则变革的不满诉求方不同,在此轮变革中,以中国为代表的发展中成员积极维护、坚定捍卫多边主义,其追求建立公平、公正与合理的国际经济规则体系的努力始终没有停止。譬如,中国于2019年5月13日发表了《中国关于世贸组织改革的建议文件》,提出了中国关于世贸组织改革的总体立场,即维护非歧视、开放等多边贸易体制的核心价值,保障发展中成员的发展利益,纠正世贸组织规则中的"发展赤字",遵循协商一致的决策机制,坚持相互尊重、平等对话、普遍参与的谈判模式。又如,印度在2023年作为二十国集团(G20)召集人主持的二十国集团系列会议上聚焦发展议题,以展示其为维护发展中国家利益所作出的努力。

此外,需要指出的是,在不同的国际经贸领域,大国对国际经济规则变革所采取的立场和观点是不同的,对国际经贸规则变革的塑造与作用方式也有所不同。

譬如,在管理国际储备货币及其汇兑体系的国际货币基金组织,拥有美元储备货币地位、享有一票否决权的美国,对该机构所主导的国际规则并没有采取破坏和阻挠的消极态度;而希望扩大人民币国际支付、结算地位的中

---

[1] See Martin Wolf, *The New Interventionism Could Pose a Threat to Global Trade*, Financial Times, 14 February 2023, Opinion.

国则希望推动国际货币体系的改革，根据国际贸易的比重相应提高人民币在国际交易结算和特别提款权中的占比。又如，在世界知识产权组织，美国作为传统的专利大国，对国际知识产权保护规则始终视若掌上明珠，反对降低保护标准、扩大例外或豁免范围的任何提议；而中国作为近年来国际专利申请量连续居全球第一位的发展中国家，[1]对知识产权保护高度重视，全球知识产权强保护制度和规则体系并未因时代变局而发生动摇。在国际投资领域，美国作为传统的对外投资和引资大国与中国作为全球新兴的引资和对外投资位居前列的发展中大国，在国际投资规则变革方面虽有立场差异、但无根本的利益冲突，因此国际投资规则的变革基本遵循历史传统、按照自身的规律发展，受当前大国竞争和地缘政治冲突影响有限。而在国际税收规则领域，美国为了吸引海外投资利润回流本土，多年来致力于推动由经合组织（OECD）牵头国际税收规则改革，近年来已经取得一定成果，在全球最低税率、利润在经济活动地和价值创造地征税等方面取得参与方共识，[2]针对数字经济的国际税收规则改革取得一定突破，中国等发展中国家广泛参与，除气候变化议题外，目前该领域成为国际规则变革取得实质性进展的亮点之一。

（二）路径问题

有学者认为，受美国单边主义贸易措施的影响，以世贸组织为核心的约束政府间贸易政策的多边贸易规则无论在实体还是程序规则方面均发生了实质性的变化。特别是受区域和双边自由贸易协定影响，最惠国税率在全球贸易中适用的比率已经下降。本文认为，与其说世贸组织的多边规则本身发生了重大变化，不如说这些规则在实施过程中受到了严重冲击，甚至一定程度被边缘化。即规则实施和谈判的路径发生了改变，而在多边贸易体制中具

---

[1] 2022年11月21日世界知识产权组织发布的《世界知识产权指标2022》报告显示，"中国在2021年拥有的有效专利数量达到360万件，首度超越美国、成为世界第一。" See World Intellectual Property Organization (WIPO) (2022), *World Intellectual Property Indicators* 2022, p. 16.

[2] 参见张志勇：《近期国际税收规则的演化——回顾、分析与展望》，载《国际税收》2020年第1期。

有基础性地位的非歧视待遇、取消数量限制和争端解决程序等规则本身则尚未变化。

1. 多边贸易实体规则和程序规则整体稳定、变化不大

世贸组织自成立以来,除2013年年底第九届部长级会议"巴厘一揽子协定"、2015年年底第十届部长级会议"内罗毕一揽子协议"、2017年《与贸易有关的知识产权协定》(TRIPS)第31条的修改、2017年《贸易便利化协定》经成员批准生效、2022年第12届部长级会议达成《渔业补贴协定》等少量多边造法活动取得的突破性进展外,世贸组织的核心规则,包括非歧视待遇(最惠国待遇、国民待遇条款)、普遍取消数量限制、降低关税和非关税壁垒、透明度等基本原则,以及构成多边贸易体制的货物、服务、知识产权和争端解决的几十个多边贸易协定都没有经历大的调整和改变。即使上诉机构因法官遴选受阻而停摆,约20起已上诉案件无法审理,争端解决机制遭受严重损害,成员围绕争端解决机制改革的讨论在过去三年一直没有停歇,但争端解决所依据的程序规则即《关于争端解决规则与程序的谅解》尚未作出任何修改。因此,除个别领域的零星规则的增补和修订,世贸组织所管辖的多边贸易规则的实体和程序主体部分并没有大的改变。个别成员对多边规则的实施违背了世贸组织的基本原则和规则,如美国基于国内贸易法301调查程序,对自中国进口产品在最惠国税率基础上采取大规模提高进口关税的单边主义行为,使正常的国际贸易秩序受到严重的影响和冲击。

2. 多边贸易规则谈判的路径和规则的实施发生了重大变化

首先,诸边谈判成为世贸组织正在进行谈判的重要方式。

关税与贸易总协定是以回合式的多边贸易谈判著称的,世贸组织是在历经8年完成的第八轮多边贸易谈判——乌拉圭回合一揽子谈判成果基础之上建立的,因此,多边贸易谈判是多边贸易体制不断发展的生命力之所在。乌拉圭回合结束后,《WTO协定》附件4列入的诸边协定只有《民用航空器贸易协定》《政府采购协定》《国际奶制品协定》《国际牛肉协定》四项协定。然而WTO成立后的第一轮多边贸易谈判——多哈发展回合多边谈判启动20多年来,由于各种原因始终未果,"《关税与贸易总协定》/世界贸易组织"以

全体成员协商一致模式进行的回合式、一揽子多边谈判的模式变得难以为继。目前,世贸组织正在进行的几项谈判多以诸边(plurilateral,也称复边谈判)方式开展,即所谓的联合声明倡议(Joint Statement Initiative,JSI)方式,譬如电子商务、投资便利化、服务国内规制、中小企业等,均是由部分相同立场成员发起,如谈判成果达到临界数量水平则通过多边化方式实施,即部分成员参与谈判,而谈判成果对全体成员适用。尽管在多边谈判举步维艰的背景下,诸边(复边)谈判对于推动贸易自由化发展是一种现实的次优选择,但在多哈回合法定授权没有完成的情况下,部分成员发起的诸边谈判在 WTO 框架内的合法性问题,遭到印度、南非等发展中成员和部分 WTO 学者的质疑。[1]

其次,区域贸易协定成为规则发展的重要渠道。

21 世纪以来,双边与区域贸易协定数量增长较快,使依据最惠国待遇例外条款的《关税与贸易总协定》第 24 条边境贸易、关税同盟和自由贸易区谈判的优惠贸易协定大行其道。但这不等于最惠国待遇条款作为《关税与贸易总协定》的基本原则从规则层面被修改或取代,而是在实施过程中被边缘化,使例外条款在一定程度上成为通例,这仍属于条约实施的问题。这种现象反映了在多哈回合长期未果的情形下,世贸组织已无力发起和推动新的全体成员共同参与、以协商一致方式进行回合式的一揽子谈判,区域贸易谈判已成为 WTO 成员发展自由贸易的现实选项。目前多边贸易规则大范围更新几近停滞,零星进展难以满足时代进步和成员的需求,新增的市场准入与国际贸易规则的更新大多发生在区域贸易协定领域,全球已形成几大区域贸易协定区块,如《美国—墨西哥—加拿大协定》(USMCA)、《区域全面经济伙伴关系协定》(RCEP)、《全面与进步跨太平洋伙伴关系协定》(CPTPP),以及欧盟和非洲大陆自贸区等,形成了区块贸易格局。"贸易与环境""电子商务""竞争政策"等所谓超越现有世贸组织承诺水平的 21 世纪贸易规则屡屡出现在双边、区域贸易协定中,成为国际贸易规则发展的新的风向标。

---

[1] See Jane Kelsey, *The Illegitimacy of Joint Statement Initiatives and Their Systemic Implications for the WTO*, 25 Journal of International Economic Law 2(2022).

最后，成员的单边主义行动成为国际贸易规则体系的最大威胁。

如前所述，目前核心成员的单边主义行动成为对多边贸易体制的最大威胁。如果说通过诸边、区域路径发展多边贸易规则尚属于务实和次优的选项，那么，单边主义行动则可谓是对于多边贸易机制的最大消解和破坏。无论美国利用《1974年贸易法》第301条款、《1962年贸易扩展法》第232条款实施提高关税的行为，还是否决上诉机构成员遴选联合动议的行为，都是美国在多边贸易领域滥用其大国地位采取的单边主义行动。欧盟则表示，对欧盟提起的任何在专家组阶段败诉案件的被告，如其向已经停摆的上诉机构提起上诉，则欧盟将无须等待多边授权即可实施贸易报复。尽管欧盟的做法有维护多边机制的用意，其本质上仍是单边主义行为。欧盟已设计并拟实施的碳边境调节税被世贸成员广为诟病，其本质也是一种单边主义措施，只是打着应对气候变化的旗号。

根据采取单边主义行动的成员目的与动机的差别，国外有学者将世贸组织体系内的单边主义行为区分为建设性、重构性和破坏性的三类行为。破坏性的单边主义行为应当受到谴责，而对于建设性（对将败诉案件上诉至停摆的上诉机构的被告实施未经多边授权的贸易报复）和重构性（如实施碳边境调节税）的单边主义行为，则应当与破坏性的单边主义行为区别对待。[1]

国际经贸规则的其他领域，如投资、金融、知识产权等规则制定的路径并未发生显著变化，经合组织牵头实现的国际税收规则的突破，则把国际税收规则制定从双边路径引导到G20这一重要的国际集团路径。

在一定程度上令商业界和学者担忧的是，美国政府一改其大力推动国际规则制定和实施的国际法旗手角色，在个别领域，对包括联合国和世贸组织等国际组织大肆抨击，采取拖延缴纳会费、拒绝法官任命等破坏行为，对中国在高科技领域采取"小院高墙"、实体清单等技术脱钩的政策，这些均对构成国际经贸关系的经济基础具有破坏作用，对以多边规则为基础的多边贸易体

---

[1] See *The Unilateralization of Trade Governance*: *Constructive*, *Reconstructive*, *and Deconstructive Unilateralism*, International Economic Law and Policy Blog, https://ielp.worldtradelaw.net/2022/12/guest-post-the-unilateralization-of-trade-governance-constructive-reconstructive-and-deconstructive-.html.

制和世贸组织造成损害。当然,多边贸易体制因其所具有的强大韧性,以及包括欧盟和广大发展中国家在内的几乎所有成员的鼎力支持,尚且维持运行。

现代国际法经过400年发展,国际秩序和国际机制的多边化态势已有70多年的实践,经过多年扩容,世界贸易组织成员达164个,世界银行成员达189个,国际货币基金组织成员达190个,多边合作的平台宽广。通过多边途径进行国际经贸规则的发展与改革无疑是法理和效率双优的首选路径。但如前所述,无论是归因于协商一致的谈判决策机制、国际经贸规则谈判议题的技术复杂性,还是归因于多边舞台的各国经贸利益的错综复杂、冲突与矛盾协调的难度,事实上,近年来,国际经贸规则的多边主义主渠道并没有被充分利用,甚至被区域、双边、诸边等部分成员小众组合的若干支流所替代。然而,正如《国际法院规约》第38条对国际法渊源所进行的列举,也如国际法发展的历史所展示,国际条约、协定(无论多边还是区域、双边、复边)、国家共同实践发展而来的国际习惯、国际法原则、国际司法判例、知名国际法学者的著作都可以被国际法院作为裁决国际争端的国际法的渊源,而从作为国际道德的自然法到实证法,国际法发展的路径可谓包罗万象,并非只有一条道路,随着实践的发展和历史的演进,由各类国际规则构成的国际法体系终归仿佛千条溪流归入大海,多边主义仍将是未来方向。

一方面,我们应当积极推动在多边平台发展与改革国际经济规则;另一方面,应当对国际规则发展变革多路并举的现状予以正视,特别是重视国际规则主导国、国际造法的强权国家通过单边主义行动率先在某些新领域推行国内法新规而产生的影响,积极应对,主动采取因应之策。譬如,欧盟强推的碳边境调节税,以气候变化为名,既实现国内产业保护的目的,又变相引致国际规则发展,中国与发展中国家应妥善应对。

在这样的历史背景下,对于中国和广大发展中国家而言,支持多边主义和以世贸组织为代表的多边贸易体制是必要的,同时也应当推动于自身有益的区域贸易法律规则体系的建设,中国还应主动在实施"一带一路"倡议中,积极实践构建公平、公正和合理的国际经贸规则的理念。

历史轮回,当今世界仿佛回到了一个世纪前,国家间竞争加剧,争相为实现各自国家利益相互博弈。何时才能实现新的稳定和平衡,恐怕要假以时日,有赖于相关条件的成熟,譬如核心成员发挥领导力、大国取得共识、各国共同利益大于分歧等。长远来看,终有一天,回归多边渠道,令国际规则制定重回坦途,将是世界各国的幸事。

三、国际经贸规则变革基础理论的反思

像任何领域的法和规则一样,作为上层建筑的组成部分,国际经贸规则的形成源于实践,同时受到各相关缔约国上层建筑中的意识形态、思想、学说和理论的影响,可以说是各缔约国不同程度的"国家意志的反映"。因此,反思对国际经贸规则变革具有影响的基础理论,对本文而言,是重要且必要的。

在对国际经贸规则变革产生影响的基础理论中,自由主义思想居于主要地位。自19世纪中叶以来,资产阶级自由主义思想逐步成为西方政治、经济、社会和法律意识形态中富有影响力的一个理论分支。随着资本主义的全球扩张,这一理论分支在世界范围内成为一种广为流行的思潮。"自由"作为一项个人权利,是人权的重要组成部分,与"民主""平等""正义"等构成人类社会普遍追求的理想与核心价值,但"自由主义"作为一种理论和思潮却相对难以界定。[1] 自由主义思潮在"冷战"后的西方可以说经历了成功的巅峰,因而,在20世纪90年代,美国学者福山把基于这种思潮的政治形态——自由民主政体,誉为"历史的终结"。然而,自那时以来,自由主义思潮好景不再,一路下行,目前可以说处于内忧外患的境地。对内,自由民主政治出现政治极化和经济不平等,引发民粹主义,反对经济全球化;对外,则面临地缘政治的冲突和激烈的大国竞争。这种情况引发了西方学者的反思:新自由主义

---

[1] 参见[美]艾德蒙·福赛特:《自由主义传》,杨涛斌译,北京大学出版社2017年版,第2页;[意]多米尼克·洛苏尔多:《自由主义批判史》,王崟兴、张蓉译,商务印书馆2014年版,第1—39页。

理论的接续者又该是何方神圣？[1] 但这种反思其实过度夸大了自由主义的唯一存在性，因为我们还应该看到，自由主义并非总是作为一个单线传承独霸整个意识形态领域的思想，如果客观地从历史进程看，在资本主义发展的各阶段其实一直都有各种不同的思想和思潮与自由主义相伴相生，譬如19世纪在西方有保守主义、社会主义理论，20世纪则有更多的理论思潮，包括现实主义、建构主义、后现代主义、后殖民主义、女权主义、民族主义和民粹主义等。这些思潮作为经济学、国际政治学和国际法学的不同理论流派的支撑，对国际经济法、国际经贸规则乃至各国的对外经贸政策和立场主张都产生了不同程度的影响。

（一）经济学理论

对国际经济法和国际经贸规则有重要影响的西方经济学理论大体可以划分为自由主义经济理论和国家干预经济理论两大流派。在资本主义发展的早期，干预型的经济理论对国际经贸政策产生的重要影响不可低估，特别是德国的产业政策理论、美国建国之初奉行的关税保护理论。但处于巅峰时期的英国，却主张贸易自由理论。及至1930年的大萧条时期，凯恩斯的国家干预经济的理论随《就业、利息和货币通论》的出版而风行于资本主义世界。战后，英国、法国、德国等欧洲国家受社会主义思潮影响，执政的工党、社会民主党纷纷奉行福利国家政策，诞生了大量的国有企业；及至20世纪70年代石油危机后，发达国家经济陷入滞胀阶段，即低增长与高通胀并行，自由主义经济理论重新登场，西方国家开启了新一轮自由化改革。1989年柏林墙倒塌后，在新自由主义理论指引下，经济全球化进入高速扩张阶段。自2008年国际金融危机以来，新自由主义逐渐失去风头，贸易保护主义和产业政策理论在西方发达国家再次抬头。美国特朗普政府奉行的高关税政策，拜登政府对芯片、新能源汽车产业实施具有当地含量的歧视性产业补贴政策，均是近年

---

[1] See Rana Foroohar, *After Neoliberalism*, *All Economics is Local*, Studocu (November/December 2022), https://www.studocu.com/ph/document/san-sebastian-college-recoletos-de-cavite/law-on-public-officers/after-neoliberalism-case-article/42416754.

来贸易保护主义和产业政策理论的典型例证。

近现代世界经济发展史表明，各国的经济政策在某种程度上显示了在自由主义经济与国家干预经济两个端点之间的摇摆。国家实力强大时往往奉行自由主义程度高的经济政策；反之，国家实力弱小或面临困境时则容易倾向于国家干预经济理论，奉行保护主义、加大产业政策的实施力度。

如果说"小政府、少税收、少干预"是自由主义经济理论的主要特征，那么，欧洲大陆国家和世界上多数国家恐怕都难以被视作完全适用自由主义经济理论的国家。美国是典型的奉行自由主义经济政策的国家，近期也有政策转向的迹象。[1] 在新自由主义经济理论指导下的经济全球化，经过近四十年的高歌猛进，目前出现很多问题，特别是在西方发达国家造成了贫富两极分化、社会福利降低、国内矛盾激化等问题。正是在这样的背景下，世界期待新的经济理论来解决这些问题，或者说来指导未来的经济全球化。

目前，世界上大多数国家奉行市场经济制度，估计在未来相当长一段时期的经济全球化中，这些国家仍然会奉行这种经济制度。

经济制度不可避免地涉及财产制度问题。财产制度的多样性则是古已有之，基督教早期教义即主张共有财产制度，[2] 自然法学者普芬道夫（Pufendorf）对殖民统治者以原住民没有私有制、无法对其土地建立统治权，作为其占有和剥夺原住民"公有财产"的理由进行了批驳。[3] 股份制从根本上讲也是按份共有或集体所有。财产权的形式历来可以有多种法律形态，无论公有、国营、集体所有、共有产权、私有、信托、交叉持有，只要产权关系界定明晰，都可以根据契约在市场进行合法交易。未来的经济学理论可能在研究何种产权制度及其组合以及如何更好地发挥政府和市场对经济发展与人民福利改善的作用关系方面进行探索，各国政策的差异也将体现在这些

---

[1] See Martin Wolf, *The New Interventionism Could Pose a Threat to Global Trade*, Financial Times, Opinion, 14 February 2023.

[2] 参见［德］巴多·法斯本德、［德］安妮·彼得斯主编：《牛津国际法史手册》，李明倩、刘俊、王伟臣译，上海三联书店2020年版，第943页。

[3] 参见［德］巴多·法斯本德、［德］安妮·彼得斯主编：《牛津国际法史手册》，李明倩、刘俊、王伟臣译，上海三联书店2020年版，第844页。

方面。当然,对于国际经济学来说,无论是国际贸易、国际投资和国际金融理论的发展,都将对各国乃至国际经济的发展产生影响,由此也将以这样或那样的方式影响国际经济规则的形成与演进。

因此,我们可以预见,在新一轮的国际经贸规则调整中,发达国家将进一步推行其所谓的"自由和公平"的贸易理论,实则进一步加大保护主义和产业政策的实施,在国际规则制定中对补贴问题的立场也许会有所调整,敏感和关注度有所下降,同时对人权、气候变化、环境、劳工等所谓"公平"贸易的规则更加关注。而发展中国家则在坚持自由贸易和多边主义的同时,会坚持追求与自身利益相符程度更大一些的公平、公正与合理的国际经贸规则。这里,发达国家与发展中国家均主张国际经贸规则的"公平"性,其含义则并不一致。发达国家所谓的"公平"贸易旨在实施保护国内产业的贸易保护主义措施,甚至指向其偏爱的人权、环境、劳工权益等价值观在国际贸易中的体现;而发展中国家所说的"公平、公正与合理"国际经贸规则的"公平"则更多指向经济意义方面的公平和平等。

(二) 国际政治理论

现实主义、自由主义和建构主义共同构成西方国际政治学理论的三大主要流派。不同的国际政治理论,通过影响各国政策的制定者,对各国参与国际经贸规则谈判的立场、行为方式和结果产生不同的影响。

现实主义国际政治理论主张"权力政治",认为国际政治领域的特殊之处在于以权力界定利益概念,国家的根本利益在于追求权力和安全。现实主义理论内部产生了"霸权稳定论"、"均势稳定论"和"两极稳定论"来阐释世界体系的结构与演变。[1] 与现实主义一样,自由主义国际政治理论认同国际社会的无政府状态,但认为冲突与合作并存,国家间利益相互连接、依存,因此注重通过国际法、国际组织和国际机制加强国家间的合作,参照国内法的经验,强调国家可以通过各种途径(制度安排、社会交往、贸易、契约、谈判等)协调解决彼此间的利益冲突。显然秉持这两种不同的国际政治理论,对国际

---

[1] 参见邢悦、詹奕嘉:《国际关系:理论、历史与现实》,复旦大学出版社2008年版,第111—114页。

规则谈判的影响会是不同的。

20世纪80年代末至90年代初新现实主义和新自由主义都没有预见到东欧剧变和"冷战"结束,也未对此提供有力的解释,因此,建构主义适时兴起。[1] 建构主义强调社会结构、国家间的互动和文化对于国际关系的影响。建构主义认为世界体系中的观念因素比物质因素重要,认为决定世界稳定与否的是世界体系中的文化结构而不是实力关系。建构主义提出了"霍布斯文化"、"洛克文化"与"康德文化"三种不同的文化模式,[2]来解释国际体系的结构与变化。

三种理论分别从三个不同方面,即权力、利益和观念对国际体系(包括制度、机制和规则)的演变作出阐释。新现实主义围绕核心概念"权力"、强调国际结构的稳定性和国际经济的相互依赖性,新自由主义围绕国家间"相互连接的利益",强调交易成本的降低,而建构主义从不同"文化和观念"出发,强调国家间的认同和身份界定。这些理论虽然各有其局限性,但对于认识国际规则形成的动力、路径和方法,通过谈判促进国际规则的生成,也有一定的借鉴意义和启发作用。

"冷战"结束后,美国作为唯一的超级大国,其外交奉行的新自由主义成为构成所谓的国际秩序的重要根基。2019年,芝加哥大学教授米尔斯海默(John J. Mearsheimer)提出美国主导的"自由主义国际秩序已经衰落"[3],认为该秩序以美国霸权为核心,而美国霸权实力下滑,因此,实际上宣告了这一国际秩序的衰落。因此,何种国际政治理论将主导未来的国际秩序,还有待观察。是重回现实主义的"权力政治"理论,还是"均势理论""多极理论"?抑或顺应时代潮流、诞生有利于实现人类共同利益的新的国际政治理论并对国际经济秩序和规则产生影响?这都需要我们认真研究。

毛泽东主席在20世纪70年代提出中国关于国际关系的"三个世界理论",对作为发展中国家的中国开展外交工作、参与国际经贸规则谈判仍有重

---

[1] 参见邢悦、詹奕嘉:《国际关系:理论、历史与现实》,复旦大学出版社2008年版,第40页。
[2] 参见邢悦、詹奕嘉:《国际关系:理论、历史与现实》,复旦大学出版社2008年版,第39-99页。
[3] John J. Mearsheimer, *Bound to Fail: The Rise and Fall of the Liberal International Order*, 43 International Security 7(2019).

要的指导意义。三个世界理论预示了发达国家必然具有内在的政治霸权、军事霸权、经济霸权和文化霸权趋势。这种判断被数十年来的世界局势发展所一一证实。中国领导人在21世纪以来提出的建设"和谐世界"和构建"人类命运共同体"的观点,对构建和谐的国际关系与公平、公正的国际秩序提出更高的追求和目标,对国际经贸规则制定与谈判具有更现实的指导意义。和谐论超越了非此即彼的偏颇性,注入了传统中华文化的"和为贵"价值观念,对缓解世界冲突具有很强的引导作用。人类命运共同体论超越了以往世代西方学者曾经提出的各种国际"共同体"理念,[1]体现了崛起中的中国胸怀全球人民共同利益的责任担当。在新时代条件下吁请全球各国求同存异,以便让地球村的全体村民都能够整体性改善命运。这样的呼吁超越了所有的意识形态羁绊,是一种全球人民利益至上论,符合世界人民的期望,对于国际秩序与国际经贸规则的变革,具有重要的引领作用。

(三)国际法理论

从国际法自身的角度看,国际法四百年的发展历程经历了从自然法理论到实证主义国际法理论的发展,现代国际法又诞生了若干理论学派,包括新纽黑文学派(政策定向派)、国际法律进程、批判法学研究、国际法与国际关系跨学科研究、女性主义法学、第三世界对国际法的主张、法经济学派等理论流派。[2]

从国际政治和国际关系理论的角度,自由主义、现实主义和建构主义三大流派对国际法理论都产生过重要的影响。特别是新自由主义思想对自由主义国际法理论产生了重要影响。新自由主义的代表人物之一基欧汉(Robert O. Keohane)自诩其主张属于"成熟的自由主义"(Sophisticated Liberalism)或"制度主义"(Institutionalism),认为这种自由主义介于主张自由贸易导致和平的"商业自由主义"(Commercial Liberalism)和强调国际制

---

[1] See Martti Koskenniemi, *The Gentle Civilizer of Nations: The Rise and Fall of International Law 1870-1960*, Cambridge University Press, 2002, p. 134-135.
[2] 参见[美]巴里·E.卡特、[美]艾伦·S.韦纳:《国际法》(上),冯洁菡译,商务印书馆2015年版,第58-59页。

度或规则对各国关系的管理的"规制自由主义"(Regulatory Liberalism)之间,并且是对二者的综合和超越。这一思想和理论影响并催生了自由主义国际法学派的问世,该学派重视对国际组织和国际机制的研究,推动了国际人权法、人道主义干涉、从传统的国家责任向个人责任扩展、构建国家的遵守国际责任的能力,对于构建"自下而上"的国际法理论作出了独特的贡献。[1]

中国国际法学者在"和平共处"五项基本原则、"三个世界理论"、"和谐世界"和"人类命运共同体"的国际法原则、理念和思想指引下,对传统西方国际法理论主动扬弃,提出了中国学者关于国际法理论的主张和论述。

譬如,1984年盛愉、魏家驹在合著的《国际法新领域简论》中认为:"随着国际关系的变化发展,法律秩序的变更实际上已经开始。摆在我们面前的问题是如何利用和改造当代国际法律秩序,推动世界新秩序的建立。"该书侧重论述以国际发展法为主的"新国际法"[2]。1988年潘抱存的《中国国际法理论探讨》以创造出有中国特色的国际法理论为己任,从全人类总体利益原则出发,采用系统科学的方法论研究国际法,尝试构建独特的理论体系。[3] 罗国强博士对中国和平崛起相关国际法的研究,是从哲学上的本体论角度探讨国际法本质的抽象理论。[4] 何志鹏教授进一步从本体论、认识论、价值论、方法论和运行论等哲学范畴,阐述国际法的性质、价值、履行及秩序等一系列基本理论问题,并称之为"国际法哲学"[5]。易显河教授提出"共进国际法"的新理念,认为国际法在主题、形成、内容以及执行等方面在特定的时期都展现出一些特定的时代精神:在"冷战"顶峰时期,国际法的主题是共处,在缓和时期是合作,在"冷战"结束后的时期则是共进,"共进国际法"包罗万象,更为关注和促进道德或伦理进步,并以人类繁荣为其终极目标。[6] 蔡从燕教

---

[1] 参见刘志云:《全球化背景下自由主义国际关系理论的创新与国际法》,载《江西社会科学》2010年第5期。
[2] 盛愉、魏家驹:《国际法新领域简论》,吉林人民出版社1984年版,第4页。
[3] 参见潘抱存:《中国国际法理论探讨》,法律出版社1988年版,第2页。
[4] 参见罗国强:《国际法本体论》,法律出版社2008年版,第7页。
[5] 何志鹏:《国际法哲学导论》,社会科学文献出版社2013年版,第1页。
[6] 参见易显河:《共进国际法:实然描绘、应然定位以及一些核心原则》,载《法治研究》2015年第3期。

授通过对中国社会性质及其国际地位的历史考察,深入分析了中国对于国际规则与组织体系的立场,国内法院对国际法的适用以及中国对国际争端的第三方解决的看法,认为中国不会走旧的大国强而霸之的老路,中国走和平发展道路、推动构建人类命运共同体的"例外主义"值得重视。[1] 中国国际法学界对人类命运共同体理念所涵盖丰富的国际法理论也进行了全面深入的阐释,提出"在当今时代,构建人类命运共同体需要进一步倡导和践行和平共处、普遍安全、共同繁荣、开放包容和可持续发展等国际法原则"。[2]

四、发展与构建新时期国际法理论的探索

众所周知,国际法 400 年历史基本上是由西方国家主导的。我们所回顾的历史上的国际法理论成果也表明,国际法理论基本是以西方学者为主体建构,以西方文明作为依托,甚至可以说是作为西方文明的传播工具而存在的。西方学者对这一点并不讳言,并对之进行了广泛的反思和批判。[3]

正如马克思、恩格斯所指出的,"支配物质生产资料的阶级,同时也支配着精神生产资料。因此,那些没有精神生产资料的人的思想,一般是受统治阶级支配的"[4]。因此,发展中国家要想摆脱在国际关系中的不平等地位,需要提出符合自身利益的国际法理论和理念。中国作为发展中大国,是国际社会的重要一员,身处一个国际秩序震荡变革的时代,中国国际法学者在对当今世界已有国际法理论作出反思和扬弃的基础上,应推动国际法理论的进一步发展,以期为国际社会的进步与人类和平发展事业作出贡献。

综上所述,为构建相对公平、公正与合理的国际经济秩序,实现"人类命

---

[1] See Congyan Cai, *The Rise of China and International Law: Taking Chinese Exceptionalism Seriously*, Oxford University Press, 2019, p. 39.

[2] 本段所引观点及对应脚注,参见张乃根:《论当代中国国际法基本理论的传承与创新》,载《国际法研究》2022 年第 6 期。

[3] 参见[德]巴多·法斯本德、[德]安妮·彼得斯主编:《牛津国际法史手册》,李明倩、刘俊、王伟臣译,上海三联书店 2020 年版,第 911—935 页。

[4] 马克思、恩格斯:《德意志意识形态》(节选本),中共中央马克思恩格斯列宁斯大林著作编译局编译,人民出版社 2018 年版,第 44 页。

运共同体"理念所倡导的美好社会愿景,需要探索构建能够反映和代表地球70亿人口中占绝大多数的广大发展中国家利益的国际法理论和理念。

为此,本文认为可以初步考虑以下几个理论架构和思路。

1. 新自然法理念

自然法被视为西方法律思想的起源,对国际法的产生和塑造产生了重要的作用;时至今日,在国际关系中作为道德准则仍有其特殊的规范性作用。[1] 而从格劳秀斯那一代欧洲法学家把自然法从上帝和神的法解脱为世俗的法到现在,当今世界对自然法的起源和构成的探讨仍囿于西方哲学、宗教、法学传统。即便到《联合国宪章》的诞生,虽有来自包括中国在内的发展中国家的代表参与,其所体现的自然法原则仍主要以西方文明为基础。中华文明和发展中国家的思想还有待进一步反映其中。譬如,中国古代流传至今的"和为贵""天人合一"所蕴含的和谐、包容思想;"水善利万物而不争"的"不争""和平"思想;"民为贵""爱民""亲民"的民本思想;"大道之行也,天下为公"的基于集体主义、代表公众利益的公正思想;万物齐平、民胞物与的平等、仁爱的思想等。这些理念应当与西方自然法传统理念,如"理性""权利""平等""个人自由"等共同构成21世纪的新自然法,为人类谋取永久和平和可持续发展的共同利益服务。

2. 基于大陆法系传统的实证主义国际法学

作为重要的国际法理论流派,实证主义认为国际法就是国家通过条约、习惯和其他形式的同意所接受的规则。实证主义法学说是在国际法脱离了自然法传统后诞生的,其鲜明的特点正如英国学者奥本海(Oppenheim)在其所著《国际法》中所主张的"只论述现有的国际法,而不论及应有的国际法"。[2] 实际上,到了20世纪初,所谓的"文明国家"之间已经缔结了大量的国际条约、协定,[3] 彼时布雷利(James L. Brierly)和奥本海教授都认为作为实证主义法学的研究对象的条约体系仍显薄弱,应该大大发展,但已有相当

---

[1] 参见何志鹏:《国际关系中自然法的力量与局限》,载《东方法学》2018年第2期。
[2] See Lassa Oppenheim, *International Law*, Vol. Ⅰ, Peace, Longmans Green and Co., 1905, p. ix.
[3] 参见[德]巴多·法斯本德、[德]安妮·彼得斯主编:《牛津国际法史手册》,李明倩、刘俊、王伟臣译,上海三联书店2020年版,第945–946页。

多的主权国家允诺和认同的书面协定(契约)作为国际法的客体和研究对象,因此,完全不必再只空谈自然法意义上的道德基础。值得注意的是,尽管国际法从罗马法汲取了很多营养,纵观国际法约400年历史,我们会发现国际法的渊源、组成内容、查明方式等深受普通法系的影响,比如条约与习惯并重,法院或仲裁庭的判例和裁决不但对国际法的解释具有重要影响,甚至可以直接援引作为裁决的重要考量或依据,法官在国际造法中发挥重要的作用。这些实践虽不一定算得上是英美法国家的"法官中心主义",但作用类似。[1] 这使国际法体系非常庞杂,充满不确定性。这正是欧洲著名批判法学家马蒂·科斯肯涅米(Martti Koskenniemi)所指出的国际法的缺憾。而这些缺憾恰恰可以通过大陆法系所具有的法律体系明晰、法律统一性和确定性高、法官难以越权等优势予以克服。[2] 譬如,通过谈判缔结或修改现有《国际法院规约》,参考大陆法系的"立法中心主义",即以国家同意的成文规则(条约、协定)为核心,考虑不再将"国际习惯"作为国际法的渊源,国际裁决和司法判例只是参考,法官不具有造法功能。如此一来,国际法的规则体系将趋于清晰明了,与深受普通法影响的当前的国际法相比,具有确定性的优势。因此,为提升国际法的确定性,新的国际法理论可以倡导国际法的渊源限于国家同意的成文规则(条约),以有利于实现国际法规则的稳定性和确定性,在成文规则没有规定的情况下,才诉诸"诚实信用""条约必须信守"等公认的国际法基本原则。在成文国际条约已经几乎遍布国际交往的各领域,甚至呈现碎片化的时代,国际法规则体系按照大陆法系传统进行整饬和改造已经可以提上日程,仅仅通过联合国国际法委员会的条约编撰工作不足以解决该问题,国际法学者以及大陆法系国家可以研究提出使国际法进一步体系化的思路和理论构想。

3. 实践人类命运共同体的集体主义国际法学

西方法学理论(包括国际法学理论),在一定意义上讲,其本质是维护个

---

[1] 参见世界贸易组织:《世界贸易组织上诉机构年度报告2019—2020》,彭德雷译,上海人民出版社2022年版,中文版序第5-6页。
[2] 参见[美]约翰·亨利·梅利曼、[委]罗格里奥·佩雷斯·佩尔多莫:《大陆法系》(第3版),顾培东、吴获枫译,法律出版社2021年版,第57-65页。

人权利与自由的思想理论。国际法理论从性质上看则是国家间的共存法。联合国建立以后,共存法向合作法方向有进一步的发展。除欧盟正在实践一种区域范围内的主权国家间的共同体法,联合国也试图建立"集体防御"制度(实践中真正发挥作用的仍是区域或集团防御体系,如"北约"),但国际法从整体上还构不成,至少目前还没有发展到"共同体法",更毋庸说"命运共同体法"这样的高度。21世纪以来,面对人类不断升级的各种危机和共同挑战,中国明确提出了构建人类命运共同体的理论思想,为此,需要发展完善一种不同于西方以个人主义为核心的国际法理论,在国家共存(和平共处)理论基础上进一步发展、升华国际法学理论,提出并构建依托于集体主义思想的人类命运共同体国际法学理论,并在此基础上建立和发展各领域相应的国际规则体系,以应对人类面临的各种全球性危机和挑战。

4. 围绕人类命运共同体的新历史主义国际法学

人类命运相互连接、相互依存、共同发展的理念和思想在不同国家、地区的文化、文明中都有这样或那样的历史表述和传承形式。探索围绕人类命运共同体的新历史主义国际法理论可以对此问题进行系统的探寻和研究,即以一种全新的人类命运共同体的历史视角研究人类历史,提出并构建新的围绕人类命运共同体的历史主义国际法理论。比如从人类历史的视角,找寻人类命运共同体思想在不同文明和文化中的著述、论说、例证等,可以包括正反两方面的历史经验与教训,并从中分析、提出化解文明之间误解、冲突的理念、方式、方法和途径,弘扬和传播基于人类共同利益的命运共同体理念,探究与人类命运共同体相应的包容、平等、仁爱、理性的思想和价值观及其同源性和共生性,从而引导和推动各民族克服一己之私,真正为人类的至高共同利益——命运共同体而努力奋斗。

5. 比较国际法学

将观念不同的国际法学派的理论与实践进行比较研究,比如将第三世界国际法、批判主义国际法与自由主义国际法理论进行比较研究;又如,以新建构起来的人类命运共同体国际法学新理论与以往旧的国际法理论进行比较研究等。在此基础上,发展建立真正的比较国际法学,改变目前比较国际法研究在一定程度上成为对各国国内对外关系法进行比较的现状。

基于人类命运共同体的国际法理论与以往国际法理论具有不同的特性、思想根基和文明基因，进行对比研究，有利于比较鉴别、相互学习、取长补短，有利于扩展现有的以比较国家对外政策为研究对象的国际法比较研究的视野和领域，开展深入的国际法理论比较研究；也可以适时考虑组建国际法理论比较研究学会，建立和发展专门的国际法理论比较学科，定期开展有关交流活动。

五、结论

马克思主义唯物史观认为，世界历史的进阶是螺旋式上升或波浪式的前进，虽然道路是迂回曲折的，但总的方向是前进上升的。因此，在世界百年未有的历史大变局中，国际经贸规则的变革应当追求更加公平、公正和合理的改革目标，这符合人类发展的进步事业。世界发展到今日，多边主义舞台是国际经贸规则的主渠道，但我们应当对个别发达国家采取的种种对多边机制和多边规则体系造成严重损害的单边行径保持高度警觉。在维护多边主渠道和国际规则体系的同时，中国与广大发展中国家应当积极运用"一带一路"倡议和区域贸易合作平台，勇于推进创建"公平、公正与合理"的国际经贸规则的具体实践，以维护自身的发展权益。国际经贸规则的发展离不开国际政治、经济和法学理论的支撑，发展中国家应积极探索支撑"公平、公正与合理"的国际经贸秩序的国际政治、经济和法律理论，为此本文提出具有东方思想色彩的"新自然法理念"，以及关于"基于大陆法系传统的实证主义国际法学""实践人类命运共同体的集体主义国际法学""围绕人类命运共同体的新历史主义国际法学""比较国际法学"等国际法理论的初步设想。

历史正处于不断发展演变的阶段，世界并不安宁。我们面临的重大挑战不仅是如何发展与改革现有国际经贸法律规则，而且是能否防止现有的国际体系分裂，避免重蹈"冷战"覆辙。当今世界呈现出的两极和多极化格局的趋势不断加强。在各种国际政治、经济纷争中，国际法学者在建立公平、公正与合理的国际经济秩序中,面临如何尽最大努力保持理性、引导世界维持和平、保护人类发展成果的使命。本文探索性地提出关于国际法新理论和新理念的初步设想,旨在为国际法理论架构提供一些东方视角和思路,互学互鉴,促进国际法的交流与发展,实现推动人类和平与共同发展事业不断前进的初衷。

国际经贸规则变革的政治经济学思考*

张乃根**

> **摘　要**　以贸易、金融和投资领域为主的当代国际经贸规则，是在"二战"之后由美国等发达国家和地区主导制定的。其中，多边贸易体系的主要规则已经发生根本变化，但是，以美元霸权地位为核心的多边金融体系规则尚无实质变化，双边投资协定和区域贸易协定的投资规则体制也没有发生重大变革，而是趋向有利于可持续发展和便利化。基于对国际经贸规则变革的客观评估，有必要运用已得到历史实证的马克思主义政治经济学原理，深入思考、分析"二战"以来世界经济作为国际社会的经济基础，经过国际经济、全球经济和"无边界"经济三个阶段发展，对作为国际社会上层建筑范畴的国际经贸规则及其体系的形成和变化所具有的根本作用，以及后者对前者的巨大反作用。尤其是近年来，随着中国不断深化改革和扩大开放，积极参与全球经济一体化，经济实力显著增强，已经并将继续改变国际社会经济基础的力量对比，而美国千方百计维持其霸权地位，并转向单边主义对外贸易政策，极大削弱多边贸易体制，对国际社会经济基础具有消极反作用。中国通过实施"一带一路"倡议、发起成立新的国际金融机构和携手共建地区与国际安全合作体系，正在影响着国际经贸规则的积极变革，日益体现正向的政治引导力。
>
> **关键词**　国际经贸规则　变革　经济基础　上层建筑　政治引导

---

*　本文已发表于《中国法律评论》2023年第2期。
**　张乃根，复旦大学特聘教授。

一、引言

"国际经贸"[1]作为宽泛的范畴,涵盖国际经济贸易的各种活动。一般而言,国际商业交易是国际经贸的基础,离不开被交易的货物、服务等客体以及交付或提供与支付手段,从而形成国际贸易与金融,二者又与国际投资休戚相关。[2] 由此探讨国际经贸规则的变革,显然就不限于国际贸易,或者说多边贸易体制,而应该至少包括贸易、金融和投资三大国际经贸领域。[3] 国际经贸的"规则"同样不易界定。格劳秀斯创立的国际法学说认为法律是"行动规则",或者干脆说"法律即规则"[4]。在罗马法学说的本源"法"与具体"法律"的二元论下,[5]这里所说"法律"是指具体法律。因而在这样的意义上可以说,"国际经贸规则"与"国际经贸法律"具有互换性,此类规则应具有国际法拘束力。"变革"通常指比较大,甚至是根本的变化,而实际上变化有着程度上的不同。[6] 当前在世界百年未有之大变局中,国际经贸规则的变革主要涉及政府间条约关系。本文首先对条约关系意义上的现行国际经贸规则及其体系的变化作一初步评估,以得出一些基本判断;其次在这一前提下,从政治经济学的理论角度谈两点思考——一是变革的经济基础,二是

---

[1] 在主体间关系的意义上,"国际经贸"与"国际经济"具有互换性。譬如,Walter Goods, *Dictionary of Trade Policy Terms*, 4th edition, Cambridge University Press 2003, p. 190, 将"international economic relation"(国际经济关系)界定为直接涵盖"国际贸易、金融和投资"和间接包括"几乎任何国际经济活动",因而也可以说是"国际经贸关系"。

[2] 在宽泛的意义上,"国际经济交往"包含"商品生产、流通、资本和技术移动、信贷、结算、税收"。参见姚梅镇主编:《国际经济法概论》,武汉大学出版社1989年版,第2页。

[3] 参见张乃根:《试论国际经济法律秩序的演变与中国的应对》,载《中国法学》2013年第2期。

[4] Hugo Grotius, *The Law of War and Peace*, translated by Francis W. Kelsey, The Clarendon Press, 1925, "Law is considered as a rule of action","Law is defined as a rule". p. 34–38.

[5] 参见[罗马]查士丁尼:《法学总论——法学阶梯》,张企泰译,商务印书馆1989年版,第5-7页。

[6] "变革"的英文可以是revolution,以牛津大学出版社的《国际经济法学刊》(*Journal of International Economic Law*)为例,近年来尚无相关论文;也可以是"change",参见John H. Jackson, *Sovereignty, the WTO and Changing Fundamentals of International Law*, Cambridge University Press, 2006。国内学界比较有代表性的论文,可参见东艳:《国际经贸规则重塑与中国参与路径研究》,载《中国特色社会主义研究》2021年第3期。该文所说"重塑"涵盖"演进"。本文所说"变革"(change)涵盖不同程度的变化。

变革的政治引导;最后是结论。

二、国际经贸规则的"变"与"不变"

(一)国际多边贸易规则的"变"与"不变"

众所周知,现行国际经贸规则及其体系主要是欧美国家创制的。就多边贸易体制而言,世界贸易组织(WTO)及其前身《关税与贸易总协定》(GATT)作为事实上的国际贸易组织,其一整套政府间管制国际贸易及相关经贸规则,都是在美国主导下制定的。1945 年 12 月,美国政府邀请部分国家开始谈判关税减让多边协定,并于翌年 2 月提出成立国际贸易组织的建议草案。尽管美国国会未批准该组织宪章,但是 GATT 通过临时适用而实际上一直适用到 WTO 成立。[1] WTO 的"一揽子"协定是"乌拉圭回合"多边贸易谈判的成果。这可追溯到 20 世纪 60 年代"肯尼迪回合"的非关税壁垒谈判。[2] 美国国会通过《1974 年贸易法》为以后"东京回合"与"乌拉圭回合"此类谈判提供了立法"快车道"程序。[3] 可见,在第二次世界大战后,美国煞费苦心地推进并形成了以 WTO 法为核心的多边贸易规则及其体系。如今,这套规则体系的运行究竟如何?到底"变"抑或"不变"?我们应作具体分析和客观评估。

第一,WTO 实体规则及其体系。这包括关税壁垒规则,其中 GATT 第 1 条普遍最惠国待遇(MFN)是作为法律体系的 WTO"首要规则"。[4] 但

---

[1] 参见[美]约翰·H. 杰克逊:《世界贸易体制——国际经济关系的法律与政策》,张乃根译,复旦大学出版社 2001 年版,第 40-45 页。

[2] See Petros C. Mavroidis and Mark Wu, *The Law of the World Trade Organization (WTO): Documents, Cases and Analysis*, Wast Academic Publishing, 2013, p. 4.

[3] 参见[美]布鲁斯·E. 克拉伯:《美国对外贸易法和海关法》,蒋兆康等译,法律出版社 2000 年版,第 144-146 页。

[4] See David Palmeter, *The WTO as a Legal System: Essays on International Trade Law and Policy*, Cameron May Ltd, 2003, p. 314.

是，WTO成立以来，除了部分成员就信息技术产品的零关税达成协定，[1]并对所有成员适用MFN外，未达成任何新的、全面的关税减让多边协定。各成员之间根据GATT第24条，达成数以百计的区域贸易安排（RTAs），其关税减让的优惠仅给予RTAs成员。[2] 早在2004年，有关WTO未来的报告就认为"MFN已不再是规则，而几乎成了例外"。[3] 近年来，美国对外贸易政策从原先倡导的多边主义转向单边主义，尤其是2018年对中国所有输美产品单边加征关税，[4]完全背离MFN，挑起世界上两个最主要贸易大国间持续至今的经贸摩擦，使多边贸易体制下MFN规则，至少对货物贸易而言名存实亡。这是国际经贸规则最突出之"变"。

WTO其他实体规则，如国民待遇、贸易救济措施、卫生与植物卫生检疫措施、技术性贸易壁垒措施、海关估价等非关税壁垒规则依然在发挥着调整各国或地区间贸易关系的不可或缺的作用。WTO"多哈议程"有关规则的谈判，[5]除了达成"澄清与改进"GATT第5条"过境自由"规则等实施性《贸易便利化协定》，[6]其他均一事无成。可以说，这些规则基本维持"不变"。此外，WTO服务贸易规则（除适用RTAs的MFN）和与贸易有关的知识产权

---

[1] See Ministerial Declaration on Trade in Information Technology Products, Singapore, 13 December 1996. 2015年扩大《信息技术协定》（ITA）的零关税产品范围。20 *Years of the Information Technology Agreement*: *Boosting Trade, Innovation and Digital Connectivity*, World Trade Organization, https://www.wto.org/english/res_e/publications_e/ita20years2017_e.htm.

[2] 现有GATT第24条项下RTAs共323个，其中绝大多数是近二十年向WTO通报的。数据来源：WTO/RTAs/Database: rtais.wto.org/UI/charts.aspx，2022年10月29日访问。

[3] *The Future of the WTO*: *Addressing Institutional Challenges in the New Millennium*, Report by the Consultative Board to the Director-General Supachai Panitchpakdi, World Trade Organization, http://www.wto.org/english/the wto_e/loanniv_e/future_wto_e.htm, p. 19, para. 60.

[4] 中国多次就美国违反MFN规则向WTO提起诉讼，WTO争端解决专家组于2020年9月裁决支持中国诉求，驳回美国所谓"公共道德"例外抗辩。See United States—Tariff Measures on Certain Goods from China, WT/DS543/R, adopted 15 September 2020.

[5] See Doha WTO Ministerial 2001, Ministerial Declaration, WT/MIN（01）/DEC/1, 20 November 2001, paras. 28-29, WTO Rules. 这包括反倾销规则、补贴与反补贴规则（包括渔业补贴）和区域贸易安排规则的谈判。

[6] See *The WTO Agreements*: *The Marrakesh Agreement Establishing the World Trade Organization and Its Annexes*, Cambridge University Press, 2017, p. 321-356, Agreement on Trade Facilitation, entered into force on 22 February 2017.

规则(除根据《多哈公共健康宣言》修改有关强制许可规则的第 31 条之二[1]),也基本"不变"。

应该看到,具有代表性的 RTAs,包括《全面与进步跨太平洋伙伴关系协定》(CPTPP)、《美国—墨西哥—加拿大协定》(USMCA)和《区域全面经济伙伴合作关系协定》(RCEP),在上述 WTO 除 MFN 以外的实体规则基础上"递增"(plus)或新增的规则,形成"不变"中最为引人瞩目之"变"。在此不详述,后文将结合变革的经济基础和政治引导,择要评析。

第二,WTO 程序规则,包括成员间贸易争端解决程序规则和对成员贸易政策的审议程序规则。后者的审议记录不具有约束力,而前者具有准司法的性质,尤其是争端解决专家组的审理与上诉机构的审议以及嗣后有关裁决执行的监督、授权贸易报复等,形成类似于国内的司法机制,或者说,"将国际贸易争端解决程序'法律化'和'司法化'"。[2] 在 WTO 运行的第一个十年,基于《关于争端解决规则与程序的谅解》(DSU)的成员间贸易争端解决机制运行良好。[3] 该机制被认为是"以规则为基础的多边贸易体制的最重要因素之一"。[4] 虽然 WTO 成员希望进一步改进其中一些规则,但是,在 2017 年之前,包括美国在内,没有任何成员要求从根本上改变 WTO 的争端解决程序规则。[5] 然而,美国在挑起对中国经贸摩擦的同时,于 2018 年 12 月以

---

[1] The WTO Agreements: The Marrakesh Agreement Establishing the World Trade Organization and Its Annexes, Cambridge University Press, 2017, p. 411 – 412, The Protocol Amending the TRIPS Agreement with a New Article 31 Bis, entered into force on 23 January 2017.

[2] See Ernst-Ulrich Petersmann, The GATT/WTO Dispute Settlement System, Kluwer Law International, 1997, p. 64.

[3] 1995—2004 年,WTO 争端解决机构通过了 83 份专家组报告、56 份上诉机构报告,对专家组报告执行的 12 项复议,对上诉机构报告执行的 8 项复议,6 项关于授权贸易报复水平的仲裁报告。See Rufus Yerxa and Bruce Wilson eds., Key Issues in WTO Dispute Settlement: The First Ten Years, Cambridge University Press, 2005, p. 269 – 289, Annexes I – V, Selected Statistics: The First Ten Years of the WTO.

[4] Rufus Yerxa and Bruce Wilson eds., Key Issues in WTO Dispute Settlement: The First Ten Years, Cambridge University Press, 2005, p. 3.

[5] WTO"多哈议程"包括"改进和澄清"DSU 的谈判,并在 2003 年 5 月先行结束,以确保尽早实施。该谈判并未如期结束,原因之一是 WTO 成员都不认为"绝对需要改变"规则。See Mervyn Martin, WTO Dispute Settlement Understanding and Development, Martinus Nijhoff Publishers, 2013, p. 125.

WTO 争端解决上诉机构"越权"赋予其报告具有"先例"作用等为由，要求将解决此类问题作为正常遴选该机构成员的前提，[1] 实质是阻挠遴选，最终导致 2020 年 11 月该机构 7 名成员全部空缺而彻底瘫痪。[2] 这直接引起整个 WTO 争端解决机制运行的根本变化，即大量被上诉的专家组报告无限期地搁置复议。[3] 这不仅是 WTO 争端解决程序基本规则，而且是整个多边贸易规则及其体系最令人担忧之"变"。

（二）国际多边金融规则的"变"与"不变"

与多边贸易体制正面临前所未有的严峻困境，其实体性"首要规则"和程序性基本规则已经或正在发生根本变化相比，以国际货币基金组织（IMF）为核心的多边金融体制下的规则却没有变革的迹象。诚然，该体制曾发生变化，但战后至今近八十年美国发起建立和推动演变的国际货币金融制度一直以美元"霸权"为基础。1944 年 7 月在美国布雷顿森林开会缔结的 IMF 条款，于翌年 12 月生效。该原始条款的第 4 条规定美元与黄金直接挂钩，并由美国承诺 35 美元兑换 1 盎司黄金的比价，其他国家货币与美元挂钩确定兑换比价，从而形成以美元为中心，旨在实现该第 4 条规定"促进汇率的稳定体系"之目的。[4] 1971 年，美国背弃这一承诺，随后 1978 年修改后的 IMF 条款第 4 条也取消了美元与黄金挂钩的规定，改为成员国及时向 IMF 通报其汇兑方面的变化，包括成员国选择与 IMF 设立美元等主要国际货币构成组合币值的"特别提款权"（SDR）或其他黄金之外标准相联系的汇率制度。但

---

[1] 2018 年 12 月 18 日，美国在 WTO 争端解决机构会议发表有关专家组或上诉机构报告的先例价值的声明。See *Statement by the United States on the Precedential Value of Panel or Appellate Body Reports*, World Trade Organization, https://www.wto.org/english/news_e/news18_e/dsb_18dec18_e.htm, last visited on 30 November 2022.

[2] See *Farewell Speech of Appellate Body Member Prof. Dr. Hong Zhao*, World Trade Organization, https://www.wto.org/english/tratop_e/dispu_e/farwellspeechhzhao_e.htm, last visited on 30 November 2022.

[3] 现有 24 起待复议的专家组报告，参见 https://www.wto.org/english/tratop_e/dispu_e/appellate_body_e.htm，2022 年 11 月 30 日访问。

[4] *Articles of Agreement of the International Monetary Fund*（IMF），22 July 1944, 726 U.N.T.S. 266.

是，SDR 的组合币值，即计价"篮子"迄今一直以美元为主。从美元与黄金直接挂钩及固定汇率的"布雷顿森林体系"，到如今以美元为主的 SDR 及其构成货币的浮动汇率所致组合币值，[1]该体系之"变"并没有从根本上触动美元"霸权"之"不变"地位。

同样，与美国在多边贸易体制内通过单边加征关税，对 MFN 等 WTO 实体法的"首要规则"和争端解决的基本规则构成颠覆性挑战形成鲜明对比的是，在基于 IMF 的多边金融体制下，美国千方百计维护其美元"霸权"地位。根据《国际货币基金协定》第 15 条第 2 款，SDR 计价方法应由基金以总投票权 70% 的多数票决定，但是，SDR 的构成货币占比变化需要 85% 多数票。按照该协定第 3 条所附原始配额，美国配额占总配额超过 30%。经过每五年对配额的审核及必要调整，最近的 2010 年第 14 次审核并于 2016 年生效的调整，美国占比仍高达 17.43%。相应地，其投票权占比 16.50%，[2]实质上独家对 IMF 需要 85% 多数票通过的重大事项仍拥有否决权。这就是多边金融规则，亦即美国竭力维护其美元"霸权"地位的依据之"不变"。

（三）国际投资规则的"变"与"不变"

与上述国际多边贸易和金融规则及其体系分别具有 GATT、WTO 的组织"宪章"[3]和 IMF 条款那样的多边协定不同，国际投资规则缺少全面性多边基础条约，因而是相对"不完全"[4]的体系。自 20 世纪 50 年代出现双边投资协定（BITs）以来，全球有 3288 项 BITs，[5]至今始终没有一项多边投资

---

[1] SDR 最初构成货币共 16 种，美元占比 33%。参见王贵国：《国际货币金融法》（第 3 版），法律出版社 2007 年版，第 107 页。如今由美元、欧元、日元、英镑和人民币组成，美元占比 43.38%。See IMF Press Release No. 22/281, 29 July 2022.

[2] IMF Quota and Governance Reform—Elements of an Agreement, 31 October 2010, p. 12, 17. 第 15 次审核（2016—2020 年）未作调整。

[3] WTO 的组织"宪章"就是《WTO 协定》。该协定及其附件"一揽子"协定，参见《世界贸易组织乌拉圭回合多边贸易谈判结果法律文本》（中英文对照），法律出版社 2000 年版，第 3-382 页。

[4] Régis Bismuth, Dominique Carreau, Andrea Hamann, Patrick Juillard, *Droit international économique*, 6th edition, LGDJ, 2017. 该书第 1 版（1978 年）就提出国际投资体系的"不完全性"观点，该体系的这一特点至今未改变。

[5] 参见联合国贸易与发展会议：《2022 年世界投资报告：国际税收改革和可持续投资》，2022 年 6 月发布。

公约。[1]与投资有关的《多边投资担保机构公约》(MIGA 公约)和《解决国家与他国国民间投资争端公约》(ICSID 公约)均为世界银行发起缔结,两公约项下的机构也属于世界银行集团成员;《与贸易有关的投资措施协定》(TRIMs),是 WTO"一揽子"协定之一,因此不同于多边贸易和金融领域,国际投资规则缺乏自成一个多边体系的性质和地位。这可以说是国际投资规则体系之"不变"。

然而,BITs 作为国际投资规则的主要载体,与近年来 CPTPP、USMCA 和 RCEP 等为代表的 RTAs 中促进投资与保护的规则相互交织,引发许多新的变化。譬如,有利于可持续发展的投资规则已成为 BITs 和 RTAs 投资部分的主要条款。中国与土耳其《关于相互促进和保护投资协定》第 4 条一般例外包括"为保护人类、动物或植物的生命或健康,或为保护环境而设计和采取的措施"[2]。CPTPP 进一步规定:任何缔约方不得阻止另一缔约方采取其"认为对保证在其领土内的投资活动以积极考虑环境、卫生或其他监管目标的方式开展所适当的任何措施"[3]。又如,投资便利化也已成为 BITs 和 RTAs 投资部分规定的规则。中国与加拿大《关于促进和相互保护投资的协定》第 17 条第 2 款规定:"对于与投资准入条件相关的法律、法规与政策,包括申请与注册程序、评估与审批标准、处理申请及作出决定的时间表,以及对决定的复议或申诉程序,每一缔约方均应确保能够为另一缔约方投资者所知悉。"[4] RCEP 关于投资便利化的国内履约义务首先就是"在遵守其法律法规的前提下,每一缔约方应当努力便利缔约方之间的投资,包括通过:(一)为各种形式的投资创造必要的环境;(二)简化其投资申请及批准程序;(三)促进投资信息的传播,包括投资规则、法律、法规、政策和程序;以及(四)设立或

---

[1] 余劲松主编:《国际投资法》(第 4 版),法律出版社 2014 年版,第 221-222 页。
[2] 《中华人民共和国政府和土耳其共和国关于相互促进和保护投资协定》(2015 年 7 月 29 日签署,2020 年 11 月 11 日生效)。
[3] 《全面与进步跨太平洋伙伴关系协定》(CPTPP)文本(含参考译文),第 9.16 条。载商务部官网,sms.mofcom.gov.cn/article/cbw/202101/20210103030014.shtml,2022 年 11 月 2 日访问。
[4] 《中华人民共和国政府与加拿大政府关于促进和相互保护投资的协定》(2012 年 9 月 9 日签署,2014 年 10 月 1 日生效)。

维持联络点、一站式投资中心、联络中心或其他实体,向投资者提供帮助和咨询服务,包括提供经营执照和许可方面的便利"[1]。WTO 谈判中的《投资便利化协定》也包括改善投资措施的透明度和可预见性、行政程序及要求的简约和加快等内容。[2] 这些规则之"变"是国际投资法现代化的趋势。诚然,"目前还看不出对投资问题的全面性多边解决"[3],但是,诸如此类国际投资规则的变化将越来越多。

通览上述国际经贸规则的"变"与"不变",可见当今国际贸易、金融和投资三大领域的规则及其完全或不完全的体系,都是第二次世界大战后以美国等西方发达国家为主制定的,有其相应的经济基础。其中部分规则的"变"与"不变",也有其经济基础的缘故。20 世纪 70 年代,联合国大会曾连续召开特别会议,广大发展中国家要求"建立新的国际经济秩序"[4],包括国际贸易中"原料和初级商品同贸易和发展有关的基本问题"、国际金融方面的"国际货币制度和对发展中国家的发展资助"和国际投资领域"对跨国公司的活动的管理和控制"[5]。然而,近半个世纪过去了,当年的要求多半没有实现,其中的经济基础因素值得深思。2015 年联合国成立 70 周年时通过的《变革我们的世界:2030 年可持续发展议程》不得不承认:世界上"几十亿公民仍然处于贫困之中,生活缺少尊严。国家内和国家间的不平等在增加"[6]。值得注意的是,该议程所用"变革"一词的英文是"transforming",含有"变化""改变"的中性意义,而无"革命"或"根本变化"之义。上述"变"与"不变"是相

---

[1]《区域全面经济伙伴关系协定》(RCEP) 第 10 章第 17 条。载中国自由贸易区服务网,fta. mofcom. gov. cn/rcep/rcep_new. shtml,2022 年 11 月 2 日访问。

[2] See Joint Ministerial Statement on Investment Facilitation for Development, WT/MIN(17)/59, 13 December 2017.

[3] Rudolf Dolzer and Christoph Schreuer, *Principles of International Investment Law*, Oxford University Press, 2012, p. 7.

[4] 联合国大会第六届特别会议决议:《建立新的国际经济秩序宣言》,联合国大会第 3201(S-VI) 号决议,1974 年 5 月 1 日通过。

[5] 联合国大会第六届特别会议决议:《建立新的国际经济秩序的行动纲领》,联合国大会第 3202(S-VI) 号决议,1974 年 5 月 1 日通过。

[6] 联合国大会决议:《变革我们的世界:2030 年可持续发展议程》,A/RES/70/1,2015 年 9 月 25 日,第 14 段。

对而言,其中之"变"也有程度之分,如演进式的渐变。对于具体规则的变革或重构,都必须进行更细致、深入的研究。本文的基本判断限于初步的评估。

三、国际经贸规则变革的经济基础

(一)思考国际经贸规则变革问题的理论依据及其历史实证

国际经贸规则变革是世界百年未有之大变局的一个组成部分。"世界之变、时代之变、历史之变正以前所未有的方式展开。"[1]说到底,这是人类社会之变。马克思在《〈政治经济学批判〉序言》中阐述了经济基础决定上层建筑,后者对前者具有反作用的唯物史观。这堪称人类社会的"牛顿定律"。"我们判断这样一个变革时代也不能以它的意识为根据;相反,这个意识必须从物质生活的矛盾中,从社会生产力和生产关系之间的现存冲突中去解释。"[2]其中,生产力是生产关系的基础。这是本文思考国际经贸规则变革问题的理论依据。

马克思主义的唯物史观批判地吸收了先前古典经济学,包括亚当·斯密(Adam Smith)的政治经济学精华。斯密在撰写《国富论》之前,曾在大学里讲授"法理学"(jurisprudence)。他认为:"法理学是政府应以此为指导的各种规则的理论。它试图说明在不同的国家、不同的政府体系的基础,以及如何基于理性。我们将发现每一种政府的设计都包含四个方面。"[3]其一,"正义"(justice),即每个人可以合法地取得和拥有财产。市场经济是以财产所有制为基础的。这也是他写《国富论》并研究藏富于民的缘故。其二,"警察"(police),即政府对经济生活的管制。政府就像警察管理公共交通,保障市场的正常运行。这是国内秩序的安全。其三,"岁入"(revenue),即政府的

---

[1] 习近平:《高举中国特色社会主义伟大旗帜 为全面建设社会主义现代化国家而团结奋斗——在中国共产党二十次全国代表大会上的报告》(2022年10月16日),载《人民日报》2022年10月26日,第1版。

[2] 中共中央马克思恩格斯列宁斯大林著作编译局编:《马克思恩格斯选集》(第2卷),人民出版社2012年版,第3页。

[3] Adam Smith, *Lectures on Jurisprudence*, Liberty Fund, 1982, p.5.

运行需要的费用。政府的存在是为了保护个人的财产权和对市场经济的必要管理,因而个人应向国家纳税,承担政府成本。其四,"军备"(arms)。"如果政府不能保卫国家不受外来侵害和攻击,再好的警察也无法保障安全,因此,第四件事是考虑根据法律说明各种军备的利弊得失,以及常备军的组成等问题。然后将考虑国际法,这包括一个独立社会向另一个独立社会提出的要求,外侨的特权及宣战的合适理由。"[1] 斯密所说的四个方面,从国内法到国际法,包含了现代资本主义经济催生了财产私有制、市场经济自由要求有限的政府管制及其税赋、国家对本国公民的海外经贸活动之必要保护,包括军事手段等思想。马克思的《〈政治经济学批判〉序言》认为首先应研究这些国内法和国际法的经济基础,"即有法律的和政治的上层建筑竖立其上并有一定的社会意识与之相适应的现实基础"。[2] 如果说斯密阐明了资本主义经济体制的法律、政治关系,马克思则揭示了这些法律、政治等国家上层建筑与经济基础的关系。

人类社会有文字记载的文明史已有数千年。但是,通常以1648年《威斯特伐利亚和约》为起点的欧洲国际关系,[3] 逐步演进至今的全球性国际关系,相应的国际社会历经不到四百年。人类以国家的政治形态组成国内社会,其经济基础与法律等上层建筑之间"牛顿定律"式的关系,早已得到历史的证实。譬如,公元前594年著名的"梭伦改革"(Solon's reform)[4] 导致之前氏族制度的崩溃和新的城邦式雅典国家产生,其根源在于当时"货币的胜利进军"[5],亦即商品经济的发展。历史有惊人相似之处。公元前356年,中国战国时期为后来一统皇朝——秦朝奠定法制基础的"商鞅变法",[6]

---

[1] Adam Smith, *Lectures on Jurisprudence*, Liberty Fund, 1982, p. 398-399.
[2] 中共中央马克思恩格斯列宁斯大林著作编译局编:《马克思恩格斯选集》(第2卷),人民出版社2012年版,第2页。
[3] 参见王绳祖主编:《国际关系史(十七世纪中叶——一九四五年)》(第2版),法律出版社1986年版,第3页。
[4] See Aristotle, *The Athenian Constitution*, Penguin Books, 1984, p. 42. 梭伦改革"创立一个新的宪法、制定了一些新的法律"。
[5] 恩格斯:《家庭、私有制和国家的起源》,载马克思、恩格斯:《马克思恩格斯选集》(第4卷),中共中央马克思恩格斯列宁斯大林著作编译局译,人民出版社2012年版,第127页。
[6] 参见山东大学《商子译注》编写组编:《商子译注》,齐鲁书社1982年版,第1-4页。

其经济根源在于"商业勃兴,社会人士为生计压迫,就做出许多不同的动作,使生活状况日趋复杂"[1]。又如,欧洲文艺复兴时期著名的两个城市共和国——威尼斯和佛罗伦萨,前者是当时"全世界的商业交易"中心,后者"称得上是世界上第一个近代国家"[2]。尤其威尼斯"最高的目的则是生活和权力的享受、继承下来的利益的增加、最获利的工业体制的建立和新的商业途径的开辟"[3]。显然,欧洲近代国家建立在早期资本主义经济的基础上。

以主权平等的国家为主体而形成的国际社会没有国内社会的国家体制。如何理解作为国际社会上层建筑的国际经贸规则与相应国际社会的经济基础,以及相互间的决定关系与反作用,值得探讨。

与现代国际法相关的国际社会起初由欧洲地区国家所组成,随着西欧国家乃至整个欧洲向世界其他地区的势力扩张,逐步形成了全球性国际社会。"欧洲人凭借其在海外活动中的领导能力,上升到世界首位。在这些世纪,某些全球性相互关系自然随时间推移而更加紧密起来。"[4] 在国际法学说中,格劳秀斯认为国际社会及其国际法涉及"那些没有被国内法共同纽带联结在一起的人们之间的争端,要么与战争时期有关,要么与和平的年代有关"[5]。著名国际法学者阿尔弗雷德·菲德罗斯(Alfred Verdross)等人也认为国际法的前提是"各国并不是孤独地相互并存着,而是结合成为一个社会"[6]。罗马法有谚语"有社会,就有法"(Ubi societas, ibi jus),也可以说,"有法,就有社会",有国际法,就意味着存在"国际社会"(international

---

[1] 杨鸿烈:《中国法律发达史》(上),上海书店1990年版,第72页。

[2] [瑞士]雅各布·布克哈特:《意大利文艺复兴时期的文化》,何新译,商务印书馆1979年版,第61页、第72页。

[3] [瑞士]雅各布·布克哈特:《意大利文艺复兴时期的文化》,何新译,商务印书馆1979年版,第68页。

[4] S. Stavrianos, *The World Since 1500: A Global History*, Englewood Cliffs, 2nd edition, 1966, p. 161.

[5] [荷]雨果·格劳秀斯:《战争与和平法》(第1卷),马忠法等译,上海人民出版社2022年版,第39页。

[6] [奥]阿尔弗雷德·菲德罗斯等:《国际法》(上册),李浩培译,商务印书馆1981年版,第15页。

community）。[1]

那么在 17 世纪上半叶的国际社会,格劳秀斯创立的国际法学说及其影响下的欧洲国际法是基于什么经济基础呢？格劳秀斯研究国际法的起因是当时已摆脱西班牙的宗主统治并取得事实上独立地位的荷兰,因在欧洲大陆上的商业活动遭到西班牙等封杀,不得不远渡重洋到东南亚乃至中国从事商业冒险。由于从欧洲到亚洲的海上航线早已被与西班牙结盟的葡萄牙控制,因此荷兰与其发生冲突。为了阐明荷兰与欧洲其他主权国家一样享有在海上"公路"（high road）[2]自由航行的权利,格劳秀斯汲取古希腊罗马调整以个人为民事主体的法律关系的自然法思想和罗马法学说,将之创造性地运用于世俗国家为主体的新型国际关系,从而奠定了现代国际法的理论基础。这说明现代国际法的产生最初与欧洲国家的海外贸易有关。在葡萄牙捷足先登,开辟经海上与亚洲,尤其与中国的贸易通道之后,荷兰向葡萄牙的海上贸易垄断挑战,将欧洲国家间的商业竞争扩展到亚洲。其背后的经济原因就是"欧洲有一个强大的推动力——一个牟利的欲望和机会、一个使牟利得以实现的社会和体制结构"[3]。这就是早期资本主义的推动力。可见,现代国际法产生以当时欧洲资本主义兴起和发展为经济基础,而公海航行自由和平等国家间贸易自由的国际法规则又对欧洲资本主义经济对外扩张起到了极大反作用。

20 世纪初,随着欧美各国以其经济技术和政治文化优势在世界各地确立其统治地位或影响力,欧美地区的国际法走向全世界。英国著名国际法学者奥本海于 1905 年、1906 年先后出版了《国际法》两卷本。其鲜明的特点首

---

[1] See E. Lauterpacht ed., *International Law Being the Collected Papers of Hersch Lauterpacht*, Vol. I, The General Works, Cambridge University Press, 1970, p. 28.

[2] 格劳秀斯认为,海上航线如同"公路",应对任何人、任何国家开放。现代海洋法上"公海"（high seas）一词由此演变而来。See Hugo Grotius, *The Freedom of the Seas, or the Right Which Belongs to the Dutch to Take Part in the East Indian Trade*, translated by Balph Van Deman Magoffin, Oxford University Press, 1916, p. 10.

[3] [美]斯塔夫里阿诺斯：《全球通史——1500 年以后的世界》,吴象婴、梁赤民译,上海社会科学院出版社 1992 年版,第 32 页。

先是明确"论述现有的国际法,而不论及应有的国际法"[1]。也就是说,当时的国际法已不再讨论自然法意义上的道德基础,而是将国际法界定为"文明国家在其互相交往中被认为具有法律拘束力的习惯与条约规则之总和"[2]。当时的"文明国家"(civilized states)是指欧洲和北美地区的工业化国家,加上明治维新后"脱亚投欧"的亚洲日本。对此,1900年美国最高法院有关捕获法案件的判决列举英国、法国、德国、美国、荷兰等,并提及日本在与中国的甲午战争中宣布渔船是捕获的例外,认为日本是"最后一个被承认列入文明国家的国家"[3]。这可视为奥本海《国际法》所说"文明国家"的注解。在国际法走向全世界的同时,在世界范围内划定适用国际法的类似俱乐部的做法,在第一次世界大战之后的1919年凡尔赛会议上体现得淋漓尽致。参会的战胜国分为"主要协约及参战国"和"其他协约及参战国"[4]。前者包括除战败的德国外的主要工业化国家(美国、英国、法国、意大利和日本),后者包括中国等非工业化国家。二者的国际法地位是不平等的。这种俱乐部式国际法与当时国际社会的经济基础密切相关。通过19世纪下半叶延续到20世纪初的第二次工业革命,欧美工业化国家和日本各自向世界各地扩张势力,形成了以欧洲和美国为中心的世界经济[5](实质是帝国主义经济)。英国、美国、法国、德国、荷兰等主要的国际贸易强国在国际关系上占支配地位。它们之间的市场竞争是引起相互冲突乃至战争的经济根源。第一次世界大战之后虽有《非战公约》,[6]但国际法上传统的"诉诸战争权"并没有被有效地禁止。这对于主要适用当时国际法的俱乐部各国间恶性竞争起到了加剧的反作用,从而很快引发第二次世界大战。

---

[1] L. Oppenheim, *International Law*, Vol. I: Peace, Longmans, Green and Co., 1905, p. ix.

[2] L. Oppenheim, *International Law*, Vol. I: Peace, Longmans, Green and Co., 1905, p. 2.

[3] *The Paquete Habana*, 175 U. S. 677(1900), at 700.

[4] 《协约及参战各国对德和约》(又称《凡尔赛条约》),载世界知识出版社编辑:《国际条约集》(1917—1923),世界知识出版社1961年版,第72页。

[5] [英]杰弗里·巴勒克拉夫主编:《泰晤士世界历史地图集》,生活·读书·新知三联书店1985年版,第256-257页。

[6] 参见《非战公约》(1928年8月27日),载世界知识出版社编辑:《国际条约集》(1924—1933),世界知识出版社1961年版,第373-374页。

综上所述，17世纪初到20世纪上半叶，在欧美国家为主的国际社会，资本主义经济从兴起、发展，到以海外殖民地或势力范围为基础的帝国主义经济，相应地，从主要适用于欧洲国家的国际法，发展到以工业化国家为主的俱乐部式国际法。前者决定后者，后者在不同时期、不同程度上对前者具有反作用。

(二) 当代国际经贸规则形成和变化的经济基础

上述当今国际贸易、金融和投资三大领域的规则及其完全或不完全的体系，在近七十多年期间，其形成和变化，或者说"变"与"不变"，都有一定经济基础。从唯物史观来看国际法范畴的国际经贸规则变革，首先是经济基础决定上层建筑的客观性，其次是后者对前者反作用的主观性，也就是说，国际经贸规则变革的政治引导，留待下文论述。

第二次世界大战之后由联合国组成的国际社会，就国家主体数量及其地位的平等性而言，发生了很大乃至根本的变化。从51个创始会员国到如今193个会员国，构成国际社会大家庭。战后随着日益重视对个人的人权保护，像美国著名国际法学者杰瑟普（Philip C. Jessup）教授那样的学者，虽然主张个人应取得国际法主体地位，但也认为"国际社会由国家构成，只有国家意志经条约或协定表示，或国际权威机构根据国家授权而制定的条约或协定，法律规则才约束个人"[1]。根据《联合国宪章》第4条第1款，除了创始会员国，"凡其他爱好和平之国家，接受本宪章所载之义务，经本组织认为确能并愿意履行该项义务者，得为联合国会员国"。该条件不涉及国家的经济社会发展水平，也不涉及各国文化、宗教、政治制度。联合国大会投票，每个会员国都只有一个投票权。各会员国主权平等，不再像以前那样划分为"文明国家"俱乐部成员与否。然而，联合国安全理事会五个常任理事国，各自拥有其他非常任理事国所没有的一票否决权。虽然根据《联合国宪章》第24条第1款规定，这是会员国授权所为，但是，它体现了大国主导国际社会事务的特征。这就是战后延续至今的当代国际法。当代国际经贸规则的形成和变

---

[1] Philip C. Jessup, *A Modern Law of Nations: An Introduction*, The Macmillan Company, 1948, p. 17.

化与这一特征密切相关。

战后美国主导形成的国际贸易和金融规则及其体系依赖于其经济实力。1948 年美国货物贸易额 207.34 亿美元，占世界总额 17.1%，其中出口额 126.53 亿美元，占比更是高达 21.6%，而位居第二的英国占总额 6.6%；出口占比 11.2%；[1] 如前所述，IMF 的原始配额（1944 年），美国配额占总配额超过 30%，而同样位居第二的英国占比不到 14%；可见，美国占据绝对优势地位。

就国际贸易规则及其体系的变化而言，从 1948 年临时生效适用的 GATT 到 1995 年正式成立的 WTO 及其"一揽子"协定的演变，再到如今其 MFN 和争端解决机制之变，多边贸易体制陷入前所未有的困境，其中的经济基础之"变"起到了决定性作用。"二战"后世界经济的发展大致经历了三个阶段。第一，"国际经济"（international economy）阶段（"二战"后至 20 世纪 60 年代）。在 20 世纪 50 年代初，国际货物贸易总量占世界生产总值的比例只有 7%，贸易多限于原料或成品，投资主要是为了建立海外子公司，因而绝大多数经济活动仍限于国内。第二，"全球经济"（global economy）阶段（20 世纪 70 年代至 80 年代）。20 世纪 70 年代后，尤其是 20 世纪 80 年代，信息和通信技术的迅速发展，促使全球化经济的形成，跨国大公司直接进入各国国内市场，促进了全球性市场的延展，国际货物贸易总量占世界生产总值的比例从 1973 年的 25% 上升到 20 世纪 80 年代末的 31%。第三，"无边界经济"（borderless economy）阶段（20 世纪 90 年代至今）。随着国际互联网的兴起，信息产业迅猛发展，全球经济更趋一体化。1995 年 WTO 的成立正当其时，此后全球化程度有增无减。2021 年国际货物贸易总量（44 万亿美元）占世界生产总值（96.1 万亿美元）之比约为 46%。[2] WTO 多边贸易规则体系

---

[1] See *Statistics on Merchandise Trade*, https：//www.wto.org/english/res_e/statis_e/merch_trade_stat_e.htm, last visited on 5 November 2022.

[2] 关于三个阶段的说法及其第一阶段数据，参见 *Charting the Trade Routes of the Future: Towards a Borderless Economy*, WTO News (25 September 1997), https：//www.wto.org/english/news_e/pres97_e/pr77_e.htm. 第二、第三阶段数据，参见 *WTO Statistics on Merchandise Trade*, World Bank Data, https：//data.worldbank.org/indicator/NY.GDP.MKTP.CD? locations = 1W, 2022 年 11 月 6 日访问。

作为国际社会的上层建筑,顺应"无边界经济"的需求,体现了国际社会中贸易与生产关系方面经济基础的变化。

然而,与近些年出现的"逆全球化"(deglobalization)相伴,该规则体系面临极大挑战,已经和正在发生一些倒退性之变。追根溯源,在国际货物贸易和世界生产的总量这些属于国际社会的经济基础方面,中国所占比重显著上升,日益逼近美国,引起国际经贸关系的力量对比变化。譬如,以国内生产总值、国际货物贸易量及其占世界货物贸易总量(均为万亿美元)之比为例,2010 年中国分别为 5.88(8.8%)、2.97(9.68%),美国分别为 15.05(22.6%)、3.25(10.58%),2021 年中国分别为 17.73(18.44%)、6.05(13.62%),美国分别为 23.32(24.26%)、4.69(10.56%)。[1] 这使美国唯恐被中国进一步全面超越,而千方百计遏制中国,包括在多边贸易体制内挑起与中国之间史无前例的经贸摩擦,与 MFN 规则完全背道而驰,并对 WTO 上诉机构审理包括美国与中国之间涉及国有企业的贸易争端及其裁决表示不满,而蓄意搞垮该机构。诚然,上述数据表明,"逆全球化"实际上并没有改变全球经济一体化的趋势。有学者认为,"逆全球化"只是美国企图"重塑全球规则"的策略。[2] 但同时也应看到,美国等也确实正在采取诸如《芯片和科学法案》[3] 此类旨在与中国经济"脱钩"的"逆全球化"措施。

就国际金融规则及其体系的变化而言,从 1944 年将美元等同于黄金的"布雷顿森林体系",到如今以美元为主的 SDR 计价"篮子",虽然"布雷顿森林体系"已不复存在,但是如前所述,美国在 IMF 拥有的唯一否决权和美元在该"篮子"占比 43.38%,以及作为主要国际结算工具,使其金融霸权地位得以"不变"。这固然与其滥用霸权,强化其地位有关,然而美国的国内生产总值和高科技产业等综合经济实力仍高居世界第一位,构成国际金融规则及其体系一时难以改变的经济基础。

---

[1] 数据来源:*WTO Statistics on Merchandise Trade*,World Bank Data。
[2] 参见车丕照:《是"逆全球化"还是在重塑全球规则》,载《政法论丛》2019 年第 1 期。
[3] The CHIPS and Science Act,Public Law No. 117-167,entered into force on 9 August 2022. 该法案"禁止联邦促进基金的接受者在特定国家建立新的先进半导体工厂"(Sec. 103 Semiconductor Incentives),实际上针对的是中国。

在不完全体系中的国际投资规则之"变",除了在 BIT 和 RTAs 中有利于可持续投资和投资便利化规则日益增多的变化,还要特别注意的是美国极力推进诸如"履行要求"(performance requirements)此类递增或新增规则。譬如,相比 TRIMs 下国民待遇、普遍取消数量限制的要求,USMCA 规定任何缔约方,对另一缔约方或非缔约方投资者在其境内投资的设立、取得、扩大、管理、运营、经营或出售,或其他处置,不得施加或执行任何要求,或执行任何承诺或保证九类要求,递增或新增了"向境内人转移特定技术、生产工艺或其他专有知识""通过行使缔约方非司法机构职权对许可合同的直接干涉"等禁止性要求,从货物相关投资扩展到服务领域。[1]

可以说,战后国际经贸规则,尤其是多边贸易和金融体系由美国为主创制。即便 BITs 最早由欧洲国家采用,[2]但美国自 20 世纪 50 年代初期起就在原有的友好通航通商条约之外,与一百多个国家陆续另行签订了投资保证协定,[3]并在世界银行下发起建立了以保护发达国家在发展中国家的投资为宗旨的 MIGA[4]和 ICSID。[5] 美国的经济实力奠定了其在战后至今国际社会的经济基础的地位。然而,近二十年来,中国的经济实力迅速增强,正在并将继续改变着经济基础方面的力量对比。这是国际经贸规则及其体系中诸多"变"与"不变"的经济根源。国际社会的经济基础之"变",或迟或早地将推动其上层建筑之"变",就本文而言,将引起国际经贸规则的变革。按照经济基础决定上层建筑、后者对前者具有反作用的唯物史观,对国际经贸规则变革的政治经济学思考,有关经济基础之"变"与"不变"的研究,是第一位的。

---

[1] USMCA Chapter14 Investment 文本参见 https://ustr.gov/sites/default/files/files/agreements/FTA/USMCA/Text/14-Investment.pdf, Article 14.10。

[2] 战后第一项 BIT 是德国与巴基斯坦于 1959 年签订的。See Treaty for the Promotion and Protection of Investment, Germany-Pakistan, 25 November 1959.

[3] 参见陈安:《美国对海外投资的法律保护及典型案例分析》,鹭江出版社 1985 年版,第 10 页。

[4] 美国在 MIGA 的一类股份中拥有 20.519 亿 SDR,占总额(59.473 亿 SDR)的 34.5%。See Multilateral Investment Guarantee Agency(MIGA), 11 October 1985, Schedule A/Category One.

[5] ICSID 隶属世界银行,美国在世界银行的原始股份总额占比 34.89%。See Articles of Agreement of the International Bank for Reconstruction and Development(World Bank), 22 July 1944, 2 U.N.T.S 39, Schedule A.

四、国际经贸规则变革的政治引导

(一)政治引导对经济基础的反作用与国际经贸规则变革

唯物史观揭示了人类社会、文明形态和国家产生与发展的"牛顿定律"式客观规律,并指出了法律、政治等上层建筑对生产力与生产关系构成的经济基础之变化的反作用。这是事物发展的辩证过程。上文基于对国际经贸规则"变"与"不变"的客观评估,通过对战后至今国际社会的经济基础中美国的经济实力以及近年来中国经济地位的显著上升之分析,认为这从根本上决定了国际经贸规则及其体系的"变"与"不变"。下文将进一步思考现行国际经贸规则及其体系作为当今国际社会上层建筑的组成部分,对经济基础演变的反作用,尤其是在上层建筑范畴下有关国际经贸规则变革的政治主张,对相关变革的引导及其对国际经贸关系中力量对比变化的传导作用。这些反作用可称为"政治引导"。

不同于国内社会的国家或地区的政府下治理,国际社会没有一个中央化政府。当今国际社会的治理取决于各国或地区的相关主张及一定的共识。其中,在国际社会的经济基础中占主要或重要地位的某个或某些国家或地区的政治引导,极为重要。著名国际法学者路易斯·亨金(Louis Henkin)认为:"国际法是国际政治的规范表述,这种国际政治将国家作为基本的构成实体。任何法律体系无不反映政治体系中的政治主张;国际法则反映了国家间体系的政治主张。"[1]在这个意义上,政治是先导,规则或法律是保障。

与战后世界经济发展的三个阶段大致吻合,美国对外经贸政策(政治主张)也有相应演变,对相关国际经贸规则及其体系的变革具有政治引导性。在战后初期的"国际经济"阶段,美国凭借其超强的综合经济实力,致力于为其产品销售、海外投资等开辟更多的世界市场,并为此提供稳定的国际金融

---

[1] [美]路易斯·亨金:《国际法:政治与价值》,张乃根等译,中国政法大学出版社2005年版,第5页。

"公共产品"(等同于黄金的美元)。当时美国在对外经贸活动中主张多边主义,将1934年至1945年与其他国家签订的32项双边互惠贸易协定,通过普遍MFN多边化,缔结GATT,表明当时"美国还是很支持GATT的无条件最惠国待遇条款所包含的多边主义和非歧视性原则"[1]。IMF的宗旨之一是"协助会员国建立会员国间经常性交易的多边支付制度,并消除阻碍国际贸易发展的外汇管制"[2]。无论是以美元与黄金挂钩为核心的"布雷顿森林体系",还是该体系崩溃后以美国为主的SDR估价"篮子",国际货币金融规则体系均以多边化为特征。如此多边化,当然有利于世界市场上有更多的美国货,更多地以美元作为支付手段。因此在战后前20年,美国的货物出口量一直保持全球第一,且占世界出口总量的比例很高,占比从20世纪50年代初的16.1%到20世纪60年代初的15.04%,[3]远高于其他任何国家。

在进入"全球经济"的20世纪70年代中期,随着战后欧洲(尤其德国)和日本的经济恢复以及中东石油出口大国的崛起,美国的出口优势明显地相对被削弱,1975年占比下降为12.4%,而德国、日本的占比则分别上升为10.3%、6.36%,中东地区占比为8.09%。[4] 世界贸易总量持续增长和美国占比相对下降,美元的支付地位也受到极大冲击。这必然导致"布雷顿森林体系"的崩溃,但是,美国的多边主义对外经贸政策没有改变。美国《1974年贸易法》授权总统依照GATT"关于促进一个开放、非歧视性和公平的世界贸易体系的形成,则采取必要行动签署和实施贸易协定(主要指GATT)"[5]。根据该法授权及国会批准有关条约的"快车道"程序,美国在20世纪70年代、80年代连续发起多边贸易的东京回合和乌拉圭回合谈判,最终促成了WTO及其

---

[1] John H. Jackson, *The World Trading System: Law and Policy of International Economic Relations*, 2nd edition, The MIT Press, 1997, p. 169.

[2] Articles of Agreement of the International Monetary Fund (IMF), 22 July 1944, 726 U. N. T. S. 266, Article 1(iv).

[3] 数据来源:*WTO Statistics on Merchandise Trade*, World Bank Data。1950年、1960年美国出口量/世界出口总量分别为99.93亿/620.4亿美元、196.26亿/1304.6亿美元。

[4] 数据来源:*WTO Statistics on Merchandise Trade*, World Bank Data。1975年世界出口总量为8769亿美元,美国、德国、日本和中东地区分别为1088亿美元、901.76亿美元、558.19亿美元和710.2亿美元。

[5] Trade Act of 1974, Public Law 93-618, Sec. 121.

"一揽子"协定。《WTO协定》以"建立一个完整的、更可行的和持久的多边贸易体制"[1]为宗旨,这正是上述美国国会授权要求达到的目标。

在WTO成立后的初期,也就是世界经济进入"无边界"阶段,美国作为创建全球互联网的国家,竭力推动全球经济一体化。正如美国著名的WTO法学者杰克逊(John H. Jackson)教授当时指出的:"难以否认一些正在发生的根本变化影响到包括国际经济法在内的国际法学理的演变。"[2]显然,这一政治引导下的国际经贸规则及其体系的构建符合美国的根本利益。在新千年之初,美国的国内生产总值和货物贸易量依然高居全球第一位。[3] 这体现了国际社会的上层建筑,尤其是法律、政治对经济基础的反作用。

2001年中国加入WTO后,以不断深化改革和扩大开放作为国策,积极参与全球经济一体化,敢于、善于在美国等主导的多边经贸体制内"与狼共舞",国际货物贸易量迅速增长,国内生产总值逐年稳步增加。这是改变国际社会经济基础的发展。为了遏制中国的进一步发展,以免危及美国的霸权地位,美国调整其对外经贸政策。2016年修订的《1974年贸易法》充分体现其"政治引导"的方向改变。根据该法,"如果总统决定双边贸易协定可更有效地促进美国经济增长和充分就业,根据第101节和第102节之谈判目的就应促成双边贸易协定。此类贸易协定应以互惠经济利益为条件"[4]。近年来美国的实际做法充分表明其对外经贸政策的重点从多边主义转向双边主义,或者通过非多边的RTAs谋求其利益最大化,甚至肆无忌惮地推行单边主义。这种"负向"(negative orientation)的反作用究竟效果如何?上述国际经贸规则及其体系的诸多"变"与"不变",既有国际社会的经济基础的决定

---

[1] 《世界贸易组织乌拉圭回合多边误判结果法律文本》(中英文对照),法律出版社2000年版,第4页。

[2] John H. Jackson, *Sovereignty, Subsidiarity, and Separation of Powers; The High-Wire Balancing Act of Globalization*, in Daniel M. Kennedy and James D. Southwick eds., The Political Economy of International Trade Law: Essays in Honor of Robert E. Hubec, Cambridge University Press, 2002, p. 14.

[3] 数据来源:*WTO Statistics on Merchandise Trade*, World Bank Data。2000年美国、德国和日本的货物贸易量占世界货物贸易总量之比分别为15.5%、8%和3.2%;三国国内生产总值分别为美国98,247亿美元、日本47,661亿美元、德国18,752亿美元。

[4] Trade Act of 1974, Public Law 93-618, Sec. 105. Bilateral Trade Agreements.

作用,也与这种政治引导及法律保障的反作用有关。然而,从前述近年来中美之间的贸易地位和经济实力变化来看,美国难以遏制中国进一步发展。中国主张的全球治理方案起着"正向"(positive orientation)引导国际社会上层建筑的反作用,并有助于中国在国际社会经济基础的比重进一步增长。尽管目前美国的综合国力依然是全球第一,其美元霸权地位也尚难以撼动,但是,2012年中国超越美国,并在近年来持续稳居货物贸易第一大国,美国的货物贸易总量与中国的差距不断扩大,同时,中美两国的国内生产总值差距缩小。在可预见的未来,在国际社会上层建筑范畴的国际经贸规则变革方面,这种"正向"与"负向"的政治引导"拉力赛"还将继续。

(二)全球治理的中国方案及其引导作用与国际经贸规则变革

面对世界百年未有之大变局,中国在着力推动国内高质量发展、坚持深化改革、推进高水平对外开放的同时,提出了推动构建人类命运共同体及全球发展倡议和全球安全倡议等一系列全球治理方案,并积极参加全球治理体系改革和建设,践行共商共建共享的全球治理观。中国在实施"一带一路"(B&R)倡议、发起成立亚洲基础设施投资银行(AIIB)和金砖国家新开发银行(NDB),与俄罗斯联邦及中亚国家等携手共建新型的地区政治安全合作为主的上海合作组织(SCO)等方面,发挥了关键的政治引导作用,对于促进国际经贸规则变革朝着更加公正合理的方向发展,推动国际社会经济基础均衡和可持续的发展而惠及全人类,日益显现"正向"反作用。

推动构建人类命运共同体的中国方案以和平共处、共享普遍安全、合作共赢、文明共存的四"共"为共同体"大厦"的四根"顶梁柱",以可持续发展为人类在地球上赖以生存的"房顶",极具可操作性。在这样维系人类共同利益和命运前途的共同体中,各国各地区经济水平相对均衡和可持续发展是构成这一共同体的国际社会经济基础。中国的全球发展倡议是落实推动构建人类命运共同体的经济基础有关方案,包括"发展优先""以人民为中心""普惠包容""创新驱动""人与自然和谐共生""行动导向"六大坚持。[1] 中国的全球安全倡议是推动构建人类命运共同体的上层建筑有关方案,包括"坚持共同、综合、合作、可持续的安全观,共同维护世界和平和安全"。[2] 可以说,这两大倡议从经济基础和上层建筑的相互关系上,构成人类命运共同体这辆满载人类对命运前途的希望之车的双轮。双轮驱动的强劲"政治引导"作用力正在日益显现,并具体表现在以下三个方面。

1. 实施"一带一路"倡议与国际贸易、投资规则的变革

中国于 2013 年提出"一带一路"倡议,旨在"促进沿线各国经济繁荣与区域经济合作,加强不同文明交流互鉴,促进世界和平发展",[3] 已取得了丰硕成果。2013 年至 2021 年,中国与"一带一路"沿线国家进出口总值由 6.5 万亿元增长至 11.6 万亿元,年均增长 7.5%,累计货物贸易额近 11 万亿美元;双向投资超过 2300 亿美元,基础设施项目纷纷落地,包括非洲蒙内铁路、亚洲中老铁路、以色列海法新港、中巴经济走廊;中欧班列累计开行突破 5 万列,货值达 2400 亿美元,通达欧洲 23 个国家 180 个城市。[4] 中国在与沿线国家合作共赢、夯实相关经济基础的同时,已与 149 个国家签署了"一带一路"政府间合作协议,与 30 多个国际组织签署了有关合作文件。[5]

软法[6]性质的"一带一路"国际法文件与国际贸易和投资规则的变革有一定关联。[7] 譬如,"一带一路"倡议的初衷及实施重点之一是促进沿线各国和地区互联互通。2017 年生效的 WTO《贸易便利化协定》与互联互

---

[1] 参见习近平:《坚定信心 共克时艰 共建更加美好的世界——在第七十六届联合国大会一般性辩论上的讲话》,载《人民日报》2021 年 9 月 22 日,第 2 版。

[2] 参见习近平:《携手迎接挑战,合作开创未来——在博鳌亚洲论坛 2022 年年会开幕式上的主旨演讲》,载《人民日报》2022 年 4 月 22 日,第 2 版。

[3] 参见国家发改委、外交部、商务部:《推动共建丝绸之路经济带和 21 世纪海上丝绸之路的愿景和行动》(经国务院授权发布),2015 年 3 月 28 日发布。

[4] 国家统计局:《"一带一路"建设成果丰硕 推动全面对外开放格局形成——党的十八大以来经济社会发展成就系列报告之十七》,2022 年 10 月 9 日发布。

[5] 参见联合国经济与社会事业部:《携手合作,共享美好未来——"一带一路"倡议支持联合国 2030 年可持续发展议程进展报告》,2022 年 9 月 29 日,第 9 页。

[6] 软法可指"无法律拘束力但在当代国际关系中得到各国和国际组织采用的规范性文件"。Malcolm D. Evans ed., *International Law*, 5th edition, Oxford University 2018, p. 121.

[7] 参见张乃根:《"一带一路"倡议下的国际经贸规则之重构》,载《法学》2016 年第 5 期。

通密切相关。作为中国与中亚五国共建"一带一路"的重要方面,2022 年 6 月《关于深化"中国+中亚五国"互联互通合作的倡议》签署生效,其中包括"拓展中国同中亚国家'智慧海关、智能边境、智享联通'合作试点,探讨开展国际贸易'单一窗口',电子证书联网等领域的交流与合作"[1]。"单一窗口"(single window)是 WTO 下一项新的国际贸易规则。[2] 中国最早加入《贸易便利化协定》,并已履行了该项新规则的实施义务。上述互联互通合作倡议,既有利于与 WTO 成员的中亚国家(如哈萨克斯坦、吉尔吉斯斯坦、塔吉克斯坦)的合作,也有助于尚不是 WTO 成员的中亚国家(土库曼斯坦、乌兹别克斯坦)在该倡议范围内探索建立"单一窗口",由此突破 WTO 的限制,以互联互通的合作为纽带,引导相关国家或地区适用贸易便利化的新规则。

再如,中国与匈牙利"一带一路"谅解备忘录就"推动中匈两国经贸合作,加大相互投资力度,探讨推动实质性互利合作的途径和方法"[3]达成共识,在两国已有 BITs[4] 的基础上进一步由政府搭台开展包括铁路、公路、通信等交通通信基础设施规划编制和项目建设等的务实合作,为双方企业合作创造条件,从而将传统的鼓励和保护投资规则扩展到合作共赢的规划和推动投资规则。随着"一带一路"的实施,可望形成一个世界性双边互利合作的新型投资规则体系。

2. 发起成立 AIIB、NDB 与国际金融规则的变革

与"一带一路"倡议相衔接,中国于 2015 年 6 月发起成立 AIIB,旨在有效增加亚洲地区的基础设施投资,"推动区域互联互通和一体化"[5]。根据 AIIB 协定,世界银行和亚洲开发银行的成员国均可申请加入 AIIB,非主权性

---

[1] 《关于深化"中国+中亚五国"互联互通合作的倡议》(2022 年 6 月 8 日,努尔苏丹)。

[2] 参见张乃根:《"一带一路"视野下〈贸易便利化协定〉的实施问题》,载《海关与经贸研究》2017 年第 5 期。

[3] 《中华人民共和国政府与匈牙利政府关于共同推进丝绸之路经济带和 21 世纪海上丝绸之路建设的谅解备忘录》(2015 年 6 月 6 日,布达佩斯)。

[4] 《中华人民共和国和匈牙利关于鼓励和相互保护投资协定》(1991 年 5 月 29 日签订,1993 年 4 月 1 日生效)。

[5] 《亚洲基础设施投资银行协定》(2015 年 6 月 29 日,北京)。

主体经对其国际关系行为负责的 AIIB 成员国同意后加入。迄今 AIIB 已有 105 个成员国或成员,包括作为联合国安理会常任理事国的中国、俄罗斯、法国和英国,亚洲地区成员国或成员 51 个,其他地区成员国或成员 54 个,成为名副其实的全球多边金融机构。其规模仅次于世界银行,法定股本初始认缴额 1000 亿美元,迄今已投资 194 项基础设施建设,总计为 370.14 亿美元。这为改善亚洲以及其他地区的互联互通和促进经济发展,发挥了日益重要的作用。[1] 根据 AIIB 协定,中国作为发起国和创始国之一虽拥有总投票权的 26.6%,但并不刻意谋求一票否决权。随着新的成员国或成员的加入,股份的认缴比例及其总投票权将发生变化。这与 IMF 和世界银行中,美国千方百计维护其美元霸权,坚持其拥有一票否决权,形成鲜明对照。这证明了在中国发展到一定地步、开始改变国际社会的经济基础中经济实力对比之后,能够以"正向"的政治引导力,推动国际金融规则及其体系的逐步变革。

NDB 是中国与巴西、俄罗斯、印度、南非作为创始成员共同发起,于 2014 年 7 月创立。根据其协定,该"银行应为金砖国家及其他新兴经济体和发展中国家的基础设施建设和可持续发展项目动员资源,作为现有多边和区域金融机构的补充,促进全球增长与发展"[2]。与 AIIB 一样旨在成为全球性多边开发银行,NDB 向联合国所有会员国开放成员资格。2021 年,NDB 新接纳了孟加拉国、乌拉圭、阿联酋和埃及为成员国。迄今该银行已批准了上百个项目,贷款总额约 320 亿美元。应该说,该银行对于国际社会的经济基础更加均衡、合理和可持续发展,具有不可或缺的作用。同时,该银行也尝试确立新的国际金融规则。譬如,按其协定,其初始认缴资本为 500 亿美元,初始法定资本为 1000 亿美元;初始认缴资本应在创始成员间平均分配,各成员的投票权应等于其在银行股本中的认缴股份。5 个创始成员的始初认缴资本均为 100 亿美元,投票权相等。因此,该银行现在和今后都不存在某一成员的一票否决权。这与中国倡导的共商共建共享的全球治理观相吻合,对于美

---

[1] See AIIB Review Report Condensed Financial Statements(Unaudited) for Six Months Ended 30 June 2022.
[2] 《成立新开发银行的协定》(2014 年 7 月 15 日,巴西福塔雷萨)。

国主导的现行国际金融规则无疑是一种变革。

3. 携手共建 SCO 与国际安全合作体系的变革

SCO 以维护地区安全为主要目的,并进一步朝着协调地区和成员国的政治、经济和社会政策的方向发展。自 2001 年 6 月由中国、俄罗斯、哈萨克斯坦、吉尔吉斯斯坦和塔吉克斯坦五国共同发起,SCO 在上海成立,已先后接纳乌兹别克斯坦、印度、巴基斯坦和伊朗加入该组织,并给予阿富汗、白俄罗斯、蒙古国观察国地位(其中白俄罗斯已启动加入程序),阿塞拜疆、亚美尼亚、埃及、柬埔寨、卡塔尔、尼泊尔、沙特阿拉伯、土耳其和斯里兰卡为对话伙伴。该组织对任何国家开放加入,业已成为一个横跨亚、欧、非大陆的区域综合性组织,其成员国的人口和国土面积分别约占全球的 42% 和 23%,在国际社会的经济基础中也占有相当比重,可见其在全球事务中举足轻重的地位。根据该组织宪章,SCO 以"互信、互利、平等、协商、尊重多样文明、谋求共同发展"为"上合精神",以"共同努力维护和平,保障地区安全与稳定"为宗旨,以"本组织框架内的协作有助于各国和各国人民发掘睦邻、团结、合作的巨大潜力"为方向。[1] 该组织成立至今二十年,为稳定地区的共同、综合、合作、可持续的安全,共同维护世界和平和安全,作出了巨大贡献。这对于国际社会上层建筑的国际安全合作体系,尤其是塑造新的国际安全合作规则非常重要,同时有助于推动有关地区的互联互通、社会经济发展,起到了"正向"的政治引导作用。SCO 着重合作促进地区安全稳定,为近年来更多向地区社会经济发展的政策协调提供了必要条件。譬如,2022 年该组织对维护国际粮食安全、国际能源安全、供应链安全、应对气候变化和维护多边贸易体制等发表一系列重要立场文件。[2] 这是该组织向地区性协调各成员国、观察国和对话伙伴的政治、社会和经济政策的综合性组织发展的重要标志,预示着对国际经贸规则及其体系的变革也将发挥越来越重要的作用。

---

[1] 《上海合作组织宪章》(2002 年 6 月 7 日,圣彼得堡)。

[2] 参见《上海合作组织成员国元首理事会关于维护国际粮食安全的声明》《上海合作组织成员国元首理事会关于维护国际能源安全的声明》《上海合作组织成员国元首理事会关于维护供应链安全稳定多元化的声明》,上述文件均系 2022 年 9 月 16 日于撒马尔罕签订;《上海合作组织成员国经贸部长关于维护多边贸易体制的声明》于 2022 年 9 月 28 日视频会议达成。

五、结论

在当前世界处于百年未有之大变局中,包括贸易、金融和投资三方面国际经贸规则的变革呈现错综复杂的局面。尤其是美国对外贸易政策转向单边主义,导致多边贸易体制的 MFN,至少对货物贸易而言已名存实亡。但是,WTO 的其他实体规则基本未变。美国执意阻挠 WTO 争端解决上诉机构成员的正常遴选而使该机构彻底瘫痪,是整个多边贸易规则及其体系最令人担忧之变。同时应看到以美国千方百计维持在 IMF 的否决权为核心的多边金融体系及其规则还没有发生实质变化。国际投资规则依然以数以千计的 BITs 和包括投资规则的 RTAs 为主,除了有利于可持续发展的投资规则越来越多为各国采纳等,多边投资体系尚未形成。基于对国际经贸规则变革态势的客观评估,运用马克思主义的唯物史观,从政治经济学角度深入思考和分析引起这一变革的国际社会的经济基础与作为上层建筑范畴的国际经贸规则及其变革的政治主张,以及其对于推动或影响经济基础变化的正反两方面作用,有助于理解国际经贸规则变革的经济根源或动力及其正向的政治引导之极端重要性,从而有利于我国主动应对,将全球治理的中国方案落到实处,促进国际经贸规则体系朝着更加公正合理方向变革。

制度变革与理论解说

——国际经济法基础理论的嬗变*

车丕照**

> **摘　要**　在世界处于百年未有之大变局的情势下,国际经济法也必将发生变革,而法律制度的变革需要理论支持,因此,应该对未来国际经济法的理论基础有所预判。18世纪中期以来,国际经济法一直以经济自由主义作为其理论基础,即使在自由主义不占据理论主导地位时期也是如此。近年来,在自由主义无法解释和解决现实的经济社会问题的同时,各种理论思潮风起云涌,对自由主义形成冲击。未来国际经济法的理论基础很有可能从传统的自由主义转向以节制资本为主要特征的"有限制的自由主义"。
>
> **关键词**　制度变革　经济自由主义　有限制的自由主义　节制资本

一、导言:国际经济法的变革需要新的理论支撑

党的十九大以来,习近平总书记在多个场合反复强调党中央的一个重大论断:当今世界正在经历百年未有之大变局。世界大变局必然会引起国际法的变化。"随着世界大变局深入发展和国际秩序转型过渡,国际法领域的变

---

* 本文已发表于《中国法律评论》2023年第2期。
** 车丕照,清华大学法学院教授。

革、调整、重塑已经开始并将经历一个长期过程。"[1]作为国际法中比较活跃的一个板块,国际经济法近年来也在经历着变革、冲突甚至危机。对此,通过粗略观察,可以得出如下几个判断。

第一个判断,国际经济法的原则尚未发生改变,变化出现在制度与规则层面。同其他法律分支一样,国际经济法也是一套规则体系,由原则、制度和规则组成。规则是国际经济法体系的最小构成单位;制度是为实现某种特定的功能而结成的一组规则;而原则则可以说是规则的规则,是那些能够体现国际经济法的价值取向,统领国际经济法的所有制度与规则的规则。公认的国际经济法原则,诸如国家主权原则、平等互利原则以及约定必须遵守原则等目前并未遭受质疑,也未发生改变。次一级的法律原则,如世界贸易组织法中的关税减让、消除数量限制、非歧视待遇以及透明度等原则也并没有受到挑战。改变的只是国际经济法中的某些制度与规则,而且经常是原有制度的适用范围的扩展,例如:反补贴规则从国际贸易领域扩展到国际投资领域,国际投资法中的国民待遇从市场准入后扩展到市场准入阶段等。

第二个判断,国际经济法自身没有发生改变,改变的是国家对国际经济法的遵从程度。例如,美国于2018年年初以国家安全为名对进口钢铁和铝制品采取限制措施,并提出国家对其安全问题拥有最终的判断权,因而WTO专家组对涉及GATT 1994第21条(国家安全例外)的事项不享有管辖权。正如有学者所担心的那样,"美国的做法已唤醒沉睡中的安全例外条款,这将打开贸易保护主义的潘多拉盒子并进一步削弱多边贸易体制"[2]。在这里,"国家安全例外"条款没有变化,发生变化的是美国对该条款的任意曲解和对自己法外行为的恣意放纵。

第三个判断,国际经济法的某些危机并非出自国际经济法的改变,也并非出自国家对国际经济法的立场的改变,而是国际经济法固有弱点的暴露。

---

[1] 杨洁篪:《深刻认识和用好国际法 坚定捍卫国家利益 共同维护世界和平与发展》,载《求是》2020年第20期。
[2] 韩逸畴:《国际规则的"结构性挑战":以贸易协定中的例外规定为例》,载《当代法学》2021年第4期。

例如，美国采取不合作立场导致世界贸易组织（WTO）上诉机构瘫痪，在情理上美国不应该这样做，但在法律上美国可以这样做。世界贸易组织名为"组织"，实为"契约"；既然是契约就要遵循协商一致的原则，从而相当于每个成员方手中都有一张否决票。美国不过是行使了自己的否决权而已。事情并没有变得更糟，国际经济法（包括 WTO 法）本来就是这个样子。

尽管我们还不能断言国际经济法已经发生了根本性改变，但学界已达成的共识是：国际经济规则正处于调整阶段，国际经济秩序亟须重塑，国际治理体系面临重构。国际经贸规则的核心议题将"围绕非市场经济地位、发展中国家待遇、知识产权保护、数字贸易等展开"[1]。我们很可能处于国际经济法大变革的前夜。

那么，未来的国际经济法会以什么样的理论作为其正当性的基石呢？这应该是我们现在就需要思考的问题。

从根本上说，国际经济法是现实的国际社会的产物，而不是某种理论的制度产物。正如马克思在《〈政治经济学批判〉序言》中所指出的那样："法的关系正像国家的形式一样，既不能从它们本身来理解，也不能从所谓人类精神的一般发展来理解；相反，它们根源于物质的生活关系。"[2]这一原理当然也适用于国际经济法。

尽管如此，法律制度的理论解说仍有其重要意义。任何一种法律制度的背后都会有相应的理论支撑，用来说明某种制度存在的必然性和正当性。而且，这种理论往往不限于法的理论，也需要哲学、伦理学、社会学和经济学理论的支持。

本文试图说明：迄今为止的国际经济法一直是以自由主义，具体地说是经济自由主义作为其理论基础的，而"二战"结束以来的社会变革和理论发展将促使国际经济法的基础理论从自由主义转向"有限制的自由主义"，相应地，对资本的放纵也会转为对资本的节制。

---

[1] 沈伟、张国琪：《变局下的国际经贸规则重构——由中美贸易摩擦展开》，载《上海商学院学报》2022 年第 6 期。

[2] 中共中央马克思恩格斯列宁斯大林著作编译局编译：《马克思恩格斯文集》（第 2 卷），人民出版社 2009 年版，第 591 页。

二、以自由主义为理论基石的国际经济法

以15世纪的重商主义为起点,西方经济学大致经历了古典经济学、新古典经济学和凯恩斯经济学三大发展阶段。[1] 从总体上看,自由主义的经济学长期占据着主导地位,国际经济法也一直以经济自由主义作为其理论基础。

自由主义在西方思想史上可谓源远流长。自由主义的核心理念,如同现代西方自由主义政治哲学的重要代表性人物约翰·密尔(John S. Mill)在他的《论自由》一书中强调的那样:个人的行为只要不涉及他人的利益,就不应该受到限制。[2]

经济自由主义是自由主义在经济理论上的表现,其核心理念在于崇尚经济自由。由亚当·斯密(Adam Smith)和大卫·李嘉图(David Ricardo)等人创立的英国古典经济自由主义理论构成了古典经济学的核心内容。斯密提出,满足利己心最好的途径是实现经济自由,而不是国家干预。他主张由"看不见的手"对经济进行调节,让资本家完全自由地从事经济活动,自由经营、自由生产、自由贸易,极力反对国家对经济生活的干预。[3]

法国经济学家让·巴蒂斯特·萨伊(Jean-Baptiste Say)是继斯密和李嘉图之后的又一位著名的经济自由主义倡导者。他提出并被后人称为"萨伊定律"的"供给会自行创造需求的理论"认为,商品的供给会为自己创造需求,社会上的总供给与总需求必定是相等的,即使在某个时候个别部门会出现供求脱节的情况,但由于价格机制的调节,局部的、暂时的供求失衡会趋于消失。萨伊相信,只要政府不对经济横加干涉,资本主义社会中的自由竞争

---

[1] 经济学界有所谓"三次革命"之说。第一次是以亚当·斯密为代表的古典经济学家反对重商主义的斗争,第二次是开始于19世纪70年代的"边际革命",第三次是20世纪30年代的"凯恩斯革命"。参见徐永禄:《对西方经济学发展过程的独到剖析——评〈三次革命和三次综合——西方经济学演化模式研究〉》,载《社会科学》1997年第9期。

[2] 参见[英]约翰·密尔:《论自由》,许宝骙译,商务印书馆1998年版,第89-91页。

[3] 参见高华云:《经济自由主义思想的兴衰及其启示》,载《经济论坛》2004年第17期。

市场机制就可以对生产起自动调节作用,克服市场上暂时出现的生产与销售、供给与需求之间的局部不平衡。[1]

自由主义经济理论在18世纪末开始遭遇挑战。19世纪上半叶,英国伦敦大学学院的第一位政治经济学教授约翰·拉姆齐·麦卡洛克(John Ramsay McCulloch)就曾经表达了对自由放任作为准则的怀疑。他认为,在有些事情上确实可以依赖自由放任原则,但在其他许多事情上这一原则是根本不适用的。随后,约翰·埃利奥特·凯尔恩斯(John Elliott Cairnes)对自由放任主义的批评态度更加尖锐。他指出,自由放任的座右铭没有任何科学基础,只不过是一个唾手可得的实践规则。[2]

20世纪20—30年代爆发的世界性经济危机,暴露出资本主义制度的根本性缺陷,也表明经济自由主义无法提供解决问题的良方。于是,凯恩斯主义登上了历史舞台。在《就业、利息和货币通论》一书中,约翰·梅纳德·凯恩斯(John Maynard Keynes)一反传统的自由主义经济理论,明确提出要把经济增长、就业和经济稳定作为政府经济管理的职责,并运用财政政策和货币政策的手段对经济活动进行干预。第二次世界大战之后,凯恩斯主义的赤字财政政策和货币政策得到广泛采用,凯恩斯经济学成为西方主流经济学。

20世纪70年代,西方国家普遍出现了经济停滞和通货膨胀并存的局面,对此,凯恩斯主义经济理论难以解释,也无力解决。于是,各种新自由主义理论纷纷出场并形成一种国际思潮。如同传统的自由主义,各种新自由主义的基本理念依旧是主张个体自由,反对国家干预。到了20世纪90年代,随着苏联和东欧国家的解体以及经济全球化的发展,新自由主义被广泛接受。但在随后的实践中,新自由主义的表现并不尽如人意。南美的债务危机、苏东的转型困境以及亚洲的金融危机都显示出新自由主义经济理论的缺陷,于是,强调政府干预的经济主张在西方国家再次抬头。

通过简略的经济学说史的回顾,再对比各个时期以不同法律渊源所表现

---

[1] 参见高华云:《经济自由主义思想的兴衰及其启示》,载《经济论坛》2004年第17期。
[2] 参见罗卫东:《关于经济自由主义的若干思考——〈谱系〉一文的补充讨论》,载《经济思想史学刊》2021年第3期。

出的国际经济法的状况,我们可以看出:

首先,自由主义的经济理论作为西方经济学中长期占统治地位的理论,几乎主导着各个历史时期的国际经济法的基调。在古典经济学盛行时期,保护私人财产权和契约自由的法律制度被系统地创设。1804年制定的《法国民法典》成为许多国家的立法样板,甚至直接被其他国家采用。在新古典经济学占统治地位的时期,西方国家则以商事立法(以1900年生效的《德国商法典》为代表)回应了日益繁荣的经济贸易活动对法律的需求。此时西方各国的商法典和单行商事法规系统地创设了公司、合伙、银行等商业组织形式,以及买卖、海商、票据等方面的交易规则,为商人的活动提供了充足有效的法律保障。上述法律制度虽以国内法的形式存在,但却构成了当时国际经济交往的法律框架。这些法律制度通过确立私人财产权、保障契约自由,以及创设完备的商事组织形式和商事行为规则,便利和促进了国际贸易的自由化,使《共产党宣言》可以作出"资产阶级,由于开拓了世界市场,使一切国家的生产和消费都成为世界性的了"的著名判断。而在同一时期,西方各国政府还只是满足于扮演"守夜人"的角色,以维护社会秩序、保障个人权利为己任,鲜有政府干预经济的法律,包括政府限制进出口贸易的法律。在美国,直到1949年才出现了第一部授权政府管制出口贸易的法律——《1949年出口管制法》。以条约的方式调整国际经济关系的情况尚属罕见,以公约形式制定统一私法尚未进入人们的视野。

其次,即使在经济自由主义式微时期,国际经济法依旧带有浓重的自由化色彩。"二战"结束后最初的几十年是凯恩斯主义盛行时期,而这一时期恰恰是国际贸易自由化持续进展的时期。《关税与贸易总协定》(GATT)通过关税减让、消除数量限制、增加政府管理的透明度以及无条件的最惠国待遇等机制,大大地削减了国际贸易壁垒,为商人开辟出自由贸易的广大空间,致使有学者断言:"第二次世界大战以后时代的整个贸易体系,是根据市场自由主义哲学的原则建立起来的。"[1]

---

[1] 里斯本小组:《竞争的极限:经济全球化与人类的未来》,张世鹏译,中央编译出版社2000年版,第57页。

再次,自由主义并不完全排斥政府干预,凯恩斯主义也并不排斥市场的作用。从表面看,各国的经济政策总体上呈现左右摇摆的现象,时常从自由主义转向干预主义,再从干预主义转向自由主义。其实,如果观察得更具体一些就会发现,在任何一个国家,强大的产业一定是呼吁自由贸易,而弱小的产业一定会寻求政府干预;强大的国家一定会主张自由贸易,而弱小的国家一定会主张政府干预。

最后,自由主义的经济理论长期占据主流地位,是人们自觉选择的结果。16—17世纪的重商主义认为,只有通过贸易顺差的方式,才能为国家积累更多的贵重金属。而要达到这个目的,就要鼓励出口,抑制进口。重农学派的先驱者布阿吉尔贝尔(Pierre Le Pesant de Boisguilbert)在18世纪初写成的《谷物论:论财富、货币和赋税的性质》,着重批判了重商主义者关于财富和货币的观点,认为农业的繁荣昌盛是一切其他等级的财富的必要基础。[1] 之后,倡导自由经济的《国富论》因为更符合资本的本性要求,更符合先进工业国家的利益,从而被更多的国家选择为指导性理论。

从本质上看,经济自由主义是对资本的放纵,建立在这一理论基础之上的国际经济法是满足资本要求的法律制度。那句曾广为流传的"对通用公司好就是对美国好"(what is good for General Motors is good for the United States)形象地反映了政府对公司的顺从。商人对国际经济法的期待,概括地说就是"交易自由"。交易自由意味着国际经济法对私人的跨国交易尽量地宽容并提供便利。这里的宽容是指最大限度地减少制度对交易的限制;这里的便利指尽可能地提供制度上的支持。由于国际经济法的现实起点是国际商事交往,而后才有国家对跨国交易的管理和国家之间的协调与合作,因此,交易自由可以说是国际经济法最基础性的原则。这项原则主要是通过下列制度和规则表现出来的。

第一,保护财产权。交易的本质是财产权的交换,因此,交易自由的前提是交易主体的财产权得到法律的承认和保护。资产阶级革命后所确立的最

---

[1] 参见[法]布阿吉尔贝尔:《谷物论:论财富、货币和赋税的性质》,伍纯武译,商务印书馆1979年版,第20-21页。

重要的几项法律规则就包括财产权神圣不可侵犯。在国际经济交往中,各国不仅要承认和保护依据本国法律所取得的财产权,也需要承认和保护依据外国法所取得的财产权。知识产权作为财产权的一种,其特有的"地域性"属性使得根据一国法律所取得的知识产权在其他国家无法当然地得到承认和保护。这种地域性限制虽有其合理性,但却成为财产权保护制度中的一块短板,使得以知识产权为对象的交易在法律上具有很大的不确定性,给当事人带来更大的风险。因此,战后的几十年当中,知识产权的"国际保护"日益受到重视。

第二,保障契约自由。交易在法律地位平等的主体之间展开,因此,交易必须借助合同的形式实现。如果交易是自由的,那么,契约必须是自由的。契约自由是各国私法制度中最为重要的原则之一。在特定历史时期,国际层面中的契约自由会遭受比国内层面的契约自由更多的限制。贸易和投资等领域中的许可制度、审批制度和备案制度等,会使当事人之间契约自由难以实现。但总体上看,政府对私人的契约自由的限制属于特例,至少"二战"之后的 80 年间,政府对国际经济交往中契约自由的限制一直在放松。原先的合同审批制改成了合同备案制,甚至不需要备案;纳入许可证管理的交易的范围被逐渐减小;政府对进出口的限制更加规范化、透明化;所有这些都保障了国际经济交往中契约自由原则的实现。

第三,降低交易壁垒。国际商事交易不仅要克服自然条件的障碍,更要克服各国的制度壁垒。障碍与壁垒越少,交易就越自由。自然条件的障碍主要靠科技的发展加以克服;制度上的壁垒则要靠制度壁垒的制造者去破除。"二战"结束以来关税的降低、非关税措施的削减、外资在市场准入阶段即可享受国民待遇等,都大大削减了交易壁垒,从而扩展了自由交易的空间。

第四,排除对自由竞争的限制。交易自由还意味着交易不受其他市场主体的不当限制。在国内社会,这种限制主要来自垄断和其他限制竞争行为;在国际社会,除了传统意义上的垄断和其他限制竞争行为之外,还有倾销和补贴等情形。从关贸总协定时代人们就对此类问题予以关注,到世贸组织阶段,反倾销和反补贴等方面的制度日臻成熟,使"交易自由"具有了"交易公平"的色彩。

三、"二战"结束以来国际经济法的自由主义理念所受到的冲击

即使在经济自由主义占支配地位的历史时期,也存在"国家安全例外""幼稚产业保护例外"等对自由主义的限制。但这种限制毕竟仅存在于个别情形之下,不属于对自由主义理论的修正。最近几十年间,一些新的理论和思潮对经济自由主义的冲击则是结构性的。在这些理论和思潮的连续冲击下,经济自由主义面临修正的压力,相应地,国际经济法的基础理论或将发生嬗变。

(一)公司社会责任理论对经济自由主义的冲击

公司的社会责任(corporate social responsibility)的概念在20世纪20年代即已出现,[1]但这一理论受到普遍关注是最近几十年的事情。关于这一概念的内涵存在不同的表述,[2]但通常的理解是:公司在谋求股东利益最大化的同时应该承担维护和增加社会利益的义务。据此,应从以下几个方面对公司的社会责任理论加以把握。

首先,公司的社会责任其实是一种义务而并非责任。在法学理论中,"义务"是指某种作为或不作为的法律要求,而责任则是违背义务所应承担的法律后果。在各种关于公司的社会责任的表述中有一个共同点,即公司的社会"责任"是指公司除了尽力为股东获得利益之外应作出对社会有益的事情或

---

[1] 有学者提出,公司社会责任这一概念由英国学者欧利文·谢尔顿(Oliver Sheldon)于1923年在其著作 The Philosophy of Man 中最先采用。参见李珂:《企业社会责任理论发展研究》,载《今日财富》2021年第21期。
[2] 有学者认为,"企业的社会责任,是指企业作为社会的一员,其行为要与社会要求相符。这里包括教育、慈善、文化等方面,企业要承担积极推进社会公共利益的责任,还包括消极的责任,即要避免以不正当支出或损害等行为侵害公益"。参见[日]末永敏和:《现代日本公司法》,金洪玉译,人民法院出版社2000年版,第29页。也有学者提出,公司的社会责任是指"营利性的公司,于其决策机关确认某一事项为社会上多数人所希望者后,该营利性公司便应放弃营利之意图,俾符合多数人对该公司之期望"。参见刘连煜:《公司治理与公司社会责任》,中国政法大学出版社2001年版,第66页。

者不损害社会利益。因此,它是一种义务,而不是责任。

其次,虽然公司的社会责任具有义务属性,但却并非法律义务,而是一种道义上的义务。公司的社会责任作为一种义务并非基于法律规定或合同约定,违反这种义务也不会承担法律上的责任。换言之,凡是法律明文规定或合同明确预定了的义务,都是法律义务,而不属于"社会责任"的范畴。

最后,公司社会责任理论并不否认公司的首要义务是为公司的股东营利;从事各种有益于社会的工作或者不做危害社会利益的事情,是社会要求公司兼顾的义务。

公司社会责任理论的提出是基于公众对公司性质与作用的反思。公司是当今最重要的市场主体,在经济学上被看作"经济人"。所谓"经济人",是指其具有完全的理性,可以作出让自己利益最大化的选择。"传统经济理论认为,企业如果尽可能高效率地使用资源以生产社会需要的产品和服务,并以消费者愿意支付的价格销售它们,企业就尽到了自己的社会责任。企业唯一的任务就是在法律许可的范围内,在经营中追求利润最大化。"[1]在这种自由主义经济理论的宽容下,公司已"蜕变为一个真实的自私理性经济体,一个单维度的自私理性野兽,一个在资本主义市场中呼风唤雨的'单维兽'。它摆脱了人性多维的羁绊,可以无所顾忌地冲向利润最大化的唯一终点"[2]。

公司社会责任理论在两个层面上对经济自由主义理论构成限制。一方面,作为一种社会道德,要求公司从"经济人"转化为"社会人",改变以利润为唯一追求的价值取向;另一方面,公司社会责任的道德标准可能会演变为法律义务,从制度层面对经济自由主义加以矫正。例如,企业在修建铁路或公路时应当为动物预留可以安全穿越铁路或公路的通道。当这只是一种道德规范下的社会责任时,不遵守这种道德标准虽然不会导致公司承担法律责任,但会引发舆论反对,损害企业形象,因此,企业也会慎重对待;而当这种规则上升为法律规则之后,这种社会责任就会成为一种法定义务,企业就必须

---

[1] [美]乔治·斯蒂纳、[美]约翰·斯蒂纳:《企业、政府与社会》(第8版),张志强、王春香译,华夏出版社2002年版,第127页。
[2] 尹伊文:《西方公司属性变迁——公司逐渐丧失人性的原因是什么?》,载观察者网,https://www.guancha.cn/yinyiwen/2017_08_21_423717.shtml。

严格遵守,否则就要承担法律责任。如今公司所承担的许多法律义务都曾经是道德义务。有关环境保护、相邻关系、职工权益以及消费者权益等方面的立法,克服了道德规范的不确定性和非强制性的缺陷,为公司的行为确定了更为明确的标准,从而有效地改变了企业仅以营利为唯一目标的行为模式。正如有学者所指出的那样:"美国商务的运作并非始终像现在一样。我们的历史长期记载有奴隶制、地狱工厂、靠残酷剥削致富的强盗资本家以及童工和不安全的劳动条件。如果企业不再有这类做法,那并非因为今日企业家比过去更道德,尽管单独看来也许正是这样。确切的解释是,立法已对雇主们强行作了一些约束,工会组织已为工人争得了他们的权益。"[1]

公司社会责任不仅可以写进国内法,而且已进入国际条约。2020 年 7 月生效的《美国—墨西哥—加拿大协定》第 14.17 条以"公司的社会责任"(Corporate Social Responsibility)为题规定:"各方重申每一缔约方鼓励在其领土或管辖权范围内开展经营的企业在其内部政策中自愿采取国际公认、被该缔约方赞成或支持且被经合组织(OECD)列入跨国企业指南的公司社会责任标准、指南与原则的重要性。前述标准、指南与原则可以涉及劳工、环境、性别平等、人权、原住民权利以及反腐败等领域。"[2]《全面与进步跨太平洋伙伴关系协定》(CPTPP)第 20.10 条也以公司的社会责任为题规定:"每一缔约方应鼓励在其领土或管辖权范围内开展经营的企业在其政策和实践中自愿采取与环境相关的企业社会责任原则,并与该缔约方赞成或支持的国际

---

[1] [美]里查德·狄乔治:《国际商务中的诚信竞争》,翁绍军、马迅译,上海社会科学院出版社 2001 年版,第 71 页。

[2] 该条款的英文表述为:"The Parties reaffirm the importance of each Party encouraging enterprises operating within its territory or subject to its jurisdiction to voluntarily incorporate into their internal policies those internationally recognized standards, guidelines, and principles of corporate social responsibility that have been endorsed or are supported by that Party, which may include the OECD Guidelines for Multinational Enterprises. These standards, guidelines, and principles may address areas such as labor, environment, gender equality, human rights, indigenous and aboriginal peoples' rights, and corruption"。

公认标准和指南相一致。"[1]

上述条约关于公司社会责任的规定虽然不够具体和严格,但仍有其积极的作用。首先,缔约国的这种宣示性的表述阐明了各缔约国支持公司社会责任理论的一般立场,使其从一种学说上升为一种国家实践,会进一步推动这种理论在更广的范围得到采纳;其次,通过将公司社会责任纳入国际条约,可展示出国家对公司行为模式的期待,引导公司更好地履行其社会责任;最后,上述条约规定为缔约国制定公司社会责任方面的法律提供了条约依据,将有助于推动公司社会责任义务的法律化。

尽管公司社会责任的内涵在不同时期和不同国家会有所区别,但只要是强调公司的社会责任,就会在一定程度上改变公司的"单维兽"属性,也就会在一定程度上改变经济自由主义对公司行为的放纵。

(二)可持续发展理论对经济自由主义的冲击

自20世纪80年代以来,可持续发展的理念在国际社会逐渐得以普及。1987年,联合国环境与发展委员会发表了《我们共同的未来》的报告,正式使用了可持续发展概念。1992年6月,联合国在巴西里约热内卢召开的环境与发展大会,通过了以可持续发展为核心的《里约环境与发展宣言》和《21世纪议程》等文件。2002年在南非约翰内斯堡举行的可持续发展世界首脑会议则通过了《约翰内斯堡可持续发展宣言》及《约翰内斯堡执行计划》。上述国际文件确立了可持续发展理念的基本内涵,即兼顾与协调经济发展、环境保护和社会发展。可持续发展理念要求兼顾经济、社会文化和生态这三个领域的可持续性,因而提出了一种保护地球自然环境,促进国家内部以及国与国之间公平竞争的全新发展模式。这样一种发展模式显然有别于传统的自由主义经济理论,据此形成的法律制度或法律规则必然会对国际经济法的基础

---

[1] 该条款的英文表述为:"Each Party should encourage enterprises operating within its territory or jurisdiction, to adopt voluntarily, into their policies and practices, principles of corporate social responsibility that are related to the environment, consistent with internationally recognised standards and guidelines that have been endorsed or are supported by that Party"。

理论带来某种程度的矫正。

可持续发展作为一种理念首先以上述国际文件等软法形式表现出来,随后,也被国内立法和国际法律文件所确认。由于可持续发展原则的主要内容是兼顾与协调经济发展、环境保护和社会发展,因此,与经济贸易、环境气候及社会发展有关的国际条约对可持续发展原则都有所提及。例如,近年来出现的许多国际投资协定都会在序言部分申明可持续发展的理念。2013年3月24日签署的《中华人民共和国政府和坦桑尼亚联合共和国政府关于促进和相互保护投资协定》序言中规定:"中华人民共和国政府和坦桑尼亚联合共和国政府(以下称缔约双方),为缔约一方的投资者在缔约另一方领土内投资创造有利条件;认识到在平等互利原则的基础上相互鼓励、促进和保护投资将有助于激励投资者经营的积极性和增进两国经济繁荣;尊重两国经济主权;鼓励投资者尊重企业社会责任;愿加强两国间的合作,促进经济健康稳定和可持续发展,提高国民生活水平;达成协定如下……"《2012年美国双边投资协定范本》(2012 U. S. Model Bilateral Investment Treaty)中明确提出协定目标的实现方式要与"保护健康、安全和环境,以及促进国际公认的劳工权利相一致"。可持续发展理念不仅表现在投资协定的序言部分,也出现在一些具体条款当中。例如,许多投资协定规定,缔约国有权基于下述原因而对来自对方的投资采取必要的措施:保护人类、动物或植物的生命或健康所必需,或为保护可枯竭的生物或非生物自然资源。[1]

可持续发展理论与公司社会责任理论的共同之处在于二者都要求公司在追逐利润的同时考虑其他一些价值目标,因此都会在一定程度上扭转公司唯利是图的价值取向,但二者的作用途径不同。公司社会责任理论首先以道德规范的形式出现,不对公司构成强制性的约束。国家主要是鼓励公司履行

---

[1] 美国、加拿大和墨西哥三国基于《北美自由贸易协定》而修订的《美国—墨西哥—加拿大协定》(United States-Mexico-Canada Agreement)第14.16条规定:"Nothing in this Chapter shall be construed to prevent a Party from adopting, maintaining or enforcing any measure otherwise consistent with this Chapter that it considers appropriate to ensure that investment activity in its territory is undertaken in a manner sensitive to environmental, health, safety, or other regulatory objectives"。此外,该协议第14.17条关于公司社会责任的规定,也体现出可持续发展的理念。

其社会责任。只是在某些情况下,社会责任的道德规范才会转化为法律规范,从而对公司形成刚性约束。可持续发展理论会首先被国家接受为一种政策,然后这种政策会形成新的法律或者变更现有法律,从而成为公司必须遵守的规范。换言之,可持续发展理论直接影响国家政策,对法律制定产生直接影响,而社会责任理论首先作用于公司,基于公司的实践和国家的选择,某些公司社会责任规范才可能转化为法律规范。从前面的例子可以看出,投资协定是鼓励公司在自愿的基础上接受公认的社会责任标准、指南和原则,而国家一旦将可持续发展理念具体化为"限塑令",则直接构成法律制度的变革。

(三)代际公平理论对经济自由主义的冲击

"代际公平"(justice between generations, intergenerational equity)理论出现于20世纪70—80年代,其核心观点是当代人(present generation)的发展不能以牺牲后代人(future generation)的发展为代价。由于代际公平理论也是一种有关发展的理论,因此有时被认为是可持续发展理论的组成部分。

罗尔斯于1971年出版的《正义论》已经探讨了当代人对后代人的道德义务。随着环境资源问题日趋恶化,代际公平理论很快得到了广泛的接受。1987年,挪威首相布伦特夫人在向联合国环境与发展委员会所作的报告《我们共同的未来》中从可持续发展的视角讨论了代际公平问题,指出可持续发展是既能满足当代人的需要,又不对后代人满足其需要的能力构成危害的发展。在拥护这一理论的人看来,地球是所有人的共同财富,任何国家的人或任何一代的人都不应该为了小团体利益而置生态系统的稳定和平衡于不顾。人类不仅要在不同国家和民族之间公平地分配资源,也要在当代人和后代人之间公平地分配资源。因此,当代人有义务给后代人留下一个良好的生存空间,不能为了满足其需要而透支后代的环境资源。

从社会发展的历史看,每一代人都有义务为社会的进步作出贡献,但是当代人是现实的社会主体,对社会资源具有直接的处分权和处分能力。为防止当代人对社会资源进行过度消耗或破坏,当代人在追求发展时必须兼顾后代人利益，负有"不对后代人满足其需要的能力构成危害"的最低限度的义务。一些国家的宪法在保障当代人生存权等基本权利的同时，要求当代人履行保护环境、教育后代等基本义务，即体现了这一理念。[1]

"代际公平"理论具有明显的伦理色彩，但很快人们即试图将其确立为一个法律概念。将"代际公平"确定为一个法律概念就意味着要在当代人和后代人之间确立一种权利义务关系，尤其需要在法律上明确当代人对后代人负有法律上的义务。虽然"代际公平"的理念已得到一些国际公约的承认，[2]但由于这些条约关于"代际公平"的规定都比较笼统，"后代人"的权利还难以实现，因此有必要在国内法上就此进行制度设计。首先的问题是"后代人"如何行使权利？一些人想到了民法上的"监护"制度。于是有学者宣称："我们，人类，与人类所有成员，上一代，这一代和下一代，共同掌管被认为是地球的我们行星的自然环境。作为这一代的成员，我们受托为下一代掌管地球，与此同时，我们又是受益人有权使用并受益于地球。"[3]

虽然后代人监护制度至今未能成真，但已经有司法判决支持当代人以后代人的名义提出权利主张。菲律宾最高法院审理的"未成年人诉环境与自然资源部部长案"（Minors Oposa v. Secretary of the Department of Environment and Natural Resources）就是典型的一例。在该案中，安东尼奥·欧博萨代表他的孩子们以及那些还未出生的子子孙孙提起诉讼，要求拯救菲律宾正在迅速消失的森林。作为"菲律宾生态网络"组织主席的欧博萨致函环境与自然资源部部长，要求在15天内终止所有的伐木许可证。部长对欧博萨的诉求表示同情，但表示由于缺少立法机关和行政部门的支持，他无能为力。部长

---

[1] 参见周婧：《代际公平与秩序：和谐社会宪法的价值追求》，载《中南大学学报（社会科学版）》2007年第6期。

[2] 例如，1992年制定的《联合国气候变化框架公约》规定："各缔约方应当在公平的基础上，并根据它们共同但有区别的责任和各自的能力，为人类当代和后代的利益保护气候系统。"作出类似规定的公约还有1973年制定的《濒危野生动植物种国际贸易公约》、1976年制定的《南太平洋自然保护公约》、1977年制定的《禁止为军事或任何其他敌对目的使用改变环境的技术的公约》、1979年制定的《保护野生动物迁徙物种公约》、1985年制定的《东南亚国家联盟保护自然和自然资源协定》和1992年制定的《跨界水道和国际湖泊的保护和利用公约》等。

[3] ［印度］S. R. 乔德赫瑞：《代与代之间的公平：可持续发展权的基础》，黄列译，载《外国法译评》1998年第3期。

愿意为欧博萨提供一些必要的信息，但欧博萨必须走上诉讼之路。于是，刚从法学院毕业没几年的欧博萨决定起诉。他所面对的第一个问题是：将谁列为被告？考虑到那些实施森林砍伐的公司都获得了政府的许可，而且这些企业背后还有各种政治人物的支持，欧博萨决定以环境与自然资源部作为被告。他的诉讼策略就是证明如此规模的砍伐是不合法的，如果任其发展下去，孩子们以及现在还未出生的子孙后代将来得到的可能仅仅是一片废墟。他还想出了一个吸引法院和媒体关注的方法，即让孩子们提起诉讼。欧博萨请一些亲朋好友带上孩子参加诉讼，但亲朋好友们坚持让欧博萨的孩子先行起诉。于是，这场诉讼的原告是安东尼奥·欧博萨和他的孩子们、其他的儿童及其父母、未具名的未来的儿童，被告是环境与自然资源部部长，诉讼请求就是要求取消所有的伐木许可证，并停止受理新的许可申请。然而，欧博萨败诉了。就在欧博萨上诉到菲律宾最高法院时，司法部提出了一个新的抗辩理由，质疑欧博萨是否有权代表全体菲律宾人，更别说那些还未出生的孩子。这些人甚至不知道这场诉讼的存在，更别说那些还不存在的"人"。但欧博萨还是不想放弃，他在相关论文中看到了"代际公平"一词。他坚信菲律宾宪法规定的健康环境权含有此意，但却没有任何先例可循。然而令人惊讶的是，欧博萨的每一个观点都被菲律宾最高法院采纳。最高法院的判决由希拉里奥·G. 达维德（Hilario G. Davide）法官撰写，其他10名法官都同意达维德法官的意见。达维德法官认为欧博萨有权代表他的同代人对于环境质量的利益，同样也有权代表后代人的环境利益，只有这样才能保障当代人和后代人公平地获取这些资源。达维德法官称，宪法不仅赋予了诉讼的权利，同样也赋予了保护环境的权利。这种保护是非常根本的，即使宪法没有规定，也可以从自然法推知宪法包含该项要求。他写道：该项原则"在人类诞生之初就被认为是存在的"，它是一种寻求自我保护的生态性权利，如果否认这种权利的默认存在，那么"我们失去所有的那一天将不会遥远，这不仅是针对我们这一代人，而且也是针对后代人，后代人将得不到任何东西，留给他们的只有炙热的无法支撑生命的地球表面"。最高法院作出判决之后，菲律宾的森林砍伐得到遏制。而且就在该案审理过程中，环境与自然资源部部长就发布了一项行政命令,禁止对尚存的原始森林进行新的采伐。该判决在菲律宾产生着持续的影响。一系列的法院判决援引了该案,通常用于支持原告的起诉主体资格,并将后代人作为利益攸关方加以承认。[1]

"代际公平"理论的价值不在于创设出"后代人"这样一个权利主体,而在于从另外一个角度为经济自由主义加上了一层约束:公司的行为不仅要考虑当代人之间利益的公平分配,还要考虑当代人与"后代人"之间利益的公平分配。

(四)反全球化思潮对经济自由主义的冲击

在全球化快速发展的同时,反全球化的思潮也一直是暗流涌动。自 20 世纪末以来,随着全球化所带来的问题的凸显,反全球化的思潮逐渐生成大规模的行动。由于战后经济全球化的发展得益于以 GATT/WTO 为代表的国际经济贸易体制,因此,反对 WTO 的浪潮引人注目。1999 年在西雅图举行的 WTO 部长级会议,自开幕式起就遭到劳工、环境与动物保护组织和其他团体谴责,示威者们抗议 WTO 倡导的全球自由贸易给劳工、环境和动物带来的危害。据报道,有来自世界各国的 4 万余人参加抗议行动,10 多人在冲突中受伤,525 人被逮捕,西雅图市连续 5 天在市区实行宵禁,华盛顿州动用国民警卫队维持秩序,警方使用辣椒水喷雾和催泪瓦斯驱散抗议者。"西雅图风暴"被认为是拉开了大规模反全球化运动的序幕。

反全球化思潮的出现和持续,主要有两个方面的原因。一方面的原因是全球化在为人类带来福祉的同时,也带来了环境的破坏和自然资源的浪费。空气和水的污染、危险废物的大量产生、不安全的杀虫剂、汽车废气、臭氧层消耗、全球气温上升、生物物种的濒临灭绝等都与全球化存在因果关系,于是,人们试图通过阻止全球化来解决上述问题。另一方面的原因是全球化为人类所带来的利益没有得到公平的分配,贫富差距持续扩大。生活在社会底

---

[1] 参见[美]奥利弗·A.霍克:《夺回伊甸园:改变世界的八大环境法案件》,尤明青译,北京大学出版社 2017 年版;《夺回伊甸园:如何拯救消失的森林?》,载搜狐网 2022 年 9 月 1 日,https://www.sohu.com/a/581694305_121124706?_trans_=000019_wzwza。

层的人民长期在贫困中挣扎且前途无望,因此将反全球化作为摆脱自身困境的出路。

反全球化运动既无权力中心,又无理论体系。反全球化的群体包括不同阶层、不同身份的人,他们的具体诉求也不尽相同。一些人主要是反对资本的快速扩张;一些人主要是反抗跨国公司对劳工利益的盘剥;有人在抵抗外来文化的攻击和价值观念的入侵;有人在倾力捍卫人权、保护环境等。由于全球化所引发的许多问题都与跨国公司的行为有关,因此,许多反全球化行动都将矛头指向跨国公司。

近年来,反全球化的思潮给各国政府带来了深刻影响。一些国家的领导人接受或是利用了反全球化的某些理念,减缓全球化的步伐,甚至在全球化的路上"急刹车"。美国退出CPTTP谈判以及英国"脱欧"即属于此类情况。另外一种情形是领导人们虽然不赞成反全球化的理念,但迫于民众的压力,不得不向反全球化的势力作出让步。WTO自成立以来难有所作为,重要原因之一是反全球化运动给各成员方政府所施加的压力。WTO的三大功能——规则谈判、争端解决和政策审议中,规则谈判机能已被严重削弱,争端解决机制处于半瘫痪状态,具体原因多种多样,但隐藏在"国家安全""知识产权保护""环境保护"等具体理由后面的通常包括反全球化的理念。因此,有学者指出:在今后几十年,以世界贸易组织为核心的世界贸易体制所面临的"一项重要的挑战将是遏制在环境和劳工标准问题上保护主义的操控"[1]。

然而,无论反全球化思潮和行动的主观动机如何,它们都在客观上遏制了跨国公司的扩张,并在某些方面冲击了经济自由主义的理念。

四、以"有限制的自由主义"为理论基础的国际经济法

前面所提到的各种理论或思潮有一个共同点,即反对公司以利润作为唯

---

[1] [英]伯纳德·霍克曼、[英]迈克尔·考斯泰基:《世界贸易体制的政治经济学:从关贸总协定到世界贸易组织》,刘平、洪晓东、许明德等译,法律出版社1999年版,第275页。

一的追求目标,同时反对政府对公司或资本的放纵。如果这些理论或理念最终能够被接受,哪怕是部分地被接受,那么以资本放纵为特征的经济自由主义就可能演变为以资本节制为特征的有限制的自由主义,并以此作为未来的国际经济法的理论基础。

资本的运行是资本主义生产方式赖以生存的基础。资本主义的生产方式在创造财富的同时,也在制造贫困。因此,马克思主义经典作家一方面肯定了资本存在的必然性与合理性,另一方面对资本进行了无情的批判。马克思强调,"资本的运动是没有限度的……作为这一运动的有意识的承担者,货币占有者变成了资本家……他的目的也不是取得一次利润,而是谋取利润的无休止运动"[1]。他还指出,"资本是死劳动,它像吸血鬼一样,只有吮吸活劳动才有生命,吮吸的活劳动越多它的生命力就越旺盛"[2]。在此基础上,马克思运用历史唯物主义的观点和方法分析了资本主义产生、发展到灭亡的必然性。

孙中山曾明确、系统地表达过他的"节制资本"的思想。孙中山的民生主义包括两项内容:一是平均地权,二是节制资本。所谓节制资本,一方面是要节制私人资本,不让其泛滥;另一方面则是要发展国家资本。孙中山虽然看到了资本主义不好的一面,但没有对资本主义采取极端的手段,而是试图走出一条适合中国国情的发展民生的道路。[3]

毛泽东在1940年1月所作的《新民主主义的经济》的演讲中强调,要走节制资本之路,决不能让少数资本家少数地主"操纵国民生计",但不没收资本主义的私有财产,不禁止不能操纵国民生计的资本主义的发展,这是因为中国经济还十分落后。[4] 中华人民共和国成立之后很快就基本上消灭了个体经济和资本主义经济。虽然商品生产仍然存在,但被限定在与公有制为基

---

[1] 中共中央马克思恩格斯列宁斯大林著作编译局编译:《马克思恩格斯文集》(第5卷),人民出版社2009年版,第178-179页。
[2] 中共中央马克思恩格斯列宁斯大林著作编译局编译:《马克思恩格斯文集》(第5卷),人民出版社2009年版,第269页。
[3] 参见钱津:《孙中山节制资本思想辨析》,载《学习与探索》2011年第6期。
[4] 参见《毛泽东选集》(第2卷),人民出版社1991年版,第678页。

础的社会主义经济制度相符的范围之内。毛泽东曾明确指出:"商品生产,要看它是同什么经济制度相联系……同社会主义制度相联系就是社会主义的商品生产。"[1]

自实行改革开放政策以来,我国注重调动各类资本要素的积极性,推动公有制为主体、多种所有制经济共同发展,以繁荣社会主义市场经济,实现共同富裕。在充分肯定资本作为生产要素对社会主义市场经济的积极作用的同时,政府也一直注重控制资本的消极作用,加强有效监管,防止资本的野蛮生长。中国的实践表明,虽然社会主义的最终目标是消灭资本主义,实现共产主义,但在相当长的一段历史时期,还是要允许资本合法存在,利用资本的积极因素,控制资本的消极作用,以推动经济和社会的发展。

可以看出,当下人们对于资本已经形成了一个共识:不能没有资本,也不能放纵资本;既要尊重价值规律,最大限度地发挥市场的作用,又要发挥政府的调控功能。从总体上看,这还是自由主义理念的一种表现,只是由于强调政府对资本的节制,因此,可称作"有限制的经济自由主义"。"自由"和"限制"并存,或将成为未来相当长时期内各种经济理论的"底色",而各派之间的区别仅在于"限制"的界限划在何处。有学者提出,"若私人资本存在控制国民经济命脉的风险,或者资本作为财富、过度集中而危害共同富裕的消极作用超过资本作为生产要素创造财富的积极作用,则应当对该资本予以节制"[2]。但这种标准还是失之宽泛。

如果"有限制的经济自由主义"能被接受,它应该反映在未来的国际经济法律制度当中。节制资本的理念将主要表现在以下几个方面。

1. 对资本形成的节制

资本是财产,但财产不一定是资本。财产转化为资本必须经过一个法律程序,即财产的资本化,也即"出资"。换言之,政府是可以依据法律限制财产转化为资本的。这应该是政府从源头上节制资本的方法。从现有法律规定

---

[1] 《毛泽东文集》(第7卷),人民出版社1999年版,第439页。
[2] 张磊、徐世盛、刘长庚:《节制资本与共同富裕:逻辑、难点及路径》,载《上海财经大学学报》2022年第4期。

看,政府对"出资"的控制主要表现在三个方面:谁可以出资?什么可以作为出资?以及如何出资?如果实行更为严格的资本节制政策,上述三个方面的条件就可以收紧;反之就可以放松。例如,关于以知识产权出资,如果严格加以控制,则可以规定不能仅仅以知识产权出资,限定知识产权出资的最高比例,要求知识产权出资必须经过价值评估等。虽然在"投资自由化"的口号下,各国政府近年来普遍放松了投资限制,但金融等领域中的限制还是明显存在的。例如 2015 年 6 月 17 日签订的《中国—澳大利亚自由贸易协定》附件 3 A"不符措施清单"明确列出了中方实体进入澳大利亚金融市场所要接受的限制,包括:要在澳大利亚开展银行业务的实体必须是法人实体,并获得澳大利亚金融监督管理局授权,成为经授权的存款吸收机构等。2019 年 9 月 30 日修订的《外资银行管理条例》也明确规定了在我国设立外资银行的必备条件。上述规定直接限制了资本的生成,是实现资本节制的起始环节。

2. 对资本扩张的节制

扩张是资本的天性。一方面,为了获取更多的利润,资本需要把自己做大;另一方面,为了在竞争激烈的市场中不被淘汰,资本也有扩张的冲动。然而,资本的扩张会引发新的矛盾,尤其是扩张到一定规模的资本会形成垄断、限制竞争,直至窒息市场。因此,节制资本必须节制资本的扩张,尤其要警惕通过并购进行的资本扩张。

美国 1914 年制定的《克莱顿法》规定:任何人不得直接或间接并购其他人的全部或部分资产,如果该并购会造成实质性减少竞争的效果。欧共体理事会制定的第 139/2004 号条例《欧共体并购条例》规定:一项并购,尤其是由于其产生或增强企业的支配性地位而严重妨碍共同市场或其相当部分地域的有效竞争的,应当宣布为与共同市场不相容。我国的《外商投资法》第 33 条规定,外国投资者并购中国境内企业或者以其他方式参与经营者集中的,应当依照《反垄断法》的规定接受经营者集中审查。我国《反垄断法》第 26 条规定:"经营者集中达到国务院规定的申报标准的,经营者应当向事先向国务院反垄断执法机构申报,未申报的不得实施集中。"

限制资本扩张可以避免出现少数企业垄断市场的后果,降低资本监管难度,减少公司"大到不能倒"(too big to fall)的情形出现。

3. 对资本运行的限制

资本的生命在于运动。资本运动的方式就是公司的各种交易。因此,限制资本运行的方式就是限制公司交易。商人们从事跨国交易原则上是自由的,但仍需接受政府的限制。即使是进口一宗免关税、无配额、不必申领许可证的货物,也须履行海关申报和卫生检疫等程序。

由于"有限制的经济自由主义"是"自由"与"限制"的并存,因此,政府对资本的节制,或者说政府对资本的监管必须是"适度"的。从字面看,"适度"似乎是一个主观标准,事实上却是由各种客观因素所限定的。

其一,政府监管的适度性要受到一国所承担的国际义务的限定。国际经济交往的监管是否适度的一个经常性的判断标准是其是否与该国所承担的条约义务相冲突。例如,如果一国已经通过条约承诺向其他缔约国开放其零售业市场,则不能援引其国内有关禁止外商进入本国零售业市场的法规而禁止外商进入。

其二,政府监管的适度性要受制于经济规律的约束。政府对国际经济交往的监管从本质上看是对市场机制的干涉。政府干预市场的正当性在于经济学界关于"市场缺陷"理论的普遍认同。所谓市场缺陷主要表现为市场的功能缺陷(市场失灵)、收入分配的不可接受性和市场调节的滞后性。[1] 然而,经济学的研究结果告诉我们,政府对市场的规制有时也会失灵,因此,政府不可对市场进行过度的干预或管制。"政府对微观经济的规制是克服市场失灵的一种制度安排。现实中,政府规制在很大程度上发挥了校正市场配置资源缺陷的作用。但是,政府规制在校正、克服市场失灵的同时,又产生了新的失灵——政府规制失灵或规制失败,并引发了政府规制放松的浪潮。"[2] 当然,由于各个国家的经济和社会发展水平不同、文化传统不同以及政府所信奉的经济理论的不同,究竟政府对市场规制到什么程度或放松到什么程度,难以确立一般的标准,各国会根据自身的条件摸索出适宜的或适度的政

---

[1] 参见马昕、李泓泽等编著:《管制经济学》,高等教育出版社2004年版,第2-4页。
[2] 谢地主编:《政府规制经济学》,高等教育出版社2003年版,第19页。

府干预市场的模式。

五、结语

任何一项法律制度及其背后的理论都同时具有客观性和主观性。

当我们将种种有关社会现象的知识称为社会科学的时候，意味着：第一，社会与自然界一样是可以认识的；第二，社会现象与自然现象一样是有其自身的规律的；第三，社会规律同自然规律一样是可以验证的。也就是说，社会科学与自然科学一样具有客观性。

但社会科学理论同时也有其主观性，或者说社会科学的客观性容易受到干扰。影响社会科学客观性的主要有两个因素：其一，社会科学的复杂性。因为受众多自然和社会变量的制约，而这些变量之间往往又是彼此相关的、非线性的关系，人们很难从这些随机因素背后找出必然性因素，这就给社会科学进行精确、客观的分析带来了巨大的困难。其二，社会科学的难验证性。自然科学的论断都是可验证的，社会科学的论断也应该是可验证的，但往往需要很长的周期。

意识到社会科学的主观性，就应该注意社会科学理论的局限性——时间上的局限以及空间上的局限，等等。自由贸易的确使得一些国家迅速富有（即使不考虑强占、掠夺），但多数国家并非如此。一些国家的自由贸易是以其他国家的贸易无法自主为前提的。经济自由主义并非像听起来那样美好。

从自由主义转向"有限制的自由主义"，只是一个大概的趋势。提出这样一个概念并不表明传统的自由主义之下不存在任何限制，也并不意味着在如何"限制"自由主义方面会产生统一的标准。在经济自由主义的道路上，人们的步伐也并不一致，"有限制的自由主义"当然也不会为所有的制度和所有的理论提供一份标准的解说词。

简论国家豁免原则

——法自然的视角

王贵国[*]

> **摘 要** 全球化依然是当今世界的大势,全球化的表现形式是世界经济的一体化和市场化。全球化要求一套与之发展相适应的国际法律秩序,涵盖国际投资、国际贸易、国际金融等诸领域。这就不可避免地对列国主权权力之行使构成限制,此类限制亦会随全球化的不断发展而愈加扩张。本文以中华传统文化中法自然的视角,以老子"人法地、地法天、天法道、道法自然"的哲学思想为基础,兼采儒墨法等诸家涉及国际法的思想和论述,探讨全球化导致的对国家主权的限制;《联合国国家及其财产管辖豁免公约》所代表的国家豁免原则的发展趋势,即从绝对豁免原则向限制性豁免理论转变的情势;国际社会关于管辖豁免与执行豁免的倾向与区别等,希望借此探讨中华传统文化在促进国际法的与时俱进发展以及国际人格尊严与世界和平方面的可能贡献。
>
> **关键词** 国家豁免原则 中华传统文化 法自然 主权原则

人类是群体动物,人类的生存和发展离不开相互交往、依存与合作。由人组成的国家亦然,国家亦必须与其他国家打交道,需要派国家代表与其他国家交往,甚至是处于战争状态的敌对国家也不可避免地要沟通。这就需要考虑如何对待其他国家的原则和规则。鉴于传统上国家的代表是君主

---

[*] 王贵国,浙江大学文科资深教授、浙江大学国际战略与法律研究院院长,国家特聘专家。

(sovereign),如何对待来到本国领土内的其他国家的君主及其代表,特别是因其行为和不行为给访问地的人和物造成的损害是否应由当地的法院管辖便成为重要问题。为了国际交往与合作计,国家豁免原则便应运而生。

宇宙中万事万物的发生、发展、灭失均有其自然规律,人们应当遵照事物的自然规律行事。国家豁免的国际法原则和规则亦然,不仅其形成要符合自然规律,而且其发展和兴革亦须符合国际社会的需要和趋势。当今世界,全球化导致国家豁免原则的概念和内涵发生了变化,包括国家豁免到底是国际法的原则、权利抑或特权等。本文将以中华传统文化法自然的视角,即以老子"人法地、地法天、天法道、道法自然"的哲学思想为基础,兼采儒墨法等诸家涉及国际法的思想和论述,探讨国际法上国家豁免原则的变迁和前景,包括全球化导致的对国家主权的限制,《联合国国家及其财产管辖豁免公约》(United Nations Convention on Jurisdictional Immunities of States and Their Property,以下简称《国家豁免公约》)[1]的原则、规定及意义,国家豁免原则的发展趋势等。本文尝试依法自然的哲学思想,剖析国家豁免原则的发生、发展的内在原因,希望借此为探讨中华传统文化在促进国际法的与时俱进发展以及国际人格尊严与世界和平方面的可能贡献。

一、全球化对国家主权之限制

全球化依然是当今世界的大势,尽管其会有高潮和低谷,也会有动力和反动力。诗云:"习习谷风,以阴以雨",[2]说的就是任何事物都有其发生、发展的规律,非哪些个人或国家可以主宰。

---

[1]《国家豁免公约》全文参见 https://www.un.org/zh/documents/treaty/A-RES-59-38;根据该公约第 30 条,"公约应自第 30 份批准书、接受书、核准书或加入书交存联合国秘书长之日后的第 30 天生效";截至 2023 年 9 月 27 日,有 23 个国家提交了批准书。参见 https://treaties.un.org/pages/ViewDetails.aspx?src=TREATY&mtdsg_no=III-13&chapter=3&clang=_en&_gl=1*7sou3t*_ga*MTk4OTIwNTkzOC4xNjk1ODY2Mzc3*_ga_TK9BQL5X7Z*MTY5NTg2Nj M3Ni4xLjEuMTY5NTg2NjY2NC4wLjAuMA,2023 年 9 月 28 日访问。

[2]《诗经·谷风》。

(一)经济全球化要求与之相适应的法律规范

经济全球化带来世界经济的一体化和市场化,使产品和服务的供应链大幅延长,几乎每种产品和服务的生产都涉及两个以上的国家;每个国家,包括发达国家和发展中国家,都有不断开放市场的压力和需要。此过程的另一效果是任何地方的风吹草动都会影响整个世界市场。随着列国经济上相互依赖关系的加强,无论是在法律规范的制定还是制度的形成上,传统的国际法原则都正在受到不断深化的世界经济全球化的挑战。随着网络空间、信息技术、数字经济等方面的快速进步,资本、货币、货物和服务国际市场的一体化程度和独立性不断增强。这使跨国公司、国际经济实体、国际组织、非政府组织甚至全球性或区域性的市场都可以直接影响国家的决策,从而导致传统的国家主权的行使受到限制。在此情势下,哪怕是经济、政治、科技、军事等方面最强大的国家都显得微不足道。没有其他国家的支持、帮助和配合,几乎所有国家都无法完全解决本国的问题。希腊债务危机和土耳其金融和债务危机都需要国际社会的支持。[1] 其他如地球暖化、环境保护、反洗钱、反恐、防疫抗疫等亦需要国际社会密切合作。而合作就需要一套与之相适应的秩序,规范各当事方的权利和义务。

在全球化的环境下,调节跨境经济交易的法律规范理论上可分为国际社会的和国家社会的两种,然而事实上国家社会的内国法和国际社会的国际法规范已很难截然分开。国家社会的法律和国际社会的法律规范呈现相互作用、互为补充、交相融合的态势。其结果是原来在国家社会被认为是合法的、

---

[1] 2009 年希腊的财政赤字约占其国内生产总值的 15%,引起市场关注,这使希腊无法通过发行债券融资,从而引发希腊无法偿还主权债务的危机。欧盟和国际货币基金组织均向希腊提供了援助。关于希腊债务危机的原因及影响,参见 Kimberly Amadeo, *Greek Debt Crisis Explained*, The Balance (17 May 2020), https://www.thebalance.com/what-is-the-greece-debt-crisis-3305525。自 2018 年 4 月起,土耳其的里拉在不到半年内便贬值 50%,参见 Turkish Economic Crisis (2018 - current), https://en.wikipedia.org/wiki/Turkish_economic_crisis_(2018%E2%80%93current),2023 年 9 月 2 日访问。此情况的发生主要是因为土耳其拒不释放美国的一名牧师,土耳其政府认为该人为此前政变的幕后黑手,美国对土耳其实施制裁,从而导致其货币贬值。

道德的行为,现在可能变得不道德和不合法。[1] 之所以如此,是因为国际社会的许多规范首先来自国家社会,然后又通过条约及其解释回到国家社会。如此就形成一个循环,即先是内国法规范进入国际法,形成国际规范后再以具有约束力的规范地位回归内国法,从而具有重塑和改造后者的作用。[2] 这些对内国法有实质影响的规范经由世贸组织的专家组和上诉机构以及投资仲裁庭的解释[3]便形成国际判例法,规范列国的法律、行政行为、司法程序和判决,[4]从而进一步对列国的法律概念、法律价值、法律规则等构成直接影响。

(二)全球化导致对国家主权之限制

与全球化相适应的法律机制之形成势必对列国行使主权权力构成限制,但这是一个渐进的过程。例如,《安第斯条约》(Andean Pact)签字国于1991年撤销了对国际投资有严格限制的第24号决议。世界银行则于1992年主持通过了《外国直接投资待遇指引》(Guidelines on the Treatment of

---

[1] 关于国家社会的法律和国际社会规范关系的哲学分析,参见冯友兰:《新理学》,载刘梦溪主编:《中国现代学术经典——冯友兰卷》(上册),河北教育出版社1996年版,第116页。

[2] 关于此问题的讨论,参见 Mitsuo Matsushita, Thomas J. Schoenbaum, Petros C. Mavroidis & Michael Hahn, The World Trade Organization: Law, Practice and Policy, 3rd edition, Oxford University Press, 2015; John J. Barceló III, The Status of WTO Rules in U. S. Law, https://scholarship. law. cornell. edu/cgi/viewcontent. cgi? article = 1035 & context = lsrp_papers,2022年2月6日访问。作者讨论了哪些世贸组织规则在美国的法律中起到重要作用,哪些规则没有起到作用及其原因。

[3] See Alexandra Hagelüken, The Impact of EC Law and WTO Law on Domestic Law: A Critical Analysis of the Case Law of the European Court of Justice, http://digitool. library. mcgill. ca/R/? func = dbin - jump - full & object_id = 21683 & local_base = GEN01 - MCG02, last visited on 6 February 2022.

[4] 关于此问题的讨论,参见 Markus Wagner, Regulatory Space in International Trade Law and International Investment Law, https://scholarship. law. upenn. edu/cgi/viewcontent. cgi? referer = & httpsredir = 1 & article = 1884 & context = jil,2022年2月6日访问; Frank J. Garcia, Lindita Ciko, Apurv Gaurav, Kirrin Hough, Reforming the International Investment Regime: Lessons from International Trade Law, 18 Journal of International Economic Law 861(2015); Donald McRae, The World Trade Organization and International Investment Law: Converging Systems—Can the Case for Convergence Be Made?, 9 Jerusalem Review of Legal Studies 13(2014)。

Foreign Direct Investment）。[1] 虽然该指引并不具有法律拘束力,但在国际社会有相当重要的影响。《外国直接投资待遇指引》一改国际组织过去强调外国投资者和跨国公司责任的做法,而是规范投资东道国对外国投资者的待遇,包括国有化的赔偿标准等。此外,《外国直接投资待遇指引》的目的是逐渐发展国际投资的规则,而不是以总结国际社会关于投资的惯常做法为己任。[2] 同时,虽然《外国直接投资待遇指引》仍然承认国家有权国有化其境内财产,包括外国人的财产,但主张国有化或征收,包括与国有化和征收有相似效果的措施,应依照法律程序,为了公共利益,不应带有基于国籍的歧视,并应给予原财产所有者"充分、有效和即时"的赔偿。[3] 这事实上是为国有化附加了四个前提条件。遇有任何国家在国有化时未完全满足这些前提条件时,被国有化财产的原所有人便可指控相关国家违反国际法。不仅如此,该指引还具体规定了计算、评估国有化资产的方法和标准。《外国直接投资待遇指引》对主权原则的限制可见一斑。

在国际投资方面对国家主权进行限制的包括于 1994 年签订的《能源宪章条约》。[4] 该条约对与能源相关的国际投资、贸易等有重要影响。如所有签字国必须承诺提高本国法律的透明度并在投资前给予外商非歧视待遇和最惠国待遇。外国资本进入投资东道国后则应享有最惠国和国民待遇,受到公平和公正的对待。同时,投资东道国对征收外商的资产应给予充分的赔偿。《能源宪章条约》还包括争端解决的强制性规定。根据该条约第 26

---

[1] 世界银行《外国直接投资待遇指引》(Guidelines on the Treatment of Foreign Direct Investment)英文全文参见 https://www.law.umich.edu/facultyhome/drwcasebook/Documents/Documents/2.5_World%20Bank%20guidelines%20on%20the%20treatment%20of%20FDI.pdf。

[2] 联合国就《跨国公司行为守则》的谈判于 1992 年停止后,世界银行外国直接投资待遇指引的地位和作用更显重要。关于世界银行《外国直接投资待遇指引》的背景、意义及适用范围等,参见 The World Bank Group, *Legal Framework for the Treatment of Foreign Investment*, https://documents1.worldbank.org/curated/en/955221468766167766/pdf/multi-page.pdf,2022 年 2 月 6 日访问。

[3] 参见《外国直接投资待遇指引》第 4 部分。

[4] 关于《能源宪章条约》的历史及其影响,参见 Thomas W. Wälde, *European Energy Charter Conference: Final Act, Energy Charter Treaty, Decisions and Energy Charter Protocol on Energy Efficiency and Related Environmental Aspects*, 34 International Legal Materials 360(1995)。

条,任何投资者都可以将其与东道国关于投资的争端提交国际仲裁解决,不需投资东道国的同意。易言之,《能源宪章条约》的所有签字国均不得对强制性国际仲裁条款作出保留。此种规定在国际条约和经济交易中都是史无前例的。

在国际贸易领域,世贸组织通过"一揽子"承诺和最低标准待遇的规定对各成员的立法权、行政权和司法权的行使作出了限制。世贸组织的争端解决机制则确保了专家组和上诉机构的报告得以准自动通过,从而形成对相关成员具有约束力的裁决。

现代双边条约对主权原则的限制亦甚为突出。根据联合国贸易和发展会议(UNCTAD)统计,目前列国签订的双边投资协定达 2815 个,其中 2247 个协议为现时有效者,另有 423 个自由贸易协定和经济合作协定含投资章节,其中 329 个已生效。[1] 这些与国际投资相关的条约和协议的共同特点是强调东道国对外国投资和投资者的保护,几乎无例外地授予外国投资者将其与东道国政府间的争议提交国际仲裁的权利。这些国际条约的共同特点是对相关交易、行为等有具体的要求和标准,包括涉及市场准入的条件以及进入市场后的待遇等。在此大环境下,国家豁免原则也发生了深刻的变化。

二、国家豁免原则的国际法属性

"有无相生,难易相成,长短相形,高下相倾,音声相和,前后相随。"[2] 对国家主权的限制与国际豁免是相互依存的关系,是一个问题的两个方面。任何国家在承认别国享有豁免的同时便是对己国主权的限制。

(一)国家豁免为国际法的基本原则

国家豁免原则是依国家主权与平等原则派生出来的一项国际法基本原

---

[1] UNCTAD, *Bilateral Investment Treaties*, https://investmentpolicy.unctad.org/international-investment-agreements, last visited on 28 January 2023.

[2] 《道德经》第 2 章。

则:"一般是指一个国家不受另一国家管辖。就司法管辖而言,不得在一国法院对另一国起诉,或对后者的财产加以扣押或强制执行。"[1]在此原则下,列国有义务尊重其他国家的主权,有义务不对其他国家行使管辖权。著名国际法学家陈体强先生曾指出,"公认的学说认为:一个国家不受另一国家管辖,并且非经其同意,另一国法院不得对其提起诉讼";"这种对当地管辖的豁免,理论上是基于所在地国的明示或暗示同意,基于国家在国际法眼中一律平等的原则,基于作为国际大家庭成员之间进行友好交往所不可缺少的因素,使当地管辖权在这些方面有作出让步的必要……这种豁免现在可以说是基于普遍接受的习惯国际法"[2]。

国家豁免原则早在19世纪下半叶便得到国际社会的普遍承认。国际法院亦多次对之予以确认。国际法院于2012年就德国诉意大利的国家管辖豁免案作出判决(以下简称国家豁免判决)。[3]该案源于"二战"中德国占领意大利期间,德国军队俘虏了数十万意大利武装部队成员,但这些人未被赋予战俘身份并被送到德国从事强迫劳动。根据《1947年和平条约》第77(4)条,意大利代表自己及其国民放弃了于1945年5月8日仍进行中的对德国及其国民的所有索赔。后德国通过法律对意大利的受害者予以赔偿,但后者并不满意。意大利和德国遂于1961年再次签署条约,双方协议由德国向意大利赔偿4000万马克,以结束双方的争议。2000年,德国再次通过法律,设立了一个基金,向在"二战"期间曾被强迫劳动和受到其他非法待遇的人提供补偿,但受益者不包括战俘,理由是战俘根据国际法可以被拘役。这从而使许多人无法得到补偿。1998年,一位曾于战时受到迫害的意大利国民路易吉·费里尼(Luigi Ferrini)在意大利法院对德国提起诉讼。德国认为,依国

---

[1] 倪征燠:《关于国家豁免的理论和实践》,载《中国国际法年刊》(1983年),中国对外翻译出版公司1983年版,第3页。

[2] 陈体强:《国家主权豁免与国际法——评湖广铁路债权案》,载《中国国际法年刊》(1983年),中国对外翻译出版公司1983年版,第32页。陈体强教授在此援引了欧美国际法学家的观点以佐证自己的意见。

[3] Jurisdictional Immunities of the State(Germany v. Italy: Greece intervening), Judgment, I. C. J. Reports 2012. 判决全文参见 https://www.icj-cij.org/public/files/case-related/143/143-20120203-JUD-01-00-EN.pdf,2022年1月31日访问。

家豁免原则意大利法院没有管辖权;但意大利最高法院裁定国家豁免不适用于国际法上的犯罪行为,从而驳回了德国的国家豁免主张。

2008年12月23日,德国就前述争议在国际法院对意大利提起诉讼,声称依国际法意大利法院对其没有管辖权;同时,德国认为意大利法院允许涉及德国财产的诉讼以及允许在意大利执行一项涉及德军的希腊判决也构成对其依国际法的国家豁免权的侵犯。[1] 国际法院认为"国家豁免规则……源于国家主权平等原则,正如《联合国宪章》第2条第1款所明确规定的,国家豁免是国际法律秩序的基本原则之一。这一原则必须与下述原则一起考虑,即国家对其领土拥有主权,从而对在其领土内发生的事件和人具有管辖权。国家豁免的例外是对主权平等原则的背离。豁免可能代表对领土主权原则和由此产生的管辖权的背离"[2]。易言之,国际法院认为国家豁免原则建基于国家平等的原则,是国际法的基本原则之一;国家豁免则构成对主权国家管辖权的例外。

在前述案件中,国际法院指出,在其"审视的10个国家的实践中,有9个国家拒绝就在其领土上发生的侵权行为给予豁免权;只有2个国家的法律承认武装部队的行为应享有豁免权;另有8个国家的法院给予外国武装部队和军舰以豁免权"[3]。基于此,"国际法院认为,虽然这些法院判决与本案无关,但其说明武装部队的行为系主权行为,故应享有豁免权"[4]。最后国际法院认为,"习惯国际法继续要求在武装冲突中,给予外国武装部队和国家机关在另一国家领土上的侵权行为以豁免权"[5]。从国际法院的前述判决可以看出,其主要是针对一国的武装部队在其他国家是否享有豁免权,故不应依该判决便认定国家主权原则以及由此产生的国家豁免原则一直不受任何

---

[1] 德国援引《欧洲和平解决争端公约》(European Convention for the Peaceful Settlement of Disputes)作为国际法院管辖权的依据。意大利没有对之提出异议。参见国家豁免判决,第27-51段。

[2] 国家豁免判决,第57段。

[3] 国家豁免判决,第70-71段。

[4] 国家豁免判决,第73段。

[5] 国家豁免判决,第78段。

限制。[1]

事实上,直到20世纪50年代前,作为国际法基本原则的绝对豁免几乎从未受到颠覆性的挑战。1952年,美国国务院代理法律顾问泰特(Jack B. Tate)致函美国司法部,[2]宣布美国改采限制性国家豁免理论。嗣后,美国、英国、加拿大等西方发达国家纷纷制定法律,将限制性豁免理论以法律的形式确定下来;限制性豁免理论渐次获得越来越多的国家承认。

(二)联合国与国家豁免原则

美国和其他西方发达国家于20世纪70年代开始通过立法形式对国家豁免原则进行国内法的规范,特点是原则性地概括承认国家豁免为国际法原则,同时以商业性质交易和活动为基础,提出一系列的例外,事实上从法律上承认限制性国家豁免原则。面对此发展,联合国于1977年对国家豁免原则进行研究,将之纳入了国际法委员会(International Law Commission)的工作计划。该议题的特别报告人颂蓬·素差伊库(Sompong Sucharitkul)于1979年提交了《国家及其财产管辖豁免的初步报告》(Preliminary Report on Jurisdictional Immunities of States and Their Property,以下简称《国家豁免初步报告》),[3]内容包括:(1)对国家豁免的性质进行探讨;(2)对国家豁免的历史、国家实践和相关法学理论进行调查;(3)就如何通过国际公约规范国家豁免提出初步意见。特别报告人认为,国家豁免依然是必要的,但在某些例外

---

[1] 有学者认为国际法院的前述判决未能完全反映国家豁免原则的发展趋势,参见 Alexander Orakhelashvili, *Jurisdictional Immunities of the State (Germany v. Italy; Greece Intervening)*, 106 The American Journal of International Law 609(2012)。

[2] See Jack B. Tate, *Changed Policy concerning the Granting of Sovereign Immunity to Foreign Governments, A Letter Addressed to Acting Attorney General Philip B. Perlman by the Department's Acting Legal Adviser*, The Department of State Bulletin. v. 26 yr. 1952 mo. JAN-JUN. 全文参见 https://babel.hathitrust.org/cgi/pt?id=ucl.31158011173738&view=1up&seq=992&skin=2021&q1=immunity, 2022年2月7日访问。

[3] 参见 Preliminary Report on Jurisdictional Immunities of States and Their Property, UN Doc. No. A/CN.4/323. 全文参见 https://legal.un.org/ilc/documentation/english/a_cn4_323.pdf, 2022年1月28日访问。

情况下,国家豁免应受到限制。[1] 同时,他认为管辖豁免与扣押或执行豁免有很大区别,后者比前者更具"绝对"豁免性。[2] 在肯定了国家豁免为国际法基本原则的基础上,特别报告人就之列出了一系列例外,包括与商业活动、就业合同和仲裁有关的事项,[3] 但该初步报告并未对这些例外在国家实践中的重要性进行任何评估或评价。

联合国国际法委员会下设的国家及其财产管辖豁免特别委员会经过多年努力,于1991年完成了各条款的起草,并由国际法委员会向联合国大会提交了《国家及其财产管辖豁免条款草案》。[4] 联合国大会于2004年12月2日依第59/38号决议通过了《国家豁免公约》并开放给各国签字、批准和加入。[5]

三、《国家豁免公约》的制度

联合国《国家豁免公约》的特点是既承认国家豁免为国际法的基本原则又允许一国法院对外国政府从事的某些事项行使管辖权。原则上,所有国家均享有国际法上的豁免权,同时任何国家均可通过参加《国家豁免公约》或主动放弃等方式允许外国法院在特定情况下行使管辖权。

---

[1] 特别报告人说:"国家豁免原则在有些领域适用,在其他领域则不适用。"参见《国家豁免初步报告》,第68段。

[2] 特别报告人指出:"同意行使管辖权并不意味同意执行判决。放弃管辖豁免并不构成或自动表明放弃执行豁免。放弃执行豁免需要一份单独的弃权书。"参见《国家豁免初步报告》,第67段。此外,特别报告人还指出,"在执行判决时,可能只能将用于商业活动的国有财产用于执行"。参见《国家豁免初步报告》,第85段。

[3] 参见《国家豁免初步报告》,第68~81段。

[4] Draft Articles on Jurisdictional Immunities of States and Their Property, with commentaries 1991, https://legal.un.org/ilc/texts/instruments/english/commentaries/4_1_1991.pdf, last visited on 28 January 2022.

[5] 关于《国家豁免公约》的谈判过程、涉及的议题以及公约的适用等,参见 David P. Stewart, *The UN Convention on Jurisdictional Immunities of States and Their Property*, 99 The American Journal of International Law 194(2005)。

（一）放弃豁免的方式与要求

根据《国家豁免公约》，对国家豁免的放弃只能通过国际协定、书面合同或在法院对特定诉讼发表的声明或对特定诉讼的书面函件明确为之。[1]"一国同意适用另一国的法律，不应被解释为同意该另一国的法院行使管辖权。"[2]虽然《国家豁免公约》并未明确规定国家豁免是否可以默示放弃，但其第8条规定一国自行提起诉讼或介入诉讼或采取与案件实质内容有关的任何其他步骤，则其不得援引国家豁免原则；如果负责审理案件的法院"确信它在采取这一步骤之前不可能知道可据以主张豁免的事实，则它可以根据那些事实主张豁免，条件是它必须尽早这样做"。一国代表在另一国的法院作证不应被视为接受了该法院的管辖权。[3] 然而，如果一国在另一国法院提起反诉，则"不得就与本诉相同的法律关系或事实所引起的任何反诉向法院援引管辖豁免"[4]。

必须指出的是，虽然一些国家主张对国家豁免采限制性理论，但这主要表现在法院对外国政府行使管辖权方面，在执行方面则比较谨慎。与执行相关的豁免主要是指法院可否判决对其他主权国家的财产采取强制性措施，包括判决前的强制性措施和判决后的强制性措施。《国家豁免公约》第18条[5]和第19条[6]分别对执行豁免作出了具体规定。此外，即使是一国同

---

[1] 参见《国家豁免公约》第7条。
[2] 《国家豁免公约》第7条。
[3] 参见《国家豁免公约》第8条第3款。
[4] 《国家豁免公约》第9条第1款。
[5] 《国家豁免公约》第18条规定："不得在另一国法院的诉讼中针对一国财产采取判决前的强制措施，例如查封和扣押措施，除非：（a）该国以下列方式明示同意采取此类措施：（一）国际协定；（二）仲裁协议或书面合同；或（三）在法院发表的声明或在当事方发生争端后提出的书面函件；或（b）该国已经拨出或专门指定该财产用于清偿该诉讼标的的请求。"
[6] 《国家豁免公约》第19条规定："不得在另一国法院的诉讼中针对一国财产采取判决后的强制措施，例如查封、扣押和执行措施，除非：（a）该国以下列方式明示同意采取此类措施：（一）国际协定；（二）仲裁协议或书面合同；或（三）在法院发表的声明或在当事方发生争端后提出的书面函件；或（b）该国已经拨出或专门指定该财产用于清偿该诉讼标的的请求；或（c）已经证明该财产被该国具体用于或意图用于政府非商业性用途以外的目的，并且处于法院地国领土内，但条件是只可对与被诉实体有联系的财产采取判决后强制措施。"

意放弃管辖豁免,也不能据此认为其也放弃了执行豁免。[1] 列国在国家豁免方面的立场由此可见一斑。

(二)商业交易例外

与采限制性理论的国家的实践相同,《国家豁免公约》对国家豁免原则的限制也体现在"商业交易"方面,规定"一国如与外国一自然人或法人进行一项商业交易,而根据国际私法适用的规则,有关该商业交易的争议应由另一国法院管辖,则该国不得在该商业交易引起的诉讼中援引管辖豁免"[2]。此规定的意义在于,除商业交易外,一国的法院不得依《国家豁免公约》主张对人权、刑事责任等行使管辖权。国际法院亦持此意见,指出"管辖豁免属于程序法,刑事责任则属于实体法。管辖豁免可在一定时间内或对某些罪行起到禁止起诉的作用,但其不能免除其适用的人的所有刑事责任"[3]。易言之,只有在极特殊的情况下,《国家豁免公约》方有可能适用于刑事责任;此类情况之一便是相关国家间的协议,包括双边和多边条约,允许一国的法院对本应享有国家豁免的刑事案件行使管辖权。有论者认为,《国家豁免公约》应适用于战时及和平时期的武装部队的行为和不行为,[4]但此论点非为主流意见。

就如何确定"商业交易"言,《国家豁免公约》采取了排除的方式,规定可导致国家豁免限制的商业交易不包括国家间的商业交易以及交易当事方明确议定不放弃豁免的商业交易。[5] 按此规定,如果一个国家与一外国企业或个人签订协议,明确规定不放弃与交易相关的豁免,则该规定便应得到尊重。此外,在国有企业及其他具有独立法人资格的国家实体涉及的诉讼

---

[1] 参见《国家豁免公约》第 20 条。

[2] 《国家豁免公约》第 10 条第 1 款。

[3] The Arrest Warrant of 11 April 2000(Democratic Republic of the Congo v. Belgium), Judgment of I. C. J. Reports 2002 para. 60. 判决全文参见 https://icj-cij.org/sites/default/files/case-related/121/121-20020214-JUD-01-00-EN.pdf,2023 年 3 月 22 日访问。

[4] See Andrew Dickinson, *Status of Forces under the UN Convention on State Immunity*, 55 The International and Comparative Law Quarterly 427(2006).

[5] 《国家豁免公约》第 10 条第 2 款。

中,相关国家不可主张国家豁免,条件是这些企业和实体具有独立处置财产的权力及能力,包括起诉和被诉的能力。[1] 此规定只是就企业或实体的独立财政能力言,一个机构、公司、实体等是否享有国家豁免主要取决于其所从事的活动是否具有国家行为的性质。这就涉及如何界定商业活动及交易与国家公共行为的区别。

一项交易是否为"商业交易"应主要考虑其性质,假如相关合同或交易的目的与确定其是否为商业性质有关,则其目的亦应予以考虑。就此,《国家豁免公约》规定,"如果合同或交易的当事方已达成一致,或者根据法院地国的实践,合同或交易的目的与确定其非商业性质有关,则其目的也应予以考虑"[2]。文中的"根据法院地国的实践"是易于引起争议的规定,盖因列国的实践并不统一。[3] 在《国家豁免公约》下,货物销售以及提供服务的合同,贷款、担保或类似金融交易的合同,以及商业、工业、贸易或专业性质的合同[4]均为商业交易。同时根据公约附件,"投资事项"也属于商业交易的范畴。雇用合同一般情况下则不属于商业交易。然而,如果一国与个人间签订的雇用合同的全部或部分履行地在另一国领土内,且该国家涉及此类合同的诉讼,其不可援引管辖豁免。[5] 或可说,有了这些范围广泛的由条约确定的商业交易类别,缔约国法院援引本国实践通过交易的目的以确定其性质的机会不会很多。需要指出的是,即使一国的法院有机会解释"法院地国的实践",其亦需依解释条约的习惯国际法规则善意解释之,而不能仅依其本国的

---

[1] 参见《国家豁免公约》第10条第3款。
[2] 《国家豁免公约》第2条第2款。
[3] 有论者认为此规定使国家法院可在一定程度上行使裁量权。See Eileen Denza, *The 2005 UN Convention on State Immunity in Perspective*, 55 The International and Comparative Law Quarterly 395(2006).
[4] 参见《国家豁免公约》第2条第1(c)款。
[5] 参见《国家豁免公约》第11条第1款。然此条的适用有许多但书,包括雇员为外交人员、享有外交豁免的其他人员、诉讼事由涉及国家安全利益等。马拉利(Mullally)等在对美国、英国等的实践审查后认为,关于外交人员在海外驻地雇用当地员工是否享有豁免权问题,如果案件涉及人权等问题,美欧的法院一般愿意受理,但由于每个国家的法律都就管辖豁免规定了例外,从而使此类案件的原告较难成功诉讼。See Siobhan Mullally & Cliodhna Murphy, *Double Jeopardy: Domestic Workers in Diplomatic Households and Jurisdictional Immunities*, 64 The American Journal of Comparative Law 677(2016).

法律理解相关规定。从这个意义上讲,"根据法院地国的实践"之规定的作用应限于填补公约的空白,属于"以备不时之需"的条款。[1]

作为国际条约,《国家豁免公约》的所有规定均应依《维也纳条约法公约》第31条和第32条予以解释。一项交易是否具"商业交易"性质、其目的为何以及法院地国的实践为何等均应依其"通常意义"善意解释,从而任何国家或法院的解释便应受到国际社会的监督。根据《维也纳条约法公约》第31条,对所有条约条款的解释均应考虑其目的。就此而言,《国家豁免公约》规定,除了交易的性质外,还应考虑相关交易或合同的目的;这是关于条约解释的习惯国际法规则使然。除了关于商业交易的定义外,《国家豁免公约》第25条下的附件,"对公约若干规定的理解",属于公约的一部分;联合国国际法委员会特别委员会主席的报告亦可作为解释商业交易的立法背景资料。

(三)管辖豁免与执行豁免

商业例外的直接效果是外国法院可行使管辖权,包括对人和物的管辖权。属人管辖主要是针对在外国法院地领土上导致人身伤害和财产损害的诉讼案件。[2] 外国法院行使管辖权应满足两个条件:导致损害的行为或不行为至少部分发生在法院地国领土内以及行为或不行为发生时涉案人(行为或不行为人)本人身处法院地国领土内。[3] 关于属物管辖,法院的管辖权限于处于其本国领土内的"不动产的任何权利和利益",包括占有或使用,"对动产或不动产的继承、赠与"以及与"托管财产、破产者财产或公司解散"相

---

[1] 英国《国家豁免法》关于商业交易范围的规定基本与《国家豁免公约》第2条一致。有论者认为英国法院在实践中仅依据这些范围广泛的界定就足以处理相关个案,因此认为《国家豁免公约》关于国家实践的规定不会成为问题。See Hazel Fox, *In Defence of State Immunity: Why the UN Convention on State Immunity Is Important*, 55 The International and Comparative Law Quarterly 399(2006).

[2] 有论者认为到底哪些人可能因为《国家豁免公约》而失去豁免权取决于如何解释相关条款,认为公约的规定并非清晰确定。See Gerhard Hafner, *Accountability and Immunity: The United Nations Convention on Jurisdictional Immunity of States and Their Property and the Accountability of States*, 99 Proceedings of the Annual Meeting(American Society of International Law)237(2005).

[3] 参见《国家豁免公约》第12条。

关的权利和利益等。[1] 此外,涉及"专利、工业设计、商业名称或企业名称、商标、版权或任何其他形式的知识产权或工业产权的权利"包括相关的侵权亦属于不得援引管辖豁免的范畴。[2] 前述管辖权的行使都有一个但书,即如果相关国家就管辖豁免达成了协议,则该协议具有优先适用的地位。

与商业例外相关的另一事项是商事争端解决。《国家豁免公约》规定,任何国家若与外国自然人或法人订立书面协议,将商业交易的争议提交仲裁,则其不应就仲裁协议的"有效性、解释或适用",仲裁程序或仲裁裁决的"确认或撤销"等援引管辖豁免。[3] 国际投资仲裁现已成为解决投资者和东道国争议的主要方式。鉴于《国家豁免公约》的商业交易包括"投资事项",则与投资相关的争议解决应属于商业交易的内容。就此而言,《国家豁免公约》对国际投资仲裁的执行亦有重要意义。

联合国国际法委员会从一开始就认为管辖豁免不同于执行豁免,且后者在实践中更具有豁免的"绝对性"。就此,国际法委员会在其1991年的报告中写道,"必须指出,扣押和查封公共财产或属于外国或由其占有或控制的财产的行为,在国家实践中被认为是实际上牵涉外国或为了迫使外国主权接受当地管辖的诉讼。此类诉讼不仅包括对用于国防及其他和平用途的国有或国营船只的对物或海事诉讼,还包括判决前的扣押或扣押措施以及作为执行判决的措施。判决的执行或执行令不在本条的考虑范围之内,因其不仅涉及管辖豁免,而且还关乎执行豁免,而执行豁免是不同于管辖豁免的另一问题"[4]。基于此,《国家豁免公约》禁止任何国家的法院在诉讼中对外国财产采取判决前的强制措施,包括查封和扣押等,除非该外国以明示方式同意采取此类措施。[5] 一个国家明示同意外国法院采取判决前强制措施的方式限于:(1)国际协定;(2)仲裁协议或书面合同;(3)在法院发表的声明或在当

---

[1] 参见《国家豁免公约》第13条。
[2] 参见《国家豁免公约》第14条。
[3] 参见《国家豁免公约》第17条。
[4] 《国家及其财产管辖豁免条款草案》,第25页。
[5] 参见《国家豁免公约》第18条。

事方发生争端后提出的书面函件。[1] 从前述规定的行文看,明示同意必须以书面形式作出,且这些书面表述需为正式文件,而不是国家政府或其领导人的非正式声明等。此外,该外国还必须"已经拨出或专门指定"了财产,"用于清偿该诉讼标的的请求"。[2] 易言之,采取强制措施的法院有责任确认相关的外国政府确实作出了拨款或指定了财产等。这些规定实践中会对法院采取强制性措施构成影响。

关于判决后的强制措施,包括查封、扣押和执行措施,《国家豁免公约》则有更为严格的限制。除了适用于判决前强制措施的明示同意、明示同意的方式以及已拨出或专门指定了用于清偿的财产外,《国家豁免公约》还要求"已经证明该财产被该国具体用于或意图用于政府非商业性用途以外的目的,并且处于法院地国领土内",并且"只可对与被诉实体有联系的财产采取判决后强制措施"。[3] 如此严格的限制再次证明国际社会的共识是主权国家在执行方面的豁免依然"绝对"。这与国际社会对管辖豁免的态度有明显区别。正因如此,《国家豁免公约》还特别强调,任何国家同意接受外国法院的管辖并不构成"默示同意采取强制措施"。[4] 前述规定事实上也反映了国际社会的实践。

四、国家豁免原则前瞻

作为国际法的基本原则,国家豁免得到国际社会的普遍承认。自20世纪中后期起美欧国家率先提出限制性豁免理论,原则上承认国家豁免系国际法的基本原则,同时对之增加了许多例外,较突出者为商业活动。实践中,列国对国家豁免原则的限制主要体现在管辖权方面,在执行层面则较为谨慎。

全球化是导致限制性国家豁免理论被渐次接纳的主要原因。或可说《国

---

[1] 参见《国家豁免公约》第18条。
[2] 参见《国家豁免公约》第18条。
[3] 参见《国家豁免公约》第19条。
[4] 参见《国家豁免公约》第20条。

家豁免公约》顺应了此趋势。[1]《国家豁免公约》的目的是通过总结"国家实践的发展",从而"编纂与发展"国家及其财产管辖豁免的"习惯国际法原则"。[2] 从这个角度讲,《国家豁免公约》需具有一定的前瞻性,能够把握国际法在此方面的发展趋势。然而就某些或某个国家而言,《国家豁免公约》的意义并不相同。一些发达国家也许认为《国家豁免公约》只是将其本国立法与司法实践以条约的形式确认,因这些国家一直主张国家豁免的限制性理论。[3] 对发展中国家而言,《国家豁免公约》则构成对其长期坚持的绝对豁免原则的修订。故《国家豁免公约》反映的是国际社会各种意见的最大公约数,对国际法的发展有重要影响。《国家豁免公约》对国际法的贡献之一是使国家豁免原则具有确定性和统一性。随着全球化的不断深层次发展,每个国家的情势都会发生变化,发达国家成为发展中国家法院审理案件的被诉方是迟早的事。故发展中国家放弃传统的绝对豁免原则,改采限制性理论亦势在必行。列国在此问题上的立场和政策的趋同势必对促进其相互经贸交往有积极作用。基于此,《国家豁免公约》不仅代表了国际法在国家豁免方面的趋势,而且有利于列国跨国经贸关系的拓展。此外,《国家豁免公约》还就送达程序、时限、缺席判决、诉讼文书的语言、费用担保、证据提供、罚款和处罚等作出了规定。[4] 这些都对统一列国的执法标准有重要影响。正是在此意义上,我们认为有 36 个国家签署的《国家豁免公约》具有相当的代表性,说明国际社会对国家豁免的态度正在发生变化。

---

[1] 水岛朋则(Tomonori)认为,《国家豁免公约》反映的是限制性主权豁免理论,在分析了一系列国家法院和欧洲人权法院的判决后,对公约未能依"无其他选择"原则进一步限制国家豁免表示遗憾。See Mizushima Tomonori, *Denying Foreign State Immunity on the Grounds of the Unavailability of Alternative Means*, 71 The Modern Law Review 734(2008).

[2] 《国家豁免公约》开宗明义便宣布,"相信一项关于国家及其财产的管辖豁免国际公约将加强法治和法律的确定性,特别是在国家与自然人或法人的交易方面,并将有助于国际法的编纂与发展及此领域实践的协调"。

[3] 有论者认为,公约对欧洲大陆和拉丁美洲的一些大陆法系国家可能较具吸引力,因为这些国家"关于国家豁免的实践复杂多样,而更令人惊讶的是其他也是基于判例法"。See Hazel Fox, *In Defence of State Immunity: Why the UN Convention on State Immunity Is Important*, 55 The International and Comparative Law Quarterly 399(2006).

[4] 参见《国家豁免公约》第 22~24 条。

绝对豁免原则和限制性理论都是政治决定，同时亦涉及法理问题。国际法上的约定必须信守被公认为习惯国际法的重要原则，[1]故任何国家签订了协议或合同便应按规定履行，发生了争议便应按协议或合同的规定解决之。豁免原则之适用主要是在争议发生后，作为缔约一方的国家是否应接受外国（一般是缔约另一方的个人或实体所在地）国家法院的管辖。从约定必须信守原则的角度看，限制性理论有其法理基础。从国际社会的实际情况言，实行限制性理论也并非一定有害。先哲说"三十辐共一毂，当其无有车只用"[2]；"有之以为利，无之以为用"[3]。回顾历史，Tate公函标志着美国改变了其关于国家豁免原则的立场，[4]对整个西方世界有重要影响。美国等西方国家自20世纪70年代起就限制性国家豁免开始立法，限制适用豁免原则的范畴，各国的法院也在涉及主权国家的案件中主张限制性理论。列国在国家豁免原则方面的立场与其在国际社会的地位、与其他国家的经济交往程度等直接相关。在全球化的环境下，列国均实行限制性豁免只是时间的问题。正如Tate公函所说，如果美国仍然坚持绝对豁免原则，其结果必然是美国可能在其他国家的法院成为被告，但其他国家在美国的法院却会享有豁免。尽管此说法对美国可能并不确当（因为作为世界上最强大的国家，美国从来都不害怕在其他国家的法院应诉），但对其他相对较弱的国家而言却是真理。在大多数发达国家和一些发展中国家都实行限制性国家豁免理论的情况下，为了维护自身的利益，其他国家有必要慎重考虑坚持绝对豁免原则的潜在害处。

或可说，即使实行限制性豁免理论，发展中国家的法院可能也没有机会

---

[1] 例如，在SPP（Middle East）Ltd. v. Egypt中，仲裁庭指出，"条约必须遵守原则在国际法中得到普遍认可，没有理由在本案不适用此原则。主权国家必须有足够主权，以根据国际法和地方法作出具约束力的承诺"。See SPP（Middle East）Ltd., Southern Pacific Properties Ltd. v. Arab Republic of Egypt, The Egyptian General Company for Tourism and Hotels （"EGOTH"）, Award, ICC Case No. 3493, 16 February 1983, para 54.（此为非公开发布裁决）

[2] 《道德经》第11章。

[3] 《道德经》第11章。

[4] 关于Tate公函前后美国法院在国家豁免方面的判决，参见Isadore G. Alk et al., *Absolute Immunity or Enforceable Liability? The Position Before Our Courts of Foreign Sovereigns Engaged in Commercial Activities*, 9 Section of International and Comparative Law Bulletin 27（1965）。

行使管辖权,因行使管辖权的前提是有人愿意在相关法院提起诉讼。国家豁免案的特点是原告是个人或实体,被告则是外国国家。如果一个国家坚持绝对豁免原则,其法院就一定(而不是可能)不会成为以外国为被告的诉讼地。在法治被公认为最有效的治理机制的今天,一个国家的法院和仲裁机构能够经常处理涉及跨国争议的案件便会被认为法治较为健全,从而在国际上也会有较大的话语权。一国的法院如不受理涉及国家豁免的案件,就会失去增加国际话语权的机会。正如有的学者所指出,"国家法院的判决通过法理推论的说服力对习惯国际法构成影响,这可能会也可能不会说服其他国家的决策者。然而,意大利法院的一项判决似乎引起了……激烈反应;在国际层面,希腊最近便请求国际法院允许其加入德国诉意大利案,该案涉及一项意大利法院的判决"。[1] 这也许就是中国等众多国家签署《国家豁免公约》的考虑之一。

  综合言之,无论是绝对豁免原则还是限制性豁免理论都关乎法院管辖的程序问题。无论《国家豁免公约》生效与否,国家豁免原则的执行都有赖于列国法院的解释。国家只是一个概念,必须有个人或机构代表方可以主张豁免权,到底谁可以代表一个特定的国家便需要负责的法院根据相关法律解释。在限制性豁免理论下,需要法院解释的条文及程序事项则更多。如到底哪些行为可以构成商业活动?尽管《国家豁免公约》就之有规定,但这些条文均需要放在具体的案情下解释方能产生效力。美国、英国等发达国家的实践均说明,"商业活动"的确定是一个非常复杂的工程。一旦《国家豁免公约》生效,对其条文的解释,在没有先例的情况下,人们一定会援引现在已执行限制性豁免理论国家法院的判决,将之作为先例,为条约解释提供依据。就此而言,美英等实行限制性理论的国家已在实践中积累了丰富的经验,具有一定的优势。然而这些国家的司法实践也并非没有争议,如美国的法院便曾判决美国《外国主权豁免法》具有溯及既往的效力。这与《国家豁免公约》不具有追溯力的规定相冲突。美国《外国主权豁免法》还规定若外国财产的取得违

---

[1] See Lori F. Damrosch, *Changing the International Law of Sovereign Immunity through National Decisions*, 44 Vanderbilt Law Review 1185(2011).

反国际法,则其不享有豁免,然《国家豁免公约》并无相关规定。考虑到美国的国际地位以及其与欧洲国家在国家豁免法律解释方面的互动和联动,美国法院对内国法的解释一定会有溢出的效果。[1] 这就需要其他国家的司法实践加以平衡,否则美欧等在此方面的话语权便可能使《国家豁免公约》的解释偏离其缔约原意。

诗云:"瞻彼淇奥,绿竹猗猗,有匪君子,如切如磋,如琢如磨。"任何一个国际规则的形成均需长时间的验证、磨合。这将是一个漫长的过程或是没有终点的过程。任何国家若不积极加入此过程,便会失去参加国际治理的机会,便会错失提高国际话语权的机会。以国家豁免原则为例,目前处于绝对豁免和限制性豁免共处、限制性豁免略占优势的态势。古人云"天下难事必作于易,天下大事必作于细"。[2] 在限制性豁免理论尚未为列国普遍接受之时,国家宜对该理论,特别是《国家豁免公约》的解释等进行具体的研究。此类研究应重在细节的分析,应具体到公约的每一个条款,每一个词语,甚至每一个标点符号。就此而言,任何研究都离不开实践,而国际法的最佳试验场是法庭审案、判案。法院的判决不仅可提高司法系统的水平而且可以为学者提供研究的素材。当本国法院不能提供研究素材时,学者便会以外国的素材作为研究对象,而这是非常不理想的状态。此外,无论是司法实践还是学者的著述均是提高本国软实力和国际话语权的有效途径。[3]

---

[1] 如意大利并无专门针对国家豁免的法律,也尚未签署《国家豁免公约》及《欧洲国家豁免公约》,但其法院在判案中遵循的是限制性国家豁免理论。See Elena Sciso,"*Italian Judges*" *Point of View on Foreign States' Immunity*,44 Vanderbilt Law Review 1201(2021).

[2] 《道德经》第 63 章。

[3] 有学者认为不仅学者间的交流重要,而且应该鼓励不同国家法院间的交流。"为使国家豁免的习惯国际法继续发展,以应对不同国家(司法、立法和行政机构)决策者的行动和反应,司法机构间的对话应予鼓励。通过司法机构间的对话,了解其他地方的法院的先前判决并决定是否遵循这些判决;在此过程中,司法机构可以阐明相关问题并说明维持传统的国家豁免概念或根据不断变化的情势调整国家法院就外国的不法行为提供补救措施的理由"。See Lori F. Damrosch,*Changing the International Law of Sovereign Immunity through National Decisions*,44 Vanderbilt Law Review 1185(2011).

五、结语

在当代高度全球化的大势下,列国相互间的经济交易与交往不断频密,尽管全球化本身有高低起伏。在此情势下,传统的绝对豁免原则受到冲击,有渐次被限制性豁免理论取代之势,《国家豁免公约》获几乎所有主要国家签署便是明证。美国、德国等未签字的国家则早已在实行限制性豁免理论。基于美国等国家实行限制性豁免理论的实践,对《国家豁免公约》的解释势必成为列国将来争夺话语权的平台之一。古人云"尊德性,而道问学,致广大,而尽精微",[1]意即对任何议题的研究都必须审视其发展规律,不仅要分析其宏观方面,而且要探究其细微、具体之处。基于此,我们建议列国,特别是发展中国家,应针对《国家豁免公约》的实际执行,进行具体详细的研究,助力世界实现人格尊严与和平的目标。

---

[1] 《中庸》第 27 章。

美国贸易政策及法律策略之变：样态与机理[*]

徐崇利[**]

> **摘 要** 晚近，美国在国际和国内两个层面贸易收益分配状况的迭变，带来其贸易政策及法律策略发生重大转变。因对这两个层面利益迭变回应的不同，从奥巴马到特朗普，再到拜登执政，美国分别推行的是"新自由主义"、"攻击性保护主义"和"再入嵌自由主义"贸易政策，以及相应的"规则升级"、"规则修正"和"规则重构"法律策略。虽然这三届美国政府采取的是不同的贸易政策及法律策略，但其实施对中国都具有最大的指向性。无疑，厘清晚近美国贸易政策及法律策略转变的样态和机理，是进一步探讨中国应对之道的前提。
>
> **关键词** 中美贸易关系　美国贸易政策　贸易规则　贸易法律

一、导论

第二次世界大战之后，美国主倡贸易自由主义。然则，晚近，美国的自由贸易政策历经了重大转变，而这种转变又直接生发于美国在国际和国内两个层面贸易收益分配状况的迭变。

---

[*] [基金项目]教育部哲学社会科学研究重大课题攻关项目"全球金融危机后国际经济秩序重构与中国的法律对策研究"（项目批准号：09JZD0021）。本文已发表于《中国法律评论》2023年第2期。

[**] 徐崇利，法学博士，厦门大学法学院国际法学教授。

众所周知，美国等发达国家"二战"之后主导创建的是自由主义国际贸易体制，其由基本逻辑和制度构建两部分组成。在该体制项下，反映市场法则的"实力界定收益"基本逻辑框定了各国贸易收益分配的基本格局，[1]即各国贸易收益总体上的大小取决于其经济实力的强弱。例如，从《关税与贸易总协定》（GATT）到世界贸易组织（WTO），推行贸易自由化政策，以自由竞争的方式分配贸易红利，即一个国家产品越具有比较优势，从中获益也就越大。由此，发达国家凭借其产品整体上的更强竞争力，可谋取巨大的自由贸易利益。

2008年爆发的国际金融危机重创美国经济，美国霸权相对衰落的趋势显现。按照"实力界定收益"的基本逻辑及既定规则，美国从现行自由主义国际贸易体制中获取的相对收益必然减缩。与此同时，一些新兴市场国家虽受国际金融危机所累，经济增长出现了一定程度的起伏，但中国、印度等国的崛起势头未减；相应地，这些新兴市场国家从现行自由主义国际贸易体制中所获收益也不断扩大。就此，有的美国学者断言，"新兴市场国家利用了'二战'结束之后美国及其盟友煞费苦心建立的全球性、以规则为基础、多边的贸易和投资体制和世界经济秩序"[2]。于是，美国担忧，贸易领域相对收益的下滑，反过来会加剧美国霸权的衰落；尤其相对于中国等新兴市场国家，如果美国放任此等贸易收益分配状况继续朝着于己不利的方向流变，长此以往，将对世界经济格局产生重大影响，进而威胁到美国在现行国际经济秩序中的主导权，甚至外溢至整个国际关系领域，最终损害美国在国际权力结构中的主控地位。这样的忧患促使每一届美国政府试图采取不同的贸易政策，以求扭转本国贸易收益趋于相对下降的颓势。

按照国际贸易经典的比较优势理论，任何国家的产业都有其优劣势，贸易的发生乃是一国从他国进口那些本国处于比较劣势的产品，换取向他国出口本国具有比较优势之产品的过程。作为世界上最发达的国家，美国强势的

---

[1] 参见[美]斯蒂芬·D.克莱斯勒：《结构冲突：第三世界对抗全球自由主义》，李小华译，浙江人民出版社2001年版，第1—29页。

[2] Thomas J. Schoenbaum & Daniel C. K. Chow, *The Peril of Economic Nationalism and a Proposed Pathway to Trade Harmony*, 30 Stanford Law Policy Review 115(2019).

是高科技产业和高端服务业,而传统制造业等是美国的弱势产业;与之相反,在产业结构中,诸多发展中国家,特别是其中的新兴市场国家,他们的优势产业对应的恰恰多为美国的弱势产业,最典型的是在传统制造业等领域,新兴市场国家的经济体量不断增大,且其劳动力成本低等原有优势仍然存在,与发达国家之间技术水平的差距却在不断缩小。由此,随着全球贸易自由化的推进,美国国内有越来越多的人认为,美国对发展中国家开放市场的结果,已对本国的弱势产业造成了极大冲击,导致传统制造业"空心化"、工人失业、贫富分化不断加剧等,严重损害了美国的社会公共目标。例如,在从2011年9月开始席卷美国的"占领华尔街运动"中,示威民众喊出"99%与1%"的口号,就表达了对全球化给美国带来的收益只流向1%富人,而99%普通民众却几无所获的愤懑。这些因经济自由化而利益受损的社会阶层不断聚合,终成美国国内一股强大的反全球化势力,对美国继续推行贸易自由主义形成了强大的掣肘,同时推动美国政府的自由贸易政策出现重大转变。

此外,专就中国而言,在以实力"东升西降"为基本态势的百年未有之大变局的演进过程中,中国不断走近世界舞台中央。缘此,美国也越来越视中国为最大的战略威胁,其对华贸易政策立基于国家安全等考量的"政治化"趋势不断加剧,从而严重破坏了国际贸易自由化背景下的中美正常经贸往来。

毋庸讳言,美国时下仍然是世界霸权国和全球第一经济强国,其贸易政策的转变将对现行国际贸易体制乃至整个国际经济秩序产生重大影响。鉴于此,本文拟以美国在国际和国内两个层面贸易收益分配状况的迭变,以及美国对华贸易的"政治化"为分析视角,试图厘清从奥巴马到特朗普,再到拜登执政期间美国贸易政策发生重大转变的样态,并进一步梳理这些样态形成的内在机理,同时在此基础上关注因美国贸易政策转变带来的法律策略的变迁,以及其实施对中国的指向性。无疑,明察晚近美国贸易政策及法律策略的转变,是进一步探讨中国如何采取相应对策的前提。

二、奥巴马政府：延续"新自由主义"贸易政策与采取"规则升级"法律策略

为了防止自身实力衰退所致既得利益的大量流失，摆脱在现行国际贸易法律体制下的困境，奥巴马政府延续"冷战"结束后美国推行的新自由主义贸易政策，并开启了相应的国际立法进程，试图采取"规则升级"法律策略，谋求在进一步推动贸易自由化的过程中，实施有针对性的行动安排，从总体上重建美国对于中国等新兴市场国家在贸易收益领域的比较优势。

（一）奥巴马政府推行"规则升级"法律策略的主要路径

随着自身霸权的相对衰落，势必促使"美国尽力减损竞争对手在规则体系中的收益，增加中国等新兴经济体在规则体系中获益的难度"[1]。因此，在奥巴马执政期间，美国对待现行国际贸易体制采取的是"规则升级"的法律策略，最典型的例子是极力推动《跨太平洋伙伴关系协定》（TPP）、《跨大西洋贸易与投资伙伴关系协定》（TTIP）及《国际服务贸易协定》（TISA）谈判，对WTO等现行国际贸易自由化规则进行升级，其主要路径有二：

其一，针对"边境措施"加大国际贸易自由化的深度。奥巴马执政时期，在涉及市场准入和关税等"边境措施"的传统场域，美国主导制定用于推高国际贸易自由化水平的新规则。就此，奥巴马政府通过打造TPP、TTIP及TISA等，进一步扩大市场准入和削减关税，形成的即属这些国际贸易自由化协定的"高标准"特征。

其二，针对"边境后措施"拓展国际贸易自由化的广度。奥巴马时代，在上述传统场域之外，美国开辟的另一条新路径是，扩展国际贸易自由化的场域，反映在TPP、TTIP及TISA上，形成的即是这些国际贸易自由化协定的"宽覆盖"特点；详言之，美国等发达国家通过开辟新的"游戏场地"，将推行国际贸易自由化的场域从传统的市场准入和关税等"边境措施"，进一步延伸

---

[1] 高飞：《中国不断发挥负责任大国作用》，载《人民日报》2018年1月7日，第5版。

至"边境后措施",[1]广泛引入有关环境保护、劳工待遇、反商业贿赂、监管一致性、竞争政策、透明度、国有企业改革等国内治理意义上的新规则。这些有关"边境后措施"的新规则,"典型地锁定国内规制标准的协调"事项,都是WTO推动多边贸易自由化未予涵盖的领域,构成"WTO之外"(WTO-extra)的条款。[2]

(二)奥巴马政府推行"规则升级"法律策略的行动安排

奥巴马政府以TPP、TISA为载体,推行"规则升级"法律策略,深化贸易自由化,旨在建立对美国更为有利的收益分配之格局。既然如此,在有主要新兴市场国家直接参加的谈判中,霸权衰退的美国要让它们接受此等升级现行贸易自由化规则的新立法,必感力不从心。于是,奥巴马政府设计了以下"三步走"的行动安排。

第一大步骤:美国等发达国家选择在有关局域范围内推动强化国际贸易自由化新立法,并将主要新兴市场国家排除在外。在这样的国际立法过程中,因循上述两种路径,美国等发达国家对现行国际贸易自由化法律规则进行升级,并使之具有日后主要新兴市场国家如接受就得付出重大代价的性质。

显然,在经济实力整体上趋于相对下行的态势下,美国等发达国家已无力在多边层面继续主推国际贸易自由化进程,WTO多哈回合进展步履蹒跚、踟蹰不前便是明证。于是,奥巴马政府转而收缩阵线,将美国不再充裕的实力优势用在"刀刃"上,选择在有关局域范围内发力,推行升级现行国际贸易自由化法律规则的策略:其一,对于有关局部性议题,美国等发达国家在经济实力上仍然占据明显的比较优势,通过拓展这些议题的国际贸易自由化,可获得更大的绝对收益和相对收益。就此,奥巴马政府的一大做法是,避开美

---

[1] 参见陆燕:《在全球价值链中寻求制度性话语权——新一轮国际贸易规则重构与中国应对》,载《学术前沿》2015年第23期。

[2] See Daniel C. K. Chow & Thomas J. Schoenbaum eds., *International Trade Law: Problems, Cases, and Materials*, 3rd edition, Aspen Publishers, 2017, p. 60.

国等发达国家实力已经衰减的货物贸易领域,择取实力仍然远超发展中国家的服务贸易领域,展开 TISA 的谈判。其二,在有关区域性层面,奥巴马政府则选定世界上最具经济活力和潜力的亚太地区,与域内其他发达国家合力推动 TPP 谈判,进一步强化该区域贸易自由化。由此,美国等发达国家便可从中获得巨大的绝对收益和相对收益。

美国等发达国家主导 TPP、TISA 谈判的一个共同特点是,拒绝接纳具有威胁性的对手——有关主要新兴市场国家的参加。中国、印度、俄罗斯没有入列 TPP 谈判,TISA 谈判方也不包括中国、印度、俄罗斯、巴西和南非等"金砖国家"。美国除了担心这些主要新兴市场国家参加谈判会弱化其为 TPP、TISA 谋定的"高标准、宽覆盖"自由化目标之外,还顾忌这些主要新兴市场国家越来越具强势的经济地位,因此不得不在相当程度上满足它们的诉求,从而降解美国等发达国家从中可获得的贸易收益分配优势;而这些主要新兴市场国家如诉求得不到应有的满足,可能会采取集体性"搅局"行动,以致 TPP、TISA 谈判难以为继,美国等发达国家设定的目标终将彻底落空。

刻意排除有关主要新兴市场国家之后,在 TPP、TISA 谈判中,美国等发达国家便可对发展中国家谈判方形成绝对的实力优势,[1]确保这些升级现行国际贸易自由化规则的新立法能够作出对美国等发达国家有利的收益分配安排。

第二大步骤:TPP、TISA 一旦谈成,将对有关非成员国产生巨大的负外部性:在这些关键性的局域范围内,那些被排斥在外的主要新兴市场国家将无法获得强化贸易自由化带来的红利,而且将会给它们造成"贸易转移"和"投资转移"的进一步损害。为了避免遭受这样的直接和间接双重损失,其后,有关主要新兴市场国家如不得不申请加入,就须接受美国等发达国家主导升级

---

[1] 在 TPP 谈判中,美国及日本、加拿大、澳大利亚、新西兰、新加坡等发达成员,对参加谈判的马来西亚、墨西哥、秘鲁、智利、越南、文莱等发展中成员形成了巨大的经济实力优势;TISA 谈判由美国、欧盟及澳大利亚发起,共有 25 个谈判方,几乎囊括了所有的发达国家,其中发展中国家及地区则只有 8 个,发达国家和发展中国家在 TISA 项下服务贸易总额中的占比为 92% 和 8%,双方经济实力可谓悬殊。参见陈立虎、刘芳:《服务贸易协定(TiSA)对 WTO 法律规则的超越》,载《上海对外经贸大学学报》2015 年第 11 期。

后的这些有关贸易自由化的新"游戏规则",因此将需要付出高昂的"入门费"。

第三大步骤:对于TPP、TISA等确立的强化贸易自由化新规则,美国等发达国家不是将其止步于局域,而是立足长远,一旦将来条件成就,他们便会伺机将这些局域范围内升级贸易自由化的新规则,扩张成为所谓"21世纪国际经济新规则"。届时,为了防止因被适用范围更大的全球层面强化贸易自由新规则排斥而带来的难以承受之不利影响,有关主要新兴市场国家将不得不选择加入这样的"多边游戏",就此付出的代价将更为高昂。

总之,在奥巴马执政时期,美国政府延续"新自由主义"贸易政策,其关注点并未聚焦贸易收益在本国国内层面的分配状况,而是更多地放在如何扭转国际层面贸易收益分配对美国不利的态势,通过推动TPP、TISA等协定谈判,采取升级现行贸易自由化规则的法律策略,并在"迂回包抄"和"由小做大"谋略下采取上述"三步走"行动安排,以使美国可从总体上重新拉开与有关主要新兴市场国家之间在贸易收益分配上的差距,目标所向,最主要的是针对中国。就TPP而言,奥巴马在任期间,从来直言不讳,其立约目的是让以美国为代表的发达国家继续掌控而不是让中国这样的新兴市场国家引领全球经济新规则的制定。奥巴马曾断言:"世界在变。规则也随之在变。应由美国而不是像中国这样的国家书写规则。"[1]同样,TISA的制定过程将中国排斥在外,也是美国的刻意所为。[2]

三、特朗普政府:转向"攻击性保护主义"贸易政策及"规则修正"法律策略

特朗普上台执政后,对于其前任奥巴马政府延续的"新自由主义"贸易政策及采取的"规则升级"法律策略,进行了激烈的"破旧立新式"变革。

---

[1] 2016年5月2日,奥巴马在《华盛顿邮报》上发表的力挺TPP之评论。
[2] 2013年9月,中国正式申请加入TISA谈判,但美国随即专门针对中国设置了苛刻的先决条件,阻止中国入围谈判。参见屠新泉、莫慧萍:《服务贸易自由化的新选项:TISA谈判的现状及其与中国的关系》,载《国际贸易》2014年第4期。

(一)特朗普政府标举"公平贸易"与对"规则升级"法律策略的摒弃

"二战"之后自由主义国际经济秩序是在"无知之幕"后建立的,[1]其应有之义是,不管日后哪个或哪些国家兴衰,均应遵循"实力界定收益"基本逻辑。随着自身经济实力的相对衰弱,美国从自由主义国际贸易体制中获益的比较优势趋于下降,此乃该基本逻辑运行的一种常态。然而,特朗普政府却将之归咎于其他国家对美国实行严重不公平贸易的结果:一方面,指责其他国家对美国长期不对等开放市场;也就是说,美国实现了本国市场的充分开放,其他国家却未如此行事,借以从美国获取了巨大的不平衡贸易利益。[2]另一方面,指责其他有关国家对美国持续滥用不公平贸易手段,造成了美国贸易利益的重大不当减损。[3]

在此等认知的强烈驱动下,特朗普政府改变了以往美国倡导的自由贸易政策,转向强调所谓的"公平贸易",[4]并因此摒弃了其前任奥巴马政府在"新自由主义"贸易政策下实行的"规则升级"法律策略。典型地表现在,特朗普上台执政之后,美国政府宣布退出TPP,搁置了TTIP、TISA的谈判,并表明美国将不再对外谈判大型综合性区域自由贸易协定。这就等于从起点上宣告奥巴马时代力推的"规则升级"法律策略已告寿终正寝。

---

[1] See G. John Ikenberry, *The Future of the Liberal World Order: Internationalism after America*, 90 Foreign Affairs 59(2011).

[2] 特朗普声称:"我们寻求根植于公正和对等之原则的坚实的贸易关系。……不幸的是,在太长时间和太多地方,发生的事情恰恰相反。多年来,美国系统性地开放了我们的经济,极少附加条件。我们削减和消除了关税,减少了关税壁垒,容许外国商品自由地进入我们国家。但是,在我们降低市场壁垒时,其他国家并没有向我们开放市场。"引自2017年11月12日特朗普在越南岘港举行的亚太经合组织第25次领导人非正式会议上发表的演讲。

[3] 特朗普申言:"美国促进私人企业、创新和产业。其他国家却使用政府运作的产业计划和国有企业。我们遵守保护知识产权和保证公正和平等市场准入的WTO原则。而他们则在实行产品倾销,补贴商品,操纵货币和掠夺性的产业政策。他们无视规则,以从遵守规则者那里谋得利益,造成了巨大的商业扭曲,并威胁到了国际贸易基础本身。这些实践的存在以及我们集体应对的失败,伤害了我国以及其他国家的很多人民。美国和许多其他国家被剥夺了工作、工厂和工业。而且因为人们不再信任该体系,还丧失了许多互惠的投资机会。"引自2017年11月12日特朗普在越南岘港举行的亚太经合组织第25次领导人非正式会议上发表的演讲。

[4] 参见国务院新闻办公室2018年9月24日发表的《关于中美经贸摩擦的事实与中方立场》白皮书,第二部分之二。

可以说，总体上拒绝正常的自由贸易协定是特朗普政府强调所谓"公平贸易"的必有逻辑。既然特朗普政府认定美国已对其他国家充分开放了本国市场，且历来采取公平的贸易措施，而其他国家对美国开放市场的程度却远远不够，并长期滥用不公平贸易手段；那么，要矫正既存规则对美国形成的这种严重"不公平贸易"状况，应当做的不是以交易的形式，让美国继续有代价地从其他国家那里换取更大的贸易收益，而是其他国家必须无条件地对美国进一步开放市场，并消除各种不公平贸易措施。

特朗普政府指责其他国家对美国严重贸易不公，不但针对他们从美国获得了大量的贸易顺差，而且基于传统制造业等美国弱势产业因此而严重受损的情形。事实上，把特朗普推上总统宝座的一股关键力量也正是美国传统制造业等严重衰退的"铁锈地带"蓝领工人，特朗普政府贸易政策的选择不可能不顾及他们的利益诉求。而像 TPP 那样深化贸易自由化的协定一旦生效，美国还得付出更大程度开放本国市场，尤其是传统制造业等弱势产业的代价，势必加剧其他国家对美国贸易严重不公的状况，这就触碰了特朗普政府画下的确保所谓"公平贸易"的一条底线，即美国国内弱势产业不能再受损害。无疑，在特朗普政府看来，对于这样的自由贸易协定，即使美国已经签署，也应选择退出。然则，对于国际贸易自由化新协定的谈判，如果美国不愿付出进一步开放本国市场的代价，只是单方面要求其他国家满足美国的诉求，那么任何协议都不可能自愿达成。对于这样必有的结果，特朗普政府心知肚明，故干脆直接宣布美国不再对外谈判大型综合性区域自由贸易协定。

(二)特朗普政府向"攻击性保护主义"贸易政策及"规则修正"法律策略的转进

特朗普政府认为现行国际贸易法律规则已让美国"吃了大亏"，且有着偏执般的成见，并由此产生美国应摆脱这种"受害者"地位的强烈执念，这就造成特朗普政府对在国际层面改变贸易利益分配对美国不利的现状的意愿远比奥巴马政府强烈，从而最终催生了特朗普政府一种极为激烈的行动决心——对于任何国家，无论是发展中国家，还是发达国家，概须扭转美国在贸易上吃亏的现状。[1] 在实际行动上,特朗普政府为了实现所谓的"公平贸易",无所不用其极,迫使其他国家在对等基础上单方面向美国进一步开放市场,这就暴露出了特朗普政府在"公平贸易"外衣掩盖下推行的实质上是一种"攻击性保护主义"贸易政策。

首先,特朗普政府推行的贸易政策之基底是保护主义。

特朗普政府屡屡辩称,美国践行公平贸易,乃是自由贸易的真正主张者。[2] 特朗普政府要员对该定性作出的论证是,"自由贸易是一个双行道",然而,长期以来,美国的市场开放水平是最高的,而其他国家却未实现对美国的对等开放,因而是一种不公平贸易之举;现美国要求打开其他国家市场,旨在"恢复一个平整的游戏场地","这是一种真正的自由贸易议程"。[3]

然而,无论是从利益的维度,还是从价值的维度,都可确证特朗普政府推行的贸易政策是与贸易自由主义背道而驰的。

---

[1] 特朗普本人曾誓言:"从今以后,我们将在公正和对等的基础上竞争。我们不会再让美国的利益被夺走。我将会永远坚持美国第一";"我们不能继续忍受这些长期性的贸易滥用行为,我们不会再忍受"。析言之,"我们不再忍受对知识产权的大胆盗窃。我们将对抗强迫商人们向国家交出他们的技术,以及强迫他们接受合资以换取市场准入的破坏性行为。我们将对付一直在进行的通过巨大的国有企业对于产业的大规模补贴,造成私人竞争者在商业上出局的结果。我们将不再对美国公司成为与国家相关联的行为者攫取经济利益的靶子而保持沉默,不管是通过网络攻击、产业间谍或是其他的不正当竞争实践。"引自 2017 年 11 月 12 日特朗普在越南岘港举行的亚太经合组织第 25 次领导人非正式会议上发表的演讲。

[2] 诸如,特朗普本人多次声称,"我们支持自由贸易,但它必须是公平也必须是互惠的"(2018 年 1 月 26 日特朗普在瑞士达沃斯论坛发表的特别致辞);"我们想要的是自由、公平和精明的贸易政策"(2018 年 3 月 1 日特朗普发出的推特)。2017—2020 年美国贸易代表办公室发表的《美国总统贸易政策议程和贸易协定计划年度报告》也在多处指出,美国所要的是"自由、公平和对等"的贸易。

[3] Wilbur Ross, *Free-Trade is a Two-Way Street*, The Wall Street Journal, 1 August 2017. 作者罗斯为时任美国商务部部长。2018 年 4 月 4 日,时任美国白宫国家经济委员会主任、总统首席经济顾问库德洛接受福布斯媒体采访时更是直白:"你知道,生活中不仅有萝卜,也有大棒,但他(特朗普)归根结底还是一个自由贸易者,他对我是这样说的,对公众也是这样说的。"对此,国内也有学者持模棱两可的观点,认为特朗普政府采取改变现行国际贸易体制的言论和措施,对于其毫不掩饰的"美国优先"立场和提出的公平贸易条件,仍需质疑,但其目的是"构建一个对美国更为'公平'的新的国际贸易规则体系,为美国出口产品创造一个更为有利的国际销售市场"。就此而言,虽然"国内外主流媒体称特朗普为'反自由贸易斗士',有一定道理",但"上述观点失之偏颇,不够全面,未能真实、客观反映出特朗普的贸易政策和策略","是国际媒体冤枉了他"。参见高旭军:《特朗普:"反自由贸易斗士"还是新型国际贸易规则的推手》,载澎湃新闻网 2018 年 8 月 7 日,https://www.thepaper.cn/newsDetail_forward_2326101。

特朗普政府以对等原则为基准要求其他国家进一步打开市场,直达美国那样的开放高度,貌似推动贸易自由化,实际上奉行的是现实主义赤裸裸的权力哲学,即将"实力界定收益"逻辑推向极端。观之以利益的维度,其结果必然是,美国作为世界唯一的超级大国可为强者通吃之所为,经济实力弱于美国的其他国家则将因此而利益受损,这显然是一种损人利己的"零和博弈",违背了自亚当·斯密以来国际社会存续已久、建立在互利基础上、公认的自由贸易法则。[1]

同时,观之以价值的维度,特朗普政府在其"公平贸易"信条下的对等开放也绝非真正意义上的公平贸易。正如 WTO 前总干事拉米所言,国际贸易领域的"这些规则也必须是公平的——那就是为什么 WTO 超越形式平等而寻求确立真正的平等。真实的平等只存在于实力相同者之间"[2];简言之,拉米道出的是 WTO 秉持的这样一种法理——"适用于各国真实情形之规则采用的乃是遵循保证更加真正平等之道"。而此处"各国真实情形"指的是,应承认各国在发展水平和发展阶段上的不同;"更加真正平等之道"则指的是,在 WTO 制度构建过程中,"对于国际谈判现实的理解应表明有效的平等能够允许待遇上差异的存在"[3]。

其次,特朗普政府推行的保护主义贸易政策之性状具有攻击性。

美国以"对等开放"为名,推行攻击性贸易保护主义,早已有之。[4] 到了特朗普执政时期,贸易保护主义政策的攻击性更是登峰造极。特朗普政府不愿付出扩大本国市场开放的代价,却要求其他国家对美国进一步打开市

---

[1] See Daniel C. K. Chow & Ian Sheldon, *Is Strict Reciprocity Required for Fair Trade?*, 52 Vanderbilt Journal of Transnational Law 1(2019).

[2] Pascal Lamy, *The Place of the WTO and Its Law in the International Legal Order*, 17 The European Journal of International Law 969(2006).

[3] Maureen Irish, *Development, Reciprocity and the WTO Trade Facilitation Agreement*, 14 Manchester Journal of International Economic Law 50(2017); Gillian Moon, *Trade and Equality: A Relationship to Discover*, 12 Journal of International Economic Law 617(2009).

[4] See Ronald J. Wonnacott, *Aggressive U. S. Reciprocity Evaluated with a New Analytical Approach to Trade Conflicts*, Institute for Research on Public Policy, 1984.

场,纯属一种"零和博弈"。[1] 显然,美国如此"矫正"其他国家与美国之间在贸易利益分配上的"不公平"结果,实际上是一种损人利己的贸易利益转移行为,不会带来全球贸易总收益的任何增长。不言自明,"零和博弈"本质上是一种非合作博弈,其他国家不可能自愿接受美国提出的单向开放市场的要求。因此,特朗普政府唯有依仗美国的权力霸权,采取极限施压的手段,乃至大打贸易战,才有可能逼迫其他国家接受美国的要价,达到快速扩张美国贸易收益的目的。

与"攻击性保护主义"贸易政策相合,特朗普政府在法律上采取的是"规则修改"策略——极力运用美国的权力优势,强行修改既定的国际贸易法律规则。诸如,特朗普政府强迫墨西哥、加拿大重新谈判订立《美国—墨西哥—加拿大协定》,用以取代原有的《北美自由贸易协定》;威逼韩国修改美韩自由贸易协定;强求日本新订美日自由贸易协定;等等。

应该说,在奥巴马时代,美国赤裸裸运用强权谋取贸易利益之举尚属少见。特朗普提出"让美国再次伟大起来"的竞选口号,真实反映了其对美国实力衰弱产生的强烈焦虑。由此,改变贸易领域相对收益对美国不利的态势,力挺美国霸权地位,已成为特朗普政府迫不及待要完成的一大要务。特朗普政府因此认为,奥巴马政府采取"规则升级"法律策略,通过制定新规则重建对美国更为有利的长远收益分配格局,所给出的可能只是一种难以兑现的愿景。既然如此,只有充分发挥美国的权力优势,推行贸易霸凌主义,强迫其他国家与美国重新谈判已有的自由贸易协定,修改现行国际贸易法规则,单方面打开其他国家市场,才能快速改变贸易收益分配对美国不公的现状,最大限度地获取美国的现实利益。

中国是特朗普政府"攻击性保护主义"贸易政策指向的头号标靶,集中体现在特朗普政府将中国设定为美国应最大力度极限施压的对象。究其原因,特朗普政府把中国标定为全球唯一可现实威胁其霸主地位的"战略竞争对手"。由此,霸权趋于衰弱的美国将更加关注对华贸易关系中的相对收益

---

[1] See Daniel C. K. Chow & Ian Sheldon, *Is Strict Reciprocity Required for Fair Trade?*, 52 Vanderbilt Journal of Transnational Law 1(2019).

问题,并把改变中美之间贸易收益分配状况作为美国对华实施新战略的重要一环。这里暂且抛开国际政治因素不谈,专就中美贸易关系而论,特朗普政府断定,中国在发展阶段和经济体制问题上背负着两大特殊的"原罪":其一,中国已是一个世界经济强国,却享受发展中国家的"特殊与差别待遇",获得了巨大的"不当收益",对美国形成了系统性的"贸易不公";[1]其二,中国采取的是政府主导的经济体制,尤其是在国有企业、产业政策、政府补贴及强制技术转让等方面推行所谓的"掠夺性"贸易政策,在这方面也对美国造成了严重不公。[2] 正因如此,特朗普政府认为,美国在贸易领域的相对收益分配上吃了中国最大的亏,长期受到中国极不公平对待,[3]而现行国际贸易法律体制却对此无能为力;为了实现中美之间的所谓"公平贸易",美国需要对华强力实施"规则修正"法律策略,维护自己在贸易领域应得的收益。

四、拜登政府:采取"再入嵌自由主义"贸易政策及"规则重构"法律策略

拜登上台之后,其贸易政策的形成可谓"回到未来";也就是说,拜登政府不是沿单一线路退回奥巴马或特朗普执政时期美国贸易政策的"过去",而是在相当程度上将二者整合起来,制定属于自己的"未来"贸易政策:拜登政府收敛了特朗普当政期间推行贸易保护主义政策的攻击性锋芒,不再言若其他

---

[1] 诸如,2018年4月18日,特朗普在发出的推特中称:"中国作为一个经济强国,却在WTO内被视为发展中国家。因此,中国获得了巨大的特殊待遇和优势,尤其是相对于美国。有人认为这公平吗?"2019年7月26日,特朗普再次发出推特称:"一些在世界范围内最富裕的国家自称是发展中国家,以绕开WTO的规则享受特殊待遇,因此WTO体系败坏了。"显然,此处特朗普指责的对象首先针对的就是中国。

[2] 例如,2018年1月,美国贸易代表办公室在提交的《2017年度中国履行加入WTO承诺情况报告》中声称,WTO法律规则无法约束中国政府"控制商业"的政策。因此,美国当年支持中国"入世"犯了一个巨大的"错误"。

[3] 必须明辨的是,随着中美实力的兴衰,美国从现行自由主义国际贸易法律体制所获收益的相对下降,乃是该体制"实力界定收益"基本逻辑运行的正常结果,绝非美国受到中国不公平对待所致。参见徐崇利:《真伪之辨:现行国际贸易体系对美国"不公平"?》,载《国际经济法学刊》2019年第1期。

众多国家对美国存在严重的"贸易不公"状况,将动用极限施压手段,迫使对方向美国对等开放市场。如下文所揭,此乃很大程度上源于拜登政府在贸易政策上的新思维,认为追求贸易自由最大化和更多的贸易量未必符合美国的长远利益。但是,拜登政府的贸易政策又非其同党奥巴马执政时期的翻版,而是在其中同时承接了特朗普当政期间贸易政策具有的"内顾倾向",强调推行贸易自由化不得损害美国的社会公共目标。[1] 现拜登政府明确提出美国的贸易政策应"以工人为中心",维护美国中产阶级利益,正集中体现了这一倾向。[2]

据此,借鉴美国哈佛大学约翰·鲁杰(John G. Ruggie)教授的术语,可把拜登政府采取的贸易政策概括为"再入嵌自由主义",意指美国当下认同的自由贸易深嵌在其社会公共目标之中,相当程度上表现为以美国国内政治需求为中心的特点。

(一)拜登政府自由贸易政策的"再入嵌"与贸易保护主义的滋生

鲁杰教授最早提出的是"内嵌式自由主义"(embedded liberalism)的概念。他认为,"二战"之后,美国等西方国家主导构建的国际经济秩序根源于国家和社会之间达成的一项交易,即国内社会支持国家的国际经济自由化政策,作为补偿,国家承诺通过政府干预来缓解国际经济自由化给国内经济和社会造成的有害效应,其中包括采取税收、财政和社会福利等政策对那些因国际经济自由化受损的社会群体进行补偿和支持,用以调节自由市场经济所带来的财富在不同社会群体间的不均衡分配。简言之,这是国际经济自由化与国内社会均衡发展达致的一种妥协,其要义是国际经济自由化机制须"内嵌"于国内合理的社会价值和社会目标之中。[3] 构成"二战"之后多边贸易

---

[1] 参见高原:《秩序危机与制度渐变:拜登政府的世界贸易秩序改革方略》,载《世界经济与政治论坛》2022年第6期。

[2] 美国贸易代表办公室2022年3月1日发布的《2022年美国总统贸易政策议程和2021年度报告》第2部分("促进'以工人为中心'的贸易政策")。

[3] See John Gerald Ruggie, *International Regimes, Transactions, and Change: Embedded Liberalism in the Postwar Economic Order*, International Organization 379(1982).

体制基础的 GATT 1947,就具有"内嵌式自由主义"的典型特征:一方面,GATT 1947 以推动贸易自由化为原则;另一方面,其又设置了诸多"例外条款",保证缔约国社会公共目标不因贸易自由化的推行而受损。

然而,到了"冷战"结束,美国等西方国家开始信奉市场原教旨主义,"华盛顿共识"下的绝对经济自由主义大行其道,在相当程度上忽视了国内的社会公共目标,造成了贸易自由化的"脱嵌"。"脱嵌"的结果促成现在美国等西方国家逆全球化浪潮的泛起,这股势力反对的正是经济全球化对社会公共目标的损害;[1]同时,贸易自由化"脱嵌"的状况,也无法适应处于国际权力结构大变化之中的美国的战略需求。在这样的背景下,晚近,美国的自由贸易政策实际上重新开启了"入嵌"的程序,尽管对这种"再入嵌"的样态和成效等仍存在争议,[2]但并不妨碍把拜登政府贸易政策的形成视为一种升级版的贸易自由"再入嵌"过程。这里的升级版"再入嵌",具体表现为美国社会公共目标对自由贸易政策嵌入度的加深和嵌入面的扩大。

一方面,"嵌入度加深"是指美国自由贸易政策的制定,越来越多地需要顾及本国社会公共政策目标。如果说在"二战"之后"内嵌式自由主义"中对社会公共目标的考虑只是贸易自由化原则的一个例外的话,那么在当下"再入嵌"的过程中,社会公共目标已然进入美国贸易政策的本体。申言之,美国对贸易自由的主张,原来社会公共目标最多扮演的只是"守门人"的角色,现在则已经"登堂入室"。

另一方面,"嵌入面扩大"的主要表现是,以往,贸易自由化"嵌入"美国社会公共目标,其中虽然也包括对国家安全的考虑,但非主要情形,因为"冷战"期间自由贸易基本上只存在于发达国家之间及发达国家与弱小的发展中国家之间,对美国及其他西方国家来说,这样的自由贸易不会对其国家安全造成实质性威胁。然而,随着自由贸易的全球化,美国的贸易对象已扩大到不同类别的国家。在这些国家中,美国已将中国、俄罗斯开列为战略竞争对

---

[1] 参见孙伊然:《全球化、失衡的双重运动与"内嵌的自由主义"——基于微观层面的探讨》,载《世界经济与政治》2015 年第 5 期。
[2] 参见孙伊然:《全球经济治理的观念变迁:重建内嵌的自由主义?》,载《外交评论》2011 年第 3 期。

手；相应地，美国贸易政策基于国家安全等"政治化"的考量也越来越凸显。

无疑，对于拜登政府的"再入嵌自由主义"贸易政策，从"入嵌"升级的维度来看，其意味着对美国社会公共目标考量的增强，乃至在更大程度上主张美国利益优先。毋庸赘述，其必然在美国催生更多的贸易保护主义。

(二) 拜登政府的贸易"新思维"与自由贸易政策重心的移转

在拜登政府的"再入嵌自由主义"贸易政策中，因受到"再入嵌"一面的强烈挤压，其自由贸易政策出现了新的样态；也就是说，推行自由贸易的政策重心已经发生重大改变，显现从"边境措施"向"边境后经济治理体制"的移转。

传统贸易自由化首先强调要"开放游戏场地"，即在"边境"场域关注扩大市场准入和降低关税。如前所述，在特朗普执政时期，美国已经拒绝在本国的"边境措施"上对其他国家做进一步开放，其自以为是的根据有二：一是按照对等开放原则，世界上贸易自由化程度最高的美国理应把深化市场开放的责任完全转移给其他国家；二是传统制造业等美国弱势产业已因以往的过度开放而严重受损，其他国家如继续要求美国加大开放的力度，必将"摧毁"美国的这些弱势产业。

虽然拜登政府不再像特朗普政府那样强调上述第一个根据，但不得不认可第二个根据。时至今日，在逆全球化势力在美国已成气候的情形下，为手中可获得的选票计，无论是共和党，还是民主党，都将不可避免地为了迎合这些反全球化势力而更多地采取贸易保护措施，至少不会再去触碰将会直接损害本国弱势产业的"边境"场域的贸易自由化议题。正因如此，拜登政府推行的"再入嵌自由主义"贸易政策加强了对防止美国弱势产业受损带来失业和贫富分化加剧等国内社会公共目标的考虑，其结果必然导致在这方面对特朗普贸易政策的萧规曹随，拒绝再扩大美国的市场准入和降低关税，即"边境"场域的贸易自由化已被美国排除在谈判议题之外。例如，拜登政府并未"复活"奥巴马时代承诺进一步开放美国制造业市场和降低关税的TPP，并声称其后继者——"印太经济框架"（IPEF）代表着"超越传统贸易协定的创新"，而IPEF"非传统"要表达之意正在于它不包含关税减免、市场准入等安排。[1]

拜登政府的"再入嵌自由主义"贸易政策告别"开放游戏场地"的"边境"场域,并不表明美国将放弃对贸易自由化进程的主导,而只是将其重心转向了另一个场域,即深入"边境后"的经济治理体制,为贸易自由化"平整游戏场地"。对此,拜登声称,美国"将追求新的全球贸易和经济增长规则,以努力平整游戏场地"[2]。其实,美国自由贸易政策关注"边境后"议题早已开始,在 WTO 成立之初,美国就意将环境、劳工、反商业腐败等议题纳入新回合的谈判;到了奥巴马执政时期,如前所述,TPP 升级版的贸易自由化制度设计已经更为广泛地扩及"边境后"经济治理措施。现在,拜登政府承继并进一步"弘扬"奥巴马时代的这一贸易自由化路线,其着力打造的 IPEF 即是如此。IPEF 共有四大支柱,与之相关的就有三大支柱,其中的"贸易"支柱要求各国在有韧性、可持续和包容性经济增长的基础领域寻求高标准条款,涉及"边境后"经济治理体制的有劳动力、环境、透明度和良好监管实践、竞争、包容性、贸易便利化等议题;"公平经济"支柱要求各国"在边境后"通过预防和打击腐败遏制逃税和提高透明度,并认识到公平、包容、法治和问责制的重要性,努力为伙伴国家内的企业和工人提供公平的竞争环境和透明度等;"清洁经济"支柱则集中关注与经贸活动密切相关的落实防止气候变化义务的环境标准。

拜登政府不仅是在制度设计上继续拓展"边境后"经济治理体制层面的贸易自由化,而且在理念上对其进行了"升华"。拜登政府贸易政策的一大新理念被表达为,"不是为了更多的贸易,而是为了更明智的贸易"[3]。按照这一新思维,"边境"场域的贸易自由化虽可带来更多的贸易,但对美国来说未必是好的,美国更为明智的选择应当是,通过自由贸易协定建立高标准的"边境后"经济治理规则,防止世界范围内的"逐底竞争"。为此,市场准入被"赋

---

[1] 参见《IPEF 八字没一撇,华盛顿就想给它装牙齿》(社评),载《环球时报》2022 年 9 月 9 日,第 14 版。

[2] 《2022 年美国总统贸易政策议程和 2021 年度报告》,第 1 页。

[3] Rewind, Tai, in Her Own Words, World Trade Online(4 April 2022), https://insidetrade.com/trade/rewind-tai-her-own-words.

予了新的含义",不再是传统"边境"意义上的市场开放和降低关税,而是不符合"边境后"高标准经济治理规则的产品将无法再进入国际贸易市场。[1]

拜登政府自由贸易政策的重心从"边境"向"边境后"场域移转,其"破"的一面是抛弃以扩大市场准入和降低关税为要义的传统贸易自由化路径;"立"的一面则是厘定新的贸易自由化含义,即在"边境后"场域,以自己在国内经济治理上所谓的"最好标准"和"最佳实践"为标尺,平整国际贸易的游戏场地。由此,不但可借以重建美国在贸易领域的比较优势,而且可以改变产品在全球贸易市场上的流向,同时直接影响各国公司在世界范围内的投资和贸易布局,助力保护美国弱势产业,并实现有利于美国的全球产业链供应链重组,维护美国的经济和战略安全。

(三)拜登政府的贸易政策与相应"规则重构"法律策略的伴生

与拜登政府"再入嵌自由主义"贸易政策相随的是"规则重构"的法律策略。从"再入嵌"的维度来看:首先,鉴于拜登政府固守基于本国社会公共目标的"内顾倾向",贸易保护措施必然在美国因势而起,这无疑将对既有的贸易自由化规则造成越来越大的减损。其次,对国家安全等社会公共目标的标高,将导致美国引入新的贸易规则。例如,为了维护美国的经济和战略安全,拜登政府在 IPEF 中增设了自由贸易协定中前所未有的"供应链"支柱。最后,从拜登政府推行自由贸易新样态的维度来看,美国自由贸易政策的重心从"边境"向"边境后"场域移转,也意味着要对现行自由贸易协定的制度架构进行大幅的整改。拜登政府将 IPEF 界定为非传统自由贸易协定,其中即表达了此意。

从性质上判断,如果拜登政府在"再入嵌自由主义"贸易政策项下的"规则重构"法律策略得以顺利实施,将对现在以 WTO 为基础的国际贸易体制造成强烈的冲击。但其是否具有现实可行性,则是另一个需要探讨的问题。

IPEF 是拜登政府实行"规则重构"的一项标志性工程,其命运如何,就直涉其"规则重构"法律策略能否有效推行的问题。应该说,随着拜登政府自由

---

[1] 参见陈靓:《美国贸易政策新思维映射下的"印太经济框架"》,载《国际展望》2012 年第 6 期。

贸易政策重心的转移，美国要以自己惬意的标准平整各国国内经济治理体制的游戏场地，这对广大发展中国家来说并无益处，甚至构成一种负担。进而言之，既然在 IPEF 中美国不愿在"边境"场域进一步开放市场准入和降低关税，那么何以让其他发展中国家在无利可图的情况下接受美国在"边境后"经济治理体制上的自由化要求？正是对该问题作出否定的回答，使国内外不少观察者判定 IPEF 注定要以失败而告终。[1] 但是不得不说，轻易得出这样的结论，容易使人们丧失对 IPEF 应有的警惕性，按常规判断，美国不会在 IPEF 上做无用功。虽然 IPEF 不直接触碰发展中国家诉求的美国进一步开放市场的问题，但应当看到的是，美国在 IPEF 引入"供应链"支柱，就是要将美国"最严峻的竞争对手"——中国"排除在外"，推进美国的"友岸外包"，将国际供应链转移到"友好国家"或"可信赖的伙伴"；而这样供应链重组所致相关产业的投资和贸易从中国向印太地区其他发展中国家转移的效应，将会成为美国吸引他们加入 IPEF 的一个重要经济诱饵。当然，美国要让这些发展中国家最终接受 IPEF，并非易事。已经出现的一个例证是，2022 年 9 月，IPEF 在美国洛杉矶首次举行线下部长级会议，作为一个具有举足轻重影响的参加国印度就宣布暂时退出该框架"贸易"支柱项下的谈判，理由是"眼下看不到能获得什么好处"[2]。

鉴于此，拜登政府及后继者一旦要把这种自由贸易新样态下的"规则重构"法律策略推向全球层面，将是难上加难。因为与发展中国家为数不多的区域范围不同，在多边场合，即使美国能够通过造成中国"贸易转移"和"投资转移"效应给其他发展中国家带来好处，也将在很大程度上会被数量众多的国家所稀释，以致根本不足以以此为诱饵，换取他们接受"边境后"经济治理体制上的高标准贸易自由化规则。例如，自特朗普执政时期开始，美国曾七次勾连日本、欧洲发表三方联合声明，试图将 WTO 改革的方向引向构建"边境后"的"市场导向条件标准"，但雷声大、雨点小，现美国仍表现出对

---

[1] 参见《当代世界》2022 年第 6 期发表的两篇"国际热点快评"：《美国"印太经济框架"口惠而实难至》（王文），第 73 页；《"印太经济框架"先天不足的三大短板》（[泰国]洪风），第 74—75 页。

[2] 《印媒：印太经济框架，印度官员宣布暂时退出贸易领域谈判》，载环球网，https://baijiahao.baidu.com/s? id=1743804643901327274 & wfr=spider & for=pc，2023 年 1 月 15 日访问。

WTO改革缺乏应有的热情,或源于其对能够实现其设定的WTO改革目标缺乏足够的信心。

一如既往,拜登政府"再入嵌自由主义"贸易政策的实施,继续对中国具有最大的指向性。就其中的"再入嵌"部分而言,拜登政府强化本国社会公共目标凸显的对国家安全之考量,首先针对的就是中国。拜登政府视中国为"最主要对手"和"最严峻长期挑战"。为了在战略上打压中国,就高科技等敏感产品对中国实行的进出口管制不断强化。此外,拜登政府还以保护人权为借口,如通过制定《维吾尔强迫劳动预防法案》(The Uyghur Forced Labor Prevention Act),对中国实施严厉的贸易制裁等。同时,拜登政府自由贸易政策重心移转的矛头也直指中国的经济体制。例如,在《2022年美国总统贸易政策议程和2021年度报告》中,拜登政府专设第三部分("重新校准中美贸易关系"),首先将中国定性为"作为一个最大的非市场经济体,有独一无二的能力通过不公平、反竞争性的实践扭曲市场,危害美国和其他国家工人和企业";接着历数了中国种种"不公平、非市场性的实践",无不涉及中国的经济治理;[1]最后宣称,美国"将使用我们经济工具箱中的所有工具——并在必要的时候开发新的工具——坚定地捍卫我们的利益和其他市场经济体的利益,以寻求公平的竞争"。以晚近这方面的全过程观之,美国对中国经济体制的打压呈现愈演愈烈的态势。无疑,拜登政府转移自由贸易政策的重心,盯紧中国的经济体制,不仅是出于经济利益上的考虑,而且是基于更高层次的政治逻辑,即在中美全面竞争中,美国试图借此在制度上取得对华比较优势。

既然拜登政府推行"再入嵌自由主义"贸易政策的议程,将"重新校准中美贸易关系"列为重中之重,那么其"规则重构"法律策略的实施必然如影随形。具言之,拜登政府不会让中美经贸关系重回现行WTO制度体系的规制,而是另行构建压制中国的贸易规则,最集中体现在拜登政府打造的IPEF

---

[1] 诸如滥用产业补贴;为实现本国产业政策目标而不正当获取外国知识产权和技术;未提供最基本的劳工权利,包括没有给予工人组织工会和集体谈判的权利、降低工资和劳动保护条件以不正当吸引外国投资、实施强制劳动等;弱化环境保护、为吸引外资采取其他国家禁止的环境政策、为过度捕捞提供补贴、非法捕鱼、通过进口管制毁损其他国家的产品回收再生产产业、过度生产工业品、以巨大的消费需求容忍进口非法获取的野生产品;等等。

上。2022年5月21日,美国贸易代表戴琪曾直言,IPEF就是要"有效反制"中国不断增长的影响力。

就拜登政府"再入嵌自由主义"贸易政策及"规则重构"法律策略的对华实施,对于其"再入嵌"过程中强化美国社会公共目标,尤其是以国家安全及维护人权为由,对华实行不断强化的进出口管制和经贸制裁,中国应坚决予以反制。除此之外,对于拜登政府自由贸易政策的重心转移,中国可反其道而行之,坚守仍被广为认同的传统"边境"场域的贸易自由化路径,用好自己越来越大的国内市场,在互惠的基础上继续扩大市场准入和降低关税,扮演更为积极的贸易自由化驱动者角色。与此同时,中国要加快制度型开放的步伐,构建更为顺应贸易自由化便利化的经济治理体制。

五、结论

晚近,对于美国在国际和国内层面贸易利益分配状况的迭变,从奥巴马到特朗普,再到拜登当政,美国三届政府作出了不同的回应,从而形成美国贸易政策及法律策略的重大转变。

奥巴马政府关注美国在国际层面贸易收益相对下降的趋势。为了扭转这种对美国的不利状况,奥巴马政府未改"新自由主义"贸易政策,采取的是"向前看"的"规则升级"法律策略。从本质上看,这种法律策略延续了以往美国偏好以权力为后盾、以规则为基础的"制度霸权"国际经济治理模式;也就是说,奥巴马政府试图在美国主导下,通过制定于己有利的新规则,在深化和拓展贸易自由化的过程中,立足长远,扩大美国的绝对收益和相对收益。按照TPP、TTIP、TISA等为载体产出的这些新贸易规则,在收益分配上,尽管美国将从中取得更为有利的结果,但其他参与国家也可在不同程度上分享进一步推动局域范围内贸易自由化产生的红利。因此,在"规则升级"策略下此等贸易新规则的制定虽由美国主导,但可仍算作其他参与国与美国自愿谈判的结果。从整体上看,尚属相互间具有合作性质的"正和博弈"产物。

然而,较之奥巴马政府,特朗普政府对美国霸权衰弱形成了更为强烈的焦虑,因之而生的是对美国在国际层面贸易利益受损的高度敏感以及为美国谋得更大现时利益的急切心态。缘此,对于自身霸权衰弱导致相对收益收窄这一自由主义国际贸易体制"实力界定收益"基本逻辑运作的正常结果,特朗普政府将之曲解为美国受到了其他国家严重的不公平对待,既然如此,那么,就必须改变这种美国应得贸易利益不断流失的状况。

另外,与奥巴马政府不同的是,特朗普政府具有强烈的"内顾倾向",强调美国利益优先,关注贸易收益在美国国内的分配状况及其带来的后果。由此,特朗普政府废止了奥巴马时代延续的"新自由主义"贸易政策及"规则升级"的法律策略,因为在现行规则升级的过程中需进一步推动贸易自由化,美国还得为此付出更大的市场开放代价。特朗普政府认为,这将给美国带来新的贸易不公,并触碰其设定的保护本国弱势产业之底线。

特朗普政府以实现对等开放为由头,将进一步扩大市场开放的责任完全转移给了其他国家。这样既能改变国际层面贸易收益分配对美国不利的状况,又可在国内层面贸易收益分配的意义上保证不牺牲本国弱势产业的利益。二者相叠加,驱使特朗普政府采取"攻击性保护主义"贸易政策及相应的"规则修正"法律策略。要求其他国家单向扩大市场开放、美国坐收其利的做法,是对国际贸易自由化的一种反动,无以否认其具有的贸易保护主义性质,其他国家势必不愿接受参加这样的"零和博弈"。因此,特朗普政府必得依靠美国强权,采取极限施压等贸易霸凌主义手段,才有可能逼迫其他国家接受修改与美国之间既有的贸易收益规则。由此便形成了特朗普政府贸易保护主义政策及"规则修正"法律策略的极强进攻性,反映了其对以权力为基础,以规则为工具的"权力霸权"国际经济治理模式的偏好。[1]

拜登政府采取的"再入嵌自由主义"贸易政策走的是一种"纳入了特朗

---

[1] 关于从奥巴马时代到特朗普执政美国偏好的国际经济治理模式由"制度霸权"转向"权力霸权"的讨论,参见徐崇利:《变数与前景:中美对国际经济治理模式选择之分殊》,载《现代法学》2019年第5期。

普主义顾虑的奥巴马路线",[1]但不是二者简单的混合,而是在"不是为了更多的贸易,而是为了更明智的贸易"等自由贸易新理念下二者的整合。

拜登政府贸易政策中的"再入嵌",承继了特朗普政府的"内顾倾向",透露出的是贸易保护主义色彩。但在"不是为了更多的贸易"的新思维下,拜登政府没有过度放言国际层面的贸易收益分配已对美国造成严重不公,收敛了特朗普执政期间以对等开放为基准单方面打开其他国家市场,强力推行贸易保护主义的进攻性。

综上所述,拜登政府不像特朗普政府那样急于打开别国市场,但在"再入嵌"过程中保护美国弱势产业等社会公共目标的挤压下,又紧随特朗普政府,也拒绝向其他国家进一步开放美国市场。由此,在整体上,拜登政府自由贸易政策的重心已经游离"边境"场域,集中转向了"边境后"经济治理体制,此乃出于其"为了更明智的贸易"之理念。拜登政府聚焦"边境后"经济治理体制的"更明智"贸易自由化之举的实质是,既可防止外国在贸易和投资领域的不公平竞争损害美国的弱势产业及其工人群体的利益,又能改变产品和投资在国际市场上的流向和布局,以维护美国产业链、供应链的安全,其出发点和归依仍然是基于和实现美国的社会公共目标。由此可见,拜登政府自由贸易政策重心的移转折射出的实际上是另一脚本的"内顾倾向"。

与"再入嵌自由主义"贸易政策相对应,拜登政府采取的"规则重构"法律策略走的也是奥巴马和特朗普政府所为的中间路线,其属于对规则进行升级和修正两种路径的一种整合。在新的贸易政策思维下,拜登政府采取"规则重构"法律策略。一方面,当然要对现行贸易规则进行升级。例如,从 TPP 到 IPEF,实现了"边境后"经济治理规则更宽范围、更高标准的拓展。另一方面,拜登政府也需对现行国际贸易制度进行既减又增的整改。例如,相对于传统的自由贸易协定,IPEF 在"贸易"支柱中,减掉了扩大市场准入和降低关税等安排,增加"供应链"支柱项下的规则等。

---

[1] 参见《人大刘青:从贸易战到印太经济框架,经济成美国对华战略竞争最大短板》,载观察家网,https://baijiahao.baidu.com/s?id=1737748144085927545&wfr=spider&for=pc,2023 年 1 月 15 日访问。

从奥巴马到特朗普,再到拜登执政,无论美国的贸易政策及法律策略发生了怎样的变化,始终不变的一点是,其实施靶向首先瞄准的是中国。其中,一个惯有的指向性是针对中国的经济体制,即认定中国的非市场经济体制对美国造成了非竞争性的贸易不公;另一个不断强化的指向性是将中美贸易关系"政治化"。这两种指向性相结合的样态,在拜登上台执政之后达到了一个新的高度:在拜登政府的"再嵌入自由主义"贸易政策中,"再嵌入"过程凸显了美国以所谓"国家安全"及"保护人权"等为借口,对中国的加诸贸易管制和经贸制裁有增无减。对此,中国当然应坚决予以反制。而随着拜登政府自由贸易政策重心从"边境"向"边境后"场域移转,其矛头直指中国的经济体制。对此,中国首先可以为美国所不为,反向操作,在"边境"场域继续加大市场开放的力度,引领这一传统路径下的贸易自由化进程;其次是推进"边境后"场域的制度型开放,进一步提高中国经济治理体制对促进贸易自由化便利化的顺应性。

全球化、逆全球化、再全球化：
中国国际法的全球化理论反思与重塑*

何志鹏**

摘　要　当 20 世纪 90 年代以后全球化高速发展、国际学术界对于全球化问题进行了多方面的分析和阐述之时，中国国际法学者对于全球化的现象、影响，尤其是全球化带来的国际法结构、主体、进程、价值变革等法律问题进行了研讨。这些研讨一方面拓展了国际法的视野，另一方面也存在宏观判断不足、独立思考欠缺的短板。随着全球化在实践之中碰到越来越多的阻碍，逆全球化成为国际社会不可逃避、不容忽视的现象。这就需要在观念上认清理论的内涵与边界，廓清对理论的迷茫和误解，提升学术理论界的理论自觉与学术努力。如果能够充分利用中国独特的实践资源激发理论创新，提升对全球化各层次表现与规律的理论自觉，促进对全球化各层次的问题进行反思性探索，则不仅中国国际法学界的理论发展会有更充实、扎实的学术成果，而且也能够凸显中国作为负责任大国对国际法的未来所进行的深度思考、价值引领、观念提升等积极的作用。

关键词　全球化　逆全球化　再全球化　理论反思

---

*　[基金项目]教育部哲学社会科学研究重大专项项目"坚持统筹推进国内法治与涉外法治研究"（项目批准号：2022JZDZ005）。本文已发表于《中国法律评论》2023 年第 2 期。

**　何志鹏，吉林大学法学院教授。

20 世纪 80 年代以后出现的全球化浪潮[1]在很大程度上与中国的改革开放进程相呼应。由此可以理解,没有中国的改革开放,全球化的程度和成果就不会如此深远和巨大。21 世纪之后出现的逆全球化风潮固然在很大程度上与美国的次贷危机等一系列事件相关,甚至在 21 世纪 20 年代之后与新冠疫情有关,[2]但在主观思想上具有排斥中国、遏制中国的意味。这也就要求中国学者对于全球化的动力因素、发展趋势作更为深入坚实的探索和研究,并且在理论上提出具有中国主体性的观察和论断,为中国实践提供积极有效的指引和预判。

一、全球化起落与中国国际法学界的理论观察

(一)从全球化到再全球化:潮起潮落的国际格局

20 世纪 90 年代以后,商品、资本、劳动力、知识产权跨境流动的壁垒逐渐降低,经济全球化成为时代的大潮流、大趋势。马克思和恩格斯早在 170 多年前即作出深刻阐述,资本主义的生产方式即决定了该生产方式之下的经济必将是全球性的。[3] 在全球化高速发展的时候,国际社会的很多法律规范在努力降低国家对于国际商品、服务、人员、知识产权跨境流动所设置的壁垒,从而使国际经济贸易的法律环境变得更为顺畅,有利于国际经济交往的大规模、高速度运转。在大规模跨国经济交往的影响下,国际社会发生了重

---

[1] "全球化"一词最早由美国学者西奥多·莱维特在 1983 年发表的《市场的全球化》一文中首先提出。"The globalization of markets is at hand. With that, the multinational commercial world nears its end, and so does the multinational corporation." Theodore Levitt, *The Globalization of Markets*, Harvard Business Review, p. 92-102(May-June 1983). 我国学者迅速关注到该文,并在 1984 年摘译发表。参见[美]西奥多·莱维特:《市场的全球化》,陆熊译,载《外国经济与管理》1984 年第 3 期。相关讨论,参见庄莉、王强:《"市场全球化"时代已经到来?》,载《上海经济》1996 年第 3 期;姚艳霞:《浅析全球化下的现代国际法》,载《当代法学》2002 年第 8 期。

[2] See Alexandre Abdal & Douglas M. Ferreira, *Deglobalization, Globalization, and the Pandemic: Current Impasses of the Capitalist World-Economy*, 27 Journal of World-Systems Research 202 (2021).

[3] 参见车丕照:《法律全球化与国际法治》,载高鸿钧主编:《清华法治论衡》(第 3 辑),清华大学出版社 2022 年版,第 111-167 页。

大转变。全球社会矛盾日益显现,全球化进程对国家治理提出了新的挑战,国内和国际问题相互交织,全球性生态环境危机与核威胁等问题以及国际人权法律机制共同构成了综合性、复合性的全球化样态。

逆全球化[1]也在全球化的进程中孕育。当西欧与北美的工业化大国经济发展能力降低,尤其是在某些劳动密集型或资源密集型的交易方面不再占据优势的时候,它们就开始对原有的经济运行方式和法律制度进行重新审视,在很多产品上设置关税壁垒和非关税壁垒,积极促动那些本国或者本国家集团占据优势的商品区域化出口,而对那些可能有利于竞争性国家转型升级和科技进步的产品则设置出口限制,其目的都在于压缩竞争国家的经济优势。这些国家甚至直接背弃既有的经济贸易便利化规则,试图重起炉灶,另开体制。从总体状态上观察,就是全球化的步调放缓,原来促动全球化的国家开始质疑或者反对全球化。这种情况被称为逆全球化。于是,正像一些学者指出的:全球化正在遭遇逆全球化,陷入逆全球化陷阱。全球化—逆全球化政策难题在贸易流动、跨境资本流动、经常账户可持续性和技术扩散方面出现。技术扩散克服了"距离暴政",加剧了伴随信息和通信技术(ICT)革命性变革而来的"数字鸿沟"。反复发生的国际金融危机和对货币挂钩的投机攻击客观上要求重塑国际金融结构,以减少国内经济对国际金融危机破坏性影响的脆弱性。[2] 逆全球化的本质是对全球化的秩序进行清理,塑造一种对本国有利的国际经济贸易交易机制,尤其是将在经济贸易领域与本国有较强竞争关系的国家剔除出局。当然,试图剔除的目标不可能顺利实现;被排挤的国家也必然会积极努力,试图构建新的格局。由此,就出现了全球化秩序的不同版本,区域经济也以不同的模式重新布局。

逆全球化是反全球化[3]的政府升级版。从实践的进行来看,全球化的

---

[1] Hag-Min Kim, Ping Li & Yea Rim Lee, *Observations of Deglobalization against Globalization and Impacts on Global Business*, 4 International Trade, Politics and Development 83(2020).

[2] See Neil Dias Karunaratne, *The Globalization – Deglobalization Policy Conundrum*, 3 Modern Economy 373(2012).

[3] 反全球化主要体现为对全球化的抗议示威活动。参见庞中英:《另一种全球化——对"反全球化"现象的调查与思考》,载《世界经济与政治》2001年第2期。

趋势一直和反全球化的趋势同时存在。具体体现为：当世界的总体潮流体现为有一种力量试图推进全球经济的融合、全球文化的交流、全球思想观念的协同、全球价值结构的通约之时，在这个世界上也存在一些不那么主流的观点、主张，存在另外一种倾向，那就是保护和维持原有的生活方式、文化模式，避免外来的商品经济、文化样态、思想观念、生活方式冲击一个地域原有的文明生态。由此，全球化和反全球化就形成了一对相互矛盾、共同存在、辩证发展的范畴。如果说，在 2001 年的"9·11"事件发生之前，国际知识界的景象是全球化思想观念曾经有过大概 10 年的压倒性胜利；那么，"9·11"事件就深化了此前亚洲金融危机对于全球化的忧虑，深化了 1999 年西雅图世界贸易组织部长级会议对于全球化的抗议声音，深化了此前学者所忧虑的文明冲突，进而使得对全球化进行批判、反思甚至阻碍的声音逐渐上升。这种浪潮在国际政治上体现为政治差异、意识形态区隔、思想文化冲突的论调逐渐升级，"冷战"的意向取得更多的关注，中美"修昔底德陷阱"(Thucydide's Trap)的论断受到越来越广泛的讨论；但更主要地体现为 2008 年爆发的美国次贷危机，以及由此产生的席卷全球的经济寒冬。在这样的背景下，很多人不是对经济发展的基本逻辑、基础问题进行反思，而是直接去质疑和打压全球化，使反全球化的主张从零星的民众的、学者的观点，上升到一些国家决策者的立场。由此产生的现象就是：那些主要的曾经推动全球化的世界大国在市场全球配置方面"开倒车"，对于一系列的国际组织、多边合作体制予以阻碍甚至破坏。这就让人们明确地看到了逆全球化的实践。对此，有学者评论道，自国际金融危机以来，逆全球化成为人们经验的现实；从一国国内生产总值中进口份额的下降趋势就能够看到逆全球化的境况，由此看到制造业进口、国家收入差距和政治全球化的影响；经济和社会全球化都对逆全球化产生负面影响；在发达国家，逆全球化的表现比在发展中国家更为明显，这一趋势将以多种形式继续。[1]

---

〔1〕 逆全球化是全球化出现"退一步"的趋势，体现为贸易保护主义死灰复燃、发达资本主义国家开始再工业化、主要国家间文化与政治出现恶化势头。参见郭强：《逆全球化：资本主义最新动向研究》，载《当代世界与社会主义》2013 年第 4 期。

与此同时,值得关注的是,逆全球化的乱局中萌发着再全球化的新局。逆全球化并不是全球化的全面回潮与衰退,而是某些国家在一些领域、一些方面对于全球化的成果进行否定或拆解;在另一些方面,这些国家则积极寻找出口,仍然以其他的方式,尤其是区域合作、跨区域合作来推进跨国的经济贸易往来。也就是说,一些商品、技术、人员和资本的投向发生了转变,由原初在全球范围内几乎无差别地进行最优选择,到现在进行筛选和剔除后的区域性商品资本合作。这就使我们感受到,逆全球化并非全球性的商品资本流动的全线降低,而是选择性的,甚至是一种重新调整方向与步调的"再全球化"。这是一种重新规划的再全球化,或者叫作有选择的全球规范的重塑。[1] 在这种重塑的过程中,中国能否破除旧局、创出新局、应对变局、开出好局,是特别需要我们关注思考并且努力付诸行动的问题。在这个问题上,需要深度的理论探究、战略设计,也需要积极地行动,抓住机遇、创造可能。

(二)对于全球化进行理论检视的思想与实践价值

在全球化呈现发展的时代,相关的理论应运而生。全球化的理论是对全球化实践的总结归纳,同时也是对全球化现象的反思。如果说在马克思和恩格斯的时代,全球化理论的反思,主要是针对资产阶级对于工人阶级的剥削和压迫的话,那么20世纪后半叶全球化理论家的反思主要针对的则是全球的不平等、在全球经济的浪潮中所形成的"中心—边缘"体系。通过经济竞争、经济交往、经济合作所导致的全球发展状态不平衡的加剧,也就是马太效应的凸显。如果说,推进全球化的核心理论基础是亚当·斯密的绝对优势理论,以及在此理论基础上所变化和调整的比较优势理论或要素禀赋学说,那么在对全球化进行反思和批判方面相应的理论,则主要基于对实践的观察。无论是伊曼纽尔·沃勒斯坦(Immanuel Wallerstein)的"中心—边缘"理论还是其他类型的全球化理论,都以实践经验为基础,阐发全球化过程中所存在

---

[1] 车丕照指出,美国在背离某些现行多边机制的同时,也在通过各种途径来重塑全球规则,包括美国法的输出、双边协定范本的推行以及区域性条约的影响力的扩展。参见车丕照:《是"逆全球化"还是在重塑全球规则?》,载《政法论丛》2019年第1期。

的国家间差异、地区间差异,以及由全球化所导致的数字鸿沟、财富鸿沟。

如果说,全球化这种现象本身未必是令人惊喜、积极正面的全球希望,那么,全球法治和国际治理体系在逆全球化的进程中随之陷入举步维艰和停滞不前的困境也未必是世界前途的噩耗。形成审慎规划的价值立场,并全面收集全球化、逆全球化形态及影响的数据,进行周密细致的分析,以明晰逆全球化是否确实为长期趋势,还是仅属世界经济发展的短期转变,值得高度关注。[1] 即使在前全球化的时代,人们在考虑国际经济法的作用之时,也会期待它能够促进国际经济合作与发展,能够助力国际经济新秩序,能够推进我国现代化建设和改革开放。[2]

由此可以看出,全球化无论是放慢了脚步,还是改换了方向,都是立场观点砥砺碰撞、澎湃争论的契机。这就彰显出一个问题,即对于全球化进行理论反思和理论探讨的重要性。全球化的缓急、起落所带来的理论反思和文化反省必然是有益的。因为它意味着人类可以用自身的理性过滤既有的社会潮流,从而使之有机会按照人们清醒认识到的方向和轨道发展,避免其误入歧途,避免给民众带来深重的灾难,避免在一元化语言体系之下变成一种意识形态或乌托邦。针对全球化的各种表现,需要思考的问题一直是:我们确实认为我们能够达到理想中的人类社会吗?由此而延伸出的一系列问题将一直引领我们的理论沉思和价值审视,并由此引领我们的实践方向与方式。

(三)中国国际法学界关于全球化的理论观察

在全球化背景下,国际合作广泛开展,国际立法蓬勃进行,非国家行为体日益活跃,国家行为方式发生了很大的变化,政府的控制权能也受到来自各个方面的冲击与侵蚀。国际关系与国际法学者不得不接受如下拷问:全球化的世界是一个什么样的世界?仍然是"极"的世界,还是相互依赖的世界?全球化背景下国际法的发展路径是什么?仍然固守单一国家主义,还是走其他

---

[1] See Catalin Postelnicu, Vasile Dinu, and Dan-Cristian Dabija, *Economic Deglobalization—From Hypothesis to Reality*, 18 Ekonomie a Management 4(2015).

[2] 参见丁启明主编:《国际经济法学》,吉林人民出版社1989年版,第34-38页。

路径?[1] 当中国的国际关系研究者探讨全球化的治理问题、[2]风险问题[3]之时,国际法学者也对全球化的世界进行了整体观察。[4] 学者观察到:"全球化不可避免地给法制带来冲击,引起法制的变革甚至革命。"[5] 国际社会的组织化是同全球化互为因果、彼此促进的历史进程,[6]导致国际法主权在全球化浪潮下的部分让渡。[7]

1. 全球化对于国际法的影响

中国学者对于国际法在全球化环境中的变化进行了多方面的考察,认为经济全球化进程不断加深,丰富了国际法的内容,拓宽了国际法的调整领域,同时也向国际法提出了新的挑战。[8] 全球化进程使各个国家和民族日益联系成为一个有机的统一体,使国际法发生深刻的变化,出现了一系列新的发展趋势:

(1)全球化时代经济环境使国际法适用的领域越来越广,国际法实体内容的扩大化,已经突破了传统意义上的国际法内涵。[9] 全球化在多个方面带来新的国际法问题,对国际法中的国际经济法、国际环境法、国际组织法、国际刑法以及人权都有一定的影响。[10]

(2)国际争端解决司法化,国际法的权威性和强制性日益强化;国际法执法模式同样如此:"制度化司法"成为国际法的主流执行模式;合作性国际法

---

[1] 参见刘志云:《复合相互依赖:全球化背景下国际关系与国际法的发展路径》,载《中国社会科学》2007年第2期。

[2] 参见俞可平:《经济全球化与治理的变迁》,载《哲学研究》2000年第10期。

[3] 参见杨雪冬:《全球化、风险社会与复合治理》,载《马克思主义与现实》2004年第4期。

[4] 参见廖益新:《经济全球化与国际经济法学》,载《厦门大学学报(哲学社会科学版)》2000年第3期;郭玉军:《经济全球化与法律协调化、统一化》,载《武汉大学学报(社会科学版)》2001年第2期。

[5] 刘锦:《二十一世纪法律研究的一个新课题:法律全球化》,载《中国法学》1999年第6期。

[6] 参见饶戈平:《论全球化进程中的国际组织》,载《中国法学》2001年第6期;饶戈平、黄瑶:《论全球化进程与国际组织的互动关系》,载《法学评论》2002年第2期。

[7] 参见黄世席:《全球化对国际法的影响》,载《世界经济与政治》2000年第11期。

[8] 参见张潇剑:《全球化与国际法》,载《中国青年政治学院学报》2008年第1期。

[9] 参见贾少学、赵柯:《论全球化时代的国际法与人权关系》,载《辽宁行政学院学报》2009年第6期。

[10] 参见黄文艺:《全球化时代的国际法治——以形式法治概念为基准的考察》,载《吉林大学社会科学学报》2009年第4期;周晓虹:《一般法理学的"乌托邦"——述评〈全球化与法律理论〉》,载《法制与社会发展》2005年第6期。

执行方式开始大量应用;"形象制裁"作用凸显。[1]

（3）国际法日益内化为国内法和国内法日益外化为国际法。在全球化的世界里,国家治理不仅需要重视国内法与国际规则的接轨,而且应该充分重视和利用国际法在国家治理中的作用,为国家参与全球治理提供依据和保障。[2]

（4）受全球化潮流影响,国际组织、跨国公司以及非政府组织（NGO）等非国家行为体日益活跃,国际组织的造法和执法功能日益强化。[3] 国际法逐步成为"有组织的"国际社会的法律,但在可预见的将来,国际法不可能发展成为"世界法"。

（5）国际法造法模式产生很大变化:国际造法程序民主化,立法性条约大量出现;习惯国际法形成方式出现变化;出现了求诸安理会决议和一般法律原则的现象;委托立法模式开始出现。

（6）在全球化的环境中,包括环境、人权、恐怖主义在内的各种全球性问题不断涌现,对以民族国家为核心及以国家主权为基石的威斯特伐利亚体系提出挑战,对国际法的基石范畴——国家主权造成冲击,[4]国家主权让渡体现出更加普遍和明显的趋势;国际经济法对经济全球化所作出的三方面回应,即国际商法统一进程加快、国家对国际商事交往管理弱化、经济领域国家间彼此约束的加深,[5]都体现出国家主权的转型。

（7）国际法基本价值的多元化,更为关注人类共同利益;[6]国际法不仅能弥补全球化带来的负面效应,也可以促进全球化向合理、公正的方向发

---

[1] 参见李洁:《全球化时代国际法的发展》,载《江汉论坛》2005年第11期。
[2] 参见宋瑞琛:《全球化背景下国家治理的国际法路径》,载《上海行政学院学报》2016年第2期。
[3] 参见刘健、蔡高强:《论经济全球化时代国际法发展的新趋势》,载《河北法学》2003年第1期。
[4] "市场的全球化与国家主权存在某些不协调和冲突之处"。参见程虎:《全球化背景下的国家主权——生成基础与发展走向》,载郑永流主编:《法哲学与法社会学论丛（五）》,中国政法大学出版社2002年版,第390-421页。相关理论分析,参见车丕照:《身份与契约——全球化背景下对国家主权的观察》,载《法制与社会发展》2002年第5期;俞可平:《论全球化与国家主权》,载《马克思主义与现实》2004年第1期。
[5] 参见车丕照:《经济全球化趋势下的国际经济法》,载《清华大学学报（哲学社会科学版）》2001年第1期。
[6] 参见李万强:《论全球化趋势下国际法的新发展》,载《法学评论》2006年第6期。

展。[1]包括"个人正义""全球正义"在内的各种价值观不断冲击着以"国家间正义"为核心的当代国际法体系。[2] 当前的国际法不仅已经出现了大量的人本主义规范,而且逐渐在整体上以人类利益和可持续发展作为价值取向。[3] 世界秩序中的国本主义正在让位于人本主义,相应地,国际法从"国本主义"走向"人本主义",凸显出超国家性的发展趋向。这种超国家性并不是将主权弱化,而是将主权和政府权力置于更加理性和有效的地位,对于私人权利给予更多的关注,国际法与人权关系出现了一种新的发展趋势,使国际法日益攸关个人的利益,个人与国家间的互动发展成为国际法发展的关键动力。

(8)全球化的推进,使国际法中的"社会立法"方兴未艾,出现了国际法"社会化"的倾向,人类似乎又迎来了社会领域国际法繁荣的时代。[4] 由此,国际法的基本原则也在不断地发展。国家主权原则、国家平等原则仍然是国际法的核心原则,但具有了新的时代含义;同时,人类共同利益原则作为国际法的重要原则,其确立也已成为必然。[5] 战后全球共同价值观可能逐渐形成。全球化促使不同国家的人民认同公认的价值和原则,促进了人类和解,正与我国领导人提出的人类命运共同体主张之精神内涵相契合。[6] 国际法价值的现代性、人的现代性和国际法运行的现代性,或许有助于寻找到一条符合现代国际社会现状的国际法治道路。[7] 全球化国际法只有以此为基点,才能更好地规范全球化的进程,使各国及其国民能够公平地享受全球化带来的好处。[8]

---

[1] 参见梁晓菲:《国际法在全球化进程中的作用》,载《中共山西省委党校学报》2004年第5期。
[2] 参见刘志云:《直面正义纷争:全球化背景下国际法的价值定位与发展路径——以赫德利·布尔的正义理论为分析起点》,载刘志云主编:《国际关系与国际法学刊》(第2卷),厦门大学出版社2012年版,第105-141页。
[3] 参见何志鹏:《全球化与国际法的人本主义转向》,载《吉林大学社会科学学报》2007年第1期。
[4] 参见徐崇利:《经济全球化与国际法中"社会立法"的勃兴》,载《中国法学》2004年第1期。
[5] 参见刘健:《经济全球化与国际法基本原则的发展》,载《北京科技大学学报(社会科学版)》2002年第1期。
[6] 参见葛淼:《全球化下的国际法主体扩张论》,载《政法学刊》2018年第6期。
[7] 参见丁丽柏:《全球化视域下国际法的现代性探析》,载《南京社会科学》2009年第5期。
[8] 参见蔡从燕:《面对国家的个人与面对个人的国家——全球化背景下国际法发展的元动力问题》,载《法律科学》2006年第6期。

(9)全球化浪潮中理论的更新。全球化的迅猛发展,为自由主义提供了理论创新以及扩大了对实践影响的机会,"软权力"理论以及"自由主义国际法学"的提出及传播即为典型。[1]

尽管 2001 年出现了震惊世界的"9·11"事件,但这一情况似乎并没有影响当时中国学界对于法律全球化问题的进一步思考。一些学者认为,确实在某些方面一个国家的法律制度要求呈现其自身特色并且坚持其自身的特色,但是在另外一些领域,可能独特性、地方性就没有那么的重要和鲜明,从而国家之间的交流就会变得更加必要。当前,学者已经认识到,国际金融危机之后,逆全球化逐渐抬头,全球化遇到重大挫折,国际法、国际规则和国际经济治理体系均受到不同程度的削弱甚至是动摇。[2]

2. 法律的全球化

20 世纪 90 年代末至 21 世纪初,针对在经济全球化趋势中兴起的"法律全球化"(the globalization of law)的说法,中国法理学界、国际法学界(尤其是国际经济法学界)曾经参与了一场学术辩论。其主要的焦点是:如果国际经济贸易发展所导致的经济全球化是一种社会现实的话,那么是否也应当存在法律的全球化?[3]

一种观点认为,这种观点基本上是一种不切实际的幻想。[4] 对于这一问题,一些文章提出,"法律全球化"理论的提出具有模糊性或隐蔽性,是一种

---

[1] 参见刘志云:《全球化背景下自由主义国际关系理论的创新与国际法》,载《江西社会科学》2010 年第 5 期。
[2] 参见沈伟:《驯服全球化的药方是否适合逆全球化?——再读〈驯服全球化:国际法、美国宪法和新的全球秩序〉》,载《人民论坛·学术前沿》2020 年第 12 期。
[3] 参见冯玉军:《法律与全球化一般理论述评》,载《中国法学》2002 年第 4 期。
[4] 参见沈宗灵:《评"法律全球化"的理论》,载陈安主编:《国际经济法论丛》(第 4 卷),法律出版社 2001 年版,第 1—10 页。罗豪才提出,无论是从契约法、商法等私法的角度来考察,还是从规定国家的根本制度、国家机关的组织和职权职责及公民的基本权利和义务的公法角度来分析,所谓"不受任何国家控制的"甚至是"没有国家的""全球化法律",都基本上只能是"不切实际的幻想"。罗豪才:《经济全球化与法制建设》,载《求是》2000 年第 23 期。另有学者指出,法律全球化的概念使人模糊了"法律"的含义、混淆了传统的法的分科,是一个经不起法学原理推敲的提法,是先前"世界法"的翻版。慕亚平:《对"法律全球化"的理论剖析》,载《中山大学学报(社会科学版)》2002 年第 3 期。

不可能实现的幻想。[1] 法律全球化是正在进行的世界经济、政治、文化全球化过程的法律表现，不存在脱离这一社会内容的独立的法律全球化。[2] 法律不同于经济，"法律全球化"只能是在商法、知识产权法、税法、商事仲裁、海事法、金融法等私法领域趋同，而在涉及国家主权的公法方面不可能取得超越国家的法律统一。一些法律学者认为，法律全球化是一个有害的观念。因为法律具有很强的意识形态性，如果认为法律存在全球化，就在很大程度上标志着消弭国家主权，促进帝国主义西方的思想观念和制度理论，尤其是我们可能难以接受的一些思想在国内扎根，最后可能影响到国家的政治安全。

而与此相对应的观点则认为，法律全球化是一个客观存在的事实，在全球共同关心的经济贸易、生态环境、劳工等领域，跨越国境的法律规范不仅存在，而且在不断地提升。无论我们是否喜欢、是否愿意，国家主权实际上都存在一定的淡化。多数学者认为，法律全球化是既成事实，经历着不断发展变化的过程。有学者进一步分析，在法律全球化过程中，存在压制的法律全球化和对话的法律全球化之别。"由于经济的全球贸易及各国独具的经济资本、文化的全球交流及各国独具的文化资本、政治的全球对话及各国皆有的主权资本，人类处于对话的法律全球化过程中。"[3] 法律全球化的过程将是一个与法律的国家主权、法律的多元主义、法律的本土化相矛盾冲突的过程。[4] 还有学者认为法律国际化的基本标志和内容包括国家法（国内法）之间的相互影响、国家间法律（国际法）的形成、国际法与国内法的互动；法律全球化表征的则是全球社会法律发展的趋势和规律，其基本标志和内容包括世界法律的多元化、世界法律的一体化、全球治理的法治化。[5] 法律全球化表现在不同维度，既有自上而下的法律全球化，也有自下而上的法律全球化，还有新商人法那样在特定领域"横行"的法律全球化。法律全球化对民族国家

---

[1] 参见姚天冲、毛牧然：《"法律全球化"理论刍议》，载《东北大学学报（社会科学版）》2001年第1期。
[2] 参见朱景文：《法律全球化：法理基础和社会内容》，载南京师范大学法制现代化研究中心编：《法制现代化研究》（第6卷），南京师范大学出版社2000年版，第341–358页。
[3] 谢晖：《论对话的法律全球化》，载《政法论坛》2013年第4期。
[4] 参见卓泽渊：《法律全球化解析》，载《法学家》2004年第2期。
[5] 参见黄文艺：《法律国际化与法律全球化辨析》，载《法学》2002年第12期。

政治秩序和法律体制提出了挑战。当代关于法律全球化的主要理论范式对于思考如何应对这种挑战,具有重要启示,但它们也存在某些缺陷。在法律全球化中,中国既面临挑战,也面临机会,只要深化改革,推动开放,就能变被动为主动,并对构建合理的国际、跨国和全球政治与经济秩序,作出贡献。[1]

有学者提出,有必要把握法律全球化内涵的辩证法、法律全球化的时空维度、法律全球化的根源分析及因果关系、法律全球化与坚持国家主权的辩证统一。[2] 一些问题至今也还没有得到充分的分析:法律全球化是哪些法律的全球化?法律全球化是否将导致国家主权弱化?[3] 一些研究则从术语的角度进行重新规划,认为"法律趋同化"的提法可以对"法律全球化"的说法进行修正和补遗,有利于调和关于法律全球化正反双方的观点,并由此认为"法律趋同化"的术语更具科学性和历史必然性。[4]

上述研讨在一定程度上提升了中国学者在理论问题上的认知,拓展了学术理论界的视野,但也存在对全球化的分析深刻程度不足,一些研究未能坚守中国立场、显示中国需求之类的问题。

二、中国国际法阐释全球化的基本理论不足及时空原因

20世纪末,中国学界对于全球化的学术研究更多的是将全球化当成一个不能质疑、不能改变的事实。如果我们把全球化看成一个人类自身形成的社会趋势,那么根据马克思主义的基本理论,全球化这种人类实践的产物,一定是基于经济基础和人类的主观思想观念而产生并发展变化的,从而也就必然会根据人类自身的要求得以控制。故而,将全球化完全理解成一种不可抗拒、无法调整的大趋势,忽视了人的实践性主动性,在一定程度上也就忽视了

---

[1] 参见高鸿钧:《法律全球化的理论与实践:挑战与机会》,载《求是学刊》2014年第3期。
[2] 参见刘志云:《法律全球化理论的若干问题》,载陈安主编:《国际经济法学刊》(第8卷),北京大学出版社2004年版,第392-407页。
[3] 参见车丕照:《法律全球化——是现实?还是幻想?》,载《国际经济法论丛》2001年第4期。
[4] 参见李双元、李赞:《全球化进程中的法律发展理论评析——"法律全球化"和"法律趋同化"理论的比较》,载《法商研究》2005年第5期。

国家作为国际秩序的主要参与者所能够起到的作用。

（一）中国国际法理论的独立性不足

在20世纪90年代全球化如火如荼发展的时代，中国学界对于全球化所做的理论性反思为数不多，对于实践所进行的有效批判和反省整体上也缺乏力度，更难说在全球化的研究上形成有代表性的观点和学说，或者有效的理论。这就意味着，中国的全球化理论研究，无论是站在国际关系、国际政治的视角观察，还是从国际法、国际经济的视角观察，都是相当薄弱的。而二十余年之后，当全球化的势头遇冷，当西方世界对全球化提出了普遍的反思，甚至在实践中有所回退的时候，中国在全球化理论领域仍然显得迟缓，那些曾经高度赞扬全球化、为全球化摇旗助威的专家，突然变得迷茫失落。很多学术研究对于中国发展未能提供具有战略前瞻性和实践引领性的观念论断，对于全球当前的格局和未来的方向也无法提出特别有价值的观点。

学术理论界对于国际事务甚至中国经济、社会、文化、政治问题的探索，缺乏独立的理论分析和学术思考，不利于学术理论界自身建构起思想体系、学术体系，不利于学术理论界建立理论自信，不利于担任智库成员的中国学者向政府提供决策建议、向企业规划提供建设性意见。这些状况形成恶性循环，在很大程度上使很多中国的实践都是在现实问题的压力下进行探索，事前缺乏理论的宏观设计、战略规划和整体指引，事后也未能很好地进行理论归纳、总结和深化。由此，当理论研究失去了实践的源头活水，很多成果就蜕化为某些西方理论的介绍、注解和回音，抑制了理论创新的想象力。

（二）理论对实践的"热追"有余，"冷思"不足

对过去二十多年学界关于全球化问题的研究进行梳理和分析，可以初步得到这样一个判断：全球化问题被视为研究背景和思考前提，研究者关注的是在全球化动因下，国际法、国际法治的变化与应对，但全球化自身的动因是什么，其本身是不是一个可以质疑、改变、调整的时代趋势，国际法、国际法治是否可以塑造或"驯服"全球化，相关研究为数甚少。学术理论界对于全球化

问题研究薄弱。这是因为中国对于全球化进行的实践本身数量不多，很多的理论研究缺乏充分的例证、作为思考的对象、分析的样本，与此同时中国长期在经济、社会、文化领域处于相对被动的状态，在制度上的引领和在理论思想方面的创见都为数甚少。如此，则不仅无法在国际关系中起到议题设计和议题规划的作用，而且试图进行平等的讨论和交流都有一定的难度。这种状况客观上降低了学术理论界的理论自信，助长了一些学者将西方理论"神圣化""神秘化"的思想倾向。

这事实上证明我们的理论研究存在较大的短板。如果我们再进一步观察，就会发现，很多实践部门认为学术理论对于实践前沿的问题所提供的建议往往缺乏可操作性；而学术理论界又经常会觉得实践部门的一些"研究"肤浅、苍白、平面，对实践的观察和描述缺乏理论性。由此不难看出，中国的学术理论界和实务界之间实际上存在一个较为明显的鸿沟。如果不能够有效地弥补这个鸿沟，不能够对现有的理论薄弱，理论对实践的观察、总结、归纳、反思、指引等各方面的力度均不足的状况进行积极有效的变革，则意图在未来中国发展的进程中提炼出具有中国特色的学说体系、学术体系、理论体系、话语体系，是不可能的。

（三）向西方看齐学习而非批判的心态

20世纪70年代末，中国再度开启了向西方学习的进程。不仅在实践领域学习西方的先进技术、先进管理经验，而且在科学领域也怀着学习的谦逊态度，向西方学习他们的思想观念、理论、学科体系，甚至是文化、社会治理的规范与模式。很难说，究竟是中国的跟进式实践促动了中国的跟进式学术，还是中国的跟进式学术机制促动了中国的实践向西方接轨、向西方看齐。更大的可能性应该是，教育体制的安排使从学校走出的中国理论家和实践者认可西方主导的认知和观念，并进而在理论和实践两个方向上缺乏批判精神，更多倾向于向西方学习和致敬。

中国学者对于全球化所进行的理论分析，大多数建立在西方的学术语境之中，很多研究成果都是"如是我闻"的介绍性理论搬运，却很少有"如是我思""如是我言"的理论建构,甚至对西方学者的理论反思也为数甚少。西方社会对于全球化的认知[1]很多固然具有启发意义,但是有两个问题不能忽视:首先,西方人会不自觉地站在他们的利益立场上看问题,并且把他们的视角理解为世界视角,从而忽视了非西方视角。其次,西方思想的天启性质转移到世俗层面,往往造成不切实际与不妥协的政治意识形态;这些传统的不同版本,虽可激发人们初期的政治责任感,却阻碍了他们的后一个企图,使之无法团结于有效的公意之下。[2]

(四)学术理论界对于理论批判与创新的激励不足

中国的学术理论研究之所以在相当多的领域都处于相对贫困的状态,绝不是因为中国的学术理论界缺乏聪明才智,也不是因为学术理论界没有足够的信息和理论发生的过程;而是因为在社会运行机制之中缺乏对良好理论的需求,缺乏对高质量理论的激励。具体体现为:(1)实践领域在绝大多数时候仅仅希望学术理论界提供对现实之中"急难险重"问题的应对建议。而大多数"急难险重"问题一般都不需要长时间跨度、远线程的战略性分析和远景式建议,而是期待着能够及时地抓住关键、解决问题。针对这样的问题所提出的解决方案,一般都不需要深度的理论思考,而是借助建议者的聪明才智和可以借鉴的示范或例证,直接给出一个应对性的可操作性的方案。在这样的需求和供给的链条之中,理论被压缩,甚至被抛弃。实践领域没有足够的兴趣和充分的时间去听学术理论界针对五年会发生什么、十年会发生什么提出的预测(本质上实践领域也不相信这类预测),也不会认真听取理论研究者提出的从战略发展角度应当采取哪样一些行动的建议(实践领域专家更相信自己的观察判断和决策)。由此,学术理论界也就逐渐失去了针对此类问题的研究兴趣,甚至放弃了研究机会。(2)学术理论界自身的理论需求缺乏深入发展的动力。在学术环境中,学者的成就首要体现在学术晋升和学术评价方

---

[1] 参见王列、杨雪冬编译:《全球化与世界》,中央编译出版社1998年版。
[2] 参见[美]弗里德里希·沃特金斯:《西方政治传统——现代自由主义发展研究》,黄辉、杨健译,吉林人民出版社2001年版,第216页。

面,这些归根结底都是为了追求学术研究共同体自身的认可。此时,理论的形态在很大程度上取决于学术共同体的共同认知。当一些学者作出"好看而不好用"的理论之时,他们可能会吸引一批人的注意,并得到高度的评价。特别是当一些人提出一种可以繁衍、可以效仿的理论模式之后,很多学者都会认为找到了学术生长和发展的关键,从而拓宽了这些很可能在实践的总结归纳能力、解释说明能力、批评指引能力方面都比较差的理论的市场,人们对这些浮华的"理论"赋予较高的认可度,最后导致真正有解释力、说服力、指引力的理论整体萎缩,那些服务于实践、植根于实践,面向实践进行充分的调查研究、总结归纳的理论由于耗时巨大、收获不明显,经常会被学术理论界所忽视,甚至放弃。这样,就慢慢地造就了理论研究低水平重复的学术生态环境。一些只在表面上好看、在现实中作用很差的理论大行其道。在解释和指导实践中,在国际社会进行讨论、辩驳、分析和交流的场合,这些"理论"显得苍白无力,缺乏知识建构的基本要件。故而,对于中国学界和中国学者来说,我们可能从来就不欠缺理论的勇气,欠缺的很可能是理论的定力和理论的深度。

三、中国国际法全球化理论创新的路径

在当代世界格局和中国处境的激荡里,以国际法的知识和基本语言体系进行理论创新具有可能性。若要将这种可能性转成现实性,既要充分利用现有的资源,也要形成理论自觉,在中国的立场上进行探索。

(一)充分利用中国独特的实践资源激发理论创新

21世纪启幕之前,中国在全球秩序、全球发展、全球法治方面没有提出什么具有代表性和引领性的理论,对于中国、对于世界而言都不是什么重大的损失。这是因为那个时段中国的现代化道路主要是采取追随和效仿的方式。在全球化刚刚显现的时候,中国积极地投入全球市场,尤其是将中国自身的市场作为全球市场的一部分,参与市场的全球化和生产的全球化。在这

一过程中促进了全球经济的发展,也提升了中国自身的经济力量、技术水平和管理能力。在追随和效仿之外,并没有产生鲜明的独创性的实践,至少没有设计出鲜明的独创性理论模式的意识和愿望。因此,在20世纪末,关于全球化的理论主要出自西方或者与西方接触比较多、距离比较近的发展中国家,这是可以理解、可以接受的。然而,时隔二十余年,当前的全球格局和当时相比已经有非常大的差异。由于中国自身的巨大潜能发挥以及中国社会稳定、经济推进、产业发展,世界经济格局已经发生了重大的变化,这种经济格局的变化进而导致世界权力格局发生变化。中国论断,当今世界正经历着百年未有之大变局。可以说,中国是这个变局中的关键变量,没有中国的发展壮大就不会有今天的变局。因为无论是科学技术、经济发展、人权法治,还是文明框架,在过去的百年之间都没有产生革命性的波动。但是,中国的壮大使世界看到了一个往昔贫穷、弱小、落后的国家通过自身艰苦卓绝的努力走向世界经济的前列的史诗性壮举。所以,这种变化是世界百年之间从未见证过的。面向未来,中国在全球治理中所起的作用越来越大。世界很多国家都在看着中国,等着中国表述自己的立场,期待中国对全球治理的未来提出自身的主张。此时,中国对于世界格局、全球化的结构和运行再没有提出合适的理论论断,就显得与自身的地位和能量不相称了。简言之,在21世纪之前,由于中国实践的追随特质,中国在全球秩序全球化以及全球化领域的相关主题、相关问题上的理论研究未得深入是可以理解和接受的;但是在21世纪20年代的今天,面对着逆全球化和再全球化的世界变局,如果学术理论界再不能够提出积极的、建设性的意见,指出机遇与挑战、风险与预期,则中国的学术理论界就不能被认为是尽到了职责。[1]

如果说全球化是一个由人们的内在需求和人类发展进步中形成的科学技术手段(尤其是交通通信工具的外在条件)共同塑造而形成的在世界发展过程中不可避免的大趋势,那么我们就必须清楚,全球化的节奏、方向、状态、

---

[1] 参见张宇燕:《世界之变与全球政治经济学》,载《世界经济与政治》2023年第1期。

主导价值等各方面的表现都是可以制约、可以引领、可以变革的。无论是国家、国际组织，还是商业企业，都可以通过自身的政治力量、经济力量乃至文化力量对全球化进行调整。由此，对全球化进行约束和驯服的手段就自然而然地呈现出了政治方式、经济方式、文化方式。此外，法律也是一种不可忽视的，而且很可能收效长久的必要方式。

中国在世界秩序结构中的地位日益显著，[1]世界各国也已经注意到中国政府提出了构建人类命运共同体、[2]"一带一路"倡议、[3]真正的多边主义、[4]

---

[1] 孙吉胜认为："中国积极与各国分享自身的发展机遇和发展经验，积极参与全球治理体系改革和建设，推动共建'一带一路'高质量发展，坚持安全与发展并重，提出全球发展倡议与全球安全倡议，推动构建全球发展伙伴关系，支持联合国2030年可持续发展议程，与各国携手构建全球发展命运共同体，推动构建人类命运共同体走深走实。中国以自身发展为全球发展作出了巨大贡献，在发展领域初步建立了话语权，'和平发展''一带一路''互联互通''合作共赢''共同发展''全球发展倡议'等逐渐成为具有代表性的中国话语。"孙吉胜：《全球发展治理与中国全球发展治理话语权提升》，载《世界经济与政治》2022年第12期。

[2] 曲星认为，相互依存的国际权力观、共同利益观、可持续发展观和全球治理观，为建设人类命运共同体提供了基本的价值观基础。中国提出的和谐世界观与全球价值观有异曲同工之妙。和谐世界观包括五个维度，即政治多极、经济均衡、文化多样、安全互信、环境可续。如果各国政治家能真正从全人类长远利益出发来考虑问题，而不是从短期国内政治需求出发来制定政策，一个更高程度的、走向共同繁荣的人类命运共同体完全是可以建成的。曲星：《人类命运共同体的价值观基础》，载《求是》2013年第4期。阮宗泽认为，中国的新型国际关系理念，即"构建以合作共赢为核心的新型国际关系，打造人类命运共同体"，这是中国在问鼎世界强国之际的政策宣示，旨在回答"中国到底想要一个什么样的世界"，或"什么是中国的世界梦"。阮宗泽：《人类命运共同体：中国的"世界梦"》，载《国际问题研究》2016年第1期。

[3] 黄先海和余骁提出："以'一带一路'建设主导区域经济一体化或将是我国在新时期转移国内过剩产能、推进产业结构升级、实现国际分工地位提升的重要途径。"黄先海、余骁：《以"一带一路"建设重塑全球价值链》，载《经济学家》2017年第3期。

[4] 王帆认为："真正的多边主义，强调维护主权平等、促进公平正义、尊重多元价值、遵守国际秩序、加强对话协商、实现合作共赢。真正的多边主义，以全人类共同价值代替西方话语体系中的'普世价值'，以多元主义代替美国主导的'霸权治理'，以面向未来的和平与发展代替狭隘的'大国战略竞争'，致力于实现持久和平、普遍安全、共同繁荣、开放包容、清洁美丽的世界愿景。这种真正的多边主义是对多边主义的守正创新，对全球治理方案的积极探索。"王帆：《完善全球治理，践行真正的多边主义——学习〈习近平谈治国理政〉第四卷》，载《红旗文稿》2022年第19期。方炯升认为，真正的多边主义包括守正出新的价值观、公平正义的规则观、问题导向的行动观和责任担当的角色观，在与形形色色的"伪多边主义"对照中体现出自身优势，并可以在中国与世界各国的关系中发挥团结作用、引领作用与塑造作用，有利于为构建人类命运共同体奠定价值基础与能力基础。方炯升：《真正的多边主义视角下的人类命运共同体构建》，载《东岳论丛》2022年第10期。

坚持以国际法为基础的世界体系[1]等主张。中国希望通过这些概念来表达中国的立场,世界各国则希望中国将这些论断阐释清楚,让世界明白中国的意图何在。所有这些都需要学术理论界积极参与,给中国的全球治理话语提供合乎逻辑、令人满意的理论阐发。

(二)提升对于全球化各层次表现与规律的理论自觉

在进入改革开放日程之后的四十余年间,中国在全球化的领域积极参与、奋发作为,对自身的国民经济与社会发展作出了有益的贡献,同时也改变了国际社会的整体结构,推进了全球化的发展,促动了世界的变局。然而,在全球化理论建构方面,中国虽有贡献,但与实践层面的推动成效相比,具有一定的差异。在国际事务的发展进程中,中国所进行的实践推进,步骤妥当,效果明显。但是,在学术理论界,很多学者仍然长期固守着向西方学习、向西方看齐的基本观念,对于全球化问题的认知和评价,主要追随着西方理论界的探索,批判性的观点不明显不突出,在理论的自觉和自主性上仍有待提升。

与实践领域的积极参与相比,学术理论界更多采取的是观望和追随的态度,体现为对西方甚至发展中国家学者关于全球化的理论探索和学术著作进行追踪,却较少对全球化问题的独立观察和判断。虽然在全球化的中层理论

---

[1] 对于这一问题,徐崇利进行了专门的研究,将西方主张的"依规则为基础的国际秩序"放到理论与实践的语境之中,对比了"以权力为基础"的国际秩序、"以关系为基础"的国际秩序,并凝练地阐述了美国在"冷战"结束初始、奥巴马时代、特朗普执政期间、拜登上台之后这几个不同的历史时期对于中国的规则围堵和遏制。参见徐崇利:《国际秩序的基础之争:规则还是国际法》,载《中国社会科学评价》2022年第1期。这些阐发都深有启示。作者认为,"在西方国家眼中,作为国际秩序基础的规则包括国际法,但其所指的并非各国公认的应然国际法,而是西方强权可以主导的那些实然国际法,应该说,这样的实然国际法与其他规则并无实质差异"。(第34页)进而,"中国坚持国际规则的应然性,亦即'国际规则应该是世界各国共同认可的规则,而不应由少数人来制定',明确反对西方国家对国际规则做上述实然性解读"。(第33页)这个论断值得进一步审视和深思。如果进一步结合美国提出新议题、确立新概念、"以违背法律来制造法律(law breaking as law making)"的经历和能力,结合中国政府,尤其是领导人和外交部官员在国际法上所做出的说明,何者更倾向于实然法(*lex lata*),何者更倾向于应然法(*de legi frenda*),似乎并不明确。由此,中国政府所提出的"少数国家所谓'以规则为基础的国际秩序'的说法含义不清,反映的是少数国家的规则,并不代表国际社会的意志。我们要维护的是普遍认可的国际法……维护以联合国为核心的国际体系和以国际法为基础的国际秩序"(第28页)似乎更加明晰而符合中国的真正意图。

方面,中国学者进行了一系列的研讨和争论,例如,坚持全球化应仅限于经济领域而不应及于政治和法律领域,学术理论界的深入探讨是具有启发意义的。但是在具体理论付诸实践,通过实践来检验理论、发展理论、更新理论方面,则缺乏深入持续的相互促动,导致了中国学界对于全球化的基础和来源、表现和趋势缺乏总体的元理论,关于全球化宏观整体论断的不足,以及全球化论断在具体实践中指导能力的短板。这要求学术理论界,至少是具有引领性的理论研究者,要破除单纯追随他人理论、应用他人理论的被动心态,提升理论自觉,清醒和清楚地看到我们所面对的问题,提出解释相关问题和解决相关问题的具有洞见性和启发性的形势研判、未来建议、发展主张。

(三)促进对于全球化各层次问题的反思性探索

中国在全球化方面的理论创建,不仅可以在全球化的元理论方面予以展开,尤其是探讨全球化的动因、全球化发展方向与节奏的变量、政府利益与企业利益之间的关系、全球化对于参与主体的效果影响;也可以在全球化所涉及的各个方面进行探索,例如全球化与法律发展全球化及国家安全全球化与国际组织,由此在法学、经济学、政治学、社会学等领域推进全球化的研究。还有更为广阔的空间是针对全球化所涉及的具体问题进行微观的理论探索。又如网络安全与全球化、文化交流与全球化、国际经济制度发展与全球化。甚至可以进一步细致到国际贸易、投资、知识产权交易和金融的具体组织架构在全球化的发展进程中如何实现相互建构,如何以良好的规范建构起健康有益的全球化,如何让渐进可控的全球化促进法律的良性进步,等等。

而今看来,在20世纪末呈现的关于全球化诸多论断之中,有一些固然反映了全球化的真实状况,也有一些存在不够严谨甚至判断失误的方面。例如,认为全球化的主要动力是经济上的利益追求或者资本的自然延伸,这一论断是正确的,其正确性可以追溯到马克思和恩格斯对于资本的论述和分析。而认为全球化意味着跨国公司已经超越了民族国家,这显然就低估了民族国家的意愿和能力;认为跨国公司的全球战略已经超越了国家主权,这显然也是对国家主权的政治刚性和强制力量低估的结果。实践证明,在国家认为其意识形态或地缘竞争要求对全球化、对资本获利的意愿进行约束之时,国家就会毫不迟疑地采取法律或政治措施,阻断全球化的经济,包括货物贸易、技术贸易、知识产权贸易,也包括直接投资和间接投资,阻断全球化的人员流动、文化教育以及其他方面的交往。这也就进而打破了关于全球化的另一个论断,那就是全球化是一个不可阻挡的潮流。事实证明,全球化不仅可以被约束,可以被调整,而且也可以被阻挡。这就意味着,人们在理论上对于全球化所进行的探索,在实践发展的过程中,有些会被印证,有些则会被推翻。

对于先前的全球化进行反思,对于既有的全球化实践进行检视,分析其存在的问题,探讨其泥沙俱下的潮流可能带来的隐患,或许对于更加理性、更加积极、更加有益于世界发展的全球化而言,是一个福音。如果任凭一些西方人按照他们自己的想象去塑造全球政治格局、经济结构、社会秩序、文化面貌,那么,这样的全球化未必是我们需要的趋势和状态。至于传统的全球化与国家主权、全球化与全球治理这样的课题,既可以在宏观的大视角上进行分析,也可以结合具体的领域和问题进行深刻探讨。与经济学、政治学、社会学等经常被西方观念和理论所占据的人文社会科学不同,法学经常处于理论较为初级的状态。这里所说的理论初级,不仅表现在诸如民商法、刑法、国际法等较为具体的实践性的学科,也体现在包括法学理论、宪法学在内的理论要求较高的学科。针对很多问题的研究,仍然处在理论的初级阶段。也就是说,经常只有一些学术成果作出较为简明的定性论断,却缺乏更为系统的证明。更有些研究仅仅是对国家立场的口号式的拥护和赞同,而没有陈述其背后的历史和社会理由,没有提供基于逻辑和实践经验的证明。这就使很多观点的说服力、信服度比较低,一些说法想要形成逻辑自洽、完整的论证链条仍然存在一些困难和障碍。在这种认识的基础上,存在创制构建理论、反思批判理论、调整更新理论、应用测试理论四种与理论相关的学术展开方式。

在国际问题上,尤其应强调单国视角。全球化的良好理论应当分析出国家利益与全球经济发展之间,全球经济发展与政治发展、文化发展乃至法律发展之间的关系;分析出全球经济发展的不同走向所可能带来的不同后果,尤其是对不同类型国家的不同后果,而不应当仅仅是对现实的一种概括性归结。好的理论也不能是人云亦云,而必须是独立观察思考的结果。好的理论不应仅作全局的阐释,还应当采用具体深入的视角。正如亚当·斯密、大卫·李嘉图等学者对于市场经济利弊乃至于国际市场经济运行的分析在很大程度上仍然是一种宏观的整体的探索,而没有关注到具体的国家所存在的境况;对全球化进行整体的分析,很可能也会忽视个别国家的需求。所以,面向未来,关于全球化的理论必须着眼于是否有利于中国的主权、安全、发展,是否有利于中华民族的伟大复兴,是否有利于推动构建人类命运共同体,而不适合仅仅做宏大叙事的探索。同理,为全球化促进而设置的法律规范也必须充分考虑不同主体的不同需求,在这样的主体性引导之下去推动观察和思考;进而,就应当确立什么样的法律规范,如何形成此种法律规范,关于全球政治互动、经济竞争、文化交流、社会影响的规范应如何运行,形成日益清晰的判别,不断提出具有启发性、借鉴性、指导性的论断。

四、结论

在这个科学技术迅猛发展、经济交往格局急剧变化、政治权力分配开始转移的世界大变局之中,尤其是在中国所面临的各种因素、各种事物呈现更多的变数之时,实践必然面临越来越多的挑战,也必然越来越需要理论给予条理明晰、逻辑严谨的解读和凝聚着智慧的指导。当今时代必然是一个需要理论,也会产生理论的伟大时代。中国作为全球变革的主要参与者和关键因素的集中聚合者,在理论的创新方面承担着更为艰巨的任务。世界各国希望了解中国的观点、态度、立场、方案,中国话语背后需要良好的理论支撑,否则就会陷入低水平重复的境地。中国实践需要理论的阐释和指导,同样对理论提出了迫切期待和要求。所以,包括法学在内的哲学社会科学需要认真观察,积极思考,及时提出有效、有说服力的理论,来促动中国在全球化的进程中,看准局势、确定方向、明晰路线、规划步骤,高水平地达到在全球变局中实现国家发展、民族复兴和世界进步的伟大目标。

双边投资条约实践目标的演进与创新

曾华群[*]

> **摘 要** 双边投资条约(bilateral investment treaty,BIT)实践的首要问题是目标问题。"投资保护—投资自由化"是传统 BIT 实践目标的演进轨迹,服务于"事实上(*de facto*)资本输出国单方受益体制"。"可持续发展"是 BIT 实践目标的新倡议,具有"平衡"、"可持续发展"和"一体化"等创新概念,但也存在明显不足。本文主张,以"共同发展"作为 BIT 实践的创新目标,是对传统"事实上资本输出国单方受益体制"的根本性纠正和结构性变革,对"可持续发展"BIT 实践目标的新倡议而言也是重要的提升和超越。
>
> **关键词** 投资保护—投资自由化 可持续发展 共同发展 双边投资条约

在一定意义上,双边投资条约实践的首要问题是目标或宗旨问题,一般表述于 BITs 的序言并体现于其具体条款中,关系到 BITs 的模式和内容的指导思想与价值取向,实质上决定了 BITs 缔约双方权利义务关系的基本格局和 BITs 本身的实际功效。传统 BIT 实践目标经历了"投资保护—投资自由化"的演进,近年出现了"可持续发展"(sustainable development)BIT 实践目标的新倡议。在此基础上,本文主张,以"共同发展"(common development)

---

[*] 曾华群,厦门大学国际经济法研究所教授,中国国际经济法学会会长,世界银行集团成员"解决投资争端国际中心"(ICSID)调解员。

作为 BIT 实践的目标创新,期望引发学界和实务界的进一步关注与讨论,达成共识,以促进 BIT 实践的创新发展。

一、"投资保护—投资自由化":传统 BIT 实践目标的演进

在 BIT 实践中,作为缔约各方政策宣示、谈判基础和基本准则的 BIT 范本不断发展,其作用和影响日益彰显;这实际上集中反映了 BIT 实践的目标取向。[1] 长期以来,"投资保护"是以德国 BIT 范本为代表的传统 BIT 范本及其实践确立的明确目标。在德国范本基础上发展起来的美国范本在强化"投资保护"目标的同时,提出了"投资自由化"的新目标;这反映了传统 BIT 范本及其实践的传承和发展。

(一)德国式"投资保护导向"(investment protection oriented) BITs

历史表明,BITs 是发达国家在其海外投资实践中创造的,带有先天的"资本输出国烙印"。一般认为,BITs 的早期形式可溯及友好通商航海条约(friendship, commerce and navigation treaties, FCN)。[2] 1959 年以来,联邦德国(1990 年德国实现统一)等欧洲国家以 FCN 中有关促进和保护国际投资的事项为中心内容,同作为资本输入国的发展中国家签订专门性的相互促进和保护投资协定(Agreement concerning Reciprocal Encouragement and Protection of Investments),即现代 BITs。[3] 历经半个多世纪,多数 BITs 模仿或广泛照搬 1959 年《海外投资国际公约草案》(Draft International Convention on Investments Abroad)和 1967 年经合组织(OECD)《保护外国财产的公约草

---

[1] 关于 BIT 实践及其范本的缘起与特征,参见曾华群:《论双边投资条约范本的演进与中国的对策》,载《国际法研究》2016 年第 4 期。
[2] 早在 1956 年,FCN 就被美国学者称为促进和保护外国投资的条约。See Herman Walker, Jr., *Treaties for the Encouragement and Protection of Foreign Investment: Present United States Practice*, 5 The American Journal of Comparative Law 229(1956).
[3] 1959 年,联邦德国与巴基斯坦签订了第一个关于促进和保护投资的条约。该条约包含了许多实体性规定,为其后 BITs 所效法。See Andrew Newcombe, Lluis Paradell, *Law and Practice of Investment Treaties, Standards of Treatment*, Wolters Kluwer, 2009, p. 42.

案》(Draft Convention on the Protection of Foreign Property)的主要条款。由于来源相同,不同BITs的主题、结构和用语,在不同时期、不同国家的实践中仍显得非常相似。[1] 典型BITs的缔约方一方为欧洲国家,另一方为发展中国家。[2] 20世纪80年代初,美国决定采用BIT作为保护其海外投资的工具之后,BITs的发展更为迅速。[3] BITs逐渐为世界各国普遍接受,成为国际投资条约体制中最为重要的形式。

理论上,BITs是缔约国之间双边谈判的结果,旨在为缔约双方提供同等的法律保护。事实上,它们常常作为资本输出国的发达国家与作为资本输入国的发展中国家之间的协定。BITs在其名称和序言中往往声称其具有"投资保护"和"促进投资"双重功能:"投资保护"显然有利于资本输出国及其海外投资者,"促进投资"似乎较有利于资本输入国。值得注意的是,在BIT语境中,"促进投资"的用语是含糊的,其是指"促进对外投资""促进外来投资",抑或两者兼而有之?可以明确的是,"促进投资"并不一定意味着缔约双方相互"促进对外投资"。许多发展中国家因缺乏资金而反对本国投资者对外投资,其参与签订的BITs称为"促进和相互保护投资"(the encouragement and reciprocal protection of investment),而不是更为普遍采用的"相互促进和保护投资"(the reciprocal encouragement and protection of investment)。[4] 由于"促进投资"用语的含糊,"促进投资"的责任也是含糊的。它是否意味着发达国家承担促进其投资者对外投资的责任,抑或发展中国家承担改善其投资

---

[1] See Jason Webb Yackee, *Conceptual Difficulties in the Empirical Study of Bilateral Investment Treaties*, 33 Brooklyn Journal of International Law 405(2008).

[2] 瑞士、法国、意大利、英国、荷兰和比利时等欧洲国家紧随联邦德国BIT实践,与发展中国家签订BITs。See Jeswald W. Salacuse, *BIT by BIT: The Growth of Bilateral Investment Treaties and Their Impact on Foreign Investment in Developing Countries*, 24 The International Lawyer 655 (1990).

[3] See Axel Berger, *China's New Bilateral Investment Treaty Programme: Substance, Rational and Implications for Investment Law Making*, Paper for the American Society of International Law International Economic Law Group (ASIL IELIG) 2008 Biennial Conference "The Politics of International Economic Law: The Next Four Years", Washington, D.C., November 14–15, 2008.

[4] See Jeswald W. Salacuse, *BIT by BIT: The Growth of Bilateral Investment Treaties and Their Impact on Foreign Investment in Developing Countries*, 24 The International Lawyer 655(1990).

环境以吸引外资的责任？事实表明，BIT 实践向来偏重于资本输入国"投资保护"的功能，基本忽略了资本输出国"促进对外投资"的功能。主要表现在，对资本输入国而言，"投资保护"是具有法律约束力的条约责任；而对资本输出国而言，"促进对外投资"通常只是其促进海外投资的"最佳努力"(best-endeavour)宣示，而非具有法律约束力的条约责任。"促进投资"的条约责任通常落实在资本输入国创设优良投资环境以利"促进外来投资"和实现"投资自由化"等方面，而基本忽略了资本输入国"促进外来投资"以利本国发展的政策目标。[1]

由此可见，尽管法律形式是缔约双方"双向""对等"的权利义务关系，德国式"投资保护导向"BIT 实践自始带有实质上"片面保护外资和外国投资者"和"服务于资本输出国及其海外投资者单方权益"的鲜明特征，可称为"事实上(de facto)资本输出国单方受益体制"。

(二) 美国式"投资自由化导向"(investment liberalization oriented) BITs

20 世纪 90 年代以来，BIT 范本及其实践出现了许多重要的新发展，总体上是忽略或淡化南北问题，特别是资本输出国与资本输入国的区分，强调"投资自由化"。[2] 在多边投资协定(multilateral agreement on investment, MAI)谈判搁浅和 WTO 投资议题谈判举步维艰的情况下，发达国家更加重视在 BITs 和区域贸易协定(regional trade agreements, RTAs)中纳入"投资自由化"条款。发达国家凭借其经济和政治优势促进"投资自由化导向"BITs，通常要求东道国遵循国际投资保护的"自由取向"(liberal approach)，注重为外国投

---

[1] 关于发达资本输出国与发展中资本输入国之间 BIT 传统实践的不平衡或不平等，参见 Zeng Huaqun, *Balance, Sustainable Development, and Integration: Innovative Path for BIT Practice*, 17 Journal of International Economic Law 300(2014)。

[2] 关于 BIT 作为自由化工具的评论，参见 Kenneth J. Vandevelde, *Investment Liberalization and Economic Development: The Role of Bilateral Investment Treaties*, 36 Columbia Journal of Transnational Law 504(1998)。有西方学者指出，"传统概念上对资本输出国与资本输入国的区分正失去其意义"，"此种传统结构已经过时"。See Angel Gurria, Welcoming Remarks, the Second Symposium on International Investment Agreements/International Investment Agreements and Investor-State Dispute Settlement at a Crossroads: Identifying Trends, Differences and Common Approaches, OECD Headquarters, 14 December 2010.

资者提供高水平的实体性和程序性保护,[1]外资待遇标准更为侧重投资设立前的保护和新的自由化承诺。[2]

在 BIT 实践及制定范本方面,相较欧洲国家,美国是后来者。美国于 1977 年启动"BIT 计划"(Bilateral Investment Treaty Program),并将该计划的第一步设定为制定用于谈判的《美国政府与某国政府关于促进和相互保护投资的条约范本》(Treaty between the Government of the United States of America and Government of [Country] concerning the Encouragement and Reciprocal Protection of Investment)。1982 年,美国制定了其第一个 BIT 范本,之后历经 1983 年、1984 年、1987 年、1991 年、1992 年、1994 年、2004 年、2012 年 8 次修订。[3] 美国范本坚持和发展传统国际投资政策,"片面保护外资和外国投资者"的传统立场、基调和路线始终不变,且逐步升级。其发展历程可大致概括为从传统的"投资保护"发展为"更高水平的投资保护",进而确立追求"投资自由化"的新目标。其新增加的"投资自由化"目标和条款集中反映了美国作为资本输出大国对 BIT 实践目标与功效的新追求。近年来,"自由化"导向的美国范本的影响逐渐蔓延。OECD 成员国参与 BIT 和 RTA 实践的重心已从传统的"投资保护"转向"投资自由化"。其新近 BIT 实践的主要特征包括:(1)高标准的追求,即从传统的关注"投资保护"发展为包含更广泛的自由化规则;(2)重新定义关键的"投资保护",增加指导适用征收条款的新措辞;(3)越来越广泛地接受"投资者与国家之间争端解决程序"(investor-State

---

[1] See Axel Berger, *China's New Bilateral Investment Treaty Programme: Substance, Rational and Implications for Investment Law Making*, Paper for the American Society of International Law International Economic Law Group (ASIL IELIG) 2008 Biennial Conference "The Politics of International Economic Law: The Next Four Years", Washington, D. C., 14-15 November 2008.

[2] See OECD Secretariat, Novel Features in OECD Countries' Recent Investment Agreements: An Overview, Document for Symposium Co-organized by ICSID, OECD and UNCTAD on Making the Most of International Invest, 2005, p. 4.

[3] 美国 1982 年、1983 年、1984 年、1987 年、1991 年、1992 年、1994 年、2004 年范本均收录于:Kenneth J. Vandevelde, U. S. International Investment Agreement, Oxford University Press, 2009, p. 769-852。

dispute settlement, ISDS)等。[1]

实践表明,对待"投资自由化"议题,取决于缔约双方的组合情况,不同的 BIT 之间存在明显差别。总体而言,与发展中国家相互之间签订的 BITs 相比,发达国家与发展中国家之间签订的 BITs 更倾向于规定"投资自由化"的内容。[2] 此类"投资自由化"规定的结果通常是发达国家投资者单向自由投资于发展中国家,而发展中国家投资者一般尚未具备反向投资的能力。

应当指出,"投资自由化"不属于传统 BITs 涵盖的内容,也不是 BITs 的必要条款,更不是 BIT 实践的主要目标。其实质是限缩东道国管理外资的主权权力和政策空间,进一步偏重和强化资本输出国及其海外投资者的权益。鉴于此,基于经济主权原则和公平互利原则,在经济实力悬殊的发达国家与发展中国家之间,由于属单向投资关系,一般不能在 BITs 中采用显失公平的"投资自由化"条款;在经济实力相当的发达国家相互之间或发展中国家相互之间,虽属双向投资关系,但由于涉及限缩缔约各方管理外资的主权权力和政策空间,是否将 BITs 的"投资保护"目标升级为"投资自由化",以及是否在 BITs 中采用"投资自由化"条款,也应取决于缔约双方的共同意愿。事实上,尽管表面推崇"投资自由化",但发达国家相互之间通常也不愿意签订"投资自由化导向"BITs,相互不愿意洞开国门,使本国企业面临来自缔约对方投资者的竞争压力。[3]

总之,美国范本是在德国范本的基础上发展起来的。在这个意义上,美国范本和德国范本实质上一脉相承,均可作为传统 BIT 范本的典型。在存在资本输出国与资本输入国之分、国际投资单向流动的情况下,与"投资保护导向"BITs 相同,"投资自由化导向"BITs 是缔约一方受益、缔约另一方受限的

---

[1] See OECD Secretariat, Novel Features in OECD Countries' Recent Investment Agreements: An Overview, Document for Symposium Co-organized by ICSID, OECD and UNCTAD on Making the Most of International Invest, 2005, p. 4-5.
[2] 参见詹晓宁、卡尔·乔金、卡迪·哈德姆:《国际投资协定:趋势和主要特征》,载陈安主编:《国际经济法学刊》(第14卷第1期),北京大学出版社2007年版,第121页。
[3] See Jeswald W. Salacuse & Nicholas P. Sullivan, *Do BITs Really Work? An Evaluation of Bilateral Investment Treaties and Their Grand Bargain*, 46 Harvard International Law Journal 78(2005).

安排。不难看出,"投资自由化导向"BITs进一步强化了传统BIT实践实质上"片面保护外资和外国投资者"和"服务于资本输出国及其海外投资者单方权益"的鲜明特征,是"事实上资本输出国单方受益体制"的"升级版"。

二、"可持续发展":BIT实践目标的新倡议

世纪之交,"国际投资条约体制的发展处于十字路口,变革势在必行"已成国际社会共识。[1] 在"改革以BITs为主体的国际投资条约体制"渐成主流共识的背景下,各国新修订的BIT范本更成为其参与此项改革的立场和实践的重要标志。[2]

在此形势下,经长期关注和系统深入研究,联合国贸易和发展会议(UNCTAD)在2012年发布了《国际投资协定要素:政策选项》(Elements of International Investment Agreements:Policy Options,以下简称《协定要素》)。[3] 需要明确的是,UNCTAD提出的《协定要素》是汇集国际投资协定(interna-

---

[1] 例如,2010年12月14日,OECD和UNCTAD联合主办的第二届国际投资协定研讨会题为"处于十字路口的国际投资协定与投资者—国家争端解决程序:探寻趋势、分歧与共同进路"(International Investment Agreements and Investor-State Dispute Settlement at a Crossroads:Identifying Trends,Differences and Common Approaches)。

[2] 关于改革国际投资条约体制的新进展,参见UNCTAD,World Investment Report 2016,Investor Nationality:Policy Challenges,p.110-112。

[3] UNCTAD《2012年世界投资报告:迈向新一代投资政策》制定了"可持续发展的投资政策框架"(Investment Policy Framework for Sustainable Development,IPFSD),由"可持续发展投资决策的核心原则"、"各国投资政策指南"和"国际投资协定要素:政策选项"三部分构成。其中"国际投资协定要素:政策选项"以国际投资协定(international investment agreements,IAAs)主要条款为序,列举从"最有利于投资者"(the most investor-friendly)或"最高保护"(most protective)到为国家提供较高灵活性的各种选项。"协定要素"全文载于UNCTAD,World Investment Report 2012,Towards a New Generation of Investment Policies,United Nations,2012,p.143-159。关于IPFSD的简评,参见曾华群:《"可持续发展的投资政策框架"与我国的对策》,载《厦门大学学报(哲学社会科学版)》2013年第6期。

tional investment agreements,IIAs)[1]各种政策选项(policy options)供各国"各取所需"(adapt and adopt)的"菜单",而不是作为谈判基础和具有单方规范或指导意义的 BIT 范本。

协定要素在汇集和借鉴传统 BIT 范本及其实践各种要素的基础上,提出了可持续发展的创新性目标,力图通过调整"资本输入国与资本输出国之间权益不平衡"(简称南北权益不平衡)的传统条款和增加"平衡资本输入国与资本输出国之间权益"(简称平衡南北权益)的创新条款,纠正传统 BIT 实践中资本输出国与资本输入国之间、外国投资者与东道国之间权益的不平衡,为缔约双方提供公平的法律基础和规则,也反映了国际社会为改革和重构国际投资条约体制所需要的"平衡"、"可持续发展"和"一体化"等创新理念和共识。[2]

就 BIT 目标取向而言,UNCTAD 在协定要素中提出的"可持续发展导向"(sustainable development oriented)BIT 倡议具有重要的创新意义,主要表现在:

第一,主张 BIT 实践由"片面保护外资"发展为"平衡当事双方权利义务和多元目标"。传统 BIT 实践中长期存在发达国家与发展中国家之间在谈判地位与能力、目标与效果、权力与利益等方面的不平等或不平衡现象。协定要素强调资本输出国与资本输入国之间权利义务、东道国与外国投资者之间权利义务的平衡;同时,也主张 BIT 多元目标相互之间的平衡,包括保护外资与管制外资之间的平衡、经济与其他公共利益之间的平衡。

第二,主张 BIT 实践由"片面保护外国投资者权益"发展为"促进东道国可持续发展"。传统 BITs 片面保护外国投资者权益,未顾及东道国的经济发

---

[1] 所谓国际投资协定(IIAs),一般指国际投资法的主要国际法规范,包括双边投资协定(BITs)、三方投资协定(triangle investment agreements,TIAs)、区域性投资协定,含有投资规范的自由贸易协定(free trade agreements,FTAs)、区域贸易协定(regional trade agreements,RTAs)或经济合作伙伴协定(economic partnership agreements,EPAs)及《解决国家与他国国民间投资争端公约》(1965 年)、《多边投资担保机构公约》(1985 年)等世界性多边投资协定。

[2] 关于"协定要素"体现的"平衡"、"可持续发展"和"一体化"等创新理念,参见 Zeng Huaqun,*Balance,Sustainable Development,and Integration:Innovative Path for BIT Practice*,17 Journal of International Economic Law 300(2014)。

展,更遑论关注东道国的"可持续发展"。协定要素提出的"可持续发展"主要涵盖环境、社会发展、企业社会责任等内容,强调外资应纳入东道国的可持续发展战略,倡导各国签订"可持续发展导向"BITs。

第三,主张 BIT 实践"一体化"推进保护外资和管制外资两种功能。在传统国际立法中,保护外资和管制外资的两种努力"各行其道"。保护外资的 BITs 属于"硬法",具有法律强制力。而管制外资的国际规范则大多属于"软法",成效甚微。"协定要素"强调保护外资和管制外资具有同等重要性,提出在 BITs 中纳入"投资者义务与责任"等创新条款,力图在 BIT 实践中"一体化"推进保护外资和管制外资两种功能。

近年来,可持续发展原则被各国普遍接受为经济发展和国际关系的一般原则。[1] 越来越多的 BITs 在序言中包括了"可持续发展"原则。总体上,"可持续发展"导向 BITs 应体现为"平衡南北权益"的实践。资本输出国与资本输入国均需要享有权力和权利,并承担相应的责任和义务,真正平衡资本输出国与资本输入国之间及东道国与外国投资者之间的权益。具体而言,BITs 应具有保护、促进跨国投资与管制外国投资者行为的双重目标和功能。在 BIT 范本的内容设计中,应强化或增加有关东道国管制外资权力和投资者母国促进、管制海外投资活动的条款,即东道国应具有自主决定外资准入领域、外资履行要求等管制外资的权力,并承担保护跨国投资的义务;而投资者母国则须承担监管本国海外投资的责任,保护东道国免受外国投资者特别是跨国公司负面行为方式的损害。[2]

在国际投资政策语境中,可持续发展可作为 BIT 缔约各方的"共赢"目标。由于它强调东道国经济和社会的发展,促使东道国创设健康的投资环境,因此其不仅符合资本输入国的基本需要,也符合资本输出国及其海外投资者的重要利益。可持续发展目标的确立,旨在从实质内容和结构形式上纠

---

[1] 关于"可持续发展"在国际法中的基础,参见[荷]尼科·斯赫雷弗:《可持续发展在国际法中的演进:起源、涵义及地位》,汪习根、黄海滨译,社会科学文献出版社 2008 年版,第 78-139 页。

[2] 跨国公司的此类负面行为方式包括对东道国政治的干预、违反人权标准、违反环境规范等。See M. Sornarajah, *The International Law on Foreign Investment*, Cambridge University Press, 1994, p. 171-181.

正传统 BIT 实践中资本输出国与资本输入国之间、东道国与外国投资者之间权益的不平等或不平衡。显然，"可持续发展导向"BIT 的倡议对传统 BIT 实践的革故鼎新，既包含经调整的传统条款，又提出了重要的创新条款，力图改变传统 BIT 范本"片面保护外资和外国投资者"的基本结构；这是对传统 BIT 实践模式和内容的重大突破，也对传统 BIT 实践目标产生了重要影响。

与此同时，为求 BIT 实践的进一步创新，有必要反思可持续发展的概念及其特征。可持续发展的经典定义是：满足当代的需要，且不危及后代满足其需要的能力的发展。[1] 学界主张，该概念历经在国际法中的演进，包括七项要素："可持续利用的自然资源，健全的宏观经济发展，环境保护，时间要素：暂时性、长久性与及时性，公众参与和人权，善治，一体化与相互联系。"[2] 显然，可持续发展是内涵极为丰富的多元概念；以其作为 BIT 实践的新目标，虽容易获得普遍赞同，但其宽泛、"跨界"、模糊的特征客观上难以成为引领 BIT 实践的"指南"。事实上，传统"投资保护导向"BITs 和"投资自由化导向"BITs 均有具体明确的"目标"与"诉求"。以可持续发展概念作为 BIT 实践的新目标，与传统 BIT 实践"事实上资本输出国单方受益体制"的区别不甚明晰，是否真正脱离传统模式的窠臼，能否引领 BIT 实践走向革新之路，亟须进一步探究。

三、"共同发展"：BIT 实践目标的创新

本文主张，借鉴"可持续发展导向"BIT 的新倡议，在中国 BIT 实践中，需要坚持改革国际经济旧秩序和创建国际经济新秩序的目标，遵循经济主权、公平互利、合作发展三大国际经济法基本原则，重申和发展"发展权"的概念，将"可持续发展导向" BITs 改进和提升为"共同发展导向"（common

---

[1] World Commission on Environment and Development, *Our Common Future*, Oxford University Press, 1987, p. 43. 转引自[荷]尼科·斯赫雷弗：《可持续发展在国际法中的演进：起源、涵义及地位》，汪习根、黄海滨译，社会科学文献出版社 2008 年版，第 1 页。

[2] [荷]尼科·斯赫雷弗：《可持续发展在国际法中的演进：起源、涵义及地位》，汪习根、黄海滨译，社会科学文献出版社 2008 年版，第 185-196 页。

development oriented)BITs。

(一)"共同发展"概念的含义

众所周知,和平与发展是战后世界各国人民和国际社会长期认同和追求的两大主题。"发展"、"发展观"、"发展权"(the right to development)、"可持续发展"和"共同发展"等概念如何区分,有何特定意涵,相互关系如何,值得深思。[1]

1."共同发展"与"发展权"

首先必须明确,"共同发展"是基于"发展权"概念和"发展权"原则衍生与演进的概念。

"发展权"是20世纪70年代以来,发展中国家在争取建立国际经济新秩序的斗争中提出的新法律概念。1972年,塞内加尔最高法院院长凯巴·巴耶(Keba M'Baye)在斯特拉斯堡国际人权研究所的演讲中第一次提出了发展权理论,提及发达国家协助发展中国家提高其经济福利水平的义务。其结论是"发展权"是一项人权,因为人类没有发展就不能生存;人的所有基本权利和自由必须与生存权、不断提高生活水平的权利联系在一起,即与"发展权"相联系。随后,发展权原则由联合国大会(以下简称联大)通过一系列决议确立。[2] 1986年,联大通过了《发展权利宣言》,146个国家投了赞成票。[3]

发展中国家普遍主张发展权是一项不可剥夺的人权;这项权利是自决权的必然延伸,也是为非殖民化、民族解放、经济独立和发展而斗争所取得的成果。实现发展中国家的发展权将促进发达国家和发展中国家的共同繁荣以

---

[1] 关于"发展观"和"发展权"的论述,参见朱炎生:《发展观的变迁与发展权实现机制的转变》,载陈安主编:《国际经济法学刊》(第13卷第4期),北京大学出版社2006年版,第105-117页。

[2] 这些联合国大会决议包括:UN Doc. A/C. 3/34/SR. 24-30,33-38,41. UN Doc. E/CN. 4/SR. 1389,1392-8(1977) GA Res. 174,35 UNGAOR(1980)。See Francis N. N. Botchway, *Historical Perspectives of International Economic Law*, in Asif H. Qureshi ed., Perspectives in International Economic Law, Kluwer Law International,2002,p. 321,note 66.

[3] 美国是唯一对该宣言投反对票的国家,另有其他8个发达国家投弃权票。

及维护世界和平。[1] 实际上,发展权的概念自始就是发展中国家的共同发展权(common right to development),发展权的目标是"发达国家和发展中国家的共同繁荣",已蕴含发达国家和发展中国家共享"共同发展"成果的目标。

20世纪70年代,联大通过了一系列有关建立国际经济新秩序的决议,进一步促进了"共同发展"概念的形成。1974年联大先后通过的《建立国际经济新秩序宣言》和《各国经济权利和义务宪章》(以下简称《经济宪章》)序言指出,国际经济新秩序的基础是"一切国家待遇公平、主权平等、互相依存、共同受益和协力合作"。显然,上述两个建立国际经济新秩序的纲领性文件中提出的"一切国家""互相依存""共同受益""协力合作"的概念,蕴含和深化了"共同发展"概念的内涵。特别是其中强调的"一切国家""互相依存""共同受益""协力合作"是建立国际经济新秩序的核心要素这一点,尤具深刻意涵。

2."共同发展"与"可持续发展"

就调整国际投资关系的 BIT 实践而言,尽管"可持续发展"和"共同发展"均关注"发展",但是两者存在实质上十分重要的区别。

首先,"共同发展"的概念强调"共同""相互""双向"的重要性,涉及 BIT 缔约双方(特别是资本输出国为一方,资本输入国为另一方)的共同目标、共同意愿、共同愿景、共同努力、共同贡献及共同成就等,与传统 BITs 的"事实上资本输出国单方受益体制"截然相反,是从"单方受益"向"双方共同发展"的根本转变。当然,"可持续发展"目标关注缔约双方之间权益和重要关切的平衡,比之传统 BITs 的"事实上资本输出国单方受益体制"已有重大革新。"共同发展"比之"可持续发展"的先进之处是缔约双方同舟共济,同创共同事业,谋求"共同发展"目标,体现了更宽广的胸怀和更高的境界。

其次,"共同发展"的概念因基于"发展权"的概念而包含了"共同发展权"的重要含义。近年来,"可持续发展"概念在很大程度上取代了"发展权",被广泛应用于国际性政策文件和条约等国际规范中。"可持续发展"不

---

[1] 关于"发展权"的概念,参见曾华群:《国际经济法导论》(第3版),法律出版社2020年版,第309—311页。

同于传统的经济增长和经济发展,其是指一种人本主义的经济、社会与环境的持续发展。[1] 尽管字面上"可持续发展"与"发展权"差别不大,甚至前者加上"可持续"的限定词似乎更具科学意义,但两者的含义及核心显然不同。至关重要的是,"发展权"强调的是在国际关系中的国家特别是发展中国家的发展权利,是基本人权的重要组成部分,与建立国际经济新秩序密切相关;而"可持续发展"并非重点关注国际关系中国家"可持续发展"的权利,往往是具体关注各国国内环境、劳工等社会问题及人与自然、现代与后代等更为宽泛、长远的社会问题,要求国家自身承担更多的责任和义务,且不直接涉及新旧国际经济秩序问题。显然,发展中国家提出的"发展权"经过"可持续发展"的微妙改造或替换,其核心价值已然发生了重大改变。[2] 应当强调,"共同发展"的概念包含各国为实现其"共同目标"的"共同发展权",与建立国际经济新秩序密切相关,因而对于缔约各方特别是发展中国家的 BIT 实践是非常重要的。

再次,"共同发展导向" BIT 实践是国际经济法三大基本原则之一——"合作发展(国际合作以谋发展)"原则的重要实践。由于具有"共同发展"的目标和权利,"共同发展"的概念直接关系各国的"国际合作责任"。因为缔约各方一旦确立了"共同发展"的目标和权利,就相应承担了"国际合作责任"。如果明确规定于 BITs,则"国际合作"就成为现实的条约责任,需要规定合作的具体措施。而严格意义上,"可持续发展"原则并非关注国家之间的"合作发展",而是更为关注国家本身的责任,与"国际合作责任"之间的关系并非紧密关涉。

---

[1] 根据《联合国 21 世纪议程》,"可持续发展"的实体内容包括消除贫穷、改变消费形态、人口动态与可持续能力、保护和促进人类健康、促进人类住区的可持续发展、保持和管理资源以促进发展。参见王彦志:《经济全球化、可持续发展与国际投资法第三波》,载陈安主编:《国际经济法学刊》(第 13 卷第 3 期),北京大学出版社 2006 年版,第 181 – 184 页。

[2] 印度著名国际法学家安南(R. P. Anand)在考察"可持续发展"概念和《里约环境与发展会议》文件后,认为该会议未取得实质性进展,并在分析南北问题的基础上严正质疑了"进展向何方,谁获益"(Progress Towards What and Progress for Whom)。See R. P. Anand, *Studies in International Law and History: An Asian Perspective*, Martinus Nijhoff Publishers, 2004, p. 245 – 273.

最后,"共同发展"的概念与"构建人类命运共同体"的概念密切相关,其是构建人类命运共同体实践的核心理念之一。登高望远,为了共同的美好未来,缔约双方理应通过国际合作,共同发展。而"可持续发展"则强调"可持续"而非"共同",与"构建人类命运共同体"的概念并未密切契合。

(二)中国对"共同发展"概念的贡献

"共同发展"的概念深植于中国传统文化。中国传统文化的"整体观"、"上善若水"的包容思想及"四海一家""大同社会"的美好愿景,不仅是"互融共赢"的思想内核,[1]也是"共同发展"概念的原始根基。

"共同发展"的概念也深植于中国和印度1954年倡导的和平共处五项原则。该原则不仅包括了和平原则,也包括了发展原则。中国在平等互利基础上努力促进世界经济的共同发展。[2]

党的十八大、十九大和二十大报告不断丰富与深化"共同发展"的概念。

党的十八大报告指出:"坚持把中国人民利益同各国人民共同利益结合起来,以更加积极的姿态参与国际事务,发挥负责任大国作用。"在此,强调了"把中国人民利益同各国人民共同利益结合起来",阐释了《建立国际经济新秩序宣言》和《经济宪章》中"共同受益"概念的内涵。此外,党的十八大报告进一步阐明我国关于国际关系的主张:"在国际关系中弘扬平等互信、包容互鉴、合作共赢的精神……合作共赢,就是要倡导人类命运共同体意识,在追求本国利益时兼顾他国合理关切,在谋求本国发展中促进各国共同发展,建立更加平等均衡的新型全球发展伙伴关系,同舟共济,权责共担,增进人类共同利益。"这里在解释"合作共赢"概念时,进一步阐明了"本国利益"与"他国合理关切"之间的关系和"本国发展"与"各国共同发展"之间的关系。同时,也指明了"共同发展"的要素或基础是"建立更加平等均衡的新型全球发展伙伴关系,同舟共济,权责共担"。

---

[1] 参见李万强、潘俊武:《"一带一路"倡议:"东方"国际法的理念与实践》,载《国际经济法学刊》2018年第1期。

[2] See Wen Jiabao, *Carrying forward the Five Principles of Peaceful Coexistence in the Promotion of Peace and Development*, 3 Chinese Journal of International Law 363(2004).

党的十九大报告第十二部分题为"坚持和平发展道路,推动构建人类命运共同体",指出"中国将高举和平、发展、合作、共赢的旗帜,恪守维护世界和平、促进共同发展的外交政策宗旨,坚定不移在和平共处五项原则基础上发展同各国的友好合作,推动建设相互尊重、公平正义、合作共赢的新型国际关系";呼吁"各国人民同心协力,构建人类命运共同体,建设持久和平、普遍安全、共同繁荣、开放包容、清洁美丽的世界"。值得注意的是,在此,中国明确将"促进共同发展"作为"外交政策宗旨",同时,进一步重申和强化了"共同发展"、"共同繁荣"和"构建人类命运共同体"的理念。

党的二十大报告第十四部分题为"促进世界和平与发展,推动构建人类命运共同体",重申"中国始终坚持维护世界和平、促进共同发展的外交政策宗旨",同时,进一步强调了中国的发展与世界各国发展的互动关系,即"中国坚持对外开放的基本国策,坚定奉行互利共赢的开放战略,不断以中国新发展为世界提供新机遇,推动建设开放型世界经济,更好惠及各国人民"。

在2015年9月26日联合国发展峰会上,习近平主席发表题为《谋共同永续发展,做合作共赢伙伴》的重要讲话,强调国际社会要以《2015年后发展议程》为新起点,共同走出一条公平、开放、全面、创新的发展之路,努力实现各国共同发展;"公平、开放、全面、创新的发展之路"的目标是"发展机会更加均等"、"发展成果惠及各方"、"发展基础更加坚实"和"发展潜力充分释放",[1]深刻揭示了"共同发展"的意涵和要素。

实际上,"共同发展"也是中国和广大发展中国家的共同愿景。《金砖国家领导人厦门宣言》明确提出"坚持互利合作,谋求共同发展"。

(三)"共同发展导向"BIT实践的意涵

综上所述,"共同发展"是基于"发展权"而衍生和演进的重要概念,是在建立国际经济新秩序进程中逐渐形成和发展的;中国和广大发展中国家为"共同发展"概念的形成与发展作出了重要贡献。"共同发展"的主要含义

---

[1] 习近平:《谋共同永续发展,做合作共赢伙伴》,载新华网,http://news.xinhuanet.com/world/2015-09/27/c_1116687809.htm。

是:在各国相互依存的现实情况下,各国的发展与他国的发展密切相关,在追求本国发展的同时,需要关注他国的发展和重要关切,谋求国际社会的公平、开放、全面、创新发展。

事实上,UNCTAD 已有"以发展为导向"BIT 实践的倡议。IIAs 服务于发展向来是 UNCTAD 在该领域的工作核心,其中涉及两方面的问题:一是确保发展问题在国际投资法中能够获得充分考虑;二是使发展中国家具有实施 IIAs 的能力,使其通过此类协定吸引外资并从中获益。[1] UNCTAD 发布的《2003 年世界投资报告——促进发展的外国直接投资政策:各国与国际的视角》(World Investment Report 2003,FDI Policies for Development:National and International Perspective),[2]将"发展"明确作为"外资政策"的目标,引发了"发展中国家如何通过 BIT 实践促进发展"的关注和讨论。有学者提出了"以发展为导向"BIT 实践的新思路,其含义一是发展中国家基于实现其发展目标进行 BIT 实践,二是发展中国家根据其所处发展阶段进行 BIT 实践。[3]

与上述"以发展为导向"BIT 实践比较而言,"共同发展导向"BIT 实践更为强调缔约各方的"共同发展":不仅包括发展中国家的"共同发展",也包括发展中国家和发达国家的"共同发展"。显然,以"共同发展"作为 BIT 实践的目标,是对传统 BITs"事实上资本输出国单方受益体制"的根本性纠正和结构性变革,对"可持续发展"或"发展"的 BIT 实践目标而言也是重要的提升和超越。

四、结语

当下,BIT 实践的发展处于十字路口,何去何从,取决于世界各国的共识

---

[1] 参见詹晓宁:《国际投资协定应服务于发展》,载陈安主编:《国际经济法学刊》(第 13 卷第 2 期),北京大学出版社 2006 年版,第 26 页。

[2] 参见 https://unctad.org/en/Docs/wir2003_en.pdf,2018 年 10 月 12 日访问。

[3] 参见蔡从燕:《国际投资结构变迁与发展中国家双边投资条约实践的发展——双边投资条约实践的新思维》,载陈安主编:《国际经济法学刊》(第 14 卷第 3 期),北京大学出版社 2007 年版,第 51-54 页。

和实践。历经60多年的BIT实践亟须改革创新,已成为国际共识。然而,BIT实践的实质性改革创新绝非易事。客观上,"投资保护导向"和"投资自由化导向"BIT实践沿袭历史传统,代表发达国家普遍的利益诉求,凭借发达国家的经济实力,以"投资自由化"和"法律技术精细化"作为"改革"幌子,在经济全球化的背景下强势推行,惯性相助,仍然居于明显优势地位。而UNCTAD提出的"可持续发展导向"BIT实践新倡议,脱胎于BIT传统实践,代表广大发展中国家的利益诉求,力图变革创新,其创新理念和规范尚属新生期,亟须各国特别是广大发展中国家充分重视,努力达成共识并积极付诸实践。在理论和实践层面,含义宽泛、多元的"可持续发展"概念作为BIT实践发展的"指南"是否适当,值得反思。

作为负责任的发展中大国,中国理应有改革国际经济旧秩序、构建国际经济新秩序的使命感和责任感。中国与广大发展中国家理应有积极主动参与制定、影响或引领国际投资条约体制总体发展趋向的自信和作为。当前,中国与"一带一路"沿线国家之间的BIT实践正是缔约双方对既有国际投资条约体制进行改革创新的"用武之地"和重要契机。中国与"一带一路"国家之间"共同发展导向"BIT实践由中国倡议和践行,是中国"促进共同发展"的外交政策宗旨在国际投资领域的重要体现,也是中国和"一带一路"国家对国际投资条约体制改革创新的共同贡献。可以预见,"共同发展导向"BIT实践由于符合历史发展规律和世界各国人民的共同意愿,在国际社会的共同努力下,经历渐进发展,必将成为各国普遍认同的、符合各国共同和长远利益的BIT实践发展主流。

全球经贸关系演变中的
国际法治危机及其应对*

刘敬东**

> **摘　要**　由于地缘政治冲突不断蔓延、渗透到国际经贸领域,全球经贸关系日益呈现出地缘经贸关系特征。地缘政治冲突与地缘经贸关系相互叠加、交织的影响,已不限于对跨国贸易、投资活动产生政治性干扰,更突出体现为对现行国际贸易投资规则体系的冲击,致使作为国际公共产品的国际法治根基不断被侵蚀。应当从国际经贸格局调整的趋势、影响全球经贸关系稳定性和确定性的变量因素、全球经贸关系面临的机遇和挑战三个维度来考察地缘经贸关系及其对国际法治的深刻影响,全面、辩证地认识和把握国际法在地缘经贸关系中的作用。在此基础上,本着构建人类命运共同体的理念,以寻求包括中美在内的各主要经济体在国际经贸规则方面的最大共识为核心目标,提出应对当前全球经济治理中国际法治危机的中国方案。
>
> **关键词**　全球经贸关系　国际经贸规则　国际法治中国方案

一、引言

当前,世界正经历百年未有之大变局,地缘政治冲突已成为大国关系的

---
* 本文已发表于《中国法学》2023 年第 3 期。
** 刘敬东,中国社会科学院国际法研究所研究员。

主要特征,且外溢效应十分明显,对全球经贸、人文交流、科技合作、新冠疫情应对和气候变化等诸多领域的国际合作均产生破坏性影响。[1] 国际经贸活动是全球经济增长的推动力、世界和平的"压舱石"。全球经贸关系能否稳定、发展关乎各国人民福祉,缺乏规则基础和法治保障的全球经贸关系既无法保证稳定,更谈不上持续发展,必然走向崩溃,终将给人类带来巨大灾难:这是人类总结惨痛历史教训得出的基本结论。[2] 习近平总书记在党的二十大报告中指出,"中国积极参与全球治理体系改革和建设,践行共商共建共享的全球治理观,坚持真正的多边主义,推进国际关系民主化,推动全球治理朝着更加公正合理的方向发展。坚定维护以联合国为核心的国际体系、以国际法为基础的国际秩序、以联合国宪章宗旨和原则为基础的国际关系基本准则"[3]。这一重要论述阐释了全球治理中国际法治的核心要义,是习近平法治思想的重大理论创新,为应对全球经贸关系演变进程中国际法治面临的危机指明了方向。

美国学者金德尔伯格曾总结道,正是由于20世纪30年代作为国际公共产品的国际规则与法治缺失才导致自由国际经济秩序未能建立,致使全球经济陷入"大萧条"危机,进而引发第二次世界大战。约瑟夫·奈将这一现象称为"金德尔伯格陷阱"(Kindleberger Trap)。[4] 近年来,日益加剧的地缘政治冲突的影响已不限于对跨国贸易、投资活动产生政治性干扰,更突出体现为对现行国际贸易投资规则体系的冲击,致使全球经济治理的国际法治根基不

---

[1] See Heng Wang, *Selective Engagement? Future Path for US - China Economic Relations and Its Implications*, 55 Journal of World Trade 309(2021).

[2] 2005年联合国大会通过的《世界首脑会议成果文件》系统地阐释了法治在全球治理和国际关系中的作用并指出:"国家和国际的良治和法治,对持续经济增长、可持续发展以及消除贫困与饥饿极为重要。"该文件进一步指出:"需要在国家和国际两级全面遵守和实行法治。" See UN General Assembly, Resolution Adopted by the General Assembly, A/RES/55/2, 18 September 2000;UN General Assembly, World Summit Outcome, A/RFS/60/1, 20 September 2005.

[3] 习近平:《高举中国特色社会主义伟大旗帜 为全面建设社会主义现代化国家而团结奋斗——在中国共产党第二十次全国代表大会上的报告(2022年10月16日)》,人民出版社2022年版,第62页。

[4] See J. S. Nye, *Kindleberger Trap*, Belfer Centre of Harvard University(9 January 2017),http://www.belfcenter.org/publication/kindleberger-trap, last visited on 29 March 2023.

断被侵蚀,"金德尔伯格陷阱"再次进入人们视野。一些西方国家和学者提出了多边贸易规则"过时论",且反复在政府声明、多边场合及智库报告中提及。[1] 在这些国家和学者看来,现行多边贸易规则已不能有效约束一些国家行为,导致全球市场扭曲和严重"不公平",因此,必须打破现有多边贸易规则体系并予以重塑。

另一代表性迹象是,国际贸易投资领域"国家安全"条款被滥用的情形十分严重。从国际贸易投资协定中"国家安全"条款的设计初衷来看,该条款仅应在一国国家基本安全处于"紧急状态"时才能被临时性适用,旨在通过禁止或限制影响国家基本安全的贸易和投资达到消除国家安全隐患的目的。一旦启动"国家安全"条款而采取禁止和限制性措施,对正常的国际贸易投资活动影响甚大;因此,各国在适用"国家安全"条款时基本保持高度自律,该条款事实上处于长期"冻结"状态。但是近年来,"国家安全"条款却被一些国家当成信手拈来的工具频繁使用。例如,美国政府多次以所谓"国家安全"为由立法对中国高科技企业及芯片等高科技产品实施一系列贸易和投资限制措施,英国、加拿大、澳大利亚等西方国家也纷纷效仿,以"国家安全"之名不断推出贸易和投资限制性立法,对全球产业供应链造成巨大破坏,"国家安全"条款事实上已成为侵袭全球经贸关系健康肌体的"阿喀琉斯之踵"。[2]

上述迹象未能得到有效制止,且仍在不断蔓延,对国际经贸活动产生了实质性冲击,多边贸易投资规则体系被肆意践踏,各主要经济体之间经贸冲突频仍。这些迹象的出现绝非偶然,根本原因在于全球地缘政治冲突日益加剧了包括经贸关系在内的国际关系紧张,地缘政治中的"修昔底德陷

---

[1] 一些西方国家和学者认为,近年来一些国家(主要指中国)采取的非市场化政策和做法导致"严重过剩、对他们的工人和商业构成不公平竞争条件、阻碍创新技术的开发与利用并破坏国际贸易的正常运转,包括现行规则失效"。因此,这些西方国家和学者极力推行现有国际贸易规则已不合时宜的"过时论"。See *Joint Statement of the Trilateral Meeting of the Trade Ministers of Japan, the United States and the European Union*, Office of the United States Trade Representative (14 January 2020), https://ustr.gov/about-us/policy-offices/press-office/press-releases/2020/january/joint-statement-trilateral-meeting-trade-ministers-japan-united-states-and-european-union.

[2] 参见孙南翔:《国家安全例外在互联网贸易中的适用及展开》,载《河北法学》2017年第6期。

阱"[1]触发了国际经贸领域中的"金德尔伯格陷阱",二者彼此叠加、相互交织,致使全球经贸关系日益演变为地缘经贸关系;经贸交往越发无视规则,经贸冲突更加践踏法治,歧视性经贸立法及单边性经济制裁大行其道,全球经济治理中的国际法治深陷危机。[2]

如何看待当前地缘经贸关系并分析其对国际法治的影响？如何认识并有效发挥国际法在地缘经贸关系中的作用？如何最终克服全球经济治理中的国际法治危机？对于这些事关全球经济发展乃至世界和平的重大问题,作为联合国安理会常任理事国和世界第二大经济体的中国应认真加以研究,以习近平法治思想关于国际法治的重要论述为指导,提出科学、合理的全球性解决方案,同各国一道努力克服危机,以实际行动捍卫全球经济治理中的国际法治。这不仅关系到党的二十大确立的推进高水平对外开放战略目标的顺利实现,更关乎人类命运共同体的未来。

二、地缘经贸关系对国际法治的影响

不同于合作性的正常经贸关系,地缘经贸关系是对抗性的经贸关系,系地缘政治冲突中一方为攫取地缘性绝对优势、打压地缘性对手而有针对性地持续采取单边、歧视性经贸政策措施导致国际经贸冲突规模性增长并常态化后形成的经贸关系;其最明显的特征就是无视规则和法治,将本应互利共赢的国际经贸合作领域变成"零和博弈"的大国竞技场。

在此次大变局中,因美国对华关系战略发生重大改变所引发的全球地缘政治冲突是全球经贸关系演变中最为显著的要素。由美国发起、旨在遏制中

---

[1] 美国哈佛大学教授格雷厄姆·艾利森（Graham Allison）提出了"修昔底德陷阱"这一概念并指出："修昔底德陷阱指的是,当一个崛起国威胁取代现有主导国时自然会出现不可避免的混乱。"艾利森教授提出的这一概念成为当前国际关系学界描述地缘政治冲突的代名词。参见[美]格雷厄姆·艾利森:《注定一战:中美能避免修昔底德陷阱吗？》,陈定定、傅强译,上海人民出版社 2019 年版,第 70 页。

[2] See Heng Wang, *Selective Engagement? Future Path for US-China Economic Relations and Its Implications*, 55 Journal of World Trade 309(2021).

国崛起的地缘性竞争战略不仅导致自中国 2001 年加入 WTO 后业已建立起来的正常、稳定和繁荣的中美经贸关系在短时间内演变成地缘经贸关系,还触发了全球性经贸关系紧张乃至地缘性经贸对抗。[1] 美国遏华新战略始于特朗普政府时期;随着该战略的实施,包括经贸关系在内的中美关系持续恶化。2021 年年初拜登政府上台后,不但承袭了上届政府的遏华战略,而且强化了美国与其西方盟友之间的合作,重拾所谓价值观和意识形态工具搞阵营对抗,针对中国采取的歧视性贸易投资立法和措施更为密集。[2] 在美国的极力干扰下,中国与欧盟、澳大利亚、加拿大等各主要经济体之间的经贸关系也不断出现各种摩擦。2022 年年初俄乌冲突爆发,美西方对俄发起的大规模经济制裁及其附带效应加剧了全球经贸关系的紧张氛围,致使地缘经贸关系特点更为凸显。

对于当前地缘经贸关系的影响及未来预期,学者们提出了不同的观点和主张。有学者持较乐观观点认为,虽然地缘经贸关系已对国际经贸交往产生诸多不利影响,但程度仍有限,新冠疫情期间全球贸易和投资总量仍稳定增长甚至规模还有所扩大即是明证,不必对地缘经贸关系过度解读或对经济全球化的未来杞人忧天。[3] 而持较悲观观点的学者则认为,地缘经贸关系实际上已开启国际经贸领域新的"冷战",中美两大经济体将迅速"脱钩断链",经济全球化及国际法治将荡然无存,世界必将再次陷入激烈对抗甚至笼罩大战之阴霾。[4]

笔者认为,上述观点均缺乏科学论证,得出的结论是简单、片面的,不能令人信服。地缘经贸关系的出现虽不是国际社会之所愿,但已成为国际现

---

[1] See Anthea Roberts, Henrique Choer Moraes & Victor Ferguson, *Toward a Geoeconomic Order in International Trade and Investment*, 22 Journal of International Economic Law 655 (2019).

[2] 参见佟家栋、鞠欣:《拜登时期中美战略竞争态势、挑战与应对——基于双边经贸关系视角》,载《国际经济评论》2021 年第 3 期。

[3] 著名国际政治经济学家张宇燕教授就曾指出:"尽管从企业层面和大国博弈层面上看,有人在拉扯全球供应链朝着逆全球化方向偏离,但至少 2021 年的现实并不支持上述判断,特别是和中国有关的数据提供的更是反例。"参见张宇燕:《全球经济走势和基本因素分析》,载《理论学习与探索》2022 年第 1 期。

[4] See Zhang Xiaotong & Colin Flint, *Why and Whither the US-China Trade War? : Not Realist "Traps" but Political Geography "Capture" as Explanation*, 55 Journal of World Trade 335 (2021).

实,必须予以正视,应从国际经贸格局调整的趋势、影响全球经贸关系稳定性和确定性的变量因素、全球经贸关系面临的机遇和挑战三个维度全面考察当前的地缘经贸关系,并客观分析其对国际法治的影响,为克服地缘经贸关系引发的国际法治危机制定科学的行动方案。

(一)国际经贸格局的调整将更为深刻

地缘经贸关系的出现与21世纪初开始的国际经贸格局调整及其结果直接相关;突出表现之一就是,各方在国际经贸格局调整方向上展开激烈博弈,其本质是全球经济治理主导权和国际贸易投资规则话语权的竞争。

贸易投资自由化是"二战"后构建国际贸易投资规则体系的核心宗旨。以美国为首的西方国家曾长期将其奉为圭臬,并以此主导国际贸易投资规则的制定;广大发展中国家则一直处于被动接受的地位。进入21世纪以来,以中国为代表的新兴经济体逐渐成为全球经济中举足轻重的角色,美西方拥有的绝对优势不断丧失,规则霸权地位发生动摇,国际经贸整体格局进入调整期。[1] 中国经济实力的增长无疑是其中最重要的因素:无论是在世界贸易组织(WTO)、国际货币基金组织(IMF)等国际经济组织,还是二十国集团(G20)、亚太经合组织(APEC)等多边经济合作平台,中国在全球经济治理中的影响力空前提升。早已习惯于规则霸权、掌控国际贸易投资规则话语权半个多世纪的美西方心态日趋失衡,开始质疑贸易投资自由化宗旨及国际贸易投资规则体系。美国贸易代表戴琪宣称美国"受够了现状"(done with the status quo),将改奉"互补性贸易政策",试图以有利于美西方维持霸权的所谓新规则重塑该规则体系,从而达到阻止国际经贸格局调整的目的。[2]

---

[1] See Zhang Xiaotong & Colin Flint, *Why and Whither the US-China Trade War*?: *Not Realist "Traps" but Political Geography "Capture" as Explanation*, 55 Journal of World Trade 335(2021).

[2] *Remarks by Ambassador Katherine Tai at the Roosevelt Institute's Progressive Industrial Policy Conference*, Office of the United States Trade Representative, https://ustr.gov/about-us/policy-offices/press-office/speeches-and-remarks/2022/october/remarks-ambassador-katherine-tai-roosevelt-institutes-progressive-industrial-policy-conference, last visited on 29 March 2023. 参见徐秀军:《规则内化与规则外溢——中美参与全球治理的内在逻辑》,载《世界经济与政治》2017年第9期。

尽管美国为此作出巨大"努力",但事实表明,其并未获成功;根本原因在于,国际经贸格局本应根据全球经贸关系变化而不断动态调整,这是不以任何国家的意志为转移的科学规律。更重要的因素是,中国顶住外部巨大压力,主动扩大开放,以实际行动捍卫以贸易投资自由化为宗旨的国际贸易投资规则体系,为国际经贸格局深刻调整不断注入新的活力。

2022年1月,《区域全面经济伙伴关系协定》(RCEP)正式生效,标志着全球规模最大的自由贸易区从此诞生。随着关税税率逐步下调、非关税壁垒逐步减少以及贸易便利化水平逐步提升,该区域在国际经贸格局中的地位将持续提升。[1] 历经七年谈判,中国、欧盟于2020年12月底就《中欧全面投资协定》达成最终文本协议。尽管欧洲议会因政治因素冻结了对该协定的审议,但随着中欧关系的持续改善,这一包含高标准贸易投资规则、可为双方带来巨大经济利益的协定必将在不久的将来恢复生机。[2] 2020年至2022年,中国努力克服地缘经贸关系与新冠疫情的叠加影响,推动中美进出口贸易量不降反升,中美经贸关系并未实质"脱钩"。

以上事实表明,面对地缘经贸关系及其引发的激烈博弈,只要中国坚持对外开放,以更多的实际行动捍卫贸易投资自由化宗旨,国际经贸格局调整的势头就不会改变,反而会调整得更加深刻。当然,阻止国际经贸格局调整的势力绝不会轻言放弃,其所采取的策略和手段将不断翻新,未来面临的挑战仍然巨大,需要包括中国在内的、坚持真正多边主义和贸易投资自由化宗旨的所有国家付出更为艰苦的努力,确保国际经贸格局继续朝着符合科学规律、有利于实现更加公正合理的全球经济治理目标的方向调整改变。

(二)影响全球经贸关系稳定性和确定性的变量因素陡增

当前地缘经贸关系的核心是中美经贸关系。在美国已将中国视为其最大战略竞争对手的大背景下,美国对华采取的歧视性贸易投资立法和措施仍

---

[1] 参见《为区域和全球经济增长注入强劲动力——解读区域全面经济伙伴关系协定签署》,载中国贸易区服务网2020年11月15日,http://fta.mofcom.gov.cn/article/rcep/rcepjd/202011/43621_1.html。

[2] 参见吴心伯:《美国压力与盟国的对华经贸政策》,载《世界经济与政治》2022年第1期。

会变本加厉;中美未来的经贸冲突将愈加激烈,所产生的全球性影响仍会蔓延。此外,俄乌冲突的爆发重创国际经贸环境,导致世界性能源、粮食贸易严重受阻,供应链加剧紧张,新冠疫情的影响至今尚未结束,各种变量因素陡增,全球经贸关系不稳定性和不确定性持续上升。

美国智库报告曾指出,保持美国经济及科技的整体优势、捍卫美元的全球性地位、巩固并扩大盟友和伙伴关系、捍卫(同时进行必要改革)当前以"规则"为基础的自由国际秩序等四大战略已构成美国政府对华最新经贸战略。[1] 为落实上述战略,2021年5月美国参议院通过《美国创新与竞争法案》,该法案包括芯片和开放式无线接入网5G紧急拨款、《无尽前沿法案》、《2021战略竞争法案》、国土安全和政府事务委员会相关条款、《2021迎接中国挑战法案》以及其他事项等六大部分。从立法目的及内容来看,该法案名为"创新与竞争",实为"垄断与遏制",目标是将美对华新战略上升为国家立法。[2] 该法案内容严重违反WTO多边贸易规则及2020年达成的《中美第一阶段经贸协议》条款,此举重创了国际贸易投资规则体系中的非歧视待遇法律原则。

美国实施对华最新经贸战略导致"以邻为壑"政策得以在世界范围内卷土重来,严重侵蚀了全球经济治理中的国际法治。联合国贸易和发展会议公布的《2021世界投资报告》显示,2020年全球外国直接投资(FDI)下降35%;导致这一局面的原因在于,各国新出台的投资相关政策中限制性和监管性政策占比高达33%,为2003年有统计数据以来的最高值。[3] 此外,激烈的经贸冲突导致许多国家置多边规则于不顾,更倾向于采取单方报复措施解决经贸争端;WTO上诉机构瘫痪导致大量贸易争端未得以有效解决更加剧了这

---

[1] See The Atlantic Council, *The Longer Telegram: Toward a New American China Strategy*, https://www.atlanticcouncil.org/content-series/atlantic-council-strategy-paper-series/the-longer-telegram, last visited on 16 April 2022.

[2] 参见吴正龙:《对〈美国创新与竞争法案〉的六点看法》,载中美聚焦网,http://cn.chinausfocus.com/finance-economy/20210624/42323.html,2022年4月1日访问。

[3] See World Investment Report 2021—Investing in Sustainable Recovery, UNCTAD/WIR/2021, https://unctad.org/system/files/official-document/wir2021_en.pdf, last visited on 11 April 2022.

一现象。由于主要成员严重缺乏共识，WTO 涵盖协定未能得以及时完善更新，多边规则体系不断被大量的双边或区域性贸易规则冲击，单边歧视性贸易投资措施大增，非歧视待遇原则在全球范围内严重退化。[1]

俄乌冲突爆发后，美西方不但对俄发起全面经济制裁，还不断以单边制裁为"大棒"威胁中国、印度等俄罗斯传统经贸伙伴，通过对各国企业实施直接制裁、次级制裁等措施制造恐怖的国际法律氛围，力阻对俄开展正常的贸易投资活动。[2] 对俄大规模经济制裁直接冲击国际贸易投资规则体系，导致规则的稳定性和可预见性大为降低，各国深陷国际法律恐慌之中。

（三）全球经贸关系面临的机遇仍大于挑战

地缘经贸关系对全球经贸关系造成的破坏性影响已十分显著，俄乌冲突更使之加剧，但因此而悲观、失望并放弃努力绝非正确选择。历史证明，人类的文明、进步本身就是一个不断战胜各种挑战和困难的过程；作为人类文明重要成果之一的国际法治也同样如此，其发展进程绝不会一帆风顺。WTO 上诉机构第一任主席巴克斯（James Bacchus）教授曾指出："在世界经济中，只有当我们有法治并坚持法治，我们才能实现国际分工带来的'贸易所得'的目标。只有以法治为准绳，我们才会有真正创造'全世界富饶'的希望，因为这就是亚当·斯密起初想通过'天赋自由的简单制度'所追求的，也是大卫·李嘉图通过其'比较优势论'的理念所追求的，这也是现在世界贸易组织成员通过多边贸易体制所追求的。"[3] 当前，合作性立场和对抗性立场之间的博弈仍在持续，但应当看到，反对对抗、倡导合作的正义呼声日渐高涨，捍卫国际法治的力量不断增长，预示着机遇和挑战并存；而且从长远而言，机遇大于挑战。因为越来越多的国家更深刻意识到，贸易投资自由化宗

---

[1] See Chuanjing Guan & Qingyi Xu, *The Boundary of Supranational Rules: Revising Policy Space Conflicts in Global Trade Politics*, 55 Journal of World Trade 853(2021).

[2] See WTO, *Russia-Ukraine Conflict Puts Fragile Global Trade Recovery at Risk*, World Trade Organization, https://www.wto.org/english/news_e/pres22_e/pr902_e.htm, last visited on 16 April 2022.

[3] [美]詹姆斯·巴克斯：《贸易与自由》，黄鹏等译，上海人民出版社 2013 年版，第 190 页。

旨是各国经济发展和全人类福祉提升的必由之路，国际法治为全球经贸关系发展提供了无法替代的制度性保障。

尽管机遇大于挑战，但能否抓住机遇、战胜挑战，推动全球经贸关系及全球经济治理中的国际法治重回正轨，仍将取决于各国政府的真实意愿和实际行动。2021年12月，中国和欧盟、俄罗斯等共112个WTO成员联署《投资便利化联合声明》，就协定框架和主要规则形成初步共识；2022年年底已结束文本谈判，加快了WTO最终达成投资便利化多边协定的步伐。[1] 2021年10月，G20罗马峰会通过的《二十国集团领导人罗马峰会宣言》指出："我们确认开放、公平、平等、可持续、非歧视、包容、基于规则的多边贸易体制对恢复增长、创造就业、恢复工业生产率和促进可持续发展的重要作用，确认我们对加强以WTO为核心的多边贸易体制的承诺。"[2] 时隔一个月，亚太经合组织第28次领导人非正式会议通过的《2021年亚太经合组织领导人宣言》强调："贸易是我们全体人民发展和繁荣的支柱。以世贸组织为核心，基于规则的多边贸易体系在经济复苏中发挥重要作用。"[3] 以上行动展示出世界各国捍卫国际法治的强烈愿望，给予大变局中的国际社会以巨大信心。之所以能取得上述成果，是因为在经历了地缘经贸关系引发的经济"阵痛"后，更多的国家认识到，国际经贸交往无关所谓价值观和意识形态，更无关社会制度之争，市场规律不应被人为破坏，国际法治更不能被抛弃；否则，地缘经贸关系必然导致国际经贸领域中的"冷战"，并最终导致国家间的"热战"，"当商品不跨越国界，军队将跨越国界"这一古老谚语将再次变为国际现实。[4]

巴克斯教授曾发出这样的感慨："贸易有助于我们在残酷的冲突中生存。

---

[1] See *Joint Statement on Investment Facilitation for Development*, WT/L/1130, World Trade Organization, https://docs.wto.org/dol2fe/Pages/SS/directdoc.aspx?filename=q:/WT/L/1130.pdf&Open=True, last visited on 16 April 2022.

[2] 《二十国集团领导人第十六次峰会通过〈二十国集团领导人罗马峰会宣言〉》，载中国政府网，http://www.gov.cn/xinwen/2021-11/01/content_5648079.htm。

[3] 《亚太经合组织第二十八次领导人非正式会议通过〈2021年亚太经合组织领导人宣言〉》，载中国政府网，http://www.gov.cn/xinwen/2021-11/13/content_5650601.htm。

[4] 参见[美]詹姆斯·巴克斯：《贸易与自由》，黄鹏等译，上海人民出版社2013年版，第119页。

贸易有助于我们作出人类最理性的判断。"[1]这一至理名言在当下具有特殊意义——为了"在残酷的冲突中生存",无论地缘经贸关系造成的经贸冲突多么激烈,开展国际经贸交往始终是各国生存发展的必然路径;而国际经贸交往离不开规则保障,国际法治终将成为人类最理性的选择。

三、国际法在地缘经贸关系中的作用

在地缘经贸关系的大背景下,"金德尔伯格陷阱"两种最具代表性的现象——多边贸易规则"过时论"的提出以及"国家安全"条款被滥用,从本质上讲,都是典型的法律利己主义的表现,这种利己主义及其国际实践会对国际法规则本应发挥的国际规制作用造成严重影响。规则是法治的基础;如果国际法规则不能有效发挥规制作用,国际法治无疑将丧失根基,成为无源之水。近年来,法律利己主义及其带来的严重后果引发了如何认识并有效发挥国际法在地缘经贸关系中的作用这一国际热议话题。[2]

(一)法律利己主义及其严重后果

法律利己主义的典型表现之一是多边贸易规则"过时论"的提出。多边贸易规则"过时论"及其国际实践直接挑战国际立法中的程序正义,规则霸权色彩表露无遗。包括经贸规则在内的国际法规则本应随着国际关系的变化而变化,这是国际法的生命力所在。"法律规则的起因一般在于社会的发展中的特殊社会和历史环境,它们表明对特定意义的行为规则的需要。"[3]但规则的变化绝非将原有体系推倒重来,而应在现有规则体系的基础之上发展

---

[1] [美]詹姆斯·巴克斯:《贸易与自由》,黄鹏等译,上海人民出版社2013年版,第190页。

[2] 有学者认为,从1992年至2020年,中美已从国际规制的推广、国际规制的差异化及国际规制的竞争转向国际规制的冲突。See Chuanjing Guan & Qingyi Xu, *The Boundary of Supranational Rules: Revising Policy Space Conflicts in Global Trade Politics*, 55 Journal of World Trade 853 (2021).

[3] [英]詹宁斯·瓦茨修订:《奥本海国际法》(第1卷·第1分册),王铁崖等译,中国大百科全书出版社1995年版,第13页。

创新,并遵循国际上的正当造法程序。[1] 具体而言,面对 21 世纪全球经济格局变化、科学技术进步、贸易与投资模式转变、可持续发展等新要求,以 WTO、IMF 为代表的国际经济组织以及 G20 等全球经济合作机制等本应统筹协调,推动各国开展磋商、谈判,寻求更新国际经贸规则的共识,从而实现国际经贸规则现代化目标。

但国际现实却是,一方面,原本应当随着中国等新兴经济体和发展中国家经济实力的上升作出必要改革的 IMF 投票权和决策机制至今未能作出真正实质性改革。尽管 IMF 执行理事会曾通过改革方案增加了中国等国家的投票权,但根据 IMF 的规定,任何重大决定需要 85% 以上的投票通过,改革后美国仍拥有 16.5% 的投票权,"一票否决权"得以维持。"在 21 世纪第一个十年,美国阻止了中国在世界银行和国际货币基金组织份额和投票权的任何增加,即便这种增加能够反映中国在全球经济中日益增长的重要性。"[2] 另一方面,美西方推出多边贸易规则"过时论",意在任由少数国家改变其认为"不合时宜"的贸易规则并制定新的"规则"取而代之,再将这些所谓新"规则"强加给其他国家;这是典型的"规则霸权"理论。该理论一经出现即遭到许多国家反对,但不幸的是,"过时论"已成为一些西方国家制定对外贸易战略和多边贸易体制改革方案的理据学说。[3] 美国甚至认为 WTO 争端解决机制对其"极不公平",因而不顾 WTO 其他 100 多个成员方的立场,无视协商一致的共识规则,仅以一国之反对多次阻挠上诉机构法官遴选,致使该机构自 2020 年年底停摆至今,令这颗国际法"皇冠上的明珠"黯淡无光。[4] 在推行多边贸易规则"过时论"的同时,美国凭借其超强实力在诸多双边或区域

---

[1] "国际社会的成员资格就带有服从(国际法)这种总体的义务和按照关于修改和发展程序的规则对这种规则总体的修改和发展做出贡献的权利。"参见[英]詹宁斯·瓦茨修订:《奥本海国际法》(第 1 卷·第 1 分册),王铁崖等译,中国大百科全书出版社 1995 年版,第 9 页。

[2] Gregory Shaffer & Henry Gao, *A New Chinese Economic Order*?, 23 Journal of International Economic Law 607(2020).

[3] See John Ravenhill, *The Political Economy of the Trans-Pacific Partnership: A "21st Century" Trade Agreement*?, 22 New Political Economy 573(2017).

[4] See Warren H. Maruyama, *Can the Appellate Body Be Saved*?, 55 Journal of World Trade 197 (2021).

贸易协定中不断创制符合其利益的新规则，强行纳入针对中国的歧视性条款，其中以《美国—墨西哥—加拿大协定》中的"毒丸条款"[1]最为典型。2022年6月，美国推出的"印太经济框架"及其行动方案更是公开挑明，该框架协议的目标就是拉拢中国以外的印太地区国家制定所谓新的国际经贸规则。[2]

多边贸易规则"过时论"已造成诸多严重后果：多边规则被蔑视，单边限制措施和各种经济制裁大行其道，WTO多边规则体系及其争端解决机制深陷危机，规则"碎片化"和"意大利面碗"[3]现象不断加剧。此外，人权保护、劳工标准等政治性、社会性事务不断纳入双边和区域性贸易投资协定，国际经贸规则异化现象更加明显。[4] 由此造成的后果是，全球范围内各种经贸摩擦和冲突明显增加，全球经贸关系陷入混乱状态。

法律利己主义的另一典型表现——"国家安全"条款在国际贸易投资领域被滥用，导致规则体系中的"潘多拉盒子"被人为打开。自2019年始，美国以"国家安全"为由密集出台专门针对中国企业和产品的禁止性或限制性立法及措施。这些立法及措施呈现以下新特点：第一，扩大"国家安全"范围，将"经济安全"纳入其中，毫无节制地保护广泛的"战略性"或"关键性"美国国内产业；第二，援引"国家安全"条款的行为完全不受司法审查，并使本来有权

---

[1] 所谓"毒丸条款"系指，《美国—墨西哥—加拿大协定》的某一签约方如将与非市场经济国家开展自由贸易协定谈判则须通知其他签约方，且允许其他签约方单方终止该协定。该条款虽未指明针对中国，但普遍共识是其就是美国为针对中国而制定的。See Anthea Roberts, Henrique Choer Moraes & Victor Ferguson, *Toward a Geoeconomic Order in International Trade and Investment*, 22 Journal of International Economic Law 655 (2019).

[2] 参见潘晓明：《"印太经济框架"展望及其对亚太经济融合的影响》，载《国际问题研究》2022年第6期。

[3] 国际经贸领域中的"意大利面碗"现象系指，游离于WTO多边体制之外的双边及区域性贸易投资协定日渐增多，形成了WTO规则以外的诸多贸易投资规则，造成国际经贸规则的混乱和非歧视待遇原则的退化。参见[爱尔兰]彼得·萨瑟兰等：《WTO的未来——阐释新千年中的体制性挑战》，刘敬东等译，中国财政经济出版社2005年版。

[4] 近年来，传统上原本属于国内法规制对象的国有企业、国内知识产权执法、司法等领域以及劳工标准、人权等非国际经济法调整对象大量进入双边或区域性贸易投资协定，成为国际经济法规制的对象，这表明国际经济法异化现象已非常突出。See Ernst-Ulrich Petersmann, *Theories of Justice, Human Rights and the Constitution of the International Markets*, 37 Loyola of Los Angeles Law Review 407 (2003).

审查的国际争端解决机制——WTO上诉机构瘫痪;第三,不通过诸如美国外国投资委员会的合法性审查程序即由国内行政机构以"国家安全"为由作出禁止或限制投资的行政决定;第四,极力推动与中国达成不受第三方争端解决机制管辖的贸易协定。[1] 这表明,美国已将"国家安全"条款的适用置于不受任何规则规制的状态,旨在确保其拥有绝对的自由裁量权。

从法律性质上讲,"国家安全"条款属于正常规则之外的例外规则,在国际贸易投资协定中常被冠以"安全例外"之名,仅应适用于涉及国家基本安全的特殊情形;如果将该条款频繁运用到国际经贸交往之中,无疑会导致全球经贸关系的崩溃。[2] 尽管"国家安全"条款也被视为"自裁性条款",但这并不意味着国家行使这一权利没有法律边界。WTO近期对"俄罗斯货物过境案"等一系列涉及"安全例外"条款的贸易争端作出的裁决表明,WTO对成员方援引GATT第21条"安全例外"条款时行使的自由裁量权不仅有权审查,而且锚定的适用规则是:成员方运用"国家安全"条款必须谨慎和克制,并严格遵循国际法中的善意原则,且只能在穷尽其他救济途径仍不能消除国家基本安全风险时,才能援引该条款采取必要的贸易限制措施。[3]

上述裁决对于长期以来国际贸易争端解决鲜有涉及并处于模糊状态的"安全例外"条款的适用边界作出澄清,极具现实意义。[4] 若以此类裁决考察美西方近期援引"国家安全"条款采取的一系列立法及措施,就不难看出,这些立法和措施与适用"安全例外"条款所要求的谨慎、克制、善意等法律

---

[1] See Anthea Roberts, Henrique Choer Moraes & Victor Ferguson, *Toward a Geoeconomic Order in International Trade and Investment*, 22 Journal of International Economic Law 655(2019).

[2] See Wolfgang Weiss, *Adjudicating Security Exceptions in WTO Law: Methodical and Procedural Preliminaries*, 54 Journal of World Trade 829(2020).

[3] See WTO Panel Report, Russia—Measures concerning Traffic in Transit, WT/DS512/R, adopted April 2019, paras. 7.101, 7.128.

[4] 2017年,WTO专家组在"俄罗斯过境货物运输案"(DS512)中对GATT第21条"安全例外"条款的适用作出解读,这在GATT/WTO历史上是第一次。该案之后,专家组在"沙特——与保护知识产权相关的措施案"(DS567)以及2022年专家组针对中国发起的"美国——与钢铝产品相关的某些措施案"(DS544)、对中国香港发起的"美国——原产地标签要求案"(DS597)作出的裁决均援引"俄罗斯过境货物运输案"专家组裁决,同时对GATT第21条"安全例外"条款的含义予以进一步阐释。

标准完全背道而驰,已构成对该条款的滥用,本质上系以"国家安全"之名行保护主义之实。

(二)"唯法论"与"疑法论"之争

多边贸易规则"过时论"、"国家安全"条款被滥用等法律利己主义的盛行,引发了学术界对国际法在地缘经贸关系中的作用的争论。其中,较有代表性的是以下两种观点:

一些学者认为,现有国际法机制仍是制约各方行为的唯一路径:无论一方采取的贸易投资措施违反国际法规则的性质多么严重,受害方只能通过国际争端解决机制维护自身利益,无权单方采取对等报复措施,即便因此承受巨大经济损失。该观点的拥趸主张固守现有国际争端解决机制之"法"作为化解当前经贸冲突之道,而不论是否可行及最终效果如何。[1] 笔者将这种观点称为"唯法论"。在"唯法论"者看来,美国对华产品多次实施大规模单边增税措施固然违反了 WTO 多边规则,但中国只能将其诉诸 WTO 争端解决机制,静待该机制作出裁决后,迫使美国以执行裁决的方式改变非法措施,即便这样做会使中国遭受巨大经济损失,但绕开 WTO 争端解决机制对美采取对等反制措施也是不可接受的。[2]

与"唯法论"者观点不同,另一些学者则对包括现有国际法规则及国际争端解决机制在内的国际法机制能否在地缘经贸关系背景下真正发挥作用产

---

[1] 加拿大学者尼库拉斯·兰普认为,美国贸易伙伴对特朗普政府单边加征关税措施采取的报复措施显然违反了 WTO 规则,影响力甚至大于特朗普政府的措施,因为这些报复措施都是强烈支持多边贸易体制的国家采取的。在他看来,这些受影响的国家只能诉诸 WTO 以取代单边报复措施,以求得各方利益之间新的平衡并减轻"贸易战"不断升级的危险。See Nicolas Lamp, *At the Vanishing Point of Law:Rebalancing,Non-Violation Claims,and the Role of Multilateral Trade Regime in The Trade War*, 22 Journal of International Economic Law 721(2019).持类似观点的学者还有秦娅教授;她认为,根据 WTO 规则,中国针对美国的报复性关税措施不具有国际合法性,中国应将美国单边关税措施诉诸 WTO 争端解决机制。See Julia Ya Qin, *WTO Reform:Multilateral Control over Unilateral Retaliation—Lessons from the US - China Trade War*, 12 Trade, Law and Development 456(2020).

[2] See Nicolas Lamp, *At the Vanishing Point of Law:Rebalancing,Non-Violation Claims,and the Role of Multilateral Trade Regime in The Trade War*, 22 Journal of International Economic Law 721(2019).

生严重怀疑,认为现有国际贸易投资规则和争端解决机制已经失灵,无法制约一些国家的行为,只有国家实力才是维护自身经济利益的最可靠保障。笔者将这种严重质疑甚至否定国际法作用的观点称为"疑法论"。近年来,"疑法论"影响不断发酵。美国政府官员认为,美国必须以"实力地位"与中国打交道,以此作为其新经贸战略的核心指针,并运用自身实力及借助西方盟友之力重塑国际贸易投资规则体系。有学者则认为,国际法规则早已沦为美国开展地缘竞争优势的工具,美国完全根据自身需求决定取舍,WTO 争端解决机制长期"停摆"导致大量明显违反多边规则的单边措施无法得到及时纠正,主张运用国际法机制制约经贸霸权行为的观点无疑是一种空想。[1] 上述两种观点虽观察问题的角度不同,但得出的结论是一致的,即质疑甚至否定国际法的作用,实质上认同"丛林法则"或社会达尔文主义。[2]

在笔者看来,上述两种观点中,"唯法论"表面上尊重法律规则,看似合理,但严重脱离国际现实,实为"法律教条主义",其后果必然是违法者的疯狂获利以及守法者的巨大损失。研究表明,某些领域的国际法规则自身带有很大的局限性;特别是在大国对抗的情形之下,这些规则的局限性更为突出。[3] 如果要求受害方只能通过带有局限性的国际法规则维护自身合法利益,同时必须承担因此带来的巨大经济损失;这不仅与公平、正义的法治精神相悖,更不会为任何理性决策者所接受。

就中美之间而言,美国针对数千亿美元的中国产品加征巨额关税已明显违反 WTO 规则;中国政府在诉诸 WTO 的同时采取对等反制措施,目的是促

---

[1] 一些中国学者认为,美国对华挑起经贸摩擦已经终结了中国学者对美国的"崇拜",华盛顿已成为自由化和法治的背叛者。还有学者认为,自 16 世纪以来,西方所谓的文明就已建立在"鲜血""炮火"之上。有学者甚至认为,20 世纪中期以后,西方国家利用国际法及其国际组织建立了一个不平等的世界,并将其强盗所得合法化。See Weizhan Meng & Xinkai Zeng, *How Should China Respond to Trump's New Round of Trade War? An Unprecedented Debate among Chinese IR Scholars*, 54 Journal of World Trade 983 (2020).

[2] 国际关系学者认为,一旦国际秩序陷入动荡状态,国际规则的作用就显著减弱,此时武力将重新成为实现国家利益的主要手段。参见郭楚、倪峰:《结构性权力的回撤——特朗普的权力观及其影响》,载《国际经济评论》2020 年第 6 期。

[3] 参见郭楚、倪峰:《结构性权力的回撤——特朗普的权力观及其影响》,载《国际经济评论》2020 年第 6 期。

…误、避免损失进一步扩大。WTO 争端解决的实践表明,从……且程序再到上诉程序往往耗费数年;即便胜诉后进入执行程……起执行中的仲裁程序予以拖延。此外,WTO 现有规则缺乏……措施;且对违反规则一方仅具有令其纠正的权力,无法令其作……经济赔偿。[1] 另一个现实是,如果美国在专家组阶段败诉……而 WTO 上诉机构因"停摆"无法受理上诉案件,这将使中国胜……处于"未决"状态,只能自行承担巨大经济损失;这绝不应是一……O 规则的合理结果。WTO 现有规则的"供给不足"以及上诉机制……"唯法论"观点难以服人,无法在国际经贸实践中拥有立足之地。[2]

而另一种观点"疑法论",其实质是否定国际法的法律属性。此类质疑国际法的虚无主义论调历史上曾多次出现,"进攻性现实主义"理论、"霸权国际法论"等就是其中的代表。[3] 由于缺乏强制执行机制,国际法的强制力不及国内法那样明显,长期被视为一种软法。但晚近实践表明,主权国家违反国际法的行为虽然可能一时未受到惩罚,但终将为自身的国际不法行为付出国家信誉及软实力方面的巨大代价。实际上,随着现代国际法体系不断完善和进步,国际法的强制性已经得以充分彰显。[4] 诚然,现有规则的局限性导致其对当前激烈的经贸冲突无法发挥更有效的规制作用;但因此就质疑甚至

---

[1] See Nicolas Lamp, *At the Vanishing Point of Law:Rebalancing ,Non-Violation Claims ,and the Role of Multilateral Trade Regime in The Trade War*, 22 Journal of International Economic Law 721 (2019).

[2] See Nicolas Lamp, *At the Vanishing Point of Law:Rebalancing ,Non-Violation Claims ,and the Role of Multilateral Trade Regime in The Trade War*, 22 Journal of International Economic Law 721 (2019).

[3] 以米尔斯海默为代表的西方学者提出"进攻性现实主义论"。该理论认为,国际制度(包括国际法)对国际行为只能发挥最小限度的影响,只是一种"虚假的承诺"。即使有国际制度,也是由国际体系里最强大的那些国家创设和左右的,以此保持或增加自己在国际权力分配中的份额,国际制度实际是"将权力关系付诸行动的竞技场"。"霸权国际法论"强调霸权国应以单边主义对待国际法,主张对那些于己不便的国际条约和国际习惯,霸权国应拒绝接受;即便接受,也不予遵守和实施。参见徐崇利:《新现实主义国际关系理论与国际法原理》,载刘志云编:《国际关系与国际法学刊》,厦门大学出版社 2016 年版,第 8-18 页。

[4] 参见徐崇利:《新现实主义国际关系理论与国际法原理》,载刘志云编:《国际关系与国际法学刊》,厦门大学出版社 2016 年版,第 8-19 页。

否定国际贸易投资规则体系,无疑是短视和片面的。倘若对"乱象"加以防范,任凭其在国际实践中发酵,必将导致国际经贸领域"丛林法则"盛行,巧取豪夺、恃强凌弱成为常态,这将是国际法治的更大灾难。[1]

(三) 国际法"底线论"的现实价值

大量国际实践证明,国际法可能在某个阶段或某些事项上效果不彰,但仍能成为化解危机的最终方案;国际法早已被视为国际关系中国家行为正当性的唯一标准,是任何国家赢得国际道义制高点的不二法门。正因如此,地缘经贸关系中的各竞争方虽根据不同的立场和目标制定并实施了不同的甚至是对抗性的国际经贸战略,但却拥有一个共同点,即均强调规则的重要性,尽管他们之间对"规则"的定义存在巨大分歧。

近年来,美国曾多次声称要联合其盟友捍卫当前以"规则"为基础的自由国际秩序。但何为"规则",或者以何种"规则"为基础,美国未给出明确回答。中国认为,美国提出的"以规则为基础的国际秩序"语焉不详,是对法治精神的违背。[2] 实际上,美国主张的"规则"是其拉拢盟友制定的、符合其战略利益的所谓"新规则",目标是重塑国际贸易投资"规则"体系,将中国等地缘竞争对手排除在外。[3] 中国提出,《联合国宪章》和国际法规则体系才真正是国际秩序赖以建立的基础;具体到国际经贸领域,就是以 WTO 为代表的多边国际贸易投资规则体系。[4]

作为全球最重要的两大经济体,中美之间关于"规则"定义的争论已持续时日,并不断拓展到国际多边场合;许多国家担心中美这场"规则"定义之争持续升级,最终将导致国际贸易投资规则体系瓦解,使国际法治陷入更深危

---

[1] See Douglas A. Irwin, Petro C. Mavroidis & Alan O. Sykes, *The Genesis of the GATT*, Cambridge University Press, 2008, p. 5.

[2] 《耿爽大使在第 76 届联大六委"国内与国际法治"议题下的发言》,载中国常驻联合国代表团官网,http://un.china-mission.gov.cn/hyyfy/202110/t20211012_9546846.htm。

[3] See Anthea Roberts, Henrique Choer Moraes & Victor Ferguson, *Toward a Geoeconomic Order in International Trade and Investment*, 22 Journal of International Economic Law 655 (2019).

[4] 参见何志鹏、孙璐:《自由主义与后危机时代国际经济体制的发展》,载刘志云编:《国际关系与国际法学刊》,厦门大学出版社 2014 年版,第 81 页。

机。因此,从维护中美经贸关系大局以及全球经济治理中的国际法治的立场出发,中美应寻求关于"规则"定义之争的最终解决方案。

笔者认为,如果辩证地看待中美之间关于"规则"的争论,以积极态度从中发掘共同点,可以观察到:尽管对"规则"定义存在巨大分歧,但中美双方对将"规则"本身作为建立国际秩序的基础这一点均是认同的;若将其视为双方的共同理念,即可以此为基础建立关于规则定义的对话平台,与各主要经济体一道寻求国际法规则共识,并将形成共识的规则作为激烈竞争中的底线和克服全球经济治理中国际法治危机的始点。[1]

中美两大经济体之间的竞争已无法避免;虽然这不是中国所期待的正常竞争,但这样的态势不会因中方自身的意志而得以改变。中美双方在激烈经贸竞争中共同将达成共识的国际法规则作为竞争底线,无疑是当下尊重国际现实的最佳路径选择,也是国际法在地缘经贸关系中能发挥的最大功效。笔者将这一观点称为"底线论"。

"底线论"的核心要义是,在地缘经贸关系背景下,将可形成共识的国际法规则作为各主要经济体开展竞争的底线,承诺予以遵守并通过现有机制或建立新的机制监督规则的有效实施,对于未能达成共识的国际法规则则承诺通过谈判协商逐步达成共识;同时,各主要经济体应承诺对国际法新规则保持开放态度。就现实价值的角度而言,"底线论"不但可以摆脱"唯法论"的幼稚和教条,亦能避免"疑法论"引发的国际法治灾难;虽不能满足"法律至上"的崇高理想,但代表了人类理性和法治智慧,易为竞争各方所接受并成为克服全球经济治理中国际法治危机的行动指南。

四、应对国际法治危机的中国方案

习近平主席指出:"站在新的历史起点,中国将坚持走和平发展之路,始

---

[1] 有学者指出:"法治不能解决一切问题,但能够避免灾难性事件的发生"。参见何志鹏、孙璐:《自由主义与后危机时代国际经济体制的发展》,载刘志云编:《国际关系与国际法学刊》,厦门大学出版社 2014 年版,第 91 页。

终做世界和平的建设者;坚持走改革开放之路,始终做全球发展的贡献者;坚持走多边主义之路,始终做国际秩序的维护者。"[1] 中国是美国发动地缘冲突的主要对象,是被动应对的一方;面对自改革开放以来遭遇到的最严峻局面,中国多次公开表明坚持和平发展道路、践行合作共赢理念、维护现有国际体系及承担更多的国际责任的立场。笔者将上述立场概括为和平发展、合作共赢、维护体系、国际责任四个关键词。"和平发展"是《联合国宪章》中中国一贯奉行的国际关系准则;"合作共赢"是中国与世界各国开展交往所追求的最终目标;"维护体系"是对以《联合国宪章》为基础的国际法体系的坚定捍卫;"国际责任"是履行21世纪全球使命、为人类进步作出更大贡献的大国担当。

对于地缘经贸关系而言,"维护体系"无疑是践行上述立场的核心任务;因为只有维护以贸易投资自由化为宗旨的国际贸易投资规则体系才能最终克服全球经济治理中的国际法治危机,实现合作共赢和全球经济稳定,为人类和平发展创造必备的物质基础。这理应成为各国必须承担的共同国际责任。为达此目标,应秉持国际法治精神和原则,从构建人类命运共同体的战略高度,深入思考并提出应对当前国际法治危机的中国方案。

(一) 中国为应对国际法治危机作出的既有努力

近年来,中国在国际经贸领域"维护体系"的努力始终不渝,捍卫国际法治的"措施清单"内容十分丰富。在WTO上诉机构停摆的情况下,中国与欧盟合作建立WTO"临时上诉仲裁机制",力求贸易争端解决不脱离国际法治轨道。与此同时,积极推动尽快恢复WTO上诉机构功能的多边谈判,并于2019年5月向WTO正式提交改革建议文件,积极支持WTO开展包括争端解决机制在内的实质性改革。[2] 因新冠疫情推迟的WTO第12届部长级会议于2022年6月成功举行。此次会议在新冠疫情应对、防疫相关知识产权

---

[1] 习近平:《在中华人民共和国恢复联合国合法席位50周年纪念会议上的讲话》(2021年10月25日),载《人民日报》2021年10月26日,第2版。

[2] 参见《中国关于世贸组织改革的建议文件》,载商务部官网,http://www.mofcom.gov.cn/article/jiguanzx/201905/20190502862614.shtml,2022年4月16日访问。

豁免、粮食安全、人道主义粮食采购、渔业补贴、电子传输暂免关税和WTO改革等全球广泛关注的议题上取得重要成果。上述成果已远超预期,被誉为多边主义的真正胜利;中国对此次部长会议的成功发挥了巨大推动作用。[1]

在坚定维护多边规则体系的同时,中国还积极参与并推动国际贸易投资规则体系现代化。在开放市场方面,2020年年底达成的《中欧全面投资协定》的文本表明,中国作出相当多实质性承诺,接纳了劳工标准及可持续发展等高标准规则。在国际商事争议解决领域,中国全程参与了《联合国关于调解所产生的国际和解协议公约》(《新加坡调解公约》)的起草和谈判进程,并于2019年8月作为第一批签署国签署该公约,以实际行动推动国际商事争议解决机制现代化。2021年9月中国正式申请加入《全面与进步跨太平洋伙伴关系协定》(CPTPP),同年11月正式申请加入规制国际数字贸易的《数字经济伙伴关系协定》(DEPA),展现出对国际高标准贸易投资新规则的开放态度。

在中美经贸关系方面,尽管受到美实施的遏华新经贸战略及其大规模歧视性措施的极端打压,中国仍致力于与美国开展双边谈判,寻求化解中美经贸摩擦和冲突的法治路径,与美国达成了《中美第一阶段经贸协议》。这个在极为关键时刻达成的经贸协议包含了争端解决条款,旨在减少中美进一步的经贸摩擦和冲突、确保中美经贸关系不脱离法治轨道。自协议达成三年多来,中国努力克服疫情冲击、全球经济衰退、供应链受阻等带来的多重不利影响,积极履行承诺,持续与美开展对话,共同制定解决协议履行中相关问题的最佳方案,力保中美经贸关系不脱离法治轨道。

(二)应对国际法治危机应奉行的未来指针

事实表明,中国与其他国家一道在"维护体系"方面付出了巨大努力,取得了一定成效;但2022年年初俄乌冲突爆发后,以美国为首的西方国家对俄罗斯取消最惠国待遇、实施大规模经济制裁、将俄主要金融机构排除在国际

---

[1] See The Twelfth WTO Ministerial Conference, World Trade Organization, https://www.wto.org/english/thewto_e/minist_e/mc12_e/mc12_e.htm#outcomes, last visited on 10 July 2022.

金融结算系统(SWIFT)之外,同时施压其他国家跟进,损害了中国等国家在"维护体系"方面取得的成果。WTO认为,俄乌冲突对全球经贸关系造成的后果包括:第一,破坏全球基础设施及造成国际贸易成本的增加;第二,对俄罗斯制裁所造成的国际影响,包括禁止俄罗斯银行使用SWIFT系统交易造成的巨大国际影响;第三,由于(战争造成)商事主体和消费者信心下降及不确定性增强,世界的整体需求下降。[1] 此外,西方国家针对俄罗斯采取的系列措施直接冲击最惠国待遇、投资自由化便利化、国际货币合作及稳定汇率等一系列重要法律原则,令国际法治危机雪上加霜。

然而,贸易投资自由化是以"比较优势论"及由此演进的现代经济学理论为基础的科学理论,被形象地比喻成国际经贸领域的"市场经济"原则。[2] 贸易投资自由化在历史上曾遭遇多次挫折,但仍能在危机过后展示出强大生命力;奉行自由化宗旨的国际贸易投资规则体系虽一时被蔑视或践踏,但其拥有的约束自利、稳定预期作用并未因此而丧失,最终成为克服各种危机的利器。[3] 中国经济的成功受益于此,各国经济发展及民生福祉更寄希望于此。无论地缘经贸关系对贸易投资自由化及其规则体系冲击多么严重,中国都应始终不渝地坚持"维护体系"的原则立场,同国际社会一道努力克服国际法治危机。

鉴于此,应当创新国际法治思维,从规则这一共同理念出发,推动包括中美两国在内的全球各主要经济体就国际经贸规则议题展开对话,以期尽快达成最大规则共识,充分发挥国际法规则的底线作用,确保地缘经贸关系背景下的国际经贸交往始终运行在国际法治轨道上。

(三)应对国际法治危机的建议方案

结合当前地缘经贸关系特点及其对国际法治的影响,本着捍卫国际法治

---

[1] See *Russia-Ukraine Conflict Puts Fragile Global Trade Recovery at Risk*, World Trade Organization, https://www.wto.org/english/news_e/pres22_e/pr902_e.htm, last visited on 20 April 2022.

[2] 参见赵维田:《世贸组织(WTO)的法律制度》,吉林人民出版社2000年版,第3-9页。

[3] 参见何志鹏、孙璐:《自由主义与后危机时代国际经济体制的发展》,载刘志云编:《国际关系与国际法学刊》,厦门大学出版社2014年版,第89-90页。

及国际法规则"底线论"的理念,笔者建议中国率先提出应对国际法治危机的建议方案及实施路径。

1. 方案的核心内容

中国应当发出以国际经贸规则为核心议题的全球对话倡议,推动包括中美两国在内的全球各主要经济体尽快建立多边对话平台,就包括贸易、投资、金融三大体系规则在内的国际经贸规则开展广泛对话,目标是达成最大的规则共识。

在多边对话平台建立后,各方通过多边对话分别列出下列三类规则清单:各方公认应遵守的国际法规则清单、应予以修订的现有国际法规则清单、应当制定的国际法新规则清单。待多边对话各方就三份规则清单达成原则共识后,围绕每一份规则清单内容开展具体行动方案的磋商谈判;在具体行动方案确定后,对话各方应以最大诚意确保行动方案得以落实,并协商建立相应监督执行机制,用以解决方案执行中可能发生的争议。

2. 方案实施的具体路径

为确保最终实现上述方案,笔者建议,应规划以下具体实施路径:

第一步,各方对公认应遵守的国际经贸规则清单,即第一份规则清单,对话达成共识,并签署联合声明或备忘录,重申尊重并严格遵守该清单涵盖的国际经贸规则。

"二战"后国际经贸规则体系中最基本的法律原则,包括最惠国待遇原则、国民待遇原则、透明度原则、稳定汇率原则以及与之相对应的具体规则等,理应在第一份清单之列。[1] 为确保第一份清单中的规则得以真正遵守,改革、创新国际经贸争端解决机制必不可少。因此,各主要经济体在就第一份规则清单展开对话的同时,应就建立 WTO 规则中的保护性临时措施及改革 WTO 争端解决机制开展谈判;尽快完成 WTO 上诉机构法官遴选工作,以恢复上诉机构职能。在 IMF 治理框架内,各方可就建立国际货币金融

---

[1] 2022 年 6 月 WTO 第 12 届部长级会议达成的最终成果文件重申,WTO 成员方决心强化非歧视原则、透明度原则等 WTO 多边体制核心原则,表明了对这些核心原则的坚定支持。See *MC12 Outcome Document*, WT/MIN(22)/24, World Trade Organization, https://docs.wto.org/dol2fe/Pages/SS/directdoc.aspx?filename=q:/WT/MIN22/24.pdf&Open=True, last visited on 10 July 2023.

争端解决机制展开谈判；而对于国际投资争端解决机制而言，应共同致力于《关于解决国家和他国国民之间投资争端公约》(《华盛顿公约》)等国际投资争端解决机制改革方案早日落地。[1]

第二步，将各主要经济体根据自身需求分别提出的应修订国际经贸规则汇总，并编制第二份规则清单。将各方提出的应修订规则按照国际贸易、国际金融、国际投资等性质、类别进行合理分类，同时建立若干专家工作小组，协商制定各类规则修订的专家方案，供各主要经济体作为国际经贸规则的修订参考。待各方达成共识后，提交 WTO、IMF 等国际经济组织按法定程序对这些规则作出最终修订。

根据对最新理论与实践的考察，知识产权规则、服务贸易规则、反倾销和反补贴规则、安全例外条款、IMF 投票权分配等应在第二份规则清单之列。尽管各主要经济体对规则修订的诉求差距可能很大，但应当看到，中国等一些主要经济体已对包括上述规则在内的高标准国际经贸规则展现出开放态度，只要各主要经济体展现最大诚意，第二份清单列举的规则修订方案仍可达成。若一些规则修订方案在各主要经济体之间达成，但因其他国家一时难以接受导致在 WTO、IMF 等多边国际经济组织未能达成多边规则，便可以考虑在各主要经济体之间通过协商签订新的协定或备忘录等方式率先执行规则修订方案。[2]

第三步，各主要经济体根据各自需求提出应制定的国际经贸新规则，将这些拟定的新规则汇总，编制为第三份规则清单。根据近年来各主要经济体诉求及区域性贸易投资协定规则发展动向，国有企业规则、劳工标准规则、技术转让新规则、数字经济规则、环境与气候变化等可持续发展规则等应在此

---

[1] 2017 年，联合国国际贸易法委员会第 50 次委员会会议作出决定，授权第三工作组讨论投资者与国家间争端解决机制的现存问题、改革必要性和潜在的改革方案。中国政府于 2019 年 7 月向委员会正式提交意见书。

[2] IMF 专家针对当前地缘经济冲突提供的解决方案建议指出："多边机构也可以在重塑全球合作和抵制分裂方面发挥关键作用，包括进一步强化其治理，以确保其反映不断变化的全球经济动态。即将到来的 IMF 资本和投票权比重审查将提供一个这样的机会。"参见《我们为何必须抵制地缘经济分裂，如何抵制？》，载国际货币基金组织官网，https://www.imf.org/zh/News/Articles/2022/05/22/blog-why-we-must-resist-geoeconomic-fragmentation。

清单之列。

上述拟定的新规则涉及众多新兴领域,且规则标准和要求甚高,有些规则还带有极强针对性。因此,无法在国际经济组织内达成一致;即便在各主要经济体之间,对于这些新规则是否应纳入国际规则也将存在较大争议。鉴于此,各主要经济体可根据自身利益决定是否签署或加入包含上述新规则的区域贸易投资协定,亦可密切关注其他国家接纳新规则后的嗣后法律实践,待时机成熟时再就制定新规则展开实质性谈判,进而推动新规则在未来融入国际经贸规则体系。

为顺利推进上述方案,各主要经济体还应协商建立多边监督执行机制,并承诺运用协商、谈判、国际争端解决机制等法治方式解决因第一份规则清单所列各项规则而产生的经贸争端;对于第二份规则清单所列各项规则,各方应首先阐明自身对现有规则的修订方案,并承诺充分尊重各方指派的法律专家讨论后共同提出的规则修订方案,推动就该规则修订方案尽快形成共识;在第三方规则清单方面,各方应在坚持不对抗、非歧视性原则的前提下清晰列出自身最为关注的新规则,并承诺拟议的新规则符合贸易投资自由化宗旨,确保将包含新规则的区域贸易投资协定对其他各方开放,其他各方也应承诺积极接纳有利于全球经济发展、科技进步及符合21世纪时代特点的国际经贸新规则,为最终将这些新规则融入国际经贸规则体系创造条件。

3. 方案实施的可行性

上述方案直面当前大变局中的地缘经贸关系,契合法治精神和原则,符合竞争各方的最根本利益,是将国际法规则"底线论"与地缘经贸关系相结合的最现实方案。如能尽快落实该方案,可避免全球经济治理中的国际法治危机进一步恶化,并为最终克服危机创造条件。结合当前国际形势并基于各国现实利益考量,实施上述方案具有极大的可行性。

第一,相对于政治、军事等领域而言,经贸领域的共识最容易达成。历史反复证明,"以邻为壑""小集团"等保护主义性质的经贸政策仅可享一时之利,但最终不利于一个国家的经济发展,在经济已高度全球化的今天更是如此。具有安全性、稳定性和可预见性的国际法治对各方的核心经济利益至关重要,这不会因地缘经贸关系出现而改变。巴克斯教授曾指出:"没有法治,贸易体制就没有安全性、稳定性和可预见性。没有了安全性、稳定性和可预见性,数百万计美国人在持续的贸易增长和国际分工发展中能够和应该获得的贸易利益将面临极大的风险。"[1]对于广大直接参与国际贸易投资活动的各国企业而言,"在商言商"是他们的共同信条,巨大的经济利益驱动促使各国企业尽力推动各国政府尊重市场规律、减少对国际经贸活动的政治干预,确保激烈的地缘政治冲突不损害他们的商业利益,而只有国际法治才是实现这一目标的唯一保证。鉴于此,以维护国际法治为核心目标的上述建议方案一定会赢得绝大多数国家和各国企业的强力支持。

第二,上述建议方案将为中美两国开展规则定义对话提供一个平台。就中方而言,该方案符合中国"维护体系"的一贯立场,推动落实该建议方案将改善与美国等西方国家之间的经贸关系,为实现高水平对外开放战略创造良法善治的国际营商环境。就美方而言,该建议方案回应了美国声称的建立以"规则"为基础的国际秩序的主张,为其提供实现相关规则诉求的机会和空间,也是对其是否真正尊重规则的"试金石"。近年来,欧盟等主要经济体曾多次表示,WTO 多边贸易规则体系及其争端解决机制屡遭重创对其而言无疑是一场灾难,在中美关于"规则"定义之争中"选边站"更非他们心之所愿,因此,上述建议方案如能落实应是其乐见结果;广大发展中国家是地缘经贸关系的最大受害方,绝不希望世界再次陷入阵营对抗。包括中美在内的全球主要经济体如能共同落实上述建议方案,将有助于全世界摆脱"冷战"阴霾,促进全球贸易投资增长并发挥贸易投资防止大国政治、军事冲突的"润滑剂"作用,这对于广大发展中国家是绝对的利好。

面对严峻的地缘经贸关系,各国有识之士绝不应失去人类理性和法治智慧,应坚信"我们能够为非理性、难以驾驭的世界构建理性规则和法律规则。不管怎样,明天一定会比今天更好"这一崇高法治理念,为应对当前国际法治危机寻求解决方案。作为世界前两大经济体,中美两国理应肩负起大国责任,尽快就上述建议方案开展对话磋商,率先达成共识,与其他各主要经济体

---

[1] [美]詹姆斯·巴克斯:《贸易与自由》,黄鹏等译,上海人民出版社 2013 年版,第 249 页。

一道本着先易后难、稳步推进的方针推动上述方案取得早期收获,并最终获得全面落实。这不仅是践行人类命运共同体理念的最佳国际法治实践,也是开启人类和平与发展新篇章的一把金钥匙。

五、结语

国际经贸活动是全球经济增长的推动力、世界持续和平的"压舱石",能否稳定发展关乎全人类福祉;而缺乏规则基础和法治保障的全球经贸关系无法稳定,更谈不上发展,最终必然走向崩溃,给人类带来巨大灾难。这是各国总结历史经验得出的基本结论。近年来,地缘政治冲突不断蔓延、渗透到国际经贸领域,致使全球经贸关系日益呈现出地缘经贸关系的特征。国际政治领域中"修昔底德陷阱"引发国际经贸领域中"金德尔伯格陷阱",二者相互叠加、交织,严重冲击现行国际经贸规则体系和全球经济治理中的国际法治。

必须全面、辩证地考察当前地缘经贸关系及其对国际法治的影响,为制定克服国际法治危机的全球性解决方案提供可信的实证基础。现阶段,以主张现多边贸易规则"过时论"及将"国家安全"条款滥用于国际贸易投资领域为代表的法律利己主义盛行,引发国际学术界对国际法在地缘经贸关系中作用的观点之争。"唯法论"和"疑法论"均拥有各自拥趸;但前者是法律教条主义观点,后者是崇尚"丛林法则"的法律虚无主义观点。将达成共识的国际法规则视为竞争底线的"底线论"不但摆脱了"唯法论"的幼稚,亦能避免"疑法论"引发的强权至上风险,可以最大限度地发挥国际法防止地缘经贸关系演变为全面对抗的护栏作用。

面对百年未有之大变局,中国始终坚持"和平发展、合作共赢、维护体系、国际责任"的立场,以实际行动维护以贸易投资自由化为宗旨的国际贸易投资规则体系,同其他国家一道努力克服全球经济治理中的国际法治危机,并为此作出巨大贡献。从尊重规则这一共同点出发,本着国际法规则"底线论"思维,寻求全球各主要经济体在国际经贸规则方面达成最大共识,这是应对当前国际法治危机的最现实路径。为此,中国应提出国际经贸规则清单对话方案,推动建立各主要经济体就该建议方案的多边对话平台,并共同谋划实现规则最大共识的具体实施路径。在这方面,中美两国理应承担大国责任,首先就规则清单方案开展对话并争取率先达成共识,与各主要经济体一道本着先易后难、稳步推进的方针,推动该规则清单方案取得早期收获,并最终获得全面落实,为构建人类命运共同体作出更大的贡献。

全球产业链重构与全球贸易治理体系变革[*]

屠新泉[**]

> **摘 要** 近年来,全球产业链在市场和非市场的多重因素冲击下快速重构,全球化进程显著放缓甚至出现倒退,区域化、近岸化、本土化成为各国政府和企业产业链布局的重要方向。地缘冲突加剧更使全球产业链面临碎片化和阵营化的风险。在全球产业链加速重构背景下,全球贸易治理体系也出现明显变化,多边贸易体制式微,区域贸易协定呈现分化,政府干预日渐盛行,价值观等非贸易因素成为贸易治理的重要考量。全球产业链重构和全球贸易治理体系变革之间的互动,在未来一个时期必将持续演进。
>
> **关键词** 全球产业链 全球贸易治理 全球化 区域化

在大变局之下,地缘政治博弈的加剧使全球产业链转移和重构受到广泛关注。但从更长时期和更广范围的视角来看,全球产业链重构有其必然性和内在规律,受到包括政治因素在内的多重因素的共同作用。同时,全球产业链发展和全球贸易治理体系发展相互影响,全球贸易规则重构也对全球产业链产生了深刻影响。未来,全球产业链重构进程将受到政治干预和市场力量之间反复博弈的影响:虽然短期来看,政治因素可能表现出更强的主动性和

---

[*] 本文已发表于《当代世界》2023 年第 7 期。
[**] 屠新泉,对外经济贸易大学中国世界贸易组织研究院院长、教授、博士研究生导师。

干扰性，但长期来看经济和市场的力量仍是全球产业链格局重塑的决定性因素。

一、多重因素影响下的全球产业链重构

全球产业链的重构或变化是个动态、持续的过程。从市场的角度来看，由于各国之间要素禀赋变化或经济发展速度存在差异，全球产业链整体一直处于动态调整的过程中。

从"二战"结束以后世界经济发展的历史可以看到，美国经济一度"一枝独秀"，但随后西欧、日本快速恢复并于20世纪60—70年代在全球产业链中占据重要地位。虽然美欧日之间的产业竞争没有发生明显的要素转移，但从产业链重构的角度来说，美欧日三方通过贸易竞争和商品流动的方式，使主要制造业的布局出现显著变化，即美国在全球产业链中的份额大大下降，贸易逆差出现，产业布局收缩到技术、资本更加密集的领域，而欧日的份额快速上升，产业格局从劳动密集型制造业不断向上攀升，逐渐打造了在资本、技术密集型产业中的强大竞争力。

20世纪70—80年代，全球产业链重构持续发展，新的竞争者不断加入，特别是东亚地区，韩国、新加坡、中国台湾地区和中国香港显示出较强的竞争力。从20世纪70年代开始尤其是进入80年代之后的一个重要特征是，外国直接投资成为全球产业链重构的重要方式，产业跟随资本从输出国转移到输入国；而产业竞争力也不再完全依赖于一个国家自身的要素禀赋，而越来越取决于其吸引外资的能力。日本成为对外投资的主要来源之一；从1985年到1989年，日本对外投资规模年均增长率达到62%。而临近的"亚洲四小龙"成为最主要的接受者和受益者，并在东亚地区形成日本引领的雁行模式。与此同时，美国、西欧的对外投资以及相互之间的投资同样保持高速增长，加速推动全球产业链的整合和重构。

20世纪90年代之后，中国成为全球产业链重构的主角。中国因实行改革开放政策和拥有庞大的市场体量吸引了全球产业资本，承接了东亚地区转

移出来的大量劳动密集型制造业,使自身在世界贸易中的地位飞速上升,2001年加入世界贸易组织(WTO)更成为一个加速器。通过融入全球产业链,中国成为名副其实的"世界工厂"。经过40年积累,中国正致力于成为世界市场和世界"智造"中心,持续提升自身在全球产业链中的地位;相应地,中国的部分产业开始向外转移,并引发新一轮的全球产业链重构。

与以往不同的是,最新一轮的全球产业链重构夹杂着更多、更复杂的非经济、非市场因素。决定产业转移流向和速度的,不仅是各国间的资源、制度比较优势,还有政治、国际关系、价值观、国家安全等非市场因素。自2017年以来中美关系的急剧转向和中美战略竞争的显性化是其中最重要的变量。美国决策者错误地认为,鼓励中国参与全球化实际上是培养了一个战略竞争对手,因此必须减少与中国的经贸往来,削弱中国的国际经济影响力,打压中国的经济和科技发展势头,从而维护自身全球霸权地位。美国不仅损害中美双边贸易发展,遏制中国的产业升级,还通过构建盟友体系来孤立中国。从产业链的角度来看,美国的目标是阻止外国资本将产业链继续向中国转移,阻止外国技术输出到中国,打压中国的产业链升级,倒逼以美国市场为主要目标的企业从中国转移出去,迫使其他国家加入美国主导的供应链而脱离以中国为中心的供应链。由于美国依然是世界第一大经济体和第一大市场,美国的政策"组合拳"确实对全球产业链重构产生了重大影响:一方面加速了中国产业链向东南亚、南亚、墨西哥等地区和国家的转移;另一方面对全球产业和金融资本与中国的合作造成了一定程度的"寒蝉效应"。

此外,2020年暴发的新冠疫情和2022年爆发的俄乌冲突也对全球产业链重构造成巨大的影响。新冠疫情对企业的供应链管理冲击很大,最有效率的即时供应暴露出危机情况下的重大风险,企业不得不付出更高的成本以降低风险,也意味着供应链要尽可能收缩以相互靠拢。从国家间的产业链分布来看,意味着从高度的全球化转向更高的本土化、近岸化和区域化。为此,各国在贸易、投资和产业政策上也必然表现为更加内向和保护,从而鼓励本国产业链更加完整并降低对外依赖程度。俄乌冲突的爆发不仅导致大批与俄罗斯和乌克兰有着密切商业往来的企业和国家不得不重新调整其供应链和产业链,也使新冠疫情所诱发的危机意识进一步增强,产业链布局的多元化和近岸化得到进一步发展。

全球产业链发展和全球贸易治理体系发展相互影响,产业和贸易产生的变化必然会对治理体系提出新的要求;同时,治理体系的变化又会引导产业和贸易发展。当前的全球贸易治理体系是为推动全球化和全球产业链合作而生,全球产业链重构必然带来全球贸易治理体系的变革,而全球贸易治理体系变革客观上也对全球产业链产生重要影响。

二、美国贸易政策转向及其对全球贸易治理体系的影响

美国是"二战"结束后全球治理体系的领导者和主要塑造者,其对全球治理体系包括全球贸易治理体系具有巨大影响。在近年来全球贸易治理体系的变革中,美国依然是最大变量。自2008年国际金融危机爆发以来,美国的全球经济领导地位相对衰落,其对全球治理体系的心态发生质变,这对全球贸易治理体系产生了深刻影响。

2009年奥巴马就任美国总统后,面对严峻的金融和经济形势,其虽未将贸易政策作为特别关注的重点,但仍然对贸易政策作出了重大调整。一个关键的转折点是2008年7月WTO日内瓦贸易部长会议对多哈回合进行最后冲刺但最终失败,使美国认为WTO的谈判进程不再受其掌控,美国对WTO的多边谈判机制彻底丧失了信心,进而将关注点转向更易控制的区域协定谈判。20世纪90年代初,克林顿政府也曾在乌拉圭回合谈判遇阻时将重心转向《北美自由贸易协定》(NAFTA),并以此增强《关税及贸易总协定》(GATT)缔约方的紧迫感来推动多边谈判。但不同的是,美国此次偏离多边轨道之后再未回归。实际上,小布什政府在2008年7月WTO谈判失败之后,随即于当年9月提出有意加入当时由新加坡、新西兰、文莱、智利4个亚太经合组织(APEC)成员国发起的P4谈判;而奥巴马政府则继承了这一趋势,于2009年11月正式申请加入,并将其扩展成《跨太平洋伙伴关系协定》(TPP),进而又发起了《国际服务贸易协定》(TISA)和《跨大西洋贸易与投资

伙伴关系协定》(TTIP)谈判,形成了所谓三大巨型区域贸易安排,并将其作为美国实施全球贸易治理体系变革的主要平台。

但总体来看,这三个巨型贸易协定仍将推动贸易和投资自由化、便利化作为根本方向,这也符合"二战"结束以来美国对外经济政策的主要导向,即通过扩大开放来换取或推动全球化的发展和美国对全球贸易体系的领导地位;不同之处只是在于主要的路径从多边转向了区域,而且其最终的目标仍然是多边。但是从2017年特朗普就任美国总统开始,美国对外贸易政策发生了根本性转向。特朗普认为战后全球贸易治理体系的结果是不平衡、不公平的,削弱了美国的优势而助长了其他国家的发展;特别是2001年中国加入WTO之后的快速追赶,更令美国的"吃亏感"空前强烈。特朗普决意在短期内扭转美国贸易逆差持续扩大的局面,而无论是多边还是区域的谈判模式和贸易合作方式都显然无法满足其需求。因此,依仗美国的经济和贸易霸权,通过单边加征关税的方式,迫使中国和其他贸易伙伴向美国作出单方面让步、扩大市场开放,成为特朗普政府的"理性选择"。相应地,TPP或WTO等传统的以贸易自由化为导向、以相互市场开放交换为手段、以规则来约束成员贸易政策的国际贸易治理体系就被抛在一边。特朗普政府时期美国贸易政策突变,既有特朗普的强烈个人色彩,也是金融危机之后美国对自身国际竞争地位下降日益焦虑和对多边治理体系低效渐趋不满的系统性反应。自此,美国已经失去通过自身扩大自由化来推动全球化和全球规则制定的能力和动力。同时,美国从以贸易开放为筹码转变为以贸易保护为筹码,迫使其他国家进行开放,即以加征关税的方式,迫使对方接受自己的条件。至此,美国已经从向他国让利转变为通过追加关税来推动其贸易规则和导向。美国与包括中国在内的贸易伙伴所签署的一些新贸易协议,都不再继续扩大美国的市场开放,而只是迫使其他伙伴向美国作出单方面的开放。

如果说特朗普的政策转向仍然较为随意和突然的话,那么拜登政府上台之后美国贸易政策的转变则更有设计性和系统性,也更能反映出美国社会对全球贸易治理体系的深层次认识。外界曾经对拜登政府回归多边体系、纠正特朗普的单边主义抱有一定的期待;但其上任后的政策表明,无论是民主党还是共和党，都已经对贸易自由化和多边贸易体系失去了信心和兴趣。拜登政府贸易政策的核心有两个方面：一是所谓以工人为中心的贸易政策，底色仍是保护主义，从本质上说与特朗普的单边贸易保护主义政策高度一致，特别体现在对华301关税上。二是以维护供应链安全为目标的对外贸易战略，即重振美国制造业，同时构建具有共同意识形态的盟友之间的西方供应链，以减少对中国的依赖。更关键的是，美国对经济全球化的认识已经发生了根本性的改变，美国总统国家安全事务助理沙利文发表的所谓"新华盛顿共识"的演讲表明，"冷战"后的新自由主义价值观下的"华盛顿共识"已经走向终结，市场并不总是以高效的方式分配资本，增长也不都是好的，经济一体化并不会必然使各国更加负责任和开放，从而促进更和平与合作的国际秩序。美国精英阶层不再认为以自由贸易、自由市场、自由竞争为根本的全球化有利于美国，美国应当建立自己的内循环以及与盟友之间的局部外循环，以阻止中国这样的战略竞争对手从全球化中获益。由此可见，美国贸易政策的转向已经不再是少数保护主义者的偏见，而已经成为美国社会的主流共识。作为世界最强大的经济体，美国对全球化的背离无疑会深刻改变全球贸易治理体系的发展方向。

三、全球贸易治理体系变革的新特点和新趋势

由于全球贸易治理体系的创建者美国的贸易政策取向发生重大转向，全球贸易治理体系难免受到严重冲击。"二战"结束以来形成的以规则为基础的多边体系首当其冲；但世界贸易依然需要秩序，除了继续保留多边体系中依然有价值的部分，包括美国在内的各国都在寻求新的路径，以继续维护稳定的贸易环境和实现更大的贸易利益。以地理和价值观相近为特征的区域协定或集团成为主要的组织形式，而以本国产业链安全和韧性为目标的政府干预性产业政策成为众多国家的政策选择。混合着经济利益和意识形态的多重政策组合，使当前的全球贸易治理体系呈现一种混乱和混沌的状态。这和当前全球产业链重构仍处在快速动态调整过程中也有很大的关联。

第一,多边贸易体制进一步失效,前景堪忧。高度法律化、以全体成员多边谈判制定的庞大规则体系为基础的多边贸易体制正是美国口口声声要维护的"以规则为基础的国际体系"的最典型代表,但这一体系受到了美国的单边主义行径和"新华盛顿共识"的最大伤害。奥巴马政府抛弃了WTO这一多边谈判平台,特朗普政府瘫痪了WTO的争端解决机制,而拜登政府则摒弃了WTO贸易自由化的价值共识。

当前,WTO规则依然总体有效,乌拉圭回合期间达成的市场准入成果和规则大部分仍然得到尊重和实施,WTO的日常运作也在进行中;因此,还不能认为WTO已经失能或失效。即便是最反感WTO的特朗普,也没有让美国退出WTO,可见WTO具有不可替代的价值。但是,WTO确实已经伤痕累累、步履蹒跚,很难再继续向前发展。拜登政府虽然号称尊重多边主义,但其将国家安全凌驾于贸易规则之上的做法,更是将贸易政策带入了政治化、安全化的不归路。多边贸易体制的一个隐含前提是,各成员之间不将彼此视为潜在的安全威胁或对手,因此安全共识实际上是多边贸易体制得以存在的基础。但由于美国执迷于其世界领导地位或霸权,把中国的正常发展视为其最大威胁,导致两个最大经济体之间的互信丧失;这意味着全球贸易治理体系赖以生存的安全共识开始崩塌。在此背景下,任何贸易限制措施都可以在国家安全的幌子下任意实施,而以往基于贸易创造和平、贸易实现共赢理念而形成的贸易自由化成果也难以维系。这正是当前多边贸易体制面临的最大危机。

第二,区域贸易体系重要性提升,但也面临挑战。在多边体系失效的情况下,区域贸易协定受到更多关注和重视。这在"二战"结束以来全球贸易治理体系的变迁中并非新鲜事,区域主义和多边主义总体上呈现相互竞争又相互促进的关系。但与以往不同的是,现在的多边体制已经陷入停顿,短时间内很难看到重振的希望,而区域主义则成为更加重要的选择。

当前,欧洲、北美和东亚地区的三个区域价值链最为关键,其各自形成内部一体化程度较高的产业链和区域合作安排。欧洲的区域经济一体化起步最早,发展水平最高,制度化程度也最高。欧盟是当前发展最完善的区域经济一体化组织，但也出现一些分化和分歧，2016年英国公投脱欧就是对欧洲一体化的沉重打击。北美地区由美国一家独大，在经济上形成了显著的中心—外围模式，加拿大和墨西哥对美国都存在高度依赖。北美经济一体化进展也较为顺利，《北美自由贸易协定》和《美国—墨西哥—加拿大协定》（USMCA）都是以美国为核心建立的。但在北美一体化过程中并没有寻求类似欧盟的治理一体化，而是局限于贸易和投资领域。亚太地区由于缺少主导国家而形成较为复杂的局面，即区域经济一体化的发展是实践先行、制度滞后。从经济价值来看，2020年年底签署、2023年全面生效的《区域全面经济伙伴关系协定》（RCEP）由于中国的参与而显得更为重要。RCEP的15个成员涵盖全球GDP、人口和贸易的将近30%，构成了全球最大的自由贸易协定；且成员之间发展水平多样、产业结构互补，具有巨大的发展潜力。

区域贸易协定与多边贸易体制总体上是相容的，而且规模越大的区域协定越能促进全球化的发展。但是，近年来区域一体化也出现了新的值得关注的动向。一是一些区域组织呈现排他性、歧视性的趋势，特别是美国牵头发起的"印太经济框架"（IPEF），具有明显的政治化导向。二是中国积极申请加入《全面与进步跨太平洋伙伴关系协定》（CPTPP），但日本等国强调CPTPP是所谓拥有共同基本价值观的国家所建设的一体化安排。虽然其并未明确排斥中国，但显然是在附和美国所推动的友岸外包或贸易政治化。这些变化不利于区域经济一体化按照市场规律进一步发展。

第三，产业政策的必要性渐成共识，但对于如何规制仍存在较大分歧。贸易自由化共识和集体安全共识的丧失必然导致更多的政府干预，而产业政策在所谓供应链韧性和安全成为优先目标的情况下尤显其重要性。

目前，各国政府都希望通过积极干预的产业政策来增强本国的产业薄弱环节，或者占据新兴产业的先发优势，或是补足对国家安全至关重要的产业短板。发达国家在产业政策态度上的转变尤为剧烈和显著。随着国家安全意识的上升和新冠疫情对全球供应链的冲击，发达国家集体转向采用更积极的产业政策，以提升本国产业链的完整性和产业国际竞争力。特别是美国拜登政府对中国制造业竞争力的快速提升和美国制造业的相对衰落备感焦虑，自 2021 年后就开始密集出台一系列的产业政策，以期摆脱对中国的依赖并增强对关键产业的控制力。欧盟、日本、韩国等也都采取了相似的行动，并形成了一股国家间补贴竞争的势头。

从当前的贸易治理体系看，WTO 是唯一系统性处理补贴议题的机制；但其现有规则存在一定不足，对于究竟如何判断补贴的好与坏或者是否扭曲市场竞争，缺乏可操作的标准和简便的、可执行的救济措施。由于补贴具有天然的多边性质，这样的讨论只能在 WTO 框架下进行；而鉴于 WTO 当前的状态以及主要成员之间互信的缺失，产业政策将在未来一个时期处于各自为政的混乱状态。

第四，价值观贸易导致全球贸易体系的分化。全球贸易治理的宗旨在于通过推动贸易自由化、创造更大的市场、实现更高的效率来增进全球福利，但也通过相应的规则来平衡各国的利益分配。WTO 体制包含了一定的针对发展中国家的特殊和差别待遇，以更好地实现利益平衡。因此，虽然各国之间也会出现贸易摩擦和争端，但往往只是数量上的差异，而非性质上的分歧。但近年来，一些国家刻意将包括国家安全、人权、环保、性别等在内的价值观因素纳入贸易政策和治理体系当中，使贸易关系变得更加对立、贸易治理更加复杂。经济利益往往是大小、程度不同，而价值观的区分通常是二元对立的；这就容易导致贸易议题上出现截然相反的两个阵营。

人权和劳工议题的基础动因是发达国家认为发展中国家的低工资和低劳工保护标准构成了不公平竞争优势，但是现行贸易规则并没有这方面的要求；因此将此问题与价值观挂钩，从而塑造发达国家在道义上的优越性。虽然不能完全否认基本劳工权利保护的合理性，但贸易谈判是不是一个合适的场合、以贸易限制为要挟去推动另一个国家的人权是否正当，都存在很大疑问。近年来，美国等西方国家编造中国的所谓"强迫劳动问题"，由此对特定地区产品实施单边贸易限制，更是突破了现有贸易治理体系的底线；这是将贸易问题彻底政治化的表现。

相比之下，环保、气候议题虽然也有明显的价值观导向，但各方的共识要更大一些。2022 年 WTO 第 12 届部长级会议上通过的《渔业补贴协定》即是例证。近年来，中国等越来越多的发展中国家积极参与到 WTO 与环境、气候相关的各种讨论中，这也反映出各国都普遍意识到，环境和气候问题需要通过包括贸易政策在内的一切工具来共同应对。但是，环境和贸易政策仍然有着各自的边界，防止以环境保护为名义采取贸易保护的政策，也是一个重要的问题。欧盟于 2023 年制定的碳边境调节机制（CBAM），虽然有着清晰的、合理的气候政策目标，但其对国际贸易的消极影响也不容忽视。CBAM 固然有其价值观上的正当性，但发展中国家在 WTO 框架下的合法贸易利益同样需要尊重。而且，从客观上看，部分发达国家在贸易政策当中引入价值观因素的部分原因在于，其在市场准入的互惠谈判当中已经没有足够的筹码。当前，欧美发达国家关税在 3%~4%，难以同其他国家特别是新兴发展中国家进行谈判。因此，发达国家需要以保护环境、保护人权、保护国家安全等为借口给自己制造筹码。随着发达国家产业竞争力下滑，环保和劳工的重要性进一步凸显，以上述理由为导向的变相贸易保护变得更加明显。

反不正当竞争法补充保护知识产权的有限性[*]

孔祥俊[**]

> **摘　要**　知识产权保护体系由知识产权专有权保护和反不正当竞争补充保护所构成。知识产权专门法的专有权保护居主导地位,但反不正当竞争法有独特的补充性法益保护领域,且具有保护上的开放性,除进行传统的补充保护外,还在法定知识产权类型之外,更多地被用于保护知识产权新法益和拓展新的保护领域。知识产权保护具有整体上的体系性和融贯性,反不正当竞争法的补充保护应当基于知识产权保护体系的协调性,以不抵触专门法立法政策为底线,通过具体规则和标准的设计,有效发挥有限补充保护功能,实现知识产权的协同保护。
>
> **关键词**　知识产权　反不正当竞争　兜底保护　有限补充保护　立法政策

一、问题的提出

知识产权保护体系由专利、商标、著作权等知识产权专门法和反不正当竞争法所构成。专门法确立各类知识产权专有(用)权制度;反不正当竞争法

---

[*] [基金项目]国家社会科学基金重大项目"数字网络空间的知识产权治理体系研究"(项目批准号:19ZDA164)。本文已发表于《中国法律评论》2023年第2期。

[**] 孔祥俊,上海交通大学讲席教授,知识产权和竞争法研究院院长。

则提供补充保护。中共中央、国务院印发的《知识产权强国建设纲要(2021—2035年)》(2021年9月22日)指出:"开展知识产权基础性法律研究,做好专门法律法规之间的衔接,增强法律法规的适用性和统一性。"[1] 协调知识产权专门法与反不正当竞争法的关系,是做好知识产权法之间的衔接,"增强法律法规的适用性和统一性"的应有之义,也是知识产权基础性法律研究的重要课题。

反不正当竞争法对于知识产权具有固有的补充保护性,近年来这种功能颇有迅速扩张之势。我国司法实践中通过反不正当竞争扩展知识产权保护,涉及专利、商标和著作权等诸领域,尤其在传统的法益保护之外,被越来越多地用于保护新法益和拓展新领域。以下即为典型事例。

有些裁判以反不正当竞争法保护不受著作权保护的作品构成要素。例如,"金庸诉江南案"一审法院认为,原告作品中的人物名称、人物关系等元素虽然不构成具有独创性的表达,不能作为著作权的客体进行保护,但并不意味着他人对上述元素可以自由、无偿、无限度地使用。原告作品元素在不受著作权法保护的情况下,在整体上仍可能受我国反不正当竞争法调整。被告未经原告许可在其作品《此间的少年》中使用原告作品人物名称、人物关系等作品元素并予以出版发行,构成不正当竞争。[2] "葵花宝典案"最高人民法院再审裁定以实质性的"商品化权益",保护金庸先生武侠小说《笑傲江湖》中的知名武功秘籍名称。[3]

有些裁判以反不正当竞争扩展注册商标专用权的保护。如"LV"标志案一审判决认为,被告明知"LV"手提包有较高知名度,还在巨幅楼盘户外广告中以近1/3的比例和夺目的橙色突出模特和模特手中的"LV"包,吸引受众

---

[1] 此处的"专门法律法规"应当是相对于非知识产权法律法规而言,应指包括反不正当竞争法在内的所有知识产权法律法规。本文所称知识产权专门法专指确立专利、商标、著作权等专有权的知识产权法律。

[2] 查良镛(笔名金庸)诉杨治(笔名江南)、北京联合出版有限责任公司、北京精典博维文化传媒有限公司、广州购书中心有限公司著作权侵权及不正当竞争案,广东省广州市天河区人民法院(2016)粤0106民初12068号民事判决书。笔者未检索到二审判决。

[3] 上海游奇网络有限公司诉国家知识产权局商标权无效宣告请求行政纠纷案,最高人民法院(2021)最高法行再254号行政裁定书。

视线,进而通过"LV"手提包的知名度提升其广告楼盘的品位,意在宣传出入其楼盘的是时尚高贵人士,该楼盘同样时尚、高档,故其将宣传行为建立在原告商品之上,未付出正当努力而故意利用他人经营成果,通过搭便车故意利用原告资源,获取优于其他竞争者的不正当获取利益,损害原告的合法权利,虽因"LV"图案对被告的楼盘没有商业标识识别作用、消费者不会产生混淆而不构成商标侵权,但构成不正当竞争。[1]"非五常大米案"[2]二审法院认为,谷堆坡公司在争议商品标题中虽然使用的是"非五常大米"字样,但以"五常"为关键词搜索时可搜到该商品。而且,从商品评论中可看出,该行为已造成部分消费者混淆误认,损害了消费者的知情权和选择权。同时,谷堆坡公司的上述行为客观上实现了"关键词引流",不合理获取了商品点击、浏览及交易机会,切实增加了其商业机会而减少他人商业机会,实质上是一种"搭便车"的攀附行为,即表面上以"非五常大米"进行区别,实则进行"区别式攀附",构成不正当竞争。

有些裁判涉及扩展外观设计专利权的保护。例如,对于获得外观设计专利的商品外观在专利权终止后能否再依据反不正当竞争法获得保护的问题,"晨光笔不正当竞争案"最高人民法院裁定认为,多数情况下,如果一种外观设计专利因保护期届满或者其他原因导致专利权终止,该外观设计就进入了公有领域。但是,知识产权领域内一种客体可能同时属于多种知识产权的保护对象,其中一种权利的终止并不当然导致其他权利同时失去效力。反不正当竞争法可以在知识产权法之外,在特定条件下对于某些民事权益提供有限的、附加的补充性保护。外观设计专利权终止之后,使用该外观设计的商品成为知名商品的,如果他人对该外观设计的使用足以产生混淆或者误认,可以构成不正当竞争。因此,外观设计专利权终止后,该设计并不当然进

---

[1] 路易威登马利蒂公司(LV 公司)诉被告上海鑫贵房地产开发有限公司等商标侵权和不正当竞争案,上海市第二中级人民法院(2004)沪二中民五(知)初字第 242 号民事判决书。

[2] 五常市大米协会诉沈阳谷堆坡电子商务有限公司、浙江天猫网络有限公司侵害商标权纠纷及不正当竞争纠纷案,福建省高级人民法院(2021)闽民终 900 号民事判决书。

入公有领域,在符合反不正当竞争法的保护条件时,它还可以受到该法的保护。[1]

上述裁判系以反不正当竞争法扩展外观设计专利、作品和注册商标的保护。值得研究的是,这种扩展哪些正当、哪些不正当?正当与不正当的界限何在?反不正当竞争法的补充保护条件是什么?如何确定其判断标准?这些重要的理论与实践问题经常存在较大争议。恰当地确定反不正当竞争法补充保护的条件、边界和范围,直接涉及如何恰当地定位知识产权保护,既能够保护应当保护的知识产权法益,又避免因权利保护与公有领域的失衡而妨碍创新和自由竞争。鉴于此,本文拟以反不正当竞争法的补充保护为视角,就专门法与补充保护之间的协调关系加以探讨。

二、我国反不正当竞争法补充保护理论与实践的反思

(一)"冰山"与"海水"的关系

对于反不正当竞争法与其他知识产权法之间的关系,我国知识产权界有个众所周知的"冰山"与"海水"比喻,即如果把专利法、商标法和版权法等专门法比作"冰山",反不正当竞争法就如冰山下使其赖以漂浮的海水(海洋)。[2] 郑成思先生认为,反不正当竞争法不是知识产权法之下的全部海洋,而只是给予"反不正当竞争的附加保护",只要求反不正当竞争法中"订有足够的条款(哪怕这部分条款只占全法很小一部分)去补知识产权单行法之'漏'"。[3] 该比喻的原始出处不详,但这已不重要,重要的是该比喻已在我国知识产权理论界和实务界流传甚广影响深远,甚至渗入学者和法官的潜

---

[1] 上海中韩晨光文具制造有限公司诉宁波微亚达文具有限公司等侵犯知名商品装潢案,最高人民法院(2010)民提字第16号民事裁定书。

[2] 参见郑成思:《知识产权法》,法律出版社1997年版,第476页;郑成思:《反不正当竞争——知识产权的附加保护》,载《知识产权》2003年第5期;孔祥俊:《反不正当竞争法的适用与完善》,法律出版社1998年版,第4–5页。

[3] 参见郑成思:《反不正当竞争——知识产权的附加保护》,载《知识产权》2003年第5期。

意识,成为反不正当竞争法兜底保护的当然基础。[1]

(二) 兜底保护

我国学术界和实务界一度流行的反不正当竞争法是"兜底法"或者"口袋法"的说法,大体上就是由"冰山"与"海水"的比喻延伸而来。例如,它"意思是说,凡专利法、商标法和版权法所管不到的领域,都由反不正当竞争法来兜底。这个比喻形象地道出了反不正当竞争法的补充性特征"[2]。1993年《反不正当竞争法》的参与起草者曾指出,反不正当竞争法是其他知识产权法的"口袋法"或者"不管法",如"反不正当竞争法也被称为'不管'法,其表现在于别的法管的,它要管;别的法不管的,它也要管。也即,其对那些专门法保护不到的地方给予保护"[3]。

兜底保护说在司法实践中影响甚深,甚至深入不少法官的潜意识,在裁判中自觉或者不自觉地加以运用。例如,2004年全国法院知识产权审判工作座谈会着重研究了反不正当竞争法的适用问题,在两类法律的关系上一般性地提出反不正当竞争法对于知识产权专门法进行"附加或者兜底"保护的定位,反不正当竞争法"可以在知识产权法提供的特别保护之外为知识产权提供附加或者兜底的保护",即侵犯知识产权的行为一般也可能属于不正当竞争行为,知识产权类专门法对那些已被明确规定行为加以规制和调整,而法律并未明确规定者,由反不正当竞争法调整。[4] 此处所谓"法律并未明确规定者,由反不正当竞争法调整",并未对补充保护的适用条件作出限制,实际是接受反不正当竞争法为兜底保护法的结果。

(三) 有限的补充保护

后来最高人民法院感到反不正当竞争法过于宽泛的兜底保护会不适当

---

[1] 此外,有些学者还区分附加保护与补充保护,以及主张反不正当竞争与知识产权保护的平行说,即两者可以成为两个平行的保护轨道。参见张伟君:《从"金庸诉江南案"看反不正当竞争法与知识产权法的关系》,载《知识产权》2018年第10期。
[2] 孔祥俊:《反不正当竞争法的适用与完善》,法律出版社1998年版,第4-5页。
[3] 河山、肖水:《民事立法札记》,法律出版社1998年版,第82-83页。
[4] 参见2004年最高人民法院主管院领导在强国知识产权审判工作座谈会上的讲话。

地扩展知识产权保护,甚至抵触知识产权专门法的立法政策,因而在司法政策中逐渐明确反不正当竞争法的有限补充保护定位。2008年前后相关最高人民法院司法政策陆续阐述反不正当竞争法的有限补充保护。诸如,妥善处理专利、商标、著作权等知识产权专门法与反不正当竞争法的关系,反不正当竞争法对于知识产权专门法只具有有限的补充作用,不是范围广泛的兜底作用。并且,以是否与专门法的立法政策相抵触,作为确定反不正当竞争法适用范围和发挥其补充作用的重要衡量标准。[1]

此后相关裁判以反不正当竞争一般条款适用的谦抑性、竞争行为推定合法性等理由,限制补充保护的适用。例如,"马达庆案"最高人民法院裁定指出:"虽然人民法院可以适用反不正当竞争法的一般条款来维护市场公平竞争,但同时应当注意严格把握适用条件,以避免不适当干预而阻碍市场自由竞争。凡是法律已经通过特别规定作出穷尽性保护的行为方式,不宜再适用反不正当竞争法的一般规定予以管制。"[2] "脉脉案"二审判决认为,"对于互联网中利用新技术手段或新商业模式的竞争行为,应首先推定具有正当性,不正当性需要证据加以证明"。[3] "梦幻西游 VS 神武案"原告主张,《梦幻西游》《梦幻西游2》中的门派、技能、法术、装备、特技、玩法、阵法、宠物、宠物技能等游戏元素的选取、编排、优化和设定是原告及其关联公司投入大量人力、物力、财力进行研发、推广和运营的结果,《神武》端游及手游的这些元素与《梦幻西游》《梦幻西游2》高度近似,属于不正当抄袭、模仿的"搭便车"行为,构成不正当竞争。一审判决认为,禁止对于他人知识上的投资和所创造的劳动成果的"搭便车",是反不正当竞争法立法的重要初衷。但竞争和竞争自由是市场经济的根本机制,是最基本的竞争政策。市场竞争中的相互争夺性损害是允许的和常态的竞争损害,对于竞争行为的干预是例外。"搭便

---

[1] 参见2008年11月28日全国法院知识产权审判工作座谈会主管院领导讲话;最高人民法院《关于贯彻实施国家知识产权战略若干问题的意见》(法发〔2009〕16号)。

[2] 山东省食品进出口公司、山东山孚日水有限公司、山东山孚集团有限公司诉青岛圣克达诚贸易有限公司、马达庆不正当竞争纠纷案,最高人民法院(2009)民申字第1065号民事裁定书。

[3] 北京微梦创科网络技术有限公司诉北京淘友天下技术有限公司、北京淘友天下科技发展有限公司不正当竞争纠纷案,北京知识产权法院(2016)京73民终588号民事判决书。

车"行为并不必然构成不正当竞争,不能将"搭便车"行为等同于违反诚实信用原则和公认的商业道德。禁止"搭便车"尽管具有强烈的道德感召力,但不能简单地以此作为操作标准适用。对一般条款的适用,更应当秉持谦抑的司法态度,对竞争行为保持有限干预和司法克制理念,否则就会不适当扩张不正当竞争的范围,侵占公有领域,损害自由竞争。一审判决未认定构成不正当竞争。[1]

(四)新反不正当竞争司法解释

最高人民法院《关于适用〈中华人民共和国反不正当竞争法〉若干问题的解释》(法释〔2022〕9号)(以下简称《反不正当竞争法司法解释》)第1条规定,"经营者扰乱市场竞争秩序,损害其他经营者或者消费者合法权益,且属于违反反不正当竞争法第二章及专利法、商标法、著作权法等规定之外情形的",可以适用第2条予以认定。该规定明确了专门法的优先适用及其对反不正当竞争法的排斥,但看不出有摒弃有限补充说的意图。司法解释采用条文式和规范式的表达,与前述司法政策采用的导向式表达不同,有限补充保护则是一种导向性司法政策。两者可以并行不悖。

(五)由兜底保护到有限补充保护的思考

理论界说经常是泛泛而言,其是否适应实际需求须经过实践检验。反不正当竞争法补充保护由兜底说到有限补充说的转变,显然不是理论争鸣的结果,而是实践检验及认识深化的产物,是由理论到司法政策的实践转化。兜底保护说强调了补充保护的广泛性和低标准性,而有限补充保护说则体现了补充保护的限制性和高标准,旨在提高保护标准、限制保护范围和实质性协调专门法与补充保护法之间的内在关系。

有限补充保护说是由补充和有限两个要素所构成。补充保护可以从三个层次上进行理解:(1)主次关系的层面,即知识产权保护以专门法为主导,由反不正当竞争保护作为辅助。(2)效力上的优先性和排斥性,即属于专

---

[1] 广州网易计算机系统有限公司诉广州多益网络股份有限公司著作权侵权及不正当竞争案,广州知识产权法院(2018)粤73民初684号民事判决书。

门法调整范围的事项,由专门法调整,排斥反不正当竞争法的适用;专门法不能覆盖的智力成果和商业标识,确有保护必要时由反不正当竞争法保护,反不正当竞争法在专门法之外实现特定的知识产权保护职能,具有拾遗补阙的特性。(3)两者功能上的互补性,即专门法保护和补充保护均以属于知识产权范畴的创新成果和商业标识为保护对象,具有保护客体范畴上的同质性,而不是具体保护客体的重合性,但两者在知识产权保护功能上具有互补性。当然,此类排斥性和互补性显然并不必然基于理论上是否为特别法与一般法的关系,不是基于法律规范的竞合,而是基于互补性法律体系的定位和设计。鉴于此,在保护条件和判断标准上,反不正当竞争保护又有独立性,只不过补充性与独立性是不同层面的意蕴。补充性是基于保护领域的排斥性以及适用次序的优先和候补性,但一旦属于反不正当竞争法保护范围,仍按照反不正当竞争法的规定独立适用,也即有其独立的保护客体、领域和条件,对属于其保护范围的客体进行独立保护,此时又与知识产权专门法保护并不相关,在这种意义上是一种平行的独立保护渠道。不过,这种独立和平行的保护显然以在先的效力优先、排斥和功能补充为前提。

三、有限补充保护说的一般性证成

反不正当竞争法的有限补充保护是协调专门法与补充保护关系的有效途径,具有知识产权保护上的正当性。就其法理正当性的一般性证成而言,可以从以下几个方面加以考量。

(一)功利性利益平衡格局的优化选择

知识产权的保护范围、条件和期限等制度建构均是权利保护与公共利益之间利益平衡的结果。过于狭窄和宽泛的知识产权保护均不利于实现平衡目标。体现在知识产权专门法与反不正当竞争法的关系上,首先是因为知识产权本身是利益平衡的结果,知识产权的权利承载了利益平衡的立法政策取向。反不正当竞争法的介入应当与其相协调,与其立法政策相抵触的补充保护必然破坏已有的利益平衡。其次,反不正当竞争法补充保护仍属于知识产权保护的重要领域,其本身也需要进行适当的利益平衡,过宽过窄的保护均不利于实现知识产权保护的目标,因而在保护范围和强度上应当有所节制。

知识产权保护的利益平衡不是凭空而来,而是源于其以功利性为体现的公共政策属性。也就是说,知识产权是一种财产权,但不同于物权等其他财产权,还具有公共政策性。[1] 易言之,与其他财产权的法律纯粹性不同,知识产权具有鲜明的公共政策属性(intellectual property as public policy)。知识产权成为实现激励创新等功利目标的政策工具。[2] 例如,TRIPS协定序言既强调知识产权是私权(序言第4款),又强调其公共政策性(序言第5款),即"各国知识产权保护制度的基本公共政策目标,包括发展目标和技术目标"。[3] 世界知识产权组织(WIPO)认为,国家法律基于两种原因而保护知识产权,即一种是对于创造者对其创造物的精神和经济权利以及公众获取这些创造物的权利进行的成文法表达,另一种是作为政府的政策,促进这些成果的创造、传播和应用,以及鼓励有益于经济社会发展的公平交易。[4] 在当今知识产权保护的正当性理论中,实用主义的功利论或者效用论显然居于主导地位,这种理论显然与知识产权的公共政策性互为表里。[5] 作为实现

---

[1] 参见孔祥俊:《论知识产权的公共政策性》,载《上海交通大学学报(哲学社会科学版)》2021年第3期。

[2] "贯穿于它的发展史,无论是有意还是无意,知识产权保护总是一种公共政策形式。" See Christopher May Susan K. Sell, *Intellectual Property: A Critical History*, Lynne Rienner Publishers, 2005, p. 108-111. 另参见孔祥俊:《〈民法典〉与知识产权法的适用关系》,载《知识产权》2021年第1期。

[3] 当然,TRIPS协定中的公共政策目标还具有特指的含义。特别是该协定谈判过程中发展中国家代表团强烈提出,"承认知识产权公共政策目标的重要性,并且认为该政策目标要求对权利人的需求有所节制"。参见联合国贸易与发展会议、国际贸易许可和可持续发展中心编:《TRIPS协定与发展:资料读本》,中华人民共和国商务部条约法律司译,中国商务出版社2013年版,第12-13页。此处的公共政策目标与本文重点强调的激励创新等公共政策性有所差异和各有侧重。

[4] See WIPO, *WIPO Intellectual Property Handbook: Policy, Law and Use*, 2nd edition, 2004, p. 3.

[5] 在知识产权正当性证成上,自然权利论在早期居主导地位,18世纪后期和19世纪前期社会功利主义(social utilitarianism)后来居上。前者强调对于个人天才和智力创造物的自然权利,强调权利的保护,而后者强调社会价值和集体利益,强调对于权利的适当约束。See Christopher May Susan K. Sell, *Intellectual Property: A Critical History*, Lynne Rienner Publishers, 2005, p. 108.

公共政策的法律工具，知识产权是与公有领域和公共利益进行平衡的产物。为达成促进创新等公共政策目标，实现权利与公有领域的平衡，知识产权在权利保护范围、条件和期限等方面形成独特的特征，也即通过体现这些特性的制度设计，落实其公共政策目标和实现恰当的利益平衡。

我国始终对于知识产权进行功利和效用上的定位，无论是立法目的还是政策文件，均对此直言不讳。《专利法》、《商标法》和《著作权法》的第1条均明确了权利保护与社会功利兼得。我国始终倡导加强知识产权保护的动机和目标是激励创新和促进创新性发展，始终将保护与创新挂起钩来。如习近平总书记指出："要坚持以我为主、人民利益至上、公正合理保护，既严格保护知识产权，又确保公共利益和激励创新兼得。"[1]这说明，知识产权保护不是一味高标准和强保护，同时还有兼顾"确保公共利益和激励创新"的另一面。实现知识产权的激励创新等公共政策目标，必须在权利与激励目标之间进行适当的权衡。尽管设定精确的恰如其分的匹配标准异常困难，[2]但经历史的积累、实践的摸索和反复试错检验，知识产权的范围、条件和期限等规则就是对于利益平衡的固化和凝结。反不正当竞争法在专门法之外的补充保护，需要考量与专门法立法精神的协调性，否则会破坏专门法的利益平衡和抵触立法政策。[3]

---

[1] 《习近平在中央政治局第二十五次集体学习时强调全面加强知识产权保护工作激发创新活力推动构建新发展格局》，载新华社2020年12月1日，https://baijiahao.baidu.com/s?id=1684859947489663917&wfr=spider&for=pc。

[2] 例如，"通过实施恰如其分的法律规则来促进创新极其困难，并且分歧并不止于细节。但就知识产权而言，理性和学识渊博之人就根本问题存在分歧，而且这种分歧广泛存在。例如，他们无法就专利或版权保护的最优范围和期限达成共识，且某些人甚至认为如果没有知识产权法我们的情况可能会更好。"参见[美]克里斯蒂娜·博翰楠、[美]赫伯特·霍温坎普：《创造无羁限——促进创新中的自由和竞争》，兰磊译，法律出版社2016年版，第1页。

[3] 如司法政策曾经指出，凡属于知识产权保护范围的成果，必须坚决保护，以此鼓励创新；凡不属于知识产权范围的信息，均属于公有领域，应允许自由利用和自由竞争。在涉及知识产权与公有领域界限模糊的法律领域，必须在激励创新与鼓励自由竞争之间搞好利益平衡，划定和适用的法律界限应当有利于营造宽松的创新环境，有利于提高自主创新能力和国家的核心竞争力。参见2007年全国法院知识产权审判工作座谈会主管院领导讲话。

（二）防止过度占有公有领域的必要约束

知识产权专门法与反不正当竞争法不是无缝连接，给予补充保护的应当是确有保护正当性的知识产权法益，也即两者之间的空间地带原则上是公有领域，基于特定原因给予的补充保护只是例外。

公有领域为原则而保护为例外的精神，同样是激励创新和共享知识等公共政策目标所要求。这是因为，"基于私人激励的创新政策需要平衡两项互相对立的权利。一项是通过创新新事物参与竞争的权利；另一项是获取创新成果部分价值的权利"。"健康的创新需要两个最为重要的前提条件：一是存在一个庞大的公有思想领域，二是保护持续丰富我们知识存量的那些重大的增量创新。保护公有领域至关重要。创新步伐最快的社会都为创新者在前人成果基础上继续前行提供了可观的自由"[1]。而且，"公有领域的规模与知识产权的保护范围呈现此消彼长的关系。每授予一项知识产权就会缩减公有领域的规模，知识产权的范围越大公有领域的缩减程度也越大。知识产权政策必须努力找到一个平衡点，将排他权的增加扣除公有领域缩减造成的社会价值损失所得的净收益最大化。还必须考虑运作知识产权制度带来的巨大管理和诉讼成本及其发生严重差错的可能性"[2]。鉴于此，以反不正当竞争法补充保护必须加以限制，必须限定其正当理由，并始终注意维护公有领域，尽量减少因保护导致公有领域缩减而造成社会价值损失，尽量使所得净收益最大化。

（三）商业成果不能尽享的必然结果

知识产权所保护的知识信息类无体财产不具有使用上的排他性，而具有非竞争性，法律赋予知识产权不是像有体财产那样旨在防止资源稀缺带来的公地悲剧和分配扭曲，而是人为创造稀缺性，目的是使权利人取得创新收

---

[1] [美]克里斯蒂娜·博翰楠、[美]赫伯特·霍温坎普：《创造无羁限——促进创新中的自由和竞争》，兰磊译，法律出版社2016年版，第3页。

[2] [美]克里斯蒂娜·博翰楠、[美]赫伯特·霍温坎普：《创造无羁限——促进创新中的自由和竞争》，兰磊译，法律出版社2016年版，第3页。

益,同时为了激励更大的创新,只是给予适可而止的权利,使其能够回收创新的边际成本,并适当地得到回报。如果给予过度的保护,同样会导致妨碍社会创新的诸多成本。因此,知识产权并非使权利人收获其产出的全部社会价值,也并非以防止"搭便车"等为名内化其创新成果的全部正外部性。[1] 而且,"受保护产品必须在还有一定剩余经济生命的时候进入公有领域才会有意义"[2]。

知识产权始终强调适度保护。知识产权有限保护是适度保护的需求,而保护适度就是一项永恒性的线条。如美国联邦法官阿列克斯·考辛斯基(Alex Kozinki)指出:"知识产权保护过度跟保护不力一样有害。没有丰富的公有领域,创造性无从谈起。如今,或许人类驯服火种以来,没有一样东西是真正全新的事物。文化,跟科学技术一样,在累积中增长,每一个新的创造者都踏着前人的成果前行。保护过度会遏制它本来想要培育的创造力量。"[3] 当前我国空前强调严格保护,但仍然不能忘记适度保护,不能忽视公有领域的考量。严格保护是必要的,但要注意宏观政策与具体执行的联系与区别。具体的保护行动千差万别,不能为一般政策的口号所绑架。

总之,知识产权的范围、条件和期限都是对于知识产权的限制,即知识产权并非将权利人的创新成果均纳入其权利范围,只是在有限的范围和期限内给予保护。未纳入权利范围的元素或者保护期限届满之后,原则上均属于公有领域。知识产权留给社会的剩余价值包括边界上和期限上的剩余价值,谨防以"搭便车"等为由不适当扩展保护,过度挤占剩余价值。

四、有限补充保护的法律界限

有限补充保护的基本定位及其正当性,需要具体的适用规则、标准或者界限加以落实和实现。当然,具体的适用情形异常复杂,在此只是基于知识

---

[1] See Mark A. Lemley, *Property, Intellectual Property, and Free Riding*, 83 Tex. L. Rev. 1031(2005).

[2] [美]克里斯蒂娜·博翰楠、[美]赫伯特·霍温坎普:《创造无羁限——促进创新中的自由和竞争》,兰磊译,法律出版社2016年版,第3页。

[3] White *v.* Samsung Electronics America, Inc., 989 F. 2d 1512, 1513(9th Cir. 1993).

产权法律的融贯性和体系性适用,做一些大致的归纳。

(一)专门法调整的排斥适用

此即属于知识产权专门法调整范围的情形,原则上排斥反不正当竞争法的补充适用。原因是,知识产权法和反不正当竞争法是一个融贯的整体(a coherent whole),具有体系性(a systematic nature),知识产权的保护条件、期限和例外等制度设计都是立法平衡(a legislative balancing exercise)的结果,一部知识产权法的保护边界必须为其他知识产权法和反不正当竞争法所尊重。[1] 例如,如对于授予专利的发明,不能在专利法的保护期限之外再给予保护,除非另有保护理由。大多数国家持这种态度。如美国学者指出,专利法对于专利保护的专门规定与反不正当竞争法的规定互不交叉,不涉及或者不允许反不正当竞争法的适用。[2] 在德国,通常而言,因缺乏实质近似、版权期限届满或者版权性质而不构成版权侵权时,也就不能依据反不正当竞争法承担责任。如果需要另外承担责任,则具有额外的非法因素。这些另外的情形有两个。一个是涉及新作品的可版权性问题,如曾经经历的数据库、时装设计保护。大多数此类作品的独创性门槛低(所谓的"微小变化"),又难以纳入邻接权,于是以反不正当竞争法进行补充保护,但仍应当限于新出现的作品或者商品类型,功利性极强。另一个涉及反不正当竞争法一般条款的适用条件,包括:(1)存在立法尚未考虑利益平衡的知识产权保护空白(漏洞);(2)不仅考量权利人的利益,还要考量竞争者和一般公众的利益,以评估给予制止模仿保护的利弊。适用一般条款应当限于缺乏保护将会实质性减少特定领域创造性生产的情形。[3]

我国司法政策以是否与专门法的立法政策相抵触,作为确定反不正竞

---

[1] See Ansgar Ohly, *Free Access, Including Freedom to Imitate, as a Legal Principle—A Forgotten Concept?*, in Annette Kur & Vytautas Mizaras eds., The Structure of Intellectual Property Law:Can One Size Fit All?, Edward Elgar Publishing,2011,p. 102.

[2] 参见[美]贾尼丝·M. 米勒:《专利法概论》,中信出版社 2003 年版,第 7-8 页。

[3] See Hisao Shiomi, *Can Non-Copyrightable Works Be Protected Under Unfair Competition Law? The Japanese" North Korea" Case*, Springer(21 August 2014), https://link.springer.com/article/10.1007/s40319-014-0241-8.

争法适用范围和发挥其补充作用的重要衡量标准,即凡专门法已作穷尽规定的法律领域,原则上不再运用反不正当竞争法扩展保护;对于法律未作特别规定的竞争行为,只有按照公认的商业标准和普遍认识能够认定违反原则规定时,才可以认定为不正当竞争行为,防止因不适当扩大不正当竞争范围而妨碍自由、公平竞争。[1] 前引《反不正当竞争司法解释》第1条也有专门法的除外适用规定。这是一种客观化的最基本法律界限。这种界限旨在表明,知识产权法确立的专有权是利益平衡和政策选择之后的结果,已纳入其调整范围的事项应当优先尊重立法选择,并防止通过反不正当竞争法扩展其适用。

具体而言,首先,属于知识产权专门法保护范围且符合保护条件的,不再按照反不正当竞争法进行平行保护,司法实践对此已形成共识。此类裁判俯拾即是。其次,属于知识产权专门法保护范围而不符合保护条件的,除非有特别的正当性理由或者政策考量,原则上不再依据反不正当竞争法进行额外保护。[2] 如前所述,此种未纳入专门法保护的情形均系未内化为权利的剩余价值,原则上留给公有领域,若将其纳入补充保护,势必侵占公有领域和抵触专门法立法精神。而且,即便有例外给予保护的正当事由或者有特别的政策选择,通常是综合考量与知识产权专门法立法政策是否协调的结果,也即必须做好两者在保护政策上的协调。这恰如前述德国适用反不正当竞争法一般条款时的条件。

有规则就会有例外,而例外也可能会成为规则。[3] 专门法的排斥性规

---

[1] 参见2008年11月28日全国法院知识产权审判工作座谈会主管院领导讲话,以及最高人民法院《关于贯彻实施国家知识产权战略若干问题的意见》(法发〔2009〕16号)。

[2] 一般认为,不符合专门法保护条件或者保护期限届满的商业成果,原则上人人自由享有,此时反不正当竞争法不用于替代知识产权保护。但是德国学界对此有争议。一种观点认为,知识产权具有优位性,此时不予反不正当竞争保护。另一种观点认为,两个领域地位平等,相互独立。折中观点认为,是否还需要反不正当竞争保护,取决于对模仿行为是否公平的个案分析。See Annette Kur, *What to Protect, and How? Unfair Competition, Intellectual Property, or Protection Sui Generis*, in Nari Lee, Guido Westkamp, Annette Kur & Ansgar Ohly eds., Intellectual Property, Unfair Competition and Publicity: Convergences and Development, Edward Elgar, 2014, p. 15-16, 23-24.

[3] 参见[美]波斯纳:《法理学问题》,中国政法大学出版社1994年版,第58页。

则有其例外,此即另有保护理由的情形,而正当理由又可能成为一项规则。例如,日本的"乐高"塑料插板玩具("Lego"bricks)本来是一项受专利保护的发明,但在其专利保护期内变得非常知名,其他竞争对手若生产相同或类似的玩具,就会产生市场混淆,因此,有些法院禁止其他竞争对手生产和销售此类玩具。[1] 再如,日本1998年的判例涉及对知名和服设计的保护问题,即一些旧的和服设计因不具有新颖性,不再受外观设计法的保护,但倘若其在相关公众中很知名,就可以据此受到保护。[2] 这种情况主要是针对那些具有装潢作用的外观设计,这些外观设计更易于获得商业标识意义。即使外观设计因在专利保护期间的持续使用而具有一定的商业标识意义,但其主要意义仍然是功能性的,就不宜再按照商业标识保护。例如,美国联邦法院指出,赋予发明人在有限的时间内对新产品设计享有专有权,在该有效期届满后允许竞争者自由使用,从而鼓励发明,这属于专利法的范畴,不属于商标法的范畴。如果把产品的功能特征作为商标使用,就会导致对这些特征的垄断,无论这些特征是否可以获得专利,或是否可以延续下去。例如,即使消费者能够将专利灯泡可增强照明度的独特外观与其制造商联系起来,该制造商也不能把这种外观用作商标,否则等专利到期后,就会因为可能影响竞争者生产相同的灯泡而妨碍竞争。再如,在外观设计到期后,不得为延长小麦饼干的"枕头"形状的垄断权而适用商标法。法院曾指出,"一般而言,产品的特征如果是产品用途或目的的必要因素,或影响该产品的成本或质量,换言之,如果产品特征的专有权会将竞争者置于与信誉无关的极其不利的地位,那么该特征就具有功能性,就不能被用作商标"[3]。前述"晨光笔不正当

---

[1] 欧洲国家的多家法院对乐高砖的保护问题有不同的裁判。如德国最高法院认为,乐高砖可以模仿,以不正当竞争制止模仿必须另有理由,如不正当利用乐高砖的竞争优势(如进入其享有盛誉的销售渠道)。See Annette Kur, *What to Protect, and How? Unfair Competition, Intellectual Property, or Protection Sui Generis*, in Nari Lee, Guido Westkamp, Annette Kur & Ansgar Ohly eds., Intellectual Property, Unfair Competition and Publicity: Convergences and Development, Edward Elgar, 2014, p. 25-26.

[2] See Christopher Heath, *The System of Unfair Competition Prevention in Japan*, Kluwer Law International, 2001, p. 49-50.

[3] 参见[美]罗伯特·P. 墨杰斯等:《新技术时代的知识产权法》,齐筠等译,中国政法大学出版社2003年版,第448-449页。

竞争案",也是基于外观设计因具有商业标识意义的另外理由,给予商业标识的反不正当竞争保护。

  法律体系的融贯性和立法政策的协调性是反不正当竞争法有限保护的实质性判断标准,而是否属于知识产权专门法的保护范围和是否符合保护条件,则是形式标准。例如,书名是作品的元素,通常因符合单独保护条件而不单独按照著作权予以保护,但书名因符合一定影响商品标识的保护条件而给予反不正当竞争保护的,则是因为有防止市场混淆的公共政策存在,该政策与著作权法的立法精神不抵触。但是,作品著作权保护期限届满之后,如果以商品书名保护书名抵触作品进入公有领域的立法政策,应当不予。如"《大闹天宫》案"最高人民法院裁定指出,电影作品《大闹天宫》及其"孙悟空"美术作品已过保护期,根据著作权法的规定,其已进入公有领域,属于人类社会共有的文明财产,他人可以自由使用该作品中的构成元素。对于已过保护期的作品,不能再以反不正当竞争法有关保护知名商品特有名称等为名,行保护该作品及其构成元素之实,否则即变相延长作品著作权的保护,抵触著作权保护的立法政策。[1]"傅雷家书案"一审判决在《傅雷家书》著作权期限届满之后,仍以商品特有名称保护"傅雷家书"书名。[2] 鉴于此种书名对于作品内容的指代性,此种保护即会使进入公有领域的作品利用受到妨碍,有悖著作权保护的立法政策。"金庸诉江南案"涉及的人物名称等作品元素,在其不符合诸如商业标识保护等正当理由和政策考量时,应当认为已作为金庸作品不受保护的剩余价值而进入公有领域,如果再按照反不正当竞争进行保护,则抵触著作权保护的立法政策。在"非五常大米案"中,如果"非五常大米"以商标方式进行使用,则需要判断其是否因与"五常大米"构成混淆性商标近似而落入注册商标专用权的保护范围;否则,充其量只是一种描述性使用,即使有"搭便车"之嫌,也应当予以容忍。"LV"标识案被诉商标标识并不用于识别原告的商品(楼盘),不构成商标侵权;该行为客观上构成借用"LV"

---

[1] 上海美术电影制片厂有限公司诉武汉新金珠宝首饰有限公司著作权权属、侵权纠纷、商业贿赂不正当竞争纠纷案,最高人民法院(2017)最高法民申 4621 号民事裁定书。
[2] 傅敏诉中国文联出版社不正当竞争纠纷案,合肥市高新技术开发区人民法院(2017)皖 0191 民初 2710 号民事判决书。

商标声誉的"搭便车"，但这种"搭便车"是否符合不正当竞争的条件，则需要按照反不正当竞争法进行衡量。如果考量其利己而并不损人，即并不给权利人造成淡化等损害，此时容忍"搭便车"亦无不可。[1] 类似情形还如在比较广告中使用他人商标，即使客观上利用他人商誉，如果达不到误导的程度，就不构成侵权。[2] 当然，如果非要禁止此种"搭便车"，那就纯属政策选择问题，即政策取向上就要选择限制严格禁止"搭便车"的态度，这会在客观上过度强化注册商标的保护。

（二）传统补充性法益与新类型孵化性法益的区分对待

反不正当竞争法补充保护的知识产权法益可以区分传统补充保护性知识产权法益与新类型"孵化性"知识产权法益。[3] 前者已具有稳定的反不正当竞争保护格局，通常已落入不正当竞争行为的列举性规定。即便出现新情况，也不过是如何具体对号入座问题。例如，反不正当竞争法对于未注册商标（以及商号等）、商业秘密等法益的保护。此类补充保护具有较大的确定性。孵化性知识产权法益则是更具有伸缩性、开放性和裁量性的新类型法益。反不正当竞争法可以作为知识产权或者其他商业成果类新权利的"孵化器"（unfair competition as an "incubator" for new rights），[4] 即在特定的创新成果可能成为权利之前，先纳入反不正当竞争法进行过渡性、尝试性或者试验性的保护，在其将来能够上升为权利或者就作为权利保护达成共识时，再

---

[1] See Ansgar Ohly, *Free Access, Including Freedom to Imitate, as a Legal Principle—A Forgotten Concept?*, in Annette Kur & Vytautas Mizaras eds., The Structure of Intellectual Property Law: Can One Size Fit All?, Edward Elgar Publishing, 2011, p. 112.

[2] See Ansgar Ohly, *Free Access, Including Freedom to Imitate, as a Legal Principle—A Forgotten Concept?*, in Annette Kur & Vytautas Mizaras eds., The Structure of Intellectual Property Law: Can One Size Fit All?, Edward Elgar Publishing, 2011, p. 112.

[3] 参见孔祥俊：《论反不正当竞争法的二元法益保护谱系——基于新业态新模式新成果的观察》，载《政法论丛》2021年第2期。

[4] See Annette Kur, *What to Protect, and How? Unfair Competition, Intellectual Property, or Protection Sui Generis*, in Nari Lee, Guido Westkamp, Annette Kur & Ansgar Ohly eds., Intellectual Property, Unfair Competition and Publicity: Convergences and Development, Edward Elgar, 2014, p. 19.

进入权利保护行列。当然,经过渡性保护而未能上升为权利,且有继续保护必要的,仍可以进入稳定的补充性法益保护之列。

当今信息智能时代,新技术、新业态和新商业模式迭代更新迅速,对于新商业成果的过渡性和孵化性保护需求更加强烈,反不正当竞争法的"孵化"保护功能更为彰显。孵化性法益保护通常基于新商业成果有保护的必要性,但已有制度(如商业秘密、著作权等)包容不了,暂时不能或者不宜归入既有的法益类型,而先纳入反不正当竞争法进行孵化性或者过渡性保护,待时机成熟时再行确定新的权利或者法益归类。"孵化"功能是反不正当竞争法的独特功能,历史和现实均不乏此类事例。例如,1965 年德国版权法始将录像制品纳入版权法保护范围,此前是作为拟制的"改编权"(a fictious right),以反不正当竞争法一般条款进行保护。[1] 我国司法中也不乏其例。如在著作权法施行之前,在"《辘轳女人和井》录音磁带侵权案"中,法院以制止不正当竞争原则予以保护。[2] 近年来,反不正当竞争法对网络游戏、体育赛事直播画面以及数据权益等的保护,均发挥了孵化作用,即在尚未纳入权利或者形成权利共识之前,先以反不正当竞争进行保护。[3]

孵化性法益保护通常考量以下因素:(1)受保护法益不属于专门法保护范围,或者是否纳入专门法保护尚无共识,不能或者暂时不能纳入专有权保护,因而不存在与专门法立法政策相抵触。(2)是否给予保护是利益衡量的结果,且通常是受保护法益有整体上的保护必要性和正当性,但将来的保护方向和归位还看不清晰或者存有争议,可以先将反不正当竞争保护作为权宜之计。(3)契合反不正当竞争法的保护场景,即受保护的法益可以归为市场竞争法益,能够纳入反不正当竞争法一般条款的调整范围。反不正当竞争法一般条款具有调整范围广、弹性大和开放性的特点,这就使其天然地契合此

---

[1] See Annette Kur, *What to Protect, and How*? *Unfair Competition, Intellectual Property, or Protection Sui Generis*, in Nari Lee, Guido Westkamp, Annette Kur & Ansgar Ohly eds. , Intellectual Property, Unfair Competition and Publicity: Convergences and Development, Edward Elgar, 2014, p. 19.

[2] 参见郑成思:《知识产权法》,法律出版社 1997 年版,第 476 页。

[3] 参见孔祥俊:《论反不正当竞争法的二元法益保护谱系——基于新业态新模式新成果的观察》,载《政法论丛》2021 年第 2 期。

类法益的保护。而且,"孵化性"法益是在现有权利和传统法益之外开辟全新的法益类别或者保护空间,需要打破现有法益的门槛和既有政策。例如,数据权益之所以需要寻求单独的保护,除其有保护的必要性外,还因为商业秘密、著作权等现有权利类型已不足以对其进行保护,因而需要另辟蹊径。因此,"孵化性"保护能否在现有权利格局中另起炉灶,主要是看其单独保护的必要性,而不简单拘泥于是否与现有权利保护的立法政策冲突,[1]典型地体现了新法益保护的功能目的。

(三)基于模仿自由与"搭便车"原则的限制适用

就信息知识而言,知识产权保护是例外,公有领域是原则。权利之外是公有领域,属于模仿自由的范畴。"在市场经济中,自由模仿竞争对手的产品或服务是自由和公开的市场竞争的一般原则,而通过专利权等知识产权保护禁止自由模仿,是自由竞争的必要的例外。"[2]模仿自由具有突出价值。"在我们学习好的技能的过程中,复制和模仿处于核心地位。在孩提时代,我们喜欢复制别人的艺术品,模仿我们的体育英雄们。复制和模仿从来就与我们形影相随,没有复制和模仿,许多对社会有价值的信息就得不到传递和学习。发明家们也总是在借用别人的思想和信息。""而知识产权使信息有了标价,因而提高了'借用'的成本,通过强行加高标准的知识产权提高'借用'成本,将会逐渐窒息而不是促进创新。"[3]当然,知识产权法在私人产权与公共领域之间的界线,是一种法律上的人为设定(legal artifact),而非自然存在的现象。这条界线的移动,不仅因特定法官而异,也随着各个国家以及文化上的态度而变。[4]

模仿自由是自由竞争政策的派生物,有时又被称为公有领域自由模仿

---

[1] 参见孔祥俊:《论反不正当竞争法的二元法益保护谱系——基于新业态新模式新成果的观察》,载《政法论丛》2021年第2期。

[2] [美]贾尼丝·M.米勒:《专利法概论》,中信出版社2003年版,第7-8页。

[3] [澳]彼得·达沃豪斯等:《信息封建主义——知识经济谁主沉浮》,刘雪涛译,知识产权出版社2005年版,第2页。

[4] 参见[美]保罗·戈斯汀:《著作权之道——从谷登堡到数字点播机》,金海军译,北京大学出版社2008年版,第10-11页。

(或者复制)原则(the principle of free copying of things that in the public domain)。自由模仿和复制是原则，专利、商标、版权之类的专有权是例外。[1] 例如，美国最高法院大法官布兰代斯指出："法律的一般规则是，人类的精神产品——知识、确定的事实、理念和思想——在自愿传播给他人之后，就像空气一样可以自由使用。"[2] 美国最高法院在1989年的Bonito案中重申了这一基本观念，即"思想的自由利用是原则，联邦专利的保护是例外。而且专利制度的最终目标是通过披露将新的设计和技术引入公共领域……在有限的程度内，联邦专利法不仅决定保护什么，而且决定大家可以自由利用什么。"[3]《美国不正当竞争重述》(第3版)没明确指出，反不正当竞争法的首要原则是竞争权，这是"自由企业制度的根本前提"。美国法官里奇(Rich)指出："通过模仿竞争对手的产品进行竞争是一项基本权利，该权利只是被专利或者版权法暂时否定。"[4]

随着科技、经济和社会的发展，知识产权整体上始终处于扩张状态，模仿自由的空间随之不断缩小。[5] 例如，随着传播技术的发达和作品客体的增加，著作权保护范围持续扩张，计算机软件、数据库等被纳入著作权保护范围。专利、商标等也是如此。"TRIPS强调为权利持有者提供保护，将许多形式的模仿视为'不道德'——将以前合法的企业家们丑化为'知识犯罪'。"[6] 而且，知识产权规则对模仿自由的威胁并不那么显而易见，"这种威胁是建立在不断积累的限制的基础之上的——因为这些限制隐藏于技术规则制定、高深的法律学说及复杂的官僚体制背后，不容易觉察得到。所有这些限制都被

---

[1] See J. Thomas McCarthy, *McCarthy on Trademarks and Unfair Competition*, 4th edition, Thomson Reuters/West, 2008, p. 1–51.

[2] Internationa News Service *v.* Associated Press, 248 U. S. 215, 63 L. Ed. 211, 39 S. Ct. 68(1918).

[3] Bonito Boats, Inc. *v.* Thunder Craft Boats, Inc., 489 U. S. 141, 103 L. Ed. 2d 118, 108 S. Ct. 971, 9U. S. P. Q. 2d 1847, 1857(1989).

[4] In re Morton-Norwich Products, Inc., 671 F. 2d 1332, 213 U. S. P. Q. 9, 12(C. C. P. A. 1982).

[5] See Ansgar Ohly, *Free Access, Including Freedom to Imitate, as a Legal Principle—A Forgotten Concept?*, in Annette Kur & Vytautas Mizaras eds., The Structure of Intellectual Property Law: Can One Size Fit All?, Edward Elgar Publishing, 2011, p. 101.

[6] [美]苏姗·K. 塞尔：《私权、公法——知识产权的全球化》，董刚等译，中国人民大学出版社2008年版，第15–16页。

表面上似乎颇具说服力的理由,即保护发明家、作者的权利及促进创新的需要掩盖了"[1]。当然,知识产权扩张的原因比较复杂,既有能够产生正效应的必要扩张,也有利益集团的不过度推动。[2] 反不正当竞争法的扩张保护与这种背景有关。

反不正当竞争法存在两种对立立场,即以不劳而获为由较为严格地限制模仿自由,以及秉持模仿自由原则。例如,美国最高法院在 INS v. AP 案多数意见判决中确立了"不播种而收获"(reaping without sowing)规则,即侵占他人付出劳动、技术和金钱而获得的成果(战地新闻),构成不正当竞争。[3] 几乎与此同时,欧洲大陆的许多法院和学者持同样的态度。如德国法官和学者阿道夫·洛布(Adolf Lobe)将"用别人的牛耕地",作为判断不正当的标准。[4] 但是,确立该原则的这一多数意见判决未成为里程碑而成为孤岛,布兰代尔大法官在判决时的异议反而为后来的裁判所推崇。该异议认为,"即便以竞争对手的付出为代价而获益,竞争也并非不正当"。"追随先行者进入新市场,或者跟随他人制造新引进的产品,大多因先行者的劳动和投入而获益,但法律裁判鼓励这种行为"。[5] 据此,后来的判决认为,模仿不仅不予禁止,反而是"竞争性经济的生命线"。[6] "竞争并不是一种侵权行为,亦即并不是对一个在法律上受保护权利的侵犯。模仿与复制的自由,这是竞争的一块基石,也被用来使垄断利润最小化。"[7] 英美法国家尤其以奉行模仿自由为主导,而仅在模仿达到足以混淆程度时才予以禁止。欧陆国家经常在反不

---

[1] [澳]彼得·达沃豪斯等:《信息封建主义》,刘雪涛译,知识产权出版社 2005 年版,第 4-5 页。

[2] 如近几十年知识产权的急剧扩张与利益集团影响和监管俘获直接相关。参见[美]克里斯蒂娜·博翰楠、[美]赫伯特·霍温坎普:《创造无羁限——促进创新中的自由和竞争》,兰磊译,法律出版社 2016 年版,第 152-155 页。

[3] Internationa News Service v. Associated Press, 248 U. S. 215, 63 L. Ed. 211, 39 S. Ct. 68(1918).

[4] See Ansgar Ohly, *Free Access, Including Freedom to Imitate, as a Legal Principle—A Forgotten Concept*?, in Annette Kur & Vytautas Mizaras eds., The Structure of Intellectual Property Law: Can One Size Fit All?, Edward Elgar Publishing, 2011, p. 98.

[5] Internationa News Service v. Associated Press, 248 U. S. 215, 63 L. Ed. 211, 39 S. Ct. 68(1918).

[6] Bonito Boats, Inc. v. Thunder Craft Boats, Inc., 489 U. S. 141, 146(1989).

[7] [美]威廉·M. 兰德斯、[美]理查德·A. 波斯纳:《知识产权法的经济结构》,金海军译,北京大学出版社 2005 年版,第 28 页。

正当竞争法中宣示模仿自由原则,但在适用中在两个极端之间进行权衡选择。[1]欧洲法院在三种情形下限制模仿自由,即导致消费者混淆、利用或者贬损他人商业形象以及相同或者逼真的复制。[2]这些情形的具体适用又比较复杂。[3]两大法系都承认模仿自由原则,具体适用中的差异只是反映了具体竞争观念的略有不同。

反不正当竞争法具有遏制"搭便车"、不劳而获的传统基因,[4]易于找到"孵化性"保护接口,容易将新出现的创新成果纳入反不正当竞争法保护,但这也成为稍有不慎即易于过度扩张知识产权保护的重要原因。尤其是,知识产权专门法扩张知识产权保护是通过立法完成的,具有确定性和公示性,但反不正当竞争保护的扩张则基于个案裁量和具体情况,容易恣意,且反不正当竞争本来处于补充保护的定位,因而扩展保护需要更加谨慎和谦抑,更应该以维护竞争自由为主要取向。应当谨记,"不受知识产权保护的空间不是'漏洞',而是不受反不正当竞争法限制的自由空间"[5]。

以"金庸诉江南案"为例,不能纳入著作权保护的人物姓名等作品因素,原则上属于贡献给社会的剩余价值,他人可以自由使用,对其给予保护需要除作者创作以外的正当性依据,比如经作者用作商业标识并产生知名度,他人擅自使用构成市场混淆,而给予不正当竞争的禁止。该案以"搭便

---

[1] See Ansgar Ohly, *Free Access, Including Freedom to Imitate, as a Legal Principle—A Forgotten Concept?*, in Annette Kur & Vytautas Mizaras eds., The Structure of Intellectual Property Law: Can One Size Fit All?, Edward Elgar Publishing, 2011, p. 99-100.

[2] 如《德国反不正当竞争法》第4节第9项。Annette Kur, *What to Protect, and How? Unfair Competition, Intellectual Property, or Protection Sui Generis*, in Nari Lee, Guido Westkamp, Annette Kur & Ansgar Ohly eds., Intellectual Property, Unfair Competition and Publicity: Convergences and Development, Edward Elgar, 2014, p. 17.

[3] Ansgar Ohly, *Free Access, Including Freedom to Imitate, as a Legal Principle—A Forgotten Concept?*, in Annette Kur & Vytautas Mizaras eds., The Structure of Intellectual Property Law: Can One Size Fit All?, Edward Elgar Publishing, 2011, p. 104.

[4] 参见孔祥俊:《反不正当竞争法新论》,人民法院出版社2001年版,第2-4页。

[5] Ansgar Ohly, *Free Access, Including Freedom to Imitate, as a Legal Principle—A Forgotten Concept?*, in Annette Kur & Vytautas Mizaras eds., The Structure of Intellectual Property Law: Can One Size Fit All?, Edward Elgar Publishing, 2011, p. 98.

车"为由简单予以禁止,有悖模仿自由原则。"葵花宝典案"再审判决[1]以"葵花宝典"作为《笑傲江湖》小说中武学秘籍的特有名称,是牵引小说情节发展的重要线索和贯穿整部小说的核心,经由作者的创造性劳动而成为具有明确指向性、对应性的名称,与《笑傲江湖》小说和金庸产生了稳定的对应关系,且《笑傲江湖》武功秘籍名称具有较高知名度,其被使用易于与金庸先生授权的衍生服务及金庸先生产生联系,借用其竞争优势,而以实质上的"商品化权益"[2]给予保护,其妥当性值得探讨。通常而言,此类作品元素的知名度不足以产生受保护的法益,否则不符合著作权法立法政策。只有在其因其他原因而另外具有正当性,通常是被作为特定的商业标识使用而产生商业标识意义时,才给予单独保护。再审判决提及本案涉及金庸先生已授权他人对《笑傲江湖》小说的游戏改编权,他人有权以授权作品名称、授权作品中的人物、武功、武器的名称等申请注册商标等,而诉争商标使用在相关服务项目上,容易使相关公众误认为相关服务项目与知名小说作品的作者具有关联关系或者已经获得了作者的授权。但是,仅此种授权并不当然成为认定其具有单独法益的理由,易使相关服务与作品作者产生的联系,也不同于商业标识关联关系的混淆。因为,授权是以存在权利为前提,倘若在作品元素不受著作权保护而不能构成单独法益,授权即无依据,也即授权不是法益存在的原因和依据,而是法益存在的结果。因此,不具有单独法益的作品元素应当属于公有领域的范畴。

(四)有限补充保护说的确定性与不确定性

反不正当竞争的有限保护说提出之后,有学者诟病其带来不确定性。诚

---

[1] 上海游奇网络有限公司诉国家知识产权局商标权无效宣告请求行政纠纷案,最高人民法院(2021)最高法行再254号行政判决书。
[2] 最高人民法院《关于审理商标授权确权行政案件若干问题的规定》(2020年修正)第22条第2款规定:"对于著作权保护期限内的作品,如果作品名称、作品中的角色名称等具有较高知名度,将其作为商标使用在相关商品上容易导致相关公众误认为其经过权利人的许可或者与权利人存在特定联系,当事人以此主张构成在先权益的,人民法院予以支持。"该规定本身也存在是基于作品的保护还是基于商业标识的保护的困扰。

然,"不确定性是成本增加功用减少的根源之一"[1]。但是,这显然并非否定有限补充保护说的理由。因为,即便是法律规范,其确定性都是相对和动态的,且所有裁量性规范都面临确定性难题,但最终都未能阻挡法律的适用。法律适用尽可能使不确定变得确定,但也只能做到尽可能而已。诸如"善良风俗""诚实信用"之类的价值判断术语,具有语义上的不确切性。"这些词语所指称的行为是需要根据具体时空条件下占主导地位道德观念加以具体判断的行为。然而占主导地位的观念本身在大多数情况下也是无法确切判定的。因为通常情况下只有对于那些典型的、反复发生的生活过程才会形成多少可以有把握确定的具有多数公认的判断。司法在这里所起的作用,常常不过是一步步地对有关法律用词的含义空间加以明确。"[2]这些努力都是通过行使裁量权而实现,且只能减少不确定性而不能完全消除。诚如波斯纳法官所说:"司法裁量权概念是一块空地或一个黑箱,当规则不够时,裁量权并不是解决如何判决案件问题的方法,而只是这个问题的名字。无论你把裁量权想象得多好,裁量权都会令法律职业界不安。"[3]

落实有限补充保护的具体界限兼有确定性与模糊性,即核心情形的清晰与边界上的模糊。比如,属于专门法保护对象而不符合保护条件的,不给予补充保护的界限大致是清晰的,而另有保护的正当性事由又是模糊的。模糊的事项也可以通过法律意识和价值判断上的共识而进行比较一致的判断,但最终要回归法益保护与公有领域的恰当平衡。因此,一定程度的不确定性不妨碍有限补充保护说的可行性。

五、结语

知识产权专门法奉行知识产权法定原则,对于各类法定知识产权进行边界清晰的强保护。反不正当竞争法具有开放性,可以不断适应知识产权法益

---

[1] [美]波斯纳:《法理学问题》,中国政法大学出版社1994年版,第57页。
[2] [德]齐佩利乌斯:《法学方法论》,金振豹译,法律出版社2009年版,第66页。
[3] [美]波斯纳:《法理学问题》,中国政法大学出版社1994年版,第27页。

保护的新发展,进行灵活的补充性知识产权法益保护。专门法与补充保护构成了原则性与灵活性相结合的知识产权保护格局。知识产权的补充保护是反不正当竞争法的重要功能,但这种功能不能夸大。尤其是在当今严格保护成为知识产权保护主导政策的背景下,要警惕反不正当竞争补充保护的不适当扩张。知识产权是权利保护与公有领域平衡的产物,法律只是在有限范围和期限内对于创新成果等进行保护,且通过知识产权法定原则约束知识产权专有权保护,在此之外的反不正当竞争法保护只能是拾遗补阙的有限补充,而不是范围广泛的兜底,更不是可任意选择适用的平行保护。知识产权补充保护最终应当有利于知识产权保护体系的协调性。

国际经济规则的安全困境
——基于博弈论的视角*

沈 伟**

> **摘 要** 在经济全球化不断深化但是全球化出现逆转的变局时代,为了应对新安全挑战,各国普遍在对外经贸领域采取国家安全措施。由于国家安全定义的模糊性、国家安全问题的政治性、国家安全审查的不可救济性导致了国家安全泛化,各国陷入"安全困境",既需要通过安全措施保护国家安全,又寄希望于他国减少国家安全介入国际经济规则。泛化的国家安全问题加剧了大国之间的对抗,加深了国家安全制度对国际经贸规则的介入。博弈论为国际经济规则中扩张的安全措施提供分析框架,作出应对性的解释。适度运用国家安全审查制度有利于保护本国民族产业发展,但是过度使用也容易导致贸易保护主义,甚至造成严重的非经济后果。
>
> **关键词** 安全困境 国际经济规则 安全审查 博弈论

随着世界经济下行,逆全球化时代开启,国际经济规则更加复杂。在美国将国家安全政策施加到每个经贸领域的同时,世界各国都在经贸领域运用国家安全政策。事实上,国家安全措施已经成为许多国家推行经济政策、强化国家监管、防御外资侵害和保护国内产业的重要监管手段。国家安全措施

---

* [基金项目]国家社会科学基金重大项目"美国全球单边经济制裁中涉华制裁案例分析与对策研究"(项目批准号:21&ZD208)。本文已发表于《当代法学》2023 年第 2 期。
** 沈伟,英国伦敦政治经济学院博士,上海交通大学法学院教授。

由于其启动条件、审理程序、救助机制的模糊性,容易演变为"政治工具",阻碍国际经贸关系的正常发展和经济全球化。扩张性的国家安全政策会与现有的国际经贸规则产生冲突,有可能动摇现有的国际经贸规则体系。

本文意图梳理国际经济法中出现的国家安全泛化的成因和后果。国家安全定义的模糊性及国家安全的政治性容易导致国家安全措施的扩大化,而国家安全泛化又加深大国之间的对抗和国际经济规则的变形,使各国陷入"安全困境",在批评他国过度安全措施的同时,不得不竞相推行安全措施,加重安全措施介入和修正国际经济规则。对于大国之间有关于国家安全问题的博弈问题,本文试图运用博弈论对国家安全泛化产生的后果及对策进行分析,适度运用国家安全措施有利于保护本国产业发展,但过度使用也会加剧国家安全泛化和加深"安全困境",导致新的贸易保护主义,造成严重的非经济后果。

一、问题的提出

安全是人类永恒的主题,是人类生存和发展的前提。早期的国家安全概念限于"军事安全"。[1] 传统认知上,国家安全与国家主权以及军事、政治安全具有高度关联性。传统国家安全观对国家安全的定义主要指因外部强国的控制和侵略的危险所引发的民族安全。[2] 国家安全与主权国家的国家利益密不可分。国家安全以国家利益为基础,国家利益的冲突是导致国家安全面临威胁的根源。[3] 只要主权国家在国际法律体系内行使权力,追求国家利益,国家安全就是国际法中无法规避的问题。主权是国家的主要标志,是国家本质特征的体现。当今世界是和平与发展的时代,军事对抗位居幕后,经济全球化加深了国际经济相互渗透与依赖,在一定程度上削弱了传统

---

[1] 参见储昭根:《安全的再定义及其边界》,载《国际论坛》2015 年第 4 期。
[2] 参见胡洪彬:《中国国家安全问题研究:历程、演变与趋势》,载《中国人民大学学报》2014 年第 4 期。
[3] 参见甘培忠、王丹:《"国家安全"的审查标准研究——基于外国直接投资市场准入视角》,载《法学杂志》2015 年第 5 期。

的国家主权。同时,在国际格局日益破碎化的时代,只有坚持主权原则,一个国家才能在国际交往中保持独立的人格,才能维护国家主权和领土完整。因此,维护经济主权成为新时代维护主权的主要出发点,[1]这一问题在国际经济法律制度和国际经济活动实践中也有所体现。

随着全球化不断加深,国家安全的内涵从传统的军事、政治安全扩展到环境、社会、文化等领域;[2]进入信息化时代,又出现了"信息安全"和"数据安全",席卷全球的新冠疫情又催生了"健康卫生安全"等新安全观,由此构成了对国家安全的认知既有以国家为中心、以军事—政治为核心的传统派,又有涉及经济、社会与环境等安全领域的扩展深化派并存的局面。

国家安全内涵的扩张甚至在国际经贸监管中的高频出现会产生诸多消极影响。例如,数字经济时代需要大力发展电子商务和数字贸易。但是作为数字经济基础的跨境数据流动又可能使情报收集和分析成为可能,威胁一国的国家安全。因此,各国在自由贸易协定的电子商务或数字贸易章节既要以贸易自由化为目标,体现互惠性,又要对数据流动加以规制,体现安全性。[3]结果是,自由贸易协议在鼓励数据跨境流动的同时,通过数据跨境流动限制规定、一般例外条款或安全例外条款对数据流动加以限制。[4] 全球综合性数据条约的最佳方案只能让位于有限全球化策略。[5]

国际经济法正在陷入"安全困境"(security dilemma)。正如约翰·赫兹(John H. Herz)所言,每个国家都努力强化自己实力,这会引起他国不安全感的增加,每一方都认为自己的措施是防御性的,而他国的措施则具有潜在的威胁性。[6] "安全困境"使以非歧视待遇和透明度为基石的国际经济治理体系陷入困顿,以自由贸易为原则的国际经贸规则有可能被例外性的安全规则

---

[1] 参见俞可平:《全球治理引论》,载《马克思主义与现实》2002年第1期。
[2] 参见习近平:《积极树立亚洲安全观 共创安全合作新局面》,载《人民日报》2014年5月22日,第2版。
[3] 参见汤霞:《数据安全与开放之间:数字贸易国际规则构建的中国方案》,载《政治与法律》2021年第12期。
[4] 参见马光:《FTA数据跨境流动规制的三种例外选择适用》,载《政法论坛》2021年第5期。
[5] 参见彭岳:《数字贸易治理及其规制路径》,载《比较法研究》2021年第4期。
[6] 参见任晓:《安全——一项概念史的研究》,载《外交评论(外交学院学报)》2006年第5期。

取代,全球化也因此陷入停滞。

国内学界对于国家安全的研究主要集中在政治学领域。国际法学界对此议题的关注始于2014年,[1]研究主要集中于国家安全与某一制度或规则的关系,如研究国家安全与外资并购审查(包括我国对外资的审查和外国对我国投资者的审查)、跨境数据流动、防空识别区、航行自由等之间的关系以及国家安全视角下的执法合作与争端解决机制等。研究对象除中国的国家安全以外,还包括美国的国家安全,重在对美国在对外经济关系中广泛适用国家安全例外原则提出疑问和批评,认为美国对外国投资的国家安全审查制度等国内法机制是单边主义和保守主义的具体体现。

二、国际经济法中的安全泛化主义及其成因

(一)国家安全泛化主义的表现

晚近,国际经济规则出现了国家安全泛化的迹象,[2]国家安全措施普遍出现于经贸领域,集中表现为以下三个方面。

1. 国家安全的内涵扩大而审查标准模糊

各国在国家安全的定义上没有达成共识,而且国家安全内涵有不断扩大的趋势。传统的国家安全是一种基于实力的强权安全,将军事安全等同于国家安全。"冷战"结束后,伴随经济全球化和高科技进步,安全的内涵不断得到延展,经济安全、粮食安全、环境安全、恐怖活动等大量非传统安全进入国家安全的范畴,一些国家内部的安全问题也逐渐成为国际问题,如金融危机、信息和网络安全等。

全球化导致的超越国家中心主义理论是经典安全理论扩展的基础,人权、环境、文化、宗教等因素和全球化给全球组织、国家关系、国家—社会特征

---

[1] 2014年"总体国家安全观"的提出对学界的研究有重要影响。
[2] 参见杨云霞:《当代霸权国家经济安全泛化及中国的应对》,载《马克思主义研究》2021年第3期。

以及国际经济关系带来质变。[1] 不同于传统安全威胁,非传统安全领域的威胁来源更多元、更模糊,超越了传统的国际法主体,国家不再是安全威胁的主要或唯一来源。

国家安全正在成为一种"模糊安全",由军事、政治、社会、经济和环境的区域复合安全共同构成。非传统安全和传统安全相互交织、渗透,使国家安全的边界愈加模糊,如宗教极端主义和军事安全重叠,人权和政治安全交织,这些都影响主权国家对国家安全的界定。可见,军事安全和政治安全已经不能涵盖国家安全的全部内容,若不从社会、经济和环境领域引入行为体(甚至是"非行为体"或"无行为者"[2])和动力学,安全的内涵无法得到完整理解。[3]

从审查标准来看,国家安全审查标准具有模糊性,因为国家安全以及国家安全威胁具有不确定性和历史性,只有模糊性才能使国家机关根据相关环境的变化适时调整,[4]以满足维护国家安全之需,覆盖所有威胁国家安全的情形。因此,很多国家都采取了原则性法律加上灵活性实施细则的立法模式。国家安全审查之法律是立法机关经过严格的立法程序确定的规范,对稳定性、周延性有较高的要求;实施细则在国家安全审查法的原则和框架下,可以根据各种因素之变化,灵活因应国家安全审查之需要。

以美国为首的发达国家对国家安全的概念进行扩大,从传统的国防军事领域扩大到能源、电信、航空、集成电路、人工智能、先进材料等关键技术及金融、数据运用和用户信息收集等服务行业。这种概念扩大在贸易领域和金融领域尤为明显。在贸易领域,2019 年 11 月,美国联邦通信委员会将华为和中兴通讯认定为"国家安全风险企业"并禁止美国电信运营商动用政府资金购

---

[1] 参见[澳]克里斯蒂安·罗伊-斯密特、[英]邓肯·斯尼达尔编:《牛津国际关系手册》,方芳等译,译林出版社 2019 年版,第 73 页。

[2] Laura K. Donohue, *The Limits of National Security*, 48 Am Crim L Rev 1573(2011).

[3] 参见任晓:《安全——一项概念史的研究》,载《外交评论(外交学院学报)》2006 年第 5 期。

[4] 参见丁丁、潘方方:《对我国的外资并购国家安全审查制度的分析及建议》,载《当代法学》2012 年第 3 期。

买其设备和服务,遏制中国高科技产品出口;[1]在金融领域,2020年12月到2021年1月,纽交所考虑要求三家中国主要电信公司退市,理由是对美国国家安全构成威胁。[2] 美国国家安全泛化更露骨的动作出现在投资领域,《外国投资风险评估现代化法案》(FIRRMA法案)的正式通过,标志着美国外国投资委员在外资并购美国企业审查过程中的控制力度大大增强,该委员会以损害国家安全等为由对外资在美国境内进行的正常商业并购行为进行阻拦甚至破坏,直接导致2019年我国在美投资并购总额大幅度下降,相比2018年减少了超过80%,仅有48亿美元。[3] 拜登政府还设立规则强化对信息及通信技术和服务(ICTS)供应链的安全审查。

2. 国际和国内经济规则向东道国规制权倾斜

以WTO为代表的多边体系被弱化,取而代之的是双边、区域协定的大量出现。国际投资规则逐渐形成了当前一个缺乏综合性全球多边投资协定,而以双边投资协定(BIT)、特惠贸易与投资协定(PTIA)为主体的双边、区域和多边投资协定共存的规则体系。[4]

由于美国BIT范本的推行以及外国投资引发危及东道国主权安全和公共政策的案件不断增多,作为传统资本输出国的发达国家也越来越多地以被诉方的身份参与到国际投资仲裁案件中,更多的国家在订立新BIT时增加根本安全利益例外条款,为本国经济设立"安全阀",赋予东道国更多的规制权。在多边国际协议中,GATT 1947、GATT 1994、GATS都包含安全例外条款。"在一个由主权国家构建的国际社会,对其中的任何一个主权国家而言,国家

---

[1] 参见盛斌、孙天昊:《美国贸易政策评析与中美经贸关系展望》,载《当代美国评论》2021年第5期。
[2] 参见沈伟:《"脱钩论"背景下的中美金融断裂——以〈外国公司问责法案〉为切入》,载《浙江工商大学学报》2021年第2期。
[3] 参见贺立龙:《美国对华投资并购安全审查的最新进展、未来趋势与应对策略》,载《对外经贸实务》2021年第4期。
[4] 参见李玉梅、桑百川:《国际投资规则比较、趋势与中国对策》,载《经济社会体制比较》2014年第1期。

的安全利益比经济利益显得更加重要。"[1]以我国和韩国在2007年的BIT和我国和加拿大2012年的BIT比较为例,中韩投资协定共14条,强调促进投资和提供便利,并未规定例外条款。[2] 中加投资协定正文有35条并附录,有例外和一般例外的专门条款。在第33条一般例外项下第5款规定,"本协定不得被理解为阻止缔约方保护其根本安全利益所采取的必要措施"。[3] 国际投资新规则在促进投资自由和便利的同时,国家安全例外成为国际投资规则的重要部分,强化了对东道国规制权的保护。

区域性投资协议中也开始列入安全问题。如RCEP第17章一般条款于例外中规定,缔约方可以采取其认为保护其基本安全利益所必需的行动或措施。本章还允许缔约方在面临严重的收支平衡失衡,外部财政困难或受到威胁的情况下采取某些措施。传统BIT一般只要求依据东道国法律来为外国直接投资创造有利条件,进一步促进投资自由化。客观上,外资的流动使许多国家同时具有资本输出国和输入国的双重身份。投资自由化已经不足以保障投资母国和东道国的利益平衡,新一代的国际投资规则正在改变单向的投资者保护政策,而转向兼顾东道国规制权。

3. 国家安全审查措施正成为被广泛运用的重要监管工具

国家政治现实主义学派认为,权力政治能够最大化国家安全和其他国家利益。[4] 国际经济关系回归到权力时代,国际法治主义式微,[5]各国都通

---

[1] 如GATT 1994第21条原文规定:"Nothing in this Agreement shall be construed:(a) to require any contracting party to furnish any information on the disclosure of which it considers contrary to its essential security interests…"

[2] 参见《中华人民共和国政府和大韩民国政府关于促进和保护投资的协定(2007年)》,载商务部官网2018年11月12日,http://tfs.mofcom.gov.cn/article/h/at/201811/20181102805372.shtml。

[3] 参见《我国对外签订双边投资协定一览表》,载商务部官网2016年12月12日,http://tfs.mofcom.gov.cn/article/Nocategory/201111/20111107819474.shtml。

[4] See Ernst Ulrich Petersman, *Multilevel Constitutionalism for Multilevel Governance of Public Goods—Methodology Problems in International Law*, Bloomsbury, 2020, p. 96.

[5] See Gregory Shaffer, *Tragedy in the Making? The Decline of Law and the Return of Power in International Trade Relations*, 44 Yale Journal of International Law 37(2019).

过修改国内投资法[1]和实施贸易制裁、出口管制、紧急措施等[2]安全手段的方式回应本国利益需求。国家安全正在从例外变为原则,从边缘走向中心,成为一种"万能胶"一样的说辞或借口,被政府用来作为干预经济的正当性理由。

美国是最早规定外资安全审查的国家。美国外资并购安全审查制度由最初的单一国防安全观到国防安全与经济安全并重,再到平衡吸引外资与国家安全及国防安全优先原则。[3] 2018年新出台的《外国投资风险审查现代化法》扩大了受CFIUS审查的交易范围和管辖权,对某些涉及特定行业关键技术的美国企业的非控制投资以及一些不动产交易纳入审查范围。[4] 2020年1月13日,美国财政部公布了两项与CFIUS职权和流程相关的《外国投资风险审查现代化法案》最终监管规则,引入"美国监管授权"和"关键技术表决权",修改了对"重大权益"的定义并确定是否触发强制申报。[5] 可以说,几乎所有与外国收购者或投资者进行的公司交易都可能承担被CFIUS审查的后果。

从审查数量来看,美国对于英国、加拿大、日本的审查数量在2009—2017年保持相对稳定,以低幅度的曲线浮动增长,最多的年份也不超过30起,并没有出现连续数年大幅度增长现象。但是中国企业被审查的数量2012年以前平稳增长,随后在2012—2015年达到了一个极高的数量值。从审查范围来看,所涉行业五花八门,制造业一直是审查的重点行业,2016年以后金融信息业快速地超过了制造业,总体来说以金融信息业和制造业行业为甚。近些年来针对中国投资并购项目审查数量之多,所涉及行业之广,已经远远超出了正常的商业范畴。在2018年3月甚至出现了大北农收购美国种猪公司

---

[1] See Anthea Roberts and Taylor St. John, *UNCITRAL and CISDS Reform: Visualising a Flexible Framework*, EJIL Talk, 24 October 2019.
[2] See Kathleen Claussen, *Trade's Security Exceptionalism*, 72 Stan. L. Rev. 1097(2020).
[3] 参见孙效敏:《论美国外资并购安全审查制度变迁》,载《国际观察》2009年第3期。
[4] 参见中国商务部:《美国财政部发布FIRRMA试点项目暂行条例》。转引自驻美国经商参处网站2018年10月15日,http://us.mofcom.gov.cn/article/jmxw/201810/20181002795610.shtml。
[5] 参见中国商务部:《2020年世界主要经济体外商投资政策变化与影响分析》。转引自新华丝路网2020年12月28日,http://www.mofcom.gov.cn/article/i/jyjl/e/202012/20201203026765.shtml。

Waldo Genetics 而"危害国家安全"的荒唐之事。在外资审查程序中,良好的程序是审查客观公平的保障。然而在国家安全泛化的情况下,审查过程的任意性问题突出。美国 CFIUS 可以随意开展对相关交易的调查,并且在审查中往往不需要法律依据、仅仅凭借交易事实就决定交易是否危害美国国家安全。

其他一些发达国家,如英国和德国,随着外国投资在本国的比重渐大,为了维护本国的安全利益,对外资的审核范围不断扩大,对外资并购的安全审核标准已经从"实际威胁"变为"可预见的影响"。[1]

此外,国家安全扩大化的现实使各国都在国际贸易和投资法律中凸显对安全的控制。在阿根廷为处理经济危机而采取措施需要负有责任的国际投资仲裁裁决作出后,[2]一些国家都将"其认为"这一具有自我认定性的表述整合进投资协定中。[3] 美国 2004 年和 2012 年双边投资协定示范文本都吸收了安全例外条款。[4]《美国—墨西哥—加拿大协定》、[5]《全面与进步跨太平洋伙伴关系协定》(CPTPP)、[6]《加拿大—欧盟综合经济与贸易协定》[7]等都有类似的条款。有些明确禁止任何司法审查,[8]或者某种恭敬的审查。[9] 综观各国国家安全审查制度可见,国家安全审查制度的不可诉性明显,与传统的"有权利必有救济"法理相违背。

(二) 国家安全泛化主义的成因

国家安全泛化的成因复杂。人类社会的发展进入了前所未有的风险社

---

[1] 参见中国商务部:《2020 年世界主要经济体外商投资政策变化与影响分析》。转引自新华丝路网 2020 年 12 月 28 日,http://www.mofcom.gov.cn/article/i/jyjl/e/202012/20201203026765.shtml。

[2] See Karl P. Sauvant et al., *The Rise of Self-Judging Essential Security Interest Clauses in International Investment Agreements*, Columbia FDI Perspectives(Dec. 5,2016)。

[3] See Karl P. Sauvant et al., *The Rise of Self-Judging Essential Security Interest Clauses in International Investment Agreements*, Columbia FDI Perspectives(Dec. 5,2016), p. 187.

[4] US Model BIT 2004, Art. 18; US Model BIT 2012, Art. 18.

[5] USMCA, Art. 32. 2.

[6] CPTPP, Art. 29. 2(b).

[7] Canada-EU Comprehensive Economic and Trade Agreement, Art. 28.

[8] US-Peru Trade Promotion Agreement, Art. 22. 2 & n. 2.

[9] China-Peru Free Trade Agreement, Art. 194 & n. 19.

会时代。"冷战"结束之后,国家安全受到的挑战从传统的政治军事挑战逐渐转向自然与社会所创造的挑战。近年来网络技术、数字技术的发展创造了更加多元的风险源头,继续深化了这种风险。换言之,这一时期国家安全所面临的主要问题发生了变化,已成为共识。从结构现实主义学派的"实力"角度分析,集中在两个方面。

1. 东升西降:发展中国家在全球经济中的崛起

百年未有之大变局的最大特征是东升西降,发达国家和发展中国家之间的力量对比正在发生变化,传统发达国家的实力正在下降,发展中国家,特别是新兴经济体的实力显著抬升。

现行的国际投资规则主要是由发达国家为促进投资自由和便利而制定和推行的,倾向于保护外国投资者,限制东道国政府的规制权,在投资规则中嵌入投资准入的国民待遇和负面清单条款。[1] 在全球化发展的背景下,外资的流向显示越来越多的国家从单纯的资本输出国或资本输入国变成资本输出输入双重大国。随着国际投资的变化,国际投资法立法的争议焦点已经发生了重要转变,从"强国"与"弱国"的对立,即"南北矛盾"转向"国家主权"与"公司主权"的对立,即"公私冲突"。[2] 作为资本输出国,生产基地的国外转移,会引发投资母国相关产业的弱化甚至萎缩;作为资本输入国,资本集中在劳动密集、能源、金融等产业,会影响东道国经济的创新、平衡和稳定,对国民经济安全产生威胁。在制定投资协定和国内法时,单纯的投资者保护或者单纯的保护东道国规制权已经不适合资本输出输入国双重身份的政策需求,制定失之偏颇的投资政策,可能产生复杂的经济后果或者引起相应的报复性措施。

新兴国家的兴起提升了其在全球经济中的占比和影响力。一方面,发展中国家希望争取获得更大的话语权和决策权。双边投资条约不再是只有西方国家广泛使用的工具,发展中国家之间缔结的国际投资协定约占国际投资

---

[1] 参见刘春宝:《欧盟国际投资协定政策的革新及其对中欧BIT谈判的影响》,载陈安主编:《国际经济法学刊》(第22卷第2期),北京大学出版社2015年版,第84-112页。

[2] 参见单文华、张生:《从"南北矛盾"到"公私冲突":卡尔沃主义的复苏与国际投资法的新视野》,载《西安交通大学学报(社会科学版)》2008年第4期。

协定总数的 1/3。因此,一些国家在之前发展较差的时候不得不选择"离开"的方式来获得更多的机会,但是现在,这些国家可以凭借自身的实力来选择适合本国的发展方式。另一方面,随着资本输出的增多,新兴国家的对外投资因为资本输入国的国家安全审查而遭遇投资并购失败,造成经济损失。新兴国家也构建了本国的国家安全审查制度,以期实现投资者保护和东道国规制权的再平衡。同时,在一些传统的发展中国家,特别是拉美地区,国内经济改革失败,经济利益流向跨国企业,贫民遭受的损失甚至比实施自由化之前还要严重。[1] 民族保护意识更为强烈,强调国家主权的卡尔沃主义抬头。

2. 国家归来:国家主权原则的抬头和强化

随着全球化进程的加快,发达国家为了获得良好的贸易和投资环境选择暂时让渡一部分主权,以推进贸易和投资自由化。在国际经济秩序的设计上,美国等发达国家为了提升战后国际制度的合法性,对本国经济规制权进行一定程度的抑制,构建起以新自由主义为基石的全球经济治理体系。[2] 在这一秩序中,民族国家失去了在社会权力组织中的核心地位和对一些关键议题的掌握。[3] 在20世纪后半叶,部分国家已经无法在领土范围内规制经济和通过再分配政策调整社会资源,仅仅是以最低成本为全球市场提供基础设施。[4] 主权的解体和跨政府主义成为"真正的世界新秩序"。[5]

限制主权在一定程度上可以减少主权国家在国际事务上的不合作、"搭便车"和国际公共产品赤字。但是,随着经济全球化的发展,全球性能源短缺、债务全球化等问题突破了单个主权国家的规制范畴。主权让渡、主权弱

---

[1] 参见[美]戴维·R. 马雷斯、赵欣:《拉美的资源民族主义与能源安全:对全球原油供给的意义》,载《拉丁美洲研究》2011年第2期。

[2] 参见杨悦、张子介:《"美国优先"及其对美韩同盟的影响探析》,载《太平洋学报》2019年第3期。

[3] 参见[英]苏珊·马克斯:《宪政之谜:国际法、民主和意识形态批判》,方志燕译,上海世纪出版集团2005年版,第94页。

[4] 参见[英]苏珊·马克斯:《宪政之谜:国际法、民主和意识形态批判》,方志燕译,上海世纪出版集团2005年版,第97页。

[5] See Anne-Marie Slaughter, *The Real New World Order*, 76 Foreign Affairs 183(1997).

化日益突出,主权的实现强度大为下降。[1] 并且,主权弱化并没有带来预期的持久利益,经济自由化和全球化与国家利益之间的关系出现了此消彼长的局面,甚至出现冲突和矛盾。[2] 发达国家经济治理难以控制全球化生产、金融、投资等经济活动的负外部性,也无从通过全球经济治理体系推进贸易、投资自由化的议程,发展中国家有差别的国民和最惠国待遇也无法实现更大的经济利益。被裹挟到全球化进程中的国家无法在经贸领域完全实施独立的政策。

尤其是在2008年国际金融危机后,发达国家并未像自由主义宣称的那样实现金融普惠,也无从改善日益拉大的贫困差距。[3] 随着跨国公司将生产、技术向劳动力低廉的发展中国家转移,底层人民面临失业、移民潮和巨大贫富差距,民粹主义兴起,[4] 挤压公共政策空间,[5] 各国政府都开始强调本土产业的保护。2008年国际金融危机之后,主权回归的趋势更多地表现为收紧对外政策,维护国家主权,保障本国利益。例如,阿尔及利亚对国内市场生产产品的外国投资者提出49%股权限制的新要求;澳大利亚收紧对外国投资住宅房地产的规定;加拿大和德国修改了各自的法律,授权政府审查损害或威胁国家安全的投资。发达国家认为WTO争端解决机制损害成员国的规制权,干涉了成员国在公共健康、环境保护、劳工保护和公共道德等领域的政府规制。[6]

因此,发达国家也在国际和国内经济规制中重新开始重视并强化国家主权,捍卫国家主权的对内最高权,维护本国经济利益,在对外贸易中援引例外

---

[1] 参见任卫东:《全球化进程中的国家主权:原则、挑战及选择》,载《国际关系学院学报》2005年第6期。

[2] See Timothy Meyer and Ganesh Sitaraman, *Trade and the Separation of Power*, 107 California Law Review 583(2019).

[3] See Thomas Piketty, *Capital in the Twenty-First Century*, Belknap Press: An Imprint of Harvard University Press, 2017.

[4] See Shen Wei and Shang Shu, *Conceptualizing Unilateralism, Fragmentationism and Statism in a Populism Context—A Rise of Populist International Law?*, 17 Brazilian Journal of International Law 162(2020).

[5] 参见刘鹤主编:《两次全球大危机的比较研究》,中国经济出版社2013年版,第58页。

[6] 参见孙南翔:《美国经贸单边主义及国际应对》,社会科学文献出版社2021年版,第39页。

条款,[1]而对外资进行审查的首要标准就是是否涉及国家安全。国家还会要求减少承担乃至解除业已承担的国际义务,或者强化自身在国际社会中的地位,从而争取更多的权力和国际话语权。

主权国家的主权和中央化的国际治理之间一直处于失衡和再平衡的状态。[2]以规制权为代表的主权重新被加以审视。[3]国际秩序的自由主义基石,被孤立主义、保守主义和单边主义倾向所动摇甚至是取代。[4]特朗普政府提出的"美国优先",英国宣布"脱欧"都是国家主权抬头和回归的重要表现。对现代世界的病状作出反应的旧保守主义试图退回到一种前现代的立场,而新保守主义尽管接受工具理性但是也在缩减理性的范围。[5]

21世纪的两大黑天鹅事件也在促进和加速国家主权的回归。2008年爆发的国际金融危机的一个直接后果是美国国会通过《多德-弗兰克法案》,重构了美国的金融监管架构。[6]多达千页的《多德-弗兰克法案》完全将美国变成一个规制国。[7]2020年新冠疫情席卷全球,为了防止本国战略性资产遭到并购,西方主要发达国家均采取了相关措施,强调供应链安全,加强了对外商投资的审查。欧盟于2020年3月发布了《关于外商直接投资、第三国的资本自由流动与保护欧盟战略性资产的指南》,呼吁成员国之间加强合作,并督促未建立外资审查制度的成员国制定全方位的外商投资审查机制,并且适用于所有经济行业且不具有门槛限制。新冠疫情期间,一些国家还以安全为

---

[1] 参见韩逸畴:《国际规则的"结构性挑战":以贸易协定中的例外规定为例》,载《当代法学》2021年第4期。

[2] See Rui J. P. Figueiredo, Jr. & Barry R. Weingast, *Self-Enforcing Federalism*, 21 Journal of Law, Economics & Organization 103(2005).

[3] See Stephen D. Krasner, Sovereignty: Organized Hypocrisy(1999); Abram Chayes & Antonia Handler Chayes, The New Sovereignty(1995); John H. Jackson, *Sovereignty—Modern: A New Approach to an Outdated Concept*, 97 American Journal of International Law 782(2003).

[4] 参见高柏、草苍:《为什么全球化会发生逆转——逆全球化现象的因果机制分析》,载《文化纵横》2016年第6期。

[5] 参见[英]安德鲁·埃德加:《哈贝马斯:关键概念》,江苏人民出版社2009年版,第117页。

[6] See Viral V. Acharya et al. eds., *Regulating Wall Street: The Dodd-Frank Act and the New Architecture of Global Finance*, John Wiley & Sons, Inc., 2011.

[7] See Lisa Schultz Bressman, Edward L. Rubin, and Kevin M. Stack, *The Regulatory State*, 2nd edition, Wolters Kluwer, 2013.

由,试图阻断全球供应链,为本国自主制造重要抗疫物资的贸易措施正名。

现有国际经济规则给主权国家带来的好处已经开始小于因该条约的限制所造成的损害。美国学者认为,美国遵守国际条约已经不能实现国家利益,特别是在国家安全危机中,自觉遵守国际条约的长期利益和动力不足。[1] 为了实现国家安全和外交政策的目标,美国甚至可以违反国际规则。[2]

三、国际经济法安全困境的博弈论分析

国际贸易中存在对等、非歧视、贸易自由化等基本原则。但是国际社会现实并不如此,这些原则在实践中会发生一定的扭曲,比如中国投资者遭到审查和拒绝投资的数量超过其他国家的投资者。[3]

国家安全审查制度能增强东道国政府的心理上安全感。但是,如果一方采取严格的国家安全审查制度,另一方根据对等原则也采取相应措施,就出现一种悖论:民族国家一方面强调国家安全观,防止其他国家对主权的侵蚀,主张各个领域都要强调国家安全;另一方面又批评其他国家存在国家安全泛化,要求其他国家不能过分强调国家安全。如果多方互相针对,甚至愈演愈烈,互相施加更加严苛的国家安全审查制度,最终导致资本流动在全球趋于停滞,形成国际贸易投资中的人为壁垒,最后演变成新的保护主义。

对于贸易与国家安全,存在两种对立的观点:一种观点认为,更开放的贸易会给国家安全带来更大的风险。例如,如果一个国家依赖进口武器系统,或者依赖进口材料作为其军事装备的关键成分,那么敌人可能会切断这些进口物资的供应,使该国容易受到入侵;假设一个国家进口对本国经济生

---

[1] See Julian Ku and John Yoo, *Taming Globalization: International Law, the U. S. Constitution, and the New World Order*, Oxford University Press, 2012, p. 115.

[2] See Julian Ku and John Yoo, *Taming Globalization: International Law, the U. S. Constitution, and the New World Order*, Oxford University Press, 2012, p. 117.

[3] See Cheng Bian, *National Security Review of Foreign Investment: A Comparative Legal Analysis of China, the United States and the European Union*, Routledge, 2020, p. 131.

活至关重要的商品(如食品和燃料),如果这些进口被切断,经济福利就可能暴跌。[1] 另一种观点认为,上述观点即使在逻辑上成立,现实中也是基本不会发生的。即使来自贸易的安全风险是真实存在的,它们也很少成为进口壁垒本身的理由。[2] 此外,如果一个国家对合同的执行不力(包括交易相对方的欺诈、该国的法律制度无法在违约之后及时救济,也包括该国经常发生征收或以国家安全为名进行种种限制等),那么贸易成本会随之升高,并因此降低贸易量。拥有良好制度的国家可能从贸易中获得额外收益,而那些拥有糟糕制度的国家可能从贸易中损失。[3]

近期的研究指出,国家安全可能正被用于进行贸易限制。1962年的《贸易扩张法案》(Trade Expansion Act)创设的国家安全例外是非常狭隘和很少使用的,特朗普政府广泛地运用这一例外并不是出于经济的考虑,恰恰相反,广泛地运用国家安全例外有可能损害整个世界贸易体系。这一滥用应当受到限制。[4] 各个国家的国家安全政策具有同样的模糊性特征,这种模糊性很可能是有意为权力斗争留下的空间。近年来,外国直接投资越来越多地受到东道国政府基于国家安全考虑的审查就是权力斗争加剧的体现。[5] 近些年美国将国家安全的范围延伸到了意识形态、技术和经济方面,使国家安全的定义从根本上被改变。这可能会使国家安全例外的情况被无限制地扩

---

[1] See John McLaren, *Size, Sunk Costs, and Judge Bowker's Objection to Free Trade*, 87 The American Economic Review 400(1997).

[2] See Avinash Dixit, *International Trade, Foreign Direct Investment, and Security*, 3 Annual Review of Economics 191(2011).

[3] See James Anderson & Douglas Marcouiller, *Insecurity and the Pattern of Trade: An Empirical Investigation*, 84 The Review of Economics and Statistics 342(2002); Andrei Levchenko, *Institutional Quality and International Trade*, 74 The Review of Economic Studies 791(2007); Avinash Dixit, *International Trade, Foreign Direct Investment, and Security*, 3 Annual Review of Economics 191(2011).

[4] See Kevin J. Fandl, *National Security Tariffs: A Threat to Effective Trade Policy*, 23 University of Pennsylvania Journal of Business Law 340(2021).

[5] See Keyan Lai, *National Security and FDI Policy Ambiguity: A Commentary*, 4 Journal of International Business Policy 496(2021).

大,从而导致全球国际经济架构产生变革性重组。[1] 这表明通过"国家安全"进行贸易或投资限制会产生外部性,导致其他国家也更倾向于进行贸易限制。

种种迹象表明,全球经济规则和国家安全正在出现一种裹挟和重叠。[2] 这种裹挟的复杂之处在于国家安全正在从国家间冲突的背景和框架中抽离出来,和非军事的、非人类的、非传统的威胁所呼应,产生一种"新"的国家安全的现实需要和合理依据。同时,保护主义和单边主义为国家通过国家安全措施以逃避贸易或投资保护承诺提供动因。传统的国家间政治平衡已经无法强制区分一般经贸规则和国家安全规则。国家安全的复杂性、复合型也使得国际法庭对滥用的和善意的国家安全政策之间的判断失去了客观的地位和评价能力。简言之,国家安全转型动摇了传统的国家间政治和国际司法监督的两种制约路径。国际政治和法律都无从对这种裹挟和重叠进行有效和清晰的分离和管理,反而有可能因为国家安全和国际经济的重合而催生一种法治和政治相互结合的新型机制。

国家安全泛化存在的悖论涉及大国之间的对抗,博弈论中的"一美元拍卖问题"能在一定程度上对这个博弈问题做出解释和说明。[3] 一美元拍卖理论曾被应用到中韩文化对抗,对博弈论视角下国家安全审查制度也有一定的借鉴意义。[4] 应对一美元拍卖陷阱,主要有以下两种解决办法:第一种为结成同盟,各方互相协商,每次只竞拍五美分,在国与国对抗中各个国家只能有限协商,很难让渡出国家核心利益给他国,故纯粹的合作共赢基本不存在。第二种为制造可信威胁,通过营造一种让他方知难而退的环境,以极低价格

---

[1] See Joel Slawotsky, *The Fusion of Ideology, Technology and Economic Power: Implications of the Emerging New United States National Security Conceptualization*, 20 Chinese Journal of International Law 3(2021).

[2] See J. Benton Heath, *National Security and Economic Globalization: Toward Collision and Reconciliation?* 42 Fordham International Law Journal 1431(2019).

[3] See Martin Shubik, *The Dollar Auction Game: A Paradox in Noncooperative Behavior and Escalation*, 15 Journal of Conflict Resolution 109(1971).

[4] 参见张帅:《美元拍卖博弈理论视角下的中韩文化争论研究》,载《改革与开放》2011年第2期。

获得"一美元"。[1] 例如,美国曾运用国家安全审查制度这一法律手段强制通用公司收购法国阿尔斯通公司。抖音强制收购案也不外如此。

如果双方都不断"加价",贸易冲突的两国都采取可信威胁,无休止扩大国家安全审查适用范围,此时可以"斗鸡博弈"(Chicken Game)的原理加以解释。[2] 比如,特朗普对 TikTok 强制收购案态度强硬,虽然 TikTok 母公司字节跳动表示接受,但中国政府及时通过发布《出口管制法》而避免抖音被强制出售,随后美国政府反而缺乏相应措施。此次交锋仅仅是试探性的,如果中美经贸摩擦愈演愈烈,中美互相采取更加激进的国家安全泛化策略,看哪一方先顶不住国内和国际的压力而服软,试图获得(-2,2)或者(2,-2)收益;或者双方都坚持到底,那么最优对策是接近鱼死网破(-4,-4)时双方达成和解,如古巴导弹危机时美苏最后一刻达成和解,避免世界大战。

其实,新现实主义或结构现实主义理论已经给出了最根本的博弈论分析。格雷厄姆·艾利森(Graham T. Allison)的"修昔底德陷阱"(Thucydides Trap)理论指出,[3] 中美两国目前的关系极其接近于古希腊史学家修昔底德(Thucydides)在"五十年战争"中对希腊两强的描述,由此提出:"中国与美国就是今天的雅典和斯巴达。[4]"概括而言,"修昔底德陷阱"在内涵上指向的是语境不确切的两强关系。修昔底德对于这种关系的界定遵循如下的叙事:"使得战争无可避免的原因是雅典日益壮大的力量,还有这种力量在斯巴达造成的恐惧。[5]"值得分析的是,在原句中,(1)关键词"力量"的出现是否对应"权力"(power)?[6] 由于"权力"是现实主义国际关系理论的核心概念,学者受其影响而大量关注国际关系的现实主义(realism)流派;(2)雅

---

[1] See Martin Shubik, *The Dollar Auction Game*: *A Paradox in Noncooperative Behavior and Escalation*, 15 Journal of Conflict Resolution 109(1971).

[2] 两个司机在同一条道路上高速相向而行,每个人可以在相撞前转向一边而避免相撞,但这将使他被视为"懦夫";如果两个都向前,那么就会出现车毁人伤的局面;但若一个转向而另一个向前,那么向前的司机将成为"勇士"。

[3] 参见周文星:《论"修昔底德陷阱":中美之间必有一战吗?》,载《中国图书评论》2018 年第 7 期。

[4] Graham T. Allison, *Thucydides's Trap Has Been Sprung in the Pacific*, Financial Times, 22 August 2012.

[5] 修昔底德:《伯罗奔尼撒战争史》,徐松岩、黄贤全译,广西师范大学出版社 2004 年版,第 23 页。

[6] 参见宋伟:《现实主义是权力政治理论吗?》,载《世界经济与政治》2004 年第 3 期。

典—斯巴达关系能否被用来映射/类比中美关系？学者主要反思背后的"动力机制"。[1] 这两个问题恰恰对应修昔底德对战争爆发原因的"直接原因"（immediate causes）和"深层原因"（underlying causes）的论述。[2] 修昔底德所著之史被形容为"古典现实主义最早的源头"。[3]

"结构现实主义也称作新现实主义（Neorealism）"，"关注权力、安全、战争、和平、均势等命题"，[4]以分析国家间关系。[5] 国力不同，国家间的权力存在不对等，国家间会爆发战争，尤其是强国对弱国的扩张兼并战争是基本假设。为了求得和平，达成全球安全，各国权力形成均势平衡是最好的选项和状态。这样可以最大限度降低国际政府形态缺位带来的风险控制难题。新现实主义者承认国家处于无政府状态这一基本理论预设，同时也由此推论出"安全困境"的存在——国家在相互冲突的语境下无法达到安全，本国安全以彼国/他国不安全为代价。因此，"安全困境"理论也可以用来分析"修昔底德陷阱"背后的原理。博弈论不仅表明国际经济法尽管缺乏国内法所具有的强制机关但是也有强制力和执行力，而且指出了这样的国际现实，无政府状态下各国为了生存和安全而进行权力斗争，是安全困境最根本所在——一国不断采取各种措施包括采取安全措施增强自己的安全，才觉得自己更安全，而其他国家也同样如此思维如此行事，结果是越追求安全仿佛越不安全，从而产生了安全困境。

四、国际经济法安全困境的出路

国家安全规则具有泛政治化的属性。政治力量或其他因素介入国际经

---

[1] 参见张广生：《伯罗奔尼撒战争与"修昔底德陷阱"问题》，载《上海交通大学学报（哲学社会科学版）》2015年第1期。
[2] 参见莫盛凯：《"修昔底德陷阱"的国内政治逻辑》，载《世界经济与政治》2020年第12期。
[3] 参见黎海波、宋瑞芝：《"修昔底德陷阱"：认识误区与战略应对》，载《现代国际关系》2017年第9期。
[4] 参见李相万：《"萨德入韩"与东北亚的"安全困境"：基于新现实主义的分析》，载《东北亚论坛》2016年第6期。
[5] 参见何元国：《"修昔底德陷阱"：一个站不住脚的概念》，载《安徽史学》2020年第2期。

济活动或国际经济规则,国家在国际经济活动中频繁采取安全措施或过度进行国家安全审查是国家安全泛政治化的重要特征和表现。国家安全内涵和外延的界定对外资审查制度有直接影响,决定了审查的范围及标准。但是,国家安全的概念具有不确定性,因此各国外资审查制度中对国家安全的界定也有不确定性。在地缘经济背景下,国家安全审查虽然有法律化的外观,但内核却是政治问题,这一机制的政治属性无从改变。[1] 国家安全审查的特质决定了审查程序的充分法律化及审查标准的有限法律化。并且,国家安全概念的不确定性、审查标准的模糊性及审查结论的行政裁量性等因素综合作用,加剧了国家安全审查泛政治化的可能。

在中美贸易摩擦中,特朗普政府打破惯例,援引"232条款",以保护国家安全为由,对中国输美产品加征关税,试图保护美国在国际市场中丧失比较竞争优势的制造业。"232条款"的设计初衷是为了防止美国的防务需求过于依赖进口,特别是从那些美国在战时不信任的国家进口。[2] 美国政府于2018年3月1日宣布对进口钢铁和铝产品加征25%和10%的关税,标志着国家安全规则正在从例外上升为原则,有违《WTO协定》和善意原则。

针对外资的国家安全审查是东道国为保护国家安全而在外资领域实施的行政执法行为,对投资自由化和投资者财产权利造成限制,与之相应地,行政机关在审查中享有宽泛的自由裁量权。[3] 综观主要国家的外资安全审查制度,审查时以"国家安全"为由而进行审查的内涵多样,例如,民族利益("中石油并购哈萨克斯坦PK公司案")、民族主义情绪(美国百事公司收购法国达能公司导致了法国数家工会的强烈抗议)、维护扶持民族产业(国家可能为了扶持该产业的发展而拒绝外资对目标企业的收购)都可能是审查的动因。[4]

---

[1] 参见王东光:《国家安全审查:政治法律化与法律政治化》,载《中外法学》2016年第5期。

[2] See U. S. Tools to Address Chinese Market Distortions, Trump Administration Tariffs, Response to Chinese State Capitalism Industrial Policy Subsidies, Investment Restrictions, IP Theft, WTO Disputes, 87.

[3] 参见黄洁琼:《论比例原则在外资国家安全审查中适用》,载《河北法学》2020年第10期。

[4] 参见马如韬、郝正阳、聂嵘:《资源型企业并购重组的动因分析——以中石油多宗并购案为例进行分析》,载《现代商业》2012年第7期。

美国外资国家安全审查制度经过了几十年的发展。特别是在特朗普执政时期，审查机构 CFIUS 的审查范围极度扩大，审查标准比之前严格，[1]尤其是对中国企业审查过程中政治化倾向日益严重，此种现象与美国政府推行的所谓"美国第一"，突出美国例外主义，[2]敌视中国、视中国为最大的竞争对手有关。[3] 美国在对中国投资安全审查过程中呈现政治化特征和针对中国的投资歧视，审查过程任意性突出。[4]

基于博弈论的分析，国际经贸规则中的安全困境可以在结构—平衡—总体之间寻找出路。

（一）稳定现有国际经济规则与国家安全规则之间的二元平行结构

"二战"后形成的国际经贸规则是将国家安全措施和经济规则相互区分，形成一种平行的二元结构。"二战"后，从美苏争霸到苏联解体，国家安全基本限于传统安全，只在极端情况下才会凌驾于国际经贸规则之上。[5] 这种二元结构表明国际经贸活动和安全之间存在比较清晰的界线。[6] 这种界线既给国家自我保护权利以尊重，[7]又通过一定的自决权允许每个国家可以自行裁定例外条款是否适用。这种"自决性"把例外条款和其他条款区分

---

[1] 参见沈伟、田弋滢：《欧盟外商直接投资审查条例出台的背景、规则和应对》，载《海关与经贸研究》2019 年第 6 期。

[2] See H. L. Pohlman, *U. S. Naitonal Security Law：An International Perspective*, Rowman & Litlefkeld 2019, p. X.

[3] 参见李伟、张佳敏：《中国企业对美投资中的美国国家安全审查趋势与对策》，载《太原师范学院学报（社会科学版）》2020 年第 4 期。

[4] 参见王保民、袁博：《美国外资安全审查的政治化趋势及我国的法律应对》，载《国际贸易》2020 年第 10 期。

[5] See J. Benton Heath, *The New National Security Challenge to the Economic Order*, 129 Yale Law Journal 924(2020).

[6] GATT, Art. XXI, Oct 30, 1947, 61 Stat. A-11, 55, U. N. T. S. 194.

[7] See Andrew Emmerson, *Conceptualizing Security Exceptions：Legal Doctrine or Political Excuse?*, 11 Journal of International Economic Law 135(2008).

开来，[1] 国际争端解决机制对例外条款之外的条款有权进行审查，[2] 并且作出有约束力和可强制执行的裁定。[3] "除非情况极其明显，争端解决专家不试图推翻成员国对国际关系中紧急状态的判定。"[4] 尽管目前世界上有24个常设国际法庭，其中80%拥有广泛的强制管辖权，84%授权非国家行为体提起诉讼，在1990年之后就发布了超过37,000多个有约束力的个案裁决。[5] 但在21世纪的头二十年里，没有任何有关安全措施的主张在世界贸易组织中得到裁定。[6] 这种互为平行的二元结构既保证了现有国际经济规则的相对稳定和独立，又保证了国家可以有一定的自决权，通过国家安全政策采取必要的保护措施。安全例外条款也成为相对独立于"二战"后自由主义秩序一个自成一体的规则体系。

这种平行二元模式的基础是国际贸易系统脆弱性的规范性二元假设。一方面，针对贸易措施的审查成本高，贸易机制可以处理一般的安全政策。[7] 如果一国的安全政策受制于国际组织或司法机构，国家可能选择无视国际司法裁决，并且退出条约机制，那么国际贸易规则就会被破坏。[8] 国际经济条约的撤出机制是成员国表达不满的方式和渠道。[9] 所以，安全例

---

[1] See Roger P. Alford, *The Self-Judging WTO Security Exception*, 2011 Utah Law Review 697 (2011).

[2] See Paul Mertenskötter & Richard B. Stewart, *Remote Control: Treaty Requirements for Regulatory Procedures*, 104 Cornell Law Review 165(2018).

[3] See Gary Born, *A New Generation of International Adjudication*, 61 Duke Law Journal 775 (2012).

[4] Mitsuo Matsushitaet et al., *The World Trade Organization: Law, Practice, and Policy*, 3rd edition, Oxford University Press, 2015, p. 553.

[5] See Karen J. Alter, *The New Terrain of International Law: Courts, Politics, Rights*, Princeton University Press, 2014, p. 4.

[6] 哥伦比亚在2000年对尼加拉瓜发起的与海洋边界有关的贸易制裁提起过争端解决，但是此案的争端解决小组从未成立过。See Dispute Settlement Body, Minutes of Meeting Held in the Centre William Rappard on 7 April 2000, WTO Doc. WT/DSB/M/78, 48-62(May 12, 2000).

[7] See Robert E. Scott & Paul B. Stephan, The Limits of Leviathan 160-161(2009).

[8] See Holger Hestermeyer, Article XXI, in Rüdiger Wolfrum, Peter – Tobias Stoll & Holger P. Hestermeyer eds., WTO Trade in Goods, Brill Nijhoff, 2010, p. 569-580.

[9] See Anne van Aaken, *International Investment Law between Commitment and Flexibility: A Contract Theory Analysis*, 12 Journal of International Economic Law 507(2009).

外条款是稳定国际经济规则的"安全阀"。[1] 另一方面,各个国家的共同利益是维护国际经济体系的整体性和稳定性,避免受到不同风险的安全主张的影响。[2] 互惠互利的政治管控相比于法律监管更加有效和现实。这一规范性假设既稳定了现有国际经济规则体系的整体性,又顾及成员国国家安全需要的个体性。

这一平行二元结构的基础逻辑是自由主义的全球市场规制体系:对贸易的不管制是正当的规范,国家管制贸易的干预措施属于例外情形。国际经济规则反对关税、配额等措施,因为在稳定的商品贸易交换过程中,这些措施是不需要的。[3] 基于风险的安全措施也正在动摇国际贸易系统脆弱性的规范性假设。首先,国家可能不再坚持维护自由主义的国际经济秩序是符合本国利益的,因为一些非传统的安全因素可能比维护自由主义的全球经济秩序更为紧迫和重要。[4] 退出现有国际经济体系的成本不再具有阻却一国退出机制的作用。公众舆论和政府信誉可能推动政府背离追求经济稳定的政策。这样,国家就缺乏约束自己安全措施的动机,而采取其他政治上更加有利的行动。[5] 国家安全内化的结果就是政治领导人出于地缘经济的考量而以国家安全的名义对贸易对手和经济伙伴施压。其次,新国家安全的兴起拉大了各国在"安全利益"或者"紧急状态"等议题上的差距,各国在安全问题上很难形成共识。规则、争端解决机制和外交控制可能都无法解决这样的分歧。再者,新国家安全的不可预测性推动了国内政策安全化、国家安全内化和安全概念多面化,国内监管政策和措施与国家安全政策发生重叠。后果是,一

---

[1] See Wesley A. Cann, Jr. , *Creating Standards and Accountability for the Use of the WTO Security Exception:Reducing the Role of Power-based Relations and Establishing a New Balance between Sovereignty and Multilateralism*,26 Yale Journal of International Law 413(2001).

[2] See Roger P. Alford, *The Self-Judging WTO Security Exception*, 2011 Utah Law Review 697 (2011).

[3] See David Kennedy, *Turning to Market Democracy:A Tale of Two Architectures*, 32 Harvard International Law Journal 373(1991).

[4] See Barry Buzan, Ole Waever & Jaap de Wilde, *Security:A New Framework for Analysis*, Lynne Rienner Publishers,1997,p. 106.

[5] See Robert O. Keohane,*Reciprocity in International Relations*,in International Institutions and State Power,Westview Press,Inc. ,1989,p. 132-152.

方面,现有国际经济治理机制趋于无力化,因为国际经济规则被安全政策打断,自由主义式微;[1]另一方面,去全球化加速了区域主义、多边主义或小多边主义,一些国家积极构建"小俱乐部"模式,[2]因为意识形态同质化(或者成员国其他相同的特质)可以增加霸权主义的稳定性。[3]

几乎所有的国际条约都包括正式的例外条款,允许政府合法地违反其承诺的规则,以处理意外事件。国际经济规则通过安全条款,给予政府必要违法的灵活性,以应对安全事件。在国家安全泛化的时代,除了坚持现有的国际经济规则和安全规则相互分离的体系,还应有效避免各国政府在适用安全规则以保护安全时不滥用这种灵活性。[4]

(二)平衡传统国际经贸规则对经济自由化的片面追求

传统国际投资规则是在新自由主义的影响下形成的,是自由主义国际秩序的一部分,[5]以市场自由化、资本自由流动和政府管制最小化为导向。在传统国际投资规则下,东道国国内一些关键和特殊行业有遭到外国投资者控制的风险,东道国国内监管权的被限制,东道国其他利益失衡并威胁到国家安全。这迫使东道国在引进外资和监管外资的政策目标之间寻求平衡。

经合组织为东道国在国家安全领域的投资规制措施提供指引,认为东道国应依具体风险调整投资政策,当其他投资政策(如部门许可、金融市场监管等)不能解决国家安全问题时,可以考虑限制性措施作为最后解决手段。[6]

---

[1] See Jules Lobel, *Emergency Power and the Decline of Liberalism*, 98 Yale Law Journal 1385 (1989).

[2] See Robert O. Keohane and Joseph S. Nye, Jr., *The Club Model of Multilateral Cooperation and Problems of Democratic Legitimacy*, in Robert O. Keohane ed., Power and Governance in a Partially Globalized World, Routledge, 2002, p. 219.

[3] See Nicolas Lamp, *The Club Approach to Multilateral Trade Lawmaking*, 49 Vanderbilt Law Review 107(2021).

[4] See Krzysztof J. Pelc, *Making and Bending International Rules——The Design of Exceptions and Escape Clauses in Trade Law*, Cambrdige University Press, 2016.

[5] See Francis Fukuyama, *The End of History and the Last Man*, Free Press, 1992, p. 283.

[6] 参见钱嘉宁、黄世席:《国际投资法下东道国监管权的改革——基于可持续发展原则的分析》,载《北京理工大学学报(社会科学版)》2018年第4期。

东道国越来越注重政府规制权,国家安全例外条款更多地出现在双边投资协定和自由贸易协定当中。

这种不断增强的重合性对国际政治、国际关系和国际法治带来变数和机会。一个直接后果就是安全例外条款会成为安全原则条款,变成国际经济规则的一部分,甚至是国际经济规则适用的前提条件。在数据、网络领域,这样的可能性正在成为现实性。由于安全因素的多元性,安全因素介入国际经济规则的另一个后果是国际经济规则所依赖的利益基础将会发生变形,出现国际经济规则多中心主义或者法律主义弱化的可能。由此,"二战"之后建立的以自由主义为基础的布雷顿森林体系将会被基础不确定的体系所取代,法律主义会被现实主义代替。政治外交可能抬头,国际法治可能削弱。

有效应对国家安全泛化趋势的博弈论启示是,国际经贸规则要坚持信息透明,消除国家之间政策制定过程中的信息不对称,国家之间的冲突应当通过谈判解决,国家安全不能够被作为无限限制知情权和国际经贸活动的理由。各国应坚持贸易自由主义,反对以"国家安全"为由进行贸易限制,维护现有多边贸易体系,坚持具有透明度的多边主义贸易体系。国家应当认同这样的观点,扩大贸易之后两国之间关系会更好,也会变得更加安全。

(三) 关注国际经济治理中的利益攸关者和总体安全

国家选择主权回归的原因相对复杂,因此对于不同的国家,"回归"之后的影响也不相同。在经济发展层面,不同发达程度的国家,虽然从表面来看不约而同选择了相似的策略,但是原因大相径庭。美国的外交政策正在从新保守主义向现实主义性质的经济国家主义转向。[1] 虽然,美国选择"回归"的政策势必会削弱其国际影响力,但也可以使之将更多注意力放在国内事务和发展上,有利于减小国内矛盾。

对于发展中国家,选择"回归"更多是因为"离开"带来的好处已经变得越来越小,甚至于某些条约还会限制国家的发展以及约束国家的主权,因此

---

[1] See Eric Engle, *Trump's Foreign Policy: Realist Economic Nationalism*, 14 Loyola University Chicago International Law Review 91(2016).

选择"回归"有利于本国经济的自主发展。相反,随着发展中国家国力的不断提升,这些国家也希望能够在国际社会占有一席之地,而"回归"能够给其带来一定的话语权,因而选择"回归"也就在意料之中了。由于全球化为国家偏转全球化的均质化影响提供文化外壳,[1]国家的回归将会导致国际层面的法治出现倒退,导致法治更多地依赖东道国的国内法。[2]

非政府组织也在环境、劳工、人权等问题上不断地向跨国公司提出要求。为了维持国际竞争,本国财政法和劳动法需要满足跨国公司的需求,货币政策需要迎合全球金融市场的趋势。[3] 跨国公司的发展使其能够不断逃避母国的监管,如逃避母国税收的管制,从而对母国的传统主权形成了挑战,不仅致使母国产业结构不完整,而且影响母国的金融安全,甚至影响母国国家安全。另外,跨国公司通过资本的力量在东道国取得话语权,对东道国的环境、经济等产生影响,使东道国的产业发展因跨国公司竞争变得畸形,比如,使金融市场高度全球化,但是劳动力市场仍然以国内法为规范,受本国情况的限制。[4] 这种差异化影响国内收支平衡,威胁到东道国的经济安全。因此,跨国公司的母国和东道国均开始加强公共利益的保护,展开国家安全审查,采取消费者保护和市场有序竞争等措施对跨国公司进行管制和制度防范。[5]

面对复杂的国际形势,我国已提出"总体国家安全观"。"当前我国国家安全内涵和外延比历史上任何时候都要丰富,时空领域比历史上任何时候都要宽广,内外因素比历史上任何时候都要复杂。"[6]依此,国家安全的内涵至少包括"政治安全、国土安全、军事安全、经济安全、文化安全、社会安全、科技

---

[1] See Mark Malloch-Brown, *The Unfinished Global Revolution—The Pursuit of a New International Politics*, The Penguin Press, 2011, p. 218.

[2] 参见蔡从燕:《国家的"离开""回归"与国际法的未来》,载《国际法研究》2018年第4期。

[3] 参见[英]苏珊·马克斯:《宪政之谜:国际法、民主和意识形态批判》,方志燕译,上海世纪出版集团2005年版,第97页。

[4] 参见[英]苏珊·马克斯:《宪政之谜:国际法、民主和意识形态批判》,方志燕译,上海世纪出版集团2005年版,第96页。

[5] 参见牛子牛:《跨国垄断资本与主权国家的当代矛盾——论当代新资本形态内在矛盾的一种表现形式》,载《学术月刊》2021年第7期。

[6] 习近平:《坚持总体国家安全观,走中国特色国家安全道路》,载人民网,http://cpc.people.com.cn/n/2014/0416/c64094-24900492.html。

安全、信息安全、生态安全、资源安全、核安全"等。总体国家安全观是一种非传统国家安全观,具有非传统安全观的特征。总体国家安全观把"内部安全"和"外部安全"作为国家安全不可分割的两个方面来论述,对国家安全的认识更加完整和全面。[1] 总体国家安全观同时包括对内的安全和对外的安全,既重视国土安全,又重视国民安全。与较为强调国土的或抽象意义上的国民整体的安全不同,总体国家安全观也重视国民个人的安全(如信息安全、核安全),既是针对抽象整体的,也是针对具体个人的。更为重要的是,总体国家安全观"既重视自身安全,又重视共同安全,打造命运共同体,推动各方朝着互利互惠、共同安全的目标相向而行"[2]。传统国家安全观都较为强调"防备",包括防备他人与防备自然;而总体国家安全观更加强调合作,达到共同安全的目标。

五、启示:代结语

国家安全的内涵随着国际关系、科技发展、历史事件等因素的变化而变化,从传统的国家安全等同于军事安全,到军事安全和政治安全并重,再到涵盖经济安全、人的安全,甚至是非人为因素引起的非传统安全,国家安全是一个根据国家利益、现实威胁、国际关系等因素动态调整的概念。[3]

经济自由化和国家安全之间的关系正在经历复杂而深刻的重构。[4] 新国家安全主义是一种广义的安全,体现在国内政策,甚至是国际政策的各个方面,[5]而经济政策只是这种安全议程的一部分,和其他社会、政治等威胁

---

[1] 参见高飞:《中国的总体国家安全观浅析》,载《科学社会主义》2015年第2期。
[2] 习近平:《坚持总体国家安全观,走中国特色国家安全道路》,载人民网,http://cpc.people.com.cn/n/2014/0416/c64094-24900492.html。
[3] 参见[英]巴里·布赞:《论非传统安全研究的理论架构》,余潇枫译,载《世界经济与政治》2010年第1期。
[4] See J. Benton Heath, *The New National Security Challenge to the Economic Order*, 129 Yale Law Journal 924(2020).
[5] See Gregory H. Fox, Kristen E. Boon & Isaac Jenkins, *The Contributions of United Nations Security Council Resolutions to the Law of Non-International Armed Conflict: New Evidence of Customary International Law*, 67 American University Law Review 649(2018).

一样都可以构成安全措施的基础。[1] 国际经济法和新安全实践之间的张力是明显的,例外论框架正在受到非人类威胁(比如气候变化、环境污染或流行疾病)和非传统安全(比如网络安全)的多重影响,[2] 特别是一些国家经济政策受到政治意识形态化(比如"美国第一")[3] 的侵蚀。安全措施和国际经济秩序之间通过重合而结合,而两者的深度结合又弱化国际经济规则,国际经济体系可能走到了一个重新整合或调整的十字路口。

世界经济(逆)全球化已经对全球经济格局产生深远影响,尤其是对经济实力较弱的发展中国家更是一把"双刃剑"。全球经济影响政治结果。[4] 在当代安全环境下,地缘经济秩序(geoeconomic world order)把经济竞争对手视为安全威胁,经济依赖被视为安全风险,而非安全收益。[5] 零和博弈的政策制定者通常秉持赢者通吃的立场制定安全政策,其他国家的收益可能是本国的成本。发展中国家对保护国家安全要有清醒的认识,不能搞"休克疗法",忽视问题的存在,放任各种潜在危险变成现实危险,但也不能因强调国家安全而不参与全球化进程。经济全球化进程中的主权不再仅仅建立在独立基础之上,也有赖于国家之间的互相依存。[6] 简言之,在国际经济规则中界定"国家安全"既不能忽略非军事因素对国家安全的影响,又要避免"安全"概念的无休止扩大。

---

[1] See Cont'l Casualty Co., Award, para. 181; Sempra Energy Int'l, Award, para. 374; Enron Corp., Award, para. 332; LG & E Energy Corp. Decision on Liability, para. 238; CMS Gas Transmission Co., Award, paras. 359-360.

[2] See Shin-yi Peng, *Cybersecurity Threats and the WTO National Security Exceptions*, 18 Journal of International Economic Law 449(2015).

[3] See H. L. Pohlman, *U. S. National Security Law: An International Perspective*, Rowman & Littlefield,2019,p. xii.

[4] 参见[英]苏珊·马克斯:《宪政之谜:国际法、民主和意识形态批判》,方志燕译,上海世纪出版集团2005年版,第67页。

[5] See Anthea Roberts, Henrique Cheor Moraes & Victor Ferguson, *The Geoeconomic World Order*, Lawfare(19 November 2018),https://www. lawfaremedia. org/article/geoeconomic-world-order.

[6] See Pedro J. Martinez-Fraga and C. Ryan Reetz, *Public Purpose in International Law—Rethinking Regulatory Sovereignty in the Global Era*, Cambridge University Press,2015.

中美竞争语境下当代国际经济秩序规则体系的演变：从理念之变到制度性权力博弈

王江雨[*]

> **摘 要** 本文主要探讨中美地缘政治和经济竞争对当代国际秩序规则体系演变的影响。"二战"后的国际经济体系为美国所主导建立，它以布雷顿森林体系之创建为肇始，以自由贸易为其基本精神，以一整套纷繁复杂的统一经贸规则为架构，形成了所谓的"自由主义经济秩序"。但从特朗普当选美国总统前后开始，国际经济的演变进入了破坏性的震荡与调整时期。最重大的发展是美国在理念上和实际政策行动上都出现了对自由主义经济秩序的重大背离。本文重点解读美国的这种背离在国际经济体系中所造成的负面制度规则博弈，并简略分析中国在由此产生的制度性权力竞争中如何应对。
>
> **关键词** 自由贸易 自由主义国际经济秩序 国际经济体系 多边贸易体系 中美竞争 产业政策 制度性权力竞争

一、导论

第二次世界大战之后的数十年里，国际经济体系（International Economic System）的主体架构基本上是美国在 20 世纪 40 年代主导建立的自由主义经

---

[*] 王江雨，香港城市大学法律学院教授，中国法与比较法研究中心主任。联系邮箱：jiangyu.wang@cityu.edu.hk。

济秩序(Liberal International Economic Order,LIEO)。[1] 这一秩序以布雷顿森林体系为根基,以自由贸易为基本精神,以一整套纷繁复杂的统一经贸规则为架构,是人类历史上前所未有的独特制度体系。[2] 当然,这里的"统一"性大体指的是 LIEO 内部的一元化规则体系结构。应当指出的是,在"二战"后不同的历史时期,都同时并存着若干不同的国际经贸体系。在"冷战"时代,地缘政治意义上的"苏东地区",即苏联东欧阵营,通过斯大林模式的社会主义来作为连接纽带,集团内部的贸易关系通过苏联于 1949 年牵头成立的经济互助委员会(以下简称经互会,CMEA)来协调,各成员国大体根据苏联领导层制定的经济计划来生产和互通有无。经互会相对于西方市场体系具有独立性和平行性,但其作为经贸体系的重要性自 20 世纪 70 年代以来逐渐下降,直至经互会作为一个组织于 1991 年 6 月 28 日正式解散,而经互会成员国此后被吸纳进入美西方主导的国际经济体系。[3] 广大发展中国家成立了不结盟运动、77 国集团等来争取独立自主,但并没有搭建独立的国际经济体系。

自改革开放以来,中国逐渐融入当代国际经济体系并成为其中最主要的经济体之一。在这个过程中,中国的国际经济政策和实践表现出两个特点:一是主动性,二是对主流经贸规则的真诚接受。就第一点而言,中国在"十年

---

[1] 在此需要在概念上对国际体系和国际秩序稍加区分。国际体系指的是国际社会无政府状态的现实。国际体系的无政府状态并不等于是混乱状态,而在大多数情况下更可能是一个有机结构的整体。如沃尔兹(Waltz)所云,"一个体系是由一个结构相互作用的单位组成,结构是全系统的组件,它使把系统看作整体成为可能"。See Kenneth N. Waltz, *Theory of International Politics*, Addison-Wesley Publishing Company, 1979, p. 79. 国际秩序不是一个国际体系的构成要素,而是其"性质"。换言之,国际体系的状态,是由其所拥有的国际秩序决定的。采用依肯伯里(Ikenberry)的定义,国际秩序是国际社会管理国家间关系的一系列安排,体现为一些基本的规则、原则和制度。亨利·基辛格(Henry Kissinger)进一步强调秩序的两个要素:一是共同的接受的规则,二是维持规则的力量对比。参见刘丰:《国际秩序的定义与类型化辨析》,载复旦大学"一带一路"及全球治理研究院官网 2022 年 4 月 20 日,https://brgg.fudan.edu.cn/articleinfo_4830.html。

[2] See G. John Ikenberry, *The Rise of China and the Future of the West*, 87 Foreign Affairs 23 (2008).

[3] See generally, Harry G. Broadman eds., *From Disintegration to Reintegration: Eastern Europe and the Former Soviet Union in International Trade*, The World Bank, 2005; Carl B. Hamilton, L. Alan Winters, *Opening Up International Trade with Eastern Europe*, 7 Economic Policy 77(1992).

浩劫"后主动对外打开大门,全面发展与西方国家的经贸关系,在20世纪80年代和20世纪90年代,中国几乎是单方面对外开放市场、降低关税、迎接外资。另外,中国从四十年前就开始主动对标《关税与贸易总协定》[和后来的世界贸易组织(WTO)]的贸易和投资规则,从根本上改革本国的经济体制和法律制度,建立了一套基本上符合市场经济原则的经贸规则体系。简言之,中国在改革开放时期,对自由主义国际经济秩序总体上采取接纳和融入的态度,其行为模式算是一个"规则遵循者"(rule-taker),这一点无论是中国自身的表现还是国际社会——包括美国为首的西方在内——对中国国际角色的感知,都呈现趋同性。换言之,过去四十年的国际经济体系的一个基本特征是,它大体上遵循"二战"之后布雷顿森林体系所确立的自由贸易精神和以非歧视待遇为基础的一整套规则体系,并且得到世界上主要国家和经济体——包括美国、欧盟、中国等——的共同遵守和维护。

基本上以特朗普2017年担任美国总统为"分水岭",国际经济体系的演变进入了"破坏"时期,或者,如赵宏教授所指出的,当下国际经贸规则体系"正在经历震荡和调整"[1]。特朗普时期的美国抛开其作为自由主义国际秩序构造者的身份,以"美国优先"的名义,不仅离开了"环太平洋伙伴关系协定"(Trans-Pacific Partnership,TPP),也退出或者威胁退出多个国际组织,挑起与包括西方集团成员在内的多个国家的贸易冲突,开展与中国大规模的贸易争端,滥用国家安全措施树立贸易壁垒,导致WTO上诉机构瘫痪,对多边贸易体制"造成严重冲击和伤害"[2]。拜登时期,通过多个法案,其最大特点是史无前例地在美国大规模推行产业政策,对芯片、新能源产业等提供数量巨大的补贴,涉嫌严重违反WTO的相关规则。此外,美国针对中国的出口管制和制裁措施,已经被WTO专家组在"司法裁决"意义上认定为非法,但美国拒不执行相关裁定。[3]

"破坏"已经成为现象级存在,"重建"却仍处在隧道中,踟蹰前行,企盼

---

[1] 赵宏:《新时期国际经贸规则变革的国际法理论问题》,载《中国法律评论》2023年第2期。
[2] 赵宏:《新时期国际经贸规则变革的国际法理论问题》,载《中国法律评论》2023年第2期。
[3] 参见赵宏:《新时期国际经贸规则变革的国际法理论问题》,载《中国法律评论》2023年第2期。

光明。从"立法"的角度看,在这一新时期,国际经贸规则的制定已经从传统的发达国家"一元化"垄断状态向多元化方向演化。中国迅速崛起为世界经济大国和有影响力的世界政治大国,其在国际经济体系中的话语权也在不断增加。此外,众多的区域性平台,包括自由贸易协定、双边投资协定、中小国家联盟等,也日渐成为国际规则的提供者。这导致了国际经济规则制定的"碎片化"现象加剧。在中美地缘政治和地缘经济竞争的时代背景下,国际规则制定行为还难免出现"阵营化"现象,即少数国家基于共享的价值观和利益,在多边或地区规则制定平台建立某种形式的同盟关系,共同推动某些有利于自身的规则的形成。

二、从 0 到 1:"二战"后"一元化"国际经贸规则体系的建立

如前所述,直到"二战"结束之后,国际社会才建立了一个全球性的、规则和市场导向的经济秩序。在此之前的三个世纪,国际经济交往,尤其是贸易,虽然不完全处在无政府状态,但基本上是缺乏协调的"条块化"的存在,具有以下基本特征。第一,当时的国际经济体系是一个"欧洲中心"的世界。经历了重商主义国家建设阶段和第一次工业革命并通过殖民掠夺获取了全世界财富的欧洲,在这段时间成为世界上最大的经济力量、科创中心和商贸中心。第二,欧洲列强与其亚非拉殖民地的贸易构成当时世界贸易的主流。英国、法国和荷兰等国推行的"殖民地贸易政策"(colonial trade policy),垄断与殖民地的贸易,要求殖民地集中生产宗主国需要的原材料(比如殖民地被迫种植宗主国需要的单一经济作物),并只从宗主国进口工业制成品,其总目的是维护其在殖民地的经济特权地位。英属和荷属东印度公司的成立,就是为了实现对殖民地贸易的独占经营。第三,国际经贸活动缺乏一套全球性的规则,经贸关系在不同程度上依靠暴力、惯例和伴随政治外交关系经常发生变化的互惠关系来维持。第四,当时的国际货币制度是自动运行的金本位制,各国货币根据自身的含金量确定价值并进行兑换。应该说,19 世纪流行的金本位制在很大程度上起到了当时国际经济体系运作的"定海神针"的作

用,造就了欧洲经济发展的"黄金时期"。但是,金本位制在第一次世界大战之前就基本崩溃了。[1]

由于没有统一的规则及维持规则的背后力量,"二战"前的国际经济关系史中充斥着列强之间的贸易战,[2]且两次世界大战的发生都和贸易纠纷有着直接或间接的关系。第二次世界大战期间,英美首脑在1941年会晤后发表的《大西洋宪章》首倡在战后实现"所有国家,不分大小,战胜者或战败者……在同等条件下……参加世界贸易和获取原料"[3],就此设定了以美国为主导,英美合力重塑战后世界经济秩序的计划。通过1944年7月召开的布雷顿森林会议,美国实现了其关于战后经济秩序的核心理念,即建立一个能够在最大限度上减少国际贸易和支付壁垒、以非歧视为基础的多边经济体系。[4] 这一被称为"布雷顿森林体系"的国际经济秩序有三个支柱:一是规则导向的(rules-oriented)全球一体化的国际贸易法体系,主要体现为1947年通过的《关税与贸易总协定》,以及在此基础上派生的各种公认的贸易法原则、判例,以及那些已经内化为国内经贸法律制度的规则。二是全球协调的国际货币体系,通过国际货币基金组织(IMF)一方面推行用于贸易支付的经常项目账户(current account),另一方面并不禁止各国对资本项目账户(capital account)施加限制(外汇管制),借此减少国际贸易支付的障碍,又给各国留下管控资本流动的政策空间。三是通过世界银行(World Bank)体系建立全球性的发展援助制度,为发展中国家提供长期贷款和信贷担保、技术援助、能力建设等,以帮助其实现经济增长,减少贫困。

如依肯伯里(Ikenberry)所指出的,美国主导创立的战后秩序,即所谓自

---

[1] See Barry Eichengreen and Marc Flandreau eds. , *The Gold Standard in Theory and Practice*, 2nd edition, Routledge, 2005.

[2] 如18世纪末到19世纪初法国大革命和拿破仑战争时期的英法贸易战,1873—1896年"长萧条"(The Long Depression)时期因为欧洲各国纷纷采取贸易保护主义而引发的列强之间大规模贸易摩擦,及1930年美国的《斯穆特—郝利关税法案》(The Smoot-Hawley Tariff Act)引发的工业国家之间的关税战。此外,英国对中国发动的两次鸦片战争,在本质上是侵略战争,但也是以贸易战名义进行。

[3] Atlantic Charter, point 4, at https://avalon.law.yale.edu/wwii/atlantic.asp.

[4] See Catherine R. Schenk, *International Economic Relations Since 1945*, 2nd edition, Routledge, 2021, p. 23.

由主义国际秩序,包括国际经济秩序在内,具有如下前所未有的特点。第一,这一秩序建构在以非歧视原则和市场开放为基本精神的规则和规范的基础上,从而为体系内任何国家谋求经济或者政治上的地位上升创造了基本条件。此前的国际秩序中,新增物质财富不成比例地流向秩序的主导国家,但是在自由主义国际秩序中,参与国际经济活动的成本低、收益高,新参与国家很容易受益,比如中国就是在这个体系中从贫穷落后起步,发展成为世界第二大经济体和一个工业国家。[1] 第二,依肯伯里认为自由主义国际秩序的领导者是一个联盟集团,而不是单个霸权国家。就目前而言,美国的联盟构建将主要西方国家纳入了秩序的领导集团……从而避免使它们成为对美国领导地位的潜在挑战者,也能震慑其他的潜在挑战者。[2] 第三,自由主义国际秩序同时也是法治秩序,它具有一整套内容广泛且得到广泛支持的规则和制度体系,因而它较之以前的秩序而言具有前所未有的"以规则为基础"(rule-based)的性质。[3]

就其经济本质而言,布雷顿森林体系的核心精神是促进包括资本和资本性货物、人力、科技、知识等要素在全球的自由流动,根据比较优势和经济效率原则自由配置,流向能实现利润最大化的国家和地区。以最大限度减少或消除贸易壁垒和非歧视待遇为基础的自由贸易原则,根据各国比较优势来分配生产力和利润,优势强的国家的财富最终会逐步增长。重要的是,比较优势并不是一成不变的,它既包括先天的要素禀赋比如土地、地理位置、劳动力等,也包括可以通过后天的学习、创新、善用政策工具等创造的相对优势,包括相对竞争优势和相对合作优势。随着科技的发展,社会生产方式的革新,以及生活方式的变化,由先天要素禀赋形成的比较优势越来越相对弱化,在总体比较优势中的占比逐步递减,而后天的政策和制度所造就的比较

---

[1] See G. John Ikenberry, *The Rise of China and the Future of the West*, 87 Foreign Affairs 23 (2008).

[2] See G. John Ikenberry, *The Rise of China and the Future of the West*, 87 Foreign Affairs 23 (2008).

[3] See G. John Ikenberry, *The Rise of China and the Future of the West*, 87 Foreign Affairs 23 (2008).

优势越来越重要,甚至可能起到决定性作用。换言之,生产要素在全球范围内的相对自由流动导致比较优势成为一个动态的概念,一国可以通过教育、科技创新、产业政策等,利用全球的资源,构建本国或地区的比较优势,在经济发展方面后来居上,实现"弯道超车"的跨越式发展。

三、致命的破坏?:中美竞争对国际经济秩序规则体系的挑战

(一)理念之变:美国对自由贸易的反思和否定

美国是"二战"后自由主义国际经济秩序的主导制度设计者,长期以来也是其主要维护者。几十年来,美国的贸易政策虽然具有保护主义的一方面,但基本上是以"公平贸易"的名义进行,并没有从根本上质疑和挑战自由贸易的底线。[1] 但美国社会一直存在对自由贸易不满的暗流,到特朗普时代终于爆发,成为拿上台面的官方政策。特朗普在 2016 年的一次竞选演讲中系统消解美国的传统贸易政策,称自由贸易损害了美国的经济独立,使得美国制造业工作岗位大量流失到外国。[2]

特朗普上台后,就贸易政策而言,主要做了三件事:一是主动进攻,挑起了一场对中国的大规模的经贸摩擦,最后导致中美对彼此之间绝大多数进口商品施加了惩罚性关税,平均税率在 20% 左右。[3] 二是以"美国优先"原则为准绳,重新评估美国加入的所有双边和区域性贸易协议,或者直接退出,或者以退出或提高关税为威胁,要求贸易伙伴重新谈判。特朗普就任后第一周就退出了小布什和奥巴马两届政府主导谈判达成的 TPP。[4] 同年,美国强

---

[1] See Stephen D. Cohen, Robert A. Becker, and Peter D. Whitney, *Fundamentals of U. S. Foreign Trade Policy:Economics,Politics,Laws and Issues*,2nd edition,Westview Press,2003.

[2] See Donald Trump,*Declaring America's Economic Independence*,Politico(28 June 2016),https://www. politico. com/story/2016/06/full-transcript-trump-job-plan-speech-224891.

[3] See Chad P. Bown, *US - China Trade War Tariffs:An Up-to-Date Chart*, Peterson Institute for International Economics(4 April 2023),www. piie. com.

[4] TPP 最初是新加坡、新西兰、智利、文莱四国在 2005 年签订的自贸协定,2008 年美国总统小布什宣布加入 TPP 谈判。2015 年,在奥巴马政府的绝对主导下,美国、日本等 12 个国家完成所有谈判,于 2016 年 2 月 4 日正式签署了 TPP 协议。

迫加拿大和墨西哥重新谈判《北美自由贸易协定》(NAFTA),三方于2018年10月1日达成《美国—墨西哥—加拿大协定》(The Agreement between the United States of America, the United Mexican States, and Canada, USMCA)。作为NAFTA的升级版,USMCA增加了若干对美国单方有利的条款,比如以配额手段来推动厂商在美国生产汽车,加拿大对美国更大程度开放奶制品市场,及增加加拿大人网上购买美国商品的免税限额等。三是批判和攻击WTO所代表的多边贸易体制,使其上诉机构功能瘫痪。

特朗普政府的贸易代表(USTR)和贸易政策主要操刀手罗伯特·莱特希泽(Robert E. Lighthizer)在《外交事务》杂志发表的一篇文章系统阐述了特朗普贸易政策的主要理念。[1] 莱特希泽认为,正确的贸易政策的目标并不是通过关税手段实现地缘政治目标,或者实现经济效率最大化,而是使"大多数公民(包括没有受过大学教育的人)通过稳定和待遇良好的工作进入中产阶层"。[2] 莱特希泽承认这一理念不尽然符合自由贸易原理,但强调美国需要"在贸易自由化的收益与保障体面工作的政策之间取得平衡"。[3] 在竞选中猛烈攻击特朗普的拜登,在当选后却基本继承了特朗普的贸易政策,包括维持了所有对中国施加的惩罚性关税。更明显的是,拜登政府从精神上全盘继承了特朗普时代的"以工人为中心的贸易政策"。拜登政府的贸易代表戴琦(Katherine Tai)就明确指出,过去的自由贸易政策背弃了对美国工人的承诺,所以未来的贸易谈判必须纳入工人代表。[4] 这一"传承"表明,美国贸易政策的转向,并不是某个政客的一时兴起或者高度个人化的偏好,而是美国

---

[1] See Robert E. Lighthizer, *How to Make Trade Work for Workers? Charting a Path between Protectionism and Globalism*, 99 Foreign Affairs 78(2020).

[2] See Robert E. Lighthizer, *How to Make Trade Work for Workers? Charting a Path between Protectionism and Globalism*, 99 Foreign Affairs 78(2020).

[3] See Robert E. Lighthizer, *How to Make Trade Work for Workers? Charting a Path between Protectionism and Globalism*, 99 Foreign Affairs 78(2020).

[4] See U. S. Trade Representative Katherine Tai Outlines Biden-Harris Administration's Historic "Workers-cantered Trade Policy", Office of the United States Trade Representative (10 June 2021), https://ustr.gov/about-us/policy-offices/press-office/press-releases/2021/june/us-trade-representative-katherine-tai-outlines-biden-harris-administrations-historic-worker-centered.

精英层的合意。

但拜登政府在调整美国内外经济政策方面走的步子之大,还是颇为令人震惊。拜登的国家安全顾问杰克·苏利文(Jake Sullivan)于2023年4月27日宣布的贸易与投资政策框架,标志着美国的国际经济理念发生了极为重大的变化,这将会对国际经济秩序的演变产生颠覆性的影响。[1] 苏利文首先承认,"二战"后"美国领导一个被破坏得支离破碎的世界建立了一个新的国际经济秩序,它帮助数亿人摆脱了贫困,经历了激动人心的技术革命,使美国和世界上许多其他国家实现了新水平的繁荣"[2]。但是,"过去几十年(国际经济秩序的)地基出现了裂缝,变动不居的国际经济让许多美国劳动者和他们的社区落后于时代。"[3]苏利文指出美国需要达成一个新的共识(a new consensus),其主要内容——从原因到解决方案——包括如下:

(1)市场并非总是能有效地配置资源。但是,美国过去的政策导致"以被过分简化的市场效率的名义,战略物资的整个供应链——以及制造这些物资的行业和工作岗位——都被转移到了海外"。结果,深度贸易自由化学说的将有助于美国出口商品的许诺落空了,相反,美国倒是将自己的就业和产能输出到了外国,导致本国工业基础被掏空。[4]

(2)传统经济学根深蒂固的假设是,增长的类型并不重要,所有的增长都是好的。但这导致的结果是,金融等行业在经济中享有特权,而半导体和基础设施等其他关键部门却日渐萎缩。这是完全错误的经济发展局面。

(3)传统的国际经济政策基于一个假设,即"经济一体化将使各国更加负责任和更加开放,全球秩序也将更和平和合作"。但事实并非总是如此,因为这一政策导致一个庞大的非市场经济体,即中国,已经以挑战性姿态融入

---

[1] See *Remarks by National Security Advisor Jake Sullivan on Renewing American Economic Leadership at the Brookings Institution*, The White House(27 April 2023), www.whitehouse.gov.

[2] *Remarks by National Security Advisor Jake Sullivan on Renewing American Economic Leadership at the Brookings Institution*, The White House(27 April 2023), www.whitehouse.gov.

[3] *Remarks by National Security Advisor Jake Sullivan on Renewing American Economic Leadership at the Brookings Institution*, The White House(27 April 2023), www.whitehouse.gov.

[4] See *Remarks by National Security Advisor Jake Sullivan on Renewing American Economic Leadership at the Brookings Institution*, The White House(27 April 2023), www.whitehouse.gov.

了当代国际经济秩序,这不仅导致美国失去了制造业,还削弱了美国在关键技术方面的影响力。世界经济的一体化并没有阻止中国和美国在军事上的勃勃进取,也没有使这两个大国变得更加负责任或加强合作。世界经济自由化所导致的经济相互依赖已经变得非常危险,能源、医疗设备、半导体或者关键矿物的供应链脆弱性可以被当作经济或地缘政治的武器。

(4)气候危机和能源转型所造就的经济增长机遇和工作机会,必须在美国实现,对此美国有一个亲力亲为的投资战略,不能以经济自由化的名义把机会让给其他国家。

(5)自由贸易导致收入不平等。普遍的假设是贸易推动的经济增长是包容性的,其收益将在一国内部得到广泛分享。但事实上,经济成果并没有惠及劳动人民,受益者主要是富人,而中产阶级的利益反而被剥夺。

(6)累退性减税、大幅度削减公共投资、不受限制的企业兼并,以及打击劳工权利的种种措施,在过去被认为是有利于经济增长的,但其实是导致经济不平等的关键因素。

(7)美国需要一个现代的工业发展战略,确定若干作为经济增长和国家安全基础的关键部门,包括半导体、清洁能源、关键矿物等。因为私营企业在这些领域本身并不准备进行必要的投资,国家需要推行产业政策(industrial policy),部署有针对性的政府投资。在这方面,美国要和其他国家合作,既包括先进的民主国家,也包括其他除中国以外的国家和地区,以共同投资和维护供应链。

(8)要超越传统的贸易协定,建立以应对核心挑战为重点的创新性新兴国际经济伙伴关系(innovative new international economic partnership)。降低关税的空间已经很小,而今天美国需要解决的问题是"建立多样化和有韧性的供应链","这与简单地降低关税是一套不同的基本优先事项考量"[1]。"印太经济框架"(Indo-Pacific Economic Framework for Prosperity,IPEF)创立的目的就是达成"加快清洁能源转型、实现税收公平和打击腐败、为技术设定

---

[1] *Remarks by National Security Advisor Jake Sullivan on Renewing American Economic Leadership at the Brookings Institution*,The White House(27 April 2023),www.whitehouse.gov.

高标准、确保关键产品的供应链的韧性"等目标。换言之,"贸易政策需要超越关税削减,需要融入美国的对内和对外经济战略"[1]。

(9)在国际社会通过规则制定,来防止外国竞争妨害美国的竞争力。美国正在制定一项新的全球劳工战略,通过外交手段促进工人权利,强制执行独立工会和集体谈判权。美国也在与136个国家谈判一个国际税收协定,以结束全球竞相降低企业所得税的局面。美国也正在与欧盟谈判以谋求西方内部的协调。

(10)针对中国,美国要采取"小院高墙"政策来保护基础技术。换言之,美国不寻求与中国全面脱钩或者切断贸易,但会对可能打破军事平衡的技术实施出口管制。

长期以来,美国以自由贸易"领头羊"的角色,对其他国家限制贸易和投资的政策大加鞭笞,并猛力运用单边(比如301条款)、双边(贸易协定或谈判)、区域性安排(如NAFTA/USMCA)和多边(WTO谈判和争端解决机制)来纠正,力图尽最大可能使其他国家回到自由贸易的轨道。但特朗普和拜登两届政府以美国利益为唯一优先考虑的政策,经苏利文加以系统阐述,已经充分表明美国已经基本上放弃了其坚持数十年的自由贸易政策,背离了其当初主导建立布雷顿森林体系的精神。当然,这并不是说美国彻底放弃了自由贸易制度,而是它不再以建立和维护全球性自由贸易体制作为其国际经济政策目标。这至少意味着一件事情:生产要素的全球自由流动不再成为当代国际经济秩序的基本精神和目标,从而使传统意义上的全球化在可预见的将来不再可能。

(二)负面的制度规则博弈

在和平时期,国家之间的竞争大体是经济实力和国际社会影响力方面的博弈,而其最高体现形式就是国际规则的制定。如前所述,传统上国际法规则(包括国际经济法规则)的产生和维护为少数西方大国所垄断,规则本身也

---

[1] *Remarks by National Security Advisor Jake Sullivan on Renewing American Economic Leadership at the Brookings Institution*,The White House(27 April 2023),www.whitehouse.gov.

反映和维护主导国的利益和理念。在很长一段时间,尤其是"二战"以后,西方主导的国际经贸规则倾向于维护自由贸易和资本的自由流动,这首先是因为西方国家的综合实力在过去几百年的国际经济体系中居于绝对的强势地位,和非西方国家比较总是具有比较竞争优势。中国的快速强势崛起,改变了自身在国际秩序中的地位,但也让美国,以及在次要程度上让美国所领导的西方,开始变得警惕和防范,甚至对自身的国际角色认知表现出"偏执色彩",即"面对国力相对衰落的现状,美国更强调本国的国际领导权和霸权地位"。[1] 为了维护美国的国际第一位置,美国会"不惜以破坏国际秩序为代价与竞争者进行消耗战"。[2] 这一点相当明显地表现在国际经济秩序的规则制度层面。由于美国的牵动,国际层面的制度性权力竞争在某种程度上进入了"向下沉沦"(race to the bottom)的局面,具体而言表现在如下方面。

1. 多边贸易体制的边缘化和功能失效

WTO所代表的多边贸易体制已经几乎被瘫痪,因而功能失效,在国际机制中处于边缘化地位。两个原因导致了这种局面。第一个原因是多哈回合的谈判旷日持久,师老无功,让几乎所有WTO成员都对多边贸易谈判失去了信心。第二个原因是美国出手瘫痪WTO上诉机构。美国曾经是国际贸易争端解决"法律化"(legalization)的主要倡导者,在乌拉圭回合谈判中也积极主张建立"两审终审"的专家组和上诉机构两层机制。在近些年,一方面美国在一些贸易争端中连连败诉(尤其是反倾销案件),[3] 另一方面美国认为上诉机构在若干争端中偏袒中国,开始变得高度不信任上诉机构。2016年,美国独自以上诉机构的韩籍法官张胜和(Chang Seung Wha)在若干涉美案件中超越裁判权限为由,反对其续任。此后美国更是滥用WTO"一致同意"的决策机制,否决了所有上诉机构大法官的连任或者新任命。到2019年10月,随着印度籍法官巴蒂亚(Ujal Singh Bhatia)和美国籍法官格雷厄姆(Thomas

---

[1] 参见毛维准:《霸权护持:大变局时代美国国际秩序观的坚持与调适》,载《国际展望》2021年第1期。

[2] 参见毛维准:《霸权护持:大变局时代美国国际秩序观的坚持与调适》,载《国际展望》2021年第1期。

[3] 虽然美国总体上赢得了它向WTO提起的大多数案件。

R. Graham)任期届满,上诉机构只剩下中国籍法官赵宏。而自2020年11月赵宏法官离任,上诉机构就没有任何成员了。如赵宏法官所指出的,"多边贸易体制处在史上从未有过的艰难时刻……这不是我们之前所熟悉的那个多边贸易体制。多哈回合谈判的失败之痛尚未消退,而关于争端解决机制争论不休又导致新痛连连"[1]。

2. 大国对国际经济法的公然违反

中美经贸摩擦由美国首先发动,整个过程在WTO的框架之外进行。换言之,其中种种单方面制裁和报复措施,在形式上都是违反世贸规则的。经贸摩擦开端于美国基于对中国的"232条款"调查的结论,而于2018年3月23日对来自中国(和其他国家)的钢铁和铝产品分别加征25%和10%的关税。一周后,中国对部分自美进口产品加征等额关税。但经贸摩擦的主体部分由美国对中国的"301条款"调查所引发。2018年7月6日和8月23日,根据"301"调查结论,美国对价值340亿美元和160亿美元的中国输美产品加征25%的关税。2018年9月18日,美国又对价值2000亿美元的中国出口产品施加10%的关税。对这一切,中国都迅捷采取了对等保护措施。

关于美国对华关税的合法性,WTO争端解决机制的专家组在"美国关税措施案"[US—Tariff Measures(China),又称DS543案]中已经作出明确结论。[2] 中国于2018年4月4日针对美国的"301"措施提起磋商,2019年1月28日专家组成立,2020年9月15日专家组发布报告,认定美国的关税措施(1)违反了《关税与贸易总协定》第1条第1款关于最惠国原则的规定,因为这些措施只适用于中国;[3] 以及(2)第2条关于关税绑定的规定,因为美国对华关税超出了其在世贸组织减让表中的承诺。[4] 而美国没能说服专家

---

[1] *Farewell Speech of Appellate Body Member Prof. Dr. Hong Zhao*, World Trade Organization(30 November 2023), www.wto.org.

[2] See Panel Report, United States—Tariff Measures on Certain Goods from China, WT/DS543/R, adopted 15 September 2020.

[3] See Panel Report, United States—Tariff Measures on Certain Goods from China, WT/DS543/R, adopted 15 September 2020, paras. 7.79–7.87.

[4] See Panel Report, United States—Tariff Measures on Certain Goods from China, WT/DS543/R, adopted 15 September 2020, paras. 7.88–7.97.

组其措施符合《关税与贸易总协定》第 20 条的例外条款。[1]

另外,根据 WTO《关于争端解决规则与程序的谅解》(Understanding on Rules and Procedures Governing the Settlement of Disputes,DSU)第 23 条的规定,当某个世贸组织成员面对其他国家的单边违反措施时,不应该自行"对违反义务已发生、利益已丧失或减损或适用协定任何目标的实现已受到妨碍作出决定",而是应该将纠纷提交世贸组织的争端解决机制,通过 WTO 既定的程序和规则来判定是非。

3. 产业政策在美欧的大规模兴起

美国政府和商界多年来一直指责中国和其他国家推行产业政策,其背后的逻辑是新自由主义的市场和政府分离的精神。[2] 但当拜登时代的美国自己放弃经济自由化的理念之后,大规模使用产业政策就成为美国政府干预经济的常态手段。从 2021 年开始,在两党一致的支持下,美国国会通过了若干法案,为美国产业发展提供可谓世界上最庞大的政策和资金扶助。2021 年 11 月国会通过的《基础建设投资与就业法案》[Infrastructure Investment and Jobs Act(IIJA)],为交通和基础设计投资提供 1.2 万亿美元支持。2022 年 8 月通过的《芯片与科学法案》(CHIPS and Science Act,CHIPS),为美国的半导体公司提供超过 520 亿美元的补贴,并授权拨款 2000 亿美元用于人工智能、机器人、量子计算等关键技术研究。法案规定,接受美国联邦资金和税收补贴的芯片制造商不能在中国、俄罗斯等国新建工厂或扩大生产。如《纽约时报》所指出的,"该法案是几十年来政府对产业政策的最大干预,得到了两党压倒性的投票支持"[3]。它的"反传统"意义在于:

"法案以 64 票对 33 票通过,有 17 名共和党人投了赞成票。来自两党的支持表明,与北京的商业和军事竞争——以及在美国提供数千个新工作岗位

---

[1] See Panel Report, United States—Tariff Measures on Certain Goods from China, WT/DS543/R, adopted 15 September 2020, Part 7.3.

[2] 美国对中国产业补贴的主要关切是政策优惠贷款、上游补贴、工业用地补贴、差别税收补贴、政府赠款等。

[3] *Senate Passes $280 Billion Industrial Policy Bill to Counter China*, New York Times(27 June 2022),www.nytimes.com.

的承诺——已经极大改变了两党长期以来的传统观念,使其达成了一致。在过去,共和党人反对政府干预市场,而民主党人拒绝向大公司提供联邦资金。"[1]

此外,2022 年 8 月,美国国会还通过了《降低通胀法案》(Inflation Reduction Act),授权 3860 亿美元投资于清洁能源、电动汽车和关键矿物原料等。如苏利文所指出的,"我们正在利用这一法案,建立一个植根于北美供应链的清洁能源制造业生态系统,并向欧洲、日本和其他地区延伸"[2]。

美国的庞大的产业政策项目对当下以自由贸易为基础的国际经济秩序和多边贸易体制提出了巨大的挑战。它首先威胁的是"二战"之后以布雷顿森林体系为基本框架的自由主义国际经济秩序的本质理念,即以自由贸易、政府不干预、企业自主等基本原则为基础,实现生产要素资源的全球最佳配置。其次,在规则层面,此类产业政策可能直接违反 WTO 关于补贴的相关规则。更重要的是,美国体量巨大的补贴项目,使在 WTO 达成升级版的补贴规则在可预见的将来成为"不可能的任务"。

4. 印太经济框架、供应链重塑,和国际经贸规则的阵营化

在多边贸易谈判长期迟滞不前的大背景下,美国其实在十几年前就开始构建排除中国的小圈子,其"代表作"是 TPP。TPP 是当时流行的"自由贸易协定"(FTA)模式,它起到了"一石三鸟"的作用。第一,在美国的主导下制定了迄今为止仍代表经济自由化和开放最高水平的国际经贸规则。第二,它成功地中断了本来由东盟和中日韩所主导的亚洲经济一体化。第三,它实现了将中国排除在一个重大的国际经济集团之外,是美国推动的国际经济规则"阵营化"的肇始之作。[3]

但在某种程度上,TPP 还不算美国死心塌地要排除中国的"决绝之

---

[1] *Senate Passes ＄280 Billion Industrial Policy Bill to Counter China*,New York Times(27 June 2022),www. nytimes. com.

[2] *Remarks by National Security Advisor Jake Sullivan on Renewing American Economic Leadership at the Brookings Institution*,The White House(27 April 2023),www. whitehouse. gov.

[3] See Jiangyu Wang,*Between Power Politics and International Economic Law:Asian Regionalism,the Trans-Pacific Partnership,and U. S. -China Trade Relations*,30 Pace International Law Review 383 (2018).

作",因为奥巴马总统曾经表示过,在适当的时候,只要中国全面接受其规则,也可以加入TPP。[1] 与此形成鲜明对比的是,美国总统拜登于2022年5月23日在东京宣布启动的IPEF,其目的就是建立独立于中国的经济体系。[2] IPEF有四大支柱:(1)贸易;(2)供应链;(3)清洁能源、减碳和基础设施;(4)税收与反腐败。2023年5月,作为IPEF的首个成果,成员国达成首个脱离中国的、"世界上第一个多边供应链协议",同意共同建立具有韧性和竞争性的供应链,以确保和检测关键物资的供应,改善在危机期间的协调、强化物流、提高工人地位、进行技术援助和能力建设等。为此IPEF成员国正在创建三个机构:(1)IPEF供应链委员会(The IPEF Supply Chain Council),以在关键经济部门建立具有韧性的供应链,并监督相关部门执行计划;(2)IPEF供应链危机响应网络(The Supply Chain Crisis Response Network),作为成员国之间的"紧急通信渠道",当一个或多个IPEF成员国面临供应链危机时,允许各方简化通信方式进行紧急沟通,以通过成员国的即时互相协作解决供应链中断问题;(3)劳工权利咨询委员会(Labour Rights Advisory Board),以推动在供应链所有环节的劳工保护。[3]

对美国来说,IPEF并不是为了实现经济效率的最大化或者资源的最有效配置,而单纯是建立一个彻底排除中国的阵营,这也意味着它的规则体系是一种完全不考虑和中国经济发生任何关系的设计,是一个壁垒森严的单独阵营,这不仅将撕裂全球供应链,还会严重破坏国际经济体系本来该有的完整性和普遍性。然而需要指出的是,IPEF并不是美国推动的唯一一个排除中国的贸易安排。

---

[1] See Obama: *China might Join Trade Deal—Eventually*, Politico(6 March 2015), https://www.politico.com/story/2015/06/barack-obama-china-join-trade-deal-tpp-118598.

[2] IPEF现有14个成员,包括美国、澳大利亚、新西兰、韩国、越南、日本、印度尼西亚、菲律宾、马来西亚、泰国、文莱、新加坡、斐济和印度。

[3] See Georgia Edmonstone, *USSC Insights: IPEF Supply Chain Agreement*, United States Studies Centre(9 June 2023), https://www.ussc.edu.au/analysis/ussc-insights-ipef-supply-chain-agreement.

四、中国如何应对制度性权力竞争？

对当下的中美关系有多重定性，比如"新冷战"、"遏制与反遏制"或者"竞合"。无论如何定性，中美已经进入了事实上的战略竞争状态，美国的对华政策的总目标不再是帮助中国融入国际体系，也不是"和平演变"，而是压制中国的发展，防止中国超越美国。就国际经济体系而言，美国的做法既有蛮横的破坏，也有精巧的策略。一方面，美国猛力冲撞多边贸易体制，完全瘫痪了世贸组织的上诉机构体制。美国也在国内大力推行产业政策，其做法与自由贸易的精神背道而驰。另一方面，美国通过 IPEF 等一系列区域性或双边安排，构建了一系列完全排除中国的国际经济关系网络。国际秩序面临地缘政治和地缘经济的激烈碰撞，如何应对这些来自美国的排挤和压制，对中国是一个巨大的挑战。

国际关系理论认为，"国际秩序的最根本支柱和表现形式是国际制度，由此，国际秩序的变革会具体体现为相关国际制度的变化，而国家的国际制度性权力强弱便会成为其在这些变化中获利或失利的重要因素。"[1]这里，国际制度可以广义地定义为"规范、规则和组织"[2]，而国际制度性权力指的是"在规范、规则和组织的形成、存续、变迁过程中，行为体依据其实力和意愿，影响国际社会中其他行为体的认识和行为的能力"[3]。

从在国际社会的制度与规则博弈的层面考虑，中国如何应对美国遏制这一挑战，需要在不同层次的框架中考虑。这里首要的问题是中国如何对待当代国际经济秩序并在其中发挥作用。如徐崇利教授所指出的，战后自由主义国际经济秩序具有"实力界定收益"的市场化逻辑，"即依各个国家经济实力的强弱决定其可得收益（经济收益与决策权等）的大小，并以制度化或法律化

---

[1] 张发林：《制度性权利竞争与中国策略体系构建》，载《学术论坛》2022 年第 5 期。
[2] 张发林：《制度性权利竞争与中国策略体系构建》，载《学术论坛》2022 年第 5 期。
[3] 张发林：《制度性权利竞争与中国策略体系构建》，载《学术论坛》2022 年第 5 期。

的形式将之固定"[1]。根据这个逻辑,改革开放初期中国经济实力相对弱小,国际收益分配对中国明显不利,所以中国在多年里认为自由主义国际经济秩序对包括中国在内的发展中国家明显不公,故而中国长期主张"建立公正合理的国际政治经济新秩序"。[2]但随着中国快速崛起为世界第二大经济体,从2007年党的十七大报告开始,中国将以往主张建立"公正合理"的新的国际经济秩序,调整为推动建立"更加公正合理"的国际经济秩序。如一位学者所敏锐指出的:

"这一新提法表明中国与时俱进,根据新的形势,在国际秩序方面有的新的建设性的战略思路。现有的国际秩序,确有许多不公正不合理的地方,但中国和其他发展中国家在现有的国际政治经济秩序中的地位已呈逐步上升之势。在此情况下,中国将不会挑战现有的国际政治经济秩序,而将以负责任的大国身份参与国际政治经济秩序的建设和变革,以渐进的方式、和平的方式、民主的方式改革现有国际政治经济秩序的不合理的方面,以此确立中国在国际社会中作为一个负责任的大国的和平形象,建设者而不是造反者的形象。"[3]

换言之,维护当下的国际经济秩序,有利于中国在国际经济体系中继续获得收益,也可以成为中国对抗美国遏制和孤立的手段。从国际关系的视角看国家如何处理与国际制度的关系,一个国家的国际制度策略可以总结为:创建、进入和破坏。[4]创建新的国际制度给予一个国家制度性权力,如组织决策权和规则制定权。进入是指国际融入或被纳入既有的国际制度,包括参与式和改革式两种类型:前者相对初级,指一个国家接受和遵守他国创立的国际制度;后者是更高级的阶段,指"国家不仅参与国际制度,还积极谋求国

---

[1] 徐崇利:《二战之后国际经济秩序公正性之评判——基本逻辑、实力兴衰及收益变化》,载《经贸法律评论》2019年第3期。
[2] 参见党的十四大、十五大和十六大报告。转引自徐崇利:《二战之后国际经济秩序公正性之评判——基本逻辑、实力兴衰及收益变化》,载《经贸法律评论》2019年第3期。
[3] 宫力:《走和平发展道路是中国的战略抉择——解读党的十七大报告在对外关系方面的新亮点》,载《对外传播》2007年第11期。转引自徐崇利:《二战之后国际经济秩序公正性之评判——基本逻辑、实力兴衰及收益变化》,载《经贸法律评论》2019年第3期。
[4] 参见张发林:《制度性权力竞争与中国策略体系构建》,载《学术论坛》2022年第5期。

际制度的改革,以推动其发展和完善,或以此为名为本国谋求更多制度性权力"[1]。最后,破坏行为——其具体形式为退出式、阻碍式和抵制式——导致特定制度无法正常运转,从而影响参与制度的行为体。[2]

很显然,美国目前对多边国际经济制度的策略是破坏,因为美国认为这些制度及其附属的规则不再带给美国充足的利益,而且便宜了美国的竞争对手。但对于中国而言,由于能够继续从多边制度中获益,而且认识到包括欧洲和"全球南方"在内的大多数国家都支持多边制度,所以在维护的基础上寻求改革多边制度是最佳策略。由于中国在传统上更偏好利他和合作的积极制度方略,采取这种做法成功的把握很大。

在多边框架之外,中国还必须采取积极进取的双边和区域策略以对抗美国的排挤和孤立。如果一个国家始终在贸易和投资上对其他所有国家保持开放,那么就不可能被驱逐出国际经济体系。以中国的经济体量,只要继续对外开放,就算是美国也不可能完全和中国实现脱钩。开放的程度越高,围堵中国的图谋就越可能失败。此外,中国也应该以开放市场为条件,尽可能多地和其他国家——尤其是那些被美国纳入自身合作体系的国家——积极签订双边协议。这种做法可以实现两个目的:第一,以市场份额利益来争取大多数其他国家在经贸关系上避免选边站;第二,通过这些双边和区域协议谈判来创制既有利于中国又能被合作伙伴接受的规则。

五、结论

国际经济关系进入了"百年大变局"时代,在很大程度上是因为中美的战略性竞争以前所未有的激烈方式在国际关系中呈现出来。为了防止被中国超越,美国放弃了自己创立的布雷顿森林体系所基于的自由贸易和经济全球化理念。中美竞争从多个方面损害国际经贸规则体系的完整性,造成碎片化和阵营化的效果。中美在现阶段的博弈,本质上是两个全球大国的制度性权

---

[1] 张发林:《制度性权力竞争与中国策略体系构建》,载《学术论坛》2022年第5期。
[2] 参见张发林:《制度性权力竞争与中国策略体系构建》,载《学术论坛》2022年第5期。

力竞争。无论是从可获得物质利益还是团结大多数国家的角度,中国在维护多边经贸体系方面发挥领导作用都是最佳策略选项。此外,中国也应该以市场开放为条件,尽可能多地和其他国家建立互惠性、经济自由化程度高的双边或区域协定,以避免大多数国家需要选边站的局面。

国际投资规则的发展与变革：
迈向协商式投资法？*

王　鹏**

摘　要　国际投资规则走到了发展的十字路口。传统上，国际投资规则遵循去政治化和国际化的逻辑，强调通过法律让步来换取外资流入，以国际规则来调整跨国流动。虽然不同阶段的国际投资规则的利益偏好和价值取向有所差异，但基本都遵循去政治化的思路。以双边投资条约为主的国际投资协定呈现多样性和灵活性，容纳不同国家的经济和政治诉求，甚至某种理念诉求。随着经济全球化的动力衰弱，国际经济合作越来越需要考虑包容性，国际投资政策更加"下沉"到国内层面，出现很多新兴条款。"投资+"趋势仍在扩张，但方向并不收敛趋同，并没有指向某种特定的理念或共识，而是不同国家在不同方向上进行早期的多元尝试，呈现多样化的实体与程序条款组合。中美竞争影响了国际经济法律体系，大国地缘竞争逐步渗透到国际投资立法和司法过程，更新了引导投资、负责任投资、区域化等旧矛盾，催生了制裁、驱逐与爱国政策要求等新情景。能够建设性地管理差异和纠纷，促进实体的聚合，同时提供足够灵活的共存式良性竞争政策，应是国际投资规则的"时代所需"。

关键词　全球化　国际秩序　地缘政治　均衡自由主义　地缘法制主义

---

* [基金项目]陕西省社会科学基金年度项目"陕西省企业国际供应链安全与法律保障研究"（项目批准号：2023E005）。本文主要内容已发表于《国际经济评论》2024年第2期。

** 王鹏，西安交通大学法学院副教授、博士生导师，仲英青年学者。联系邮箱：wangpeng6165@126.com。作者感谢"变革时代国际经贸法律规则的发展与改革"研讨会上各位专家的意见建议，感谢郭高鑫、屈冠男同学的研究协助。

本文试图从体系层面思考国际投资协定体系从何处来、往何处去的问题。国际投资规则是一个以双边条约为主、实体规则类似的复杂体系,受国内层次和国际层次的多因素、多主体的影响。这一阶段国际投资协定体系的危机或变革有两个十分突出的影响因素:国内民粹主义的保守政治诉求和中美大国竞争。这两个因素分别动摇了国内和国际层次上国际投资协定得以生发的政治和经济基础。

作为世界上最重要的双边关系,震荡中的中美关系给国际法体系带来了很大的挑战。特朗普执政时推行的中美经济脱钩[1]以及拜登政府目前所推行的竞争—合作—对抗策略,极大地影响了中美两国的经济关系,尤其是双边投资关系。[2] 作为保护和促进跨国投资的传统工具,国际投资协定以其去政治化的逻辑能够在震荡的政治周期中为外国投资提供基本的、可预期的、相对稳定的规则环境。中美竞争可能引发国际治理体系的连锁反应,极大影响国际投资协定的去政治化功能。中美竞争对国际投资法提供哪些新要求,催生哪些新实践,是否形成某种体系性趋势?本文重点讨论中美竞争关系将如何影响国际投资法经典的去政治化理论叙事,并讨论以双边为主的国际投资法体系能否容纳变化中的中美关系。

一、国际投资规则的平衡与失衡:利益与价值的维度

(一)国际投资规则的内外均衡:经济与政治基础

本文从一个基本问题开始:在大国竞争显性化、制裁与反制裁渐盛之

---

[1] See Ji-Young Lee, Eugeniu Han and Keren Zhu, *Decoupling from China: How U. S. Asian Allies Responded to the Huawei Ban*, 76 Australian Journal of International Affairs 486(2022).

[2] See Patrick Pearsall, *The Biden Administration Approach to Investment Arbitration? Retail Multilateralism*, Kluwer Arbitration Blog, http://arbitrationblog.kluwerarbitration.com/2020/11/09/the-biden-administration-approach-to-investment-arbitration-retail-multilateralism/.

下,各国的民族主义上升,并导致投资政策的政治性和地缘性[1]上升,这是否会干扰国际投资法的去政治化的经济逻辑,是否会产生某种形态的斗争投资法?以及如何区分和规制本国投资与外国投资、特定外国投资与其他外国投资、"好的"与"坏的"外国投资?

欧盟是这个复杂问题的典型案例。现代国际投资协定起源于欧洲,以其专业化、技术性的规则,将投资保护问题从一般国际关系中剥离出来。国际投资协定以保护为核心目标,在微观层面强调政府与市场在运作层面的剥离——政府仅在必要的限度上干预外国投资者及其投资的运作,在规则层面并不过度地要求缔约国认同除投资保护之外的某些价值或规范。在微观层面,国际投资协定体现新自由主义理念,强调政府谨慎干预市场;在宏观层面,国际投资协定通过额外保护进而促进外国投资,更有利于资本输出国的利益,体现了某种程度上的民族主义和殖民色彩。[2]

欧盟是探索现代国际投资协定的先驱,也是改革当代国际投资协定的先驱。欧盟因为其独特的区域一体化结构,特别重视国际组织在权限和过程上的正当性。这种对"(民主)正当性"的关切促使欧盟反思国际投资协定在规则层面对经济利益的"过度"关注,以及在运作层面仲裁庭的越权、裁决不一致和偏向投资者等问题。欧盟借鉴世界贸易组织的架构,提出了国际投资法庭的方案,试图平衡国际投资争端解决机制的利益维度和价值维度。

欧盟的改革方案有一定的独特性,嵌入欧盟对外政策的利益—价值双重追求之中。欧盟对外贸易政策强调"包容性"(Trade for All),不仅要维护和

---

[1] 2021 *Strategic Foresight Report*: *Enhancing the EU's Long-term Capacity and Freedom to Act*, European Commission(8 September 2021), https://ec.europa.eu/commission/presscorner/detail/en/ip_21_4581. 欧盟在报告中提出其需要加强和发展与特定国家和地区的战略性和基于议题的联þ和伙伴关系。欧盟认为,中国既是实现某些共同目标的合作伙伴,也是谈判伙伴、经济竞争对手、系统竞争对手。"中国在包括欧洲在内的全球影响力不断扩大,必须在维护以规则为基础的国际秩序的同时,承担更大责任,在国内制度上实现互惠、非歧视和开放。"

[2] See Wenhua Shan, *From North-South Divide to Private-Public Debate*: *Revival of the Calvo Doctrine and the Changing Landscape in International Investment Law*, 27 Northwestern Journal of International Law & Business 631(2006).

拓展欧盟的经济利益,也要认同、维护和扩张欧盟所认同的"价值"(Value),[1]在国际投资问题上,突出表现为投资协定应当承认并保护欧盟认同的基本人权,外国投资应当遵守非歧视的公共政策,争端解决过程应当有充分的正当性。

强调国际投资协定应当体现利益和价值的双重目标取向,欧盟并不是个案。美国投资协定的一大目标就是推广美国所承认的关于外国人财产和人身权利的习惯国际法原则,通常表现为美式投资协定的最低待遇条款。然而,美国和欧盟采取了不同的价值法制化路径。在国际法与国内法的选择上,美国更侧重使用国内法的域外适用来规制外国投资,以确保外国投资和本国海外投资遵守美国所认同或倡导的价值追求,尽管这些价值追求本身也有或独立或附属的经济利益。在价值追求的力度和范围上,欧盟更多体现理想主义的价值认同色彩,呈现更多的原则性和政治附加条件;美国则更体现现实主义的权力导向逻辑,呈现更多的选择性和双重标准。

国际投资协定体系的启动、实践、危机与改革进程具有一定程度的独立性和自足性,很大原因在于国家投资协定的实践具有某种程度上的群体效应,并没有集中的改革议程,而是所有国家、所有利益相关者的自发的或协调

---

[1] See European Commission, *Trade for All: Towards a More Responsible Trade and Investment Policy*, 2015, p. 7: "While trade policy must deliver growth, jobs and innovation, it must also be consistent with the principles of the European model. It must, in short, be responsible. It must be effective at actually delivering economic opportunities. It must be transparent and open to public scrutiny. It must promote and defend European values." p. 20 – 26: "A trade and investment policy based on values: A more responsive approach to the public's expectations on regulation and investment; A trade agenda to promote sustainable development, human rights and good governance." See also A new EU-China strategy, European Parliament resolution of 16 September 2021 on a new EU-China strategy [2021/2037 (INI)], P9TA (2021) 0382. Para. 1. Recommends that the Vice-President of the Commission/High Representative of the Union for Foreign Affairs and Security Policy (VP/HR) and the Council: "(a) develop a more assertive, comprehensive and consistent EU-China strategy that unites all Member States and shapes relations with China in the interest of the EU as a whole, with the defense of our values at its core and promoting a rules-based multilateral order; underlines that the strategy needs to take into account the multifaceted nature of the EU's relationship with China; highlights that China is a cooperation and negotiating partner for the EU, but is also an economic competitor and a systemic rival in an increasing number of areas."

的集体行动。[1] 第一,双边投资协定具有足够的灵活性,能够在多个甚至相互冲突的方向上进行新规则试验。第二,国际投资协定的实践很大程度上由独立仲裁员操作,这些仲裁员在认知、价值认同上具有一定的独立性,[2] 并不是特定主权国家可以完全掌控的。第三,外国投资者可以用脚投票,回应东道国的保守主义经济政策,影响东道国的经济指标,进而影响东道国的国际投资政策。[3] 因此,全球化的经济逻辑一直是国际投资法的底色。

国际投资协定体系的改革并不是完全真空的,仍然受制于国际体系的结构性因素,尤其是大国之间的政治关系。作为从美国主导的战后经济秩序中生发出来的子体系,国际投资协定的去政治化逻辑仍然依赖于各国某种程度上的政治前提,即各国的政治关系不会构成投资保护与合作的障碍(消极政治合作),并不要求各国拥有十分良好的外交关系(积极政治合作)。大国之间的竞争关系足以改变这种消极政治合作,将国际投资法拉入国际关系的一般结构。中美竞争正是足以改变"游戏规则"的政治关系。这要求我们重新反思国际投资协定的政治基础,对国际投资协定进行更精细的类型化,并以此讨论演进中的中美竞争对国际投资协定体系的潜在影响。

1. 国际投资协定的目标追求

从利益—价值两分的框架来看,国际投资协定一般要求一定的经济基础[4]或政治基础,但并不必然要求同时具有坚实的经济和政治基础。(见表 13-1)

---

[1] 参见王鹏:《国际投资协定的权利结构分析》,法律出版社 2019 年版,第 350-352 页。
[2] See Susan D. Franck, *Empirically Evaluating Claims about Investment Treaty Arbitration*, 86 North Carolina Law Review 1(2007).
[3] 例如在尤科斯案中,面对俄罗斯政府与国内寡头关系恶化,俄对发达国家双边投资的限制,俄寡头和外国投资者联手对俄政府施压。参见沈伟、姚书怡:《双层博弈视角下的俄罗斯双边投资协定——演进与特质(1989—2020 年)》,载《俄罗斯研究》2021 年第 2 期。
[4] 利益主要是指经济利益,保护已有跨国投资或促进潜在未来投资。

表 13-1　国际投资协定的类型：经济利益与政治价值的驱动框架

项目	强政治驱动	弱政治驱动
强经济驱动	融合型 《加拿大—欧盟综合经济与贸易协定》（CETA）， 《美国—墨西哥—加拿大协定》（USMCA）	保护型 南北双边投资协定
弱经济驱动	政治型 南南双边投资协定	附带型/输出型 《区域全面经济伙伴关系协定》（RCEP）

投资协定的主导逻辑是去政治化，即为两国之间已有或潜在的跨国投资纠纷提供一个法治化的解决渠道。[1] 投资协定的达成或运作并不一定要求两国有良好的政治关系。某些时候情况可能恰恰相反：两国已经存在显著的投资纠纷，并有较为敏感的政治关系。这意味着投资协定只需要消极的政治关系即可，即双边政治关系没有恶化到完全脱钩，双方起码有试图解决投资纠纷的基本政治意愿。这是保护型投资协定。

通常来讲，已有或预期的跨国投资流动是国际投资协定的经济基础。有些发展中国家签订投资协定时没有较多的双边投资流动，在签订投资协定后也没有显著的双边投资流动。[2] 此时，国际投资协定主要是出于某些积极的政治目标，或是宣示或巩固双边友好关系，或是锁定国内改革进程，或是向国内群体进行政策承诺或兑现。这是政治型投资协定。

跨国投资流动也不必然是国际投资协定的充分条件。国家之间可能存在大量的跨国投资流动，但因为各种原因无法达成投资协定。这种情形常见于大型经济体。中美投资协定谈判、中欧投资协定谈判、美欧跨大西洋伙伴关系协定谈判等都是这种情形。此时，潜在缔约国之间不仅要有强大的经济

---

[1] See Ibrahim F. I. Shihata, *The Settlement of Disputes Regarding Foreign Investment: The Role of the World Bank, with Particular Reference to ICSID and MIGA*, 1 American University International Law Review 265(1986).

[2] See generally Karl P. Sauvant and Lisa E. Sachs, *The Effect of Treaties on Foreign Direct Investment: Bilateral Investment Treaties, Double Taxation Treaties, and Investment Flows*, Oxford University Press, 2009.

驱动,也要求坚实的政治驱动。投资协定所要求的政治和经济基础本质上嵌入各国监管合作基础,体现了更高程度的经济和政治融合。[1] 这是融合型投资协定。

如果没有明显的经济和政治诉求,各国是否有可能达成投资协定？这种情况比较少见,因为各国的政治诉求可能十分多样；但也有可能,常见于某些区域一体化的经济安排,投资协定作为区域经济框架的一部分,通过"一揽子"协定的方式纳入自由贸易协定中。典型的例子是《区域全面经济伙伴关系协定》(RCEP)。这是附带型投资协定。

2. 国际投资协定的规则侧重

投资协定有不同的类型,对应不同的底层经济与政治结构,并侧重不同的规则设计(见表 13-2)。[2]

表 13-2　国际投资协定的规则设计

项目	强政治驱动	弱政治驱动
强经济驱动	融合型 区块化处理	保护型 投资保护条款,整齐
弱经济驱动	政治型 逐渐认知过程,代际性	附带型/输出型 通常纳入最没有争议的常见条款

保护型投资协定的去政治化的逻辑不要求政治驱动,只要求政治上不构成障碍,因此规则上常作区隔化处理(避免过分的议题联系),让经济的归经济,让政治的归政治,要求各国在政治上对投资协定不附加太多的(投资保护和促进之外的)诉求。保护型投资协定主要由经济利益驱动,在规则设计上最为整齐,并可能在政治或价值问题上采取回避或灵活性条款。

政治型投资协定主要由政治目标驱动,必须容纳缔约方的政治诉求,因此,可能在其他条款上进行灵活性设计。政治价值包括维护良好双边关系,锁定国内改革议程,向国内核心选民进行政策兑现或改革承诺,可能在条

---

[1] See generally David Schneiderman, *Resisting Economic Globalization: Critical Theory and International Investment Law*, Palgrave Macmillan, 2013.

[2] 参见王鹏:《国际投资协定的权利结构分析》,法律出版社 2019 年版,第 83 页。

约层面有针对性地设计,例如《中欧全面投资协定》(中欧 CAI)和《印度—巴西投资协定》。

融合型投资协定要求经济和政治融合,无论是传统条款,还是新兴条款,都有高度的关联性和否决性。有些经济前景很好的双边投资关系,因为政治原因无法达成投资协定,此种谈判多发生在大型经济体。因为大型经济体无法对内解释为何放弃或压缩本国所珍视的价值、规范或政治诉求。最常见的处理方式是进行区块化处理,仅对双方没有争议的条款进行早期收获,达成不同于传统投资协定的新型投资协定,例如《加拿大—欧盟综合经济与贸易协定》和《中美第一阶段经贸协议》。

附带型投资协定因为没有显著的经济或政治目标,各国接受投资协定的意愿不高,因此,任何阻碍总体谈判的敏感投资条款都会被搁置或排除,投资协定通常纳入最没有争议的常见条款,例如 RCEP。

(二)国际投资规则的危机:投资仲裁冲击国内政治制度

在国际投资仲裁下,外国投资者可以自己的名义将东道国政府起诉到国际仲裁庭,要求国际仲裁庭裁定东道国政府是否违反某些国际规则、国内规则或合同规则(具体实体规则取决于当事人的准据法约定),并裁定东道国直接向投资者支付补偿数额。国际投资规则的实体规则是条约规定的国际标准,其争端解决程序则是专门制定的投资仲裁规则。因此,跨国投资的保护总体上是隔离于和超脱于东道国法律体系的。这会引发潜在的问题:跨国投资的保护可能与东道国当地的治理政策相互冲突。这种监管冲突日益引发各国的重视,其中,尤以欧盟的政策最有代表性。投资仲裁庭可能受理其本没有权限受理的公共政策问题,并可能以保护投资者为由不当处理这些问题。而这些问题本应由通过国内民主程序而产生的适格监管机构处理。

1. 投资仲裁缺乏公共政策权限

外国投资者可以将东道国政府影响外国投资的措施诉诸国际仲裁。这些措施可能是针对外国投资者的,例如对外国投资的征收;也可能是公共政策行为,并不针对外国投资者,只不过可能附带地影响外国投资。自 21 世纪以来,公共政策相关纠纷已经成为国际投资纠纷的主要形式,包括环境保护、[1]能源政策、[2]金融政策[3]等。投资仲裁庭通常缺乏处理这些公共政策问题的权限。

2. 投资仲裁过程不满足责任性原则

第一,从仲裁启动来看,只有外国投资者有权启动国际仲裁程序,为跨国资本挑战主权国家的自主性提供了一个法律途径。外国投资所在的东道国社会中的其他所有相关者都被排除在程序外。[4] 国际法律体系中没有其他机制赋予外国投资者如此大的权利。如果民主的本质仍是有意义地代表所有人,并为所有人提供救济渠道,那么,投资仲裁并没有强化民主实践。

第二,投资仲裁庭一般由纠纷当事人(通常一方是外国投资者,另一方是东道国政府)选任,一般按照纠纷当事人意思自治的程序裁断相关纠纷,遵循一裁终局原则,重视保密性,不重视仲裁程序的公开性和非纠纷当事人的参与性。这些程序都与通常的行政程序原则(如公开透明、正当程序、比例性原则、公众参与、提供复议与救济途径)不兼容。

3. 投资保护结果可能挤出公共政策

首先,从使用者的角度来看,投资仲裁机制总体上倾向于保护投资者,尤其是大型跨国公司。投资仲裁具有殖民时代的色彩,西方霸权寻求保护他们在新独立的前殖民地国家的投资。因此,投资仲裁的使用者多是跨国企业,很多是基础设施、金融、化石能源或采掘业公司,[5]是监管敏感型产业,通常反对东道国的监管政策。

---

[1] Metalclad Corporation v. The United Mexican States, ICSID Case No. ARB/97/1 (NAFTA), Award, August 30, 2000; Methanex v. USA, Final Award, 3 August 2005.

[2] Vattenfall AB and Others v. Federal Republic of Germany, ICSID Case No. ARB/12/12.

[3] See William W. Burke-White, *The Argentine Financial Crisis: State Liability under BITs and the Legitimacy of the ICSID System*, 3 Asian Journal of WTO and International Health Law and Policy 199(2008).

[4] See Cotula Lorenzo, *Democracy and International Investment Law*, 30 Leiden Journal of International Law 351(2017).

[5] See The ICSID, The ICSID Caseload-Statistics, Issue 2023-1, p. 12, https://icsid.worldbank.org/sites/default/files/Caseload%20Statistics%20Charts/The_ICSID_Caseload_Statistics.1_Edition_ENG.pdf, last visited on 24 March 2023.

其次,从裁判结果来看,只有投资者有权起诉,东道国政府一般无权反诉;东道国一旦败诉可能面临高额金钱赔偿压力,这些赔偿最终由所有纳税人承担,东道国政府即便胜诉也无法追究投资者责任。外国投资者可能在国际投资法庭程序外进行平行的国内法院诉讼或其他国际裁判程序,存在平行诉讼和诉讼袭扰的可能性。

最后,从潜在影响来看,投资仲裁威胁民主运作的一个例子正是所谓的"监管寒蝉效应"(Regulatory Chilling Effect)。[1] 一些出于维护公共利益而本应采取的公共政策,因为已经或可能引发的国际仲裁程序而被延迟、修订或取消。可以说,外国投资者在东道国享有"超国民待遇"和超额保护在某种程度上是以牺牲东道国公共政策为代价的。

总体而言,超越权限、程序不当、实体失衡导致投资仲裁裁决难以一致、合法、合理。在裁决一致性方面,投资仲裁难以满足法治要求的安定性与一致性。[2] 在实体均衡性方面,不一致性一方面源于仲裁程序的特设性,另一方面源于规则本身的不确定性。[3] 国际投资协定以极其简约的语言授权仲裁庭审查缔约国政府公共政策的实质合理性和程序正当性。[4] 这种公共裁量性质的认定在国内法下都属于争议事项,更不用说国际仲裁。在权限适当性方面,仲裁庭在实践中扩大管辖权的倾向放大了裁决实体失衡的负面

---

[1] See David Schneiderm, *Investing in Democracy? Political Process and International Investment Law*, 60 University of Toronto Law Journal 909 (2010).

[2] 因此,裁决的一致性是上诉机制主要和直接的价值。参见肖军:《建立国际投资仲裁上诉机制的可行性研究——从中美双边投资条约谈判说起》,载《法商研究》2015 年第 2 期。Doak Bishop, *The Case for an Appellate Panel and Its Scope of Review*, 2 Transnational Dispute Management (2005);刘笋:《建立国际投资仲裁的上诉机制问题评析》,载《现代法学》2009 年第 6 期。

[3] "Determinacy and legal certainty are essential conditions for any account of rule of law legitimacy." Santiago Montt, *State Liability in Investment Treaty Arbitration: Global Constitutional and Administrative Law in the BIT Generation*, Hart Publishing, 2009, p. 150.

[4] "In investment treaty adjudication, arbitral tribunals must, among other things, define the proper balance between property rights and the public interest—through the expropriation clause—as well as define arbitrariness and unreasonableness in state action—through the FET clause." Santiago Montt, *State Liability in Investment Treaty Arbitration: Global Constitutional and Administrative Law in the BIT Generation*, Hart Publishing, 2009, p. 149.

影响。[1]

二、国际投资规则的变革

自2008年国际金融危机以来,国际投资规则改革问题一直是国际和国内经贸政策讨论的焦点。

(一)国际议程

多边改革场所的改革主题与权限不同,议程各有侧重,进展速度不一,存在一定联动,特别是在联合国国际贸易法委员会(United Nations Commission on International Trade Law)、国际投资争端解决中心(The International Center for Settlement of Investment Disputes, ICSID)、《能源宪章条约》层面。(见表13-3)

表13-3 国际投资法多边改革简表

多边改革场所	主题	权限	侧重	进展
联合国国际贸易法委员会	投资仲裁程序综合性改革	程序性改革	裁决一致性、仲裁员和费用	文本谈判,计划2026年完成
ICSID	投资仲裁程序现代化	程序性优化	流程优化、简化、电子化	完成文本修订,递交理事会审议
能源宪章条约	能源投资规则现代化	实体性与程序性改革	规则现代化、绿色化	文本谈判,2022年形成原则性文本

---

[1] See Anthea Roberts and Zeineb Bouraoui, *UNCITRAIL and ISDS Reforms:Concerns about Consistency, Predictability and Correctness*, EJIL:TALK!(5 June 2018), https://www.ejiltalk.org/uncitral-and-isds-reforms-concerns-about-consistency-predictability-and-correctness;Anthea Roberts and Zeineb Bouraoui, *UNCITRAL and ISDS Reforms:What are States' Concerns?*, EJIL:TALK!(5 June 2018), https://www.ejiltalk.org/uncitral-and-isds-reforms-what-are-states-concerns/.

续表

多边改革场所	主题	权限	侧重	进展
世界贸易组织	投资便利化谈判	新议题谈判,不涉及投资保护与准入	透明度、行政程序优化、国际合作、能力建设等	文本谈判
联合国人权理事会	跨国企业人权义务	新议题谈判	跨国公司人权义务的国际标准与执行机制	文本谈判

1. 程序性改革:主导性议程

欧盟委员会前贸易专员塞西莉亚·马尔姆斯特伦(Cecilia Malmström)认为投资仲裁机制最大的问题在于"公众深刻且普遍地对其公正性缺乏信任"[1]。自2017年以来,联合国国际贸易法委员会第三工作组较为顺畅地完成了前两阶段任务,基本识别了仲裁费用、仲裁员、裁决一致性等核心议题,并制订了2021年到2026年后续工作计划,将集中审议替代争端解决机制和争端预防、仲裁员的甄选和指定、行为守则、投资争端解决程序规则改革、多边咨询中心、上诉机制、多边常设投资法院、关于实施改革的多边文书等问题。[2]

ICSID改革更加注重程序性的改进,识别了仲裁费用、仲裁时间、仲裁员、透明度等核心议题,并提出了较为明确的改革方案。2022年7月ICSID发布了第四次更新修订的规则和规定,这也是迄今为止最广泛的修订。规则修订的总体目标是使规则现代化、简化和精简,同时利用信息技术减少ICSID程序的环境影响。[3]

---

[1] Daniela Vincenti, *MEPs Unimpressed with Commission's ISDS Proposal*, https://www.euractiv.com/section/trade-society/news/meps-unimpressed-with-commission-s-isds-proposal/, last visited on 24 March 2023.

[2] Details can be found at Working Group Ⅲ: Investor-State Dispute Settlement Reform, UNCITRAL, https://uncitral.un.org/en/working_groups/3/investor-state, last visited on 24 March 2023.

[3] Details can be found at ICSID Convention, Regulations and Rules, ICSID, https://icsid.worldbank.org/sites/default/files/documents/ICSID_Convention.pdf, last visited on 24 March 2023.

2. 实体性改革:探索性议程

《能源宪章条约》现代化改革开始于 2017 年,涵盖"宪章"的升级和条约绿色化、能源投资保护、争端解决、能源过境制度等。历经 15 轮谈判,2022 年 6 月《能源宪章条约》各缔约方达成一个原则性协定,[1] 2022 年 9 月 13 日,基于该原则性协定的现代化《能源宪章条约》文本公布。[2] 然而,部分欧盟成员国认为《能源宪章条约》修订文案无法应对能源投资、气候行动和可持续发展方面日益增加的全球挑战,[3] 还可能导致缔约国在投资仲裁机制中丧失主权。[4] 不少欧盟成员国宣布计划退出《能源宪章条约》。

世界贸易组织投资便利化谈判集中在投资措施的透明度、理顺行政程序、增进国际合作、信息共享和最佳实践等议题,明确排除市场准入、投资保护和投资者—国家争端解决机制等议题,鼓励可持续投资,承认特殊和差别待遇包括技术援助和能力建设的重要性。相关谈判方努力推动投资便利化谈判的多边化,但仍有国家持观望(如美国)甚至反对(印度、南非)态度。[5]

联合国人权理事会"跨国公司与人权"文书谈判聚焦于跨国公司的人权保护义务,包括受害者的权利、防止侵犯人权的义务、诉诸司法的权利、国际合作机制、东道国与母国法院管辖权、投诉机制等。文书草案要求,缔约方应当确保本国已有或新签的双边或多边贸易或投资协定,应当与缔约方在本文

---

[1] See Energy Charter Secretariat, *Public Communication Explaining the Main Changes Contained in the Agreement in Principle*, https://www.energycharter.org/fileadmin/DocumentsMedia/CCDECS/2022/CCDEC202210.pdf, last visited on 18 March 2023.

[2] See European Commission, *Energy Charter Treaty Modernization*, https://www.bilaterals.org/IMG/pdf/reformed_ect_text.pdf, last visited on 18 March 2023.

[3] See Martin Dietrich Brauch, *The Agreement in Principle on ECT "Modernization": A Botched Reform Attempt that Undermines Climate Action*, Kluwer Arbitration Bolg, https://arbitrationblog.kluwerarbitration.com/2022/10/17/the-agreement-in-principle-on-ect-modernization-a-botched-reform-attempt-that-undermines-climate-action/.

[4] See Damien Charlotin, *France will also Withdraw from Energy Charter Treaty, French President Announces*, IAREPORTER (21 October 2022), https://www.iareporter.com/articles/france-too-will-withdraw-from-energy-charter-treaty-french-president-announces/.

[5] See *Investment Facilitation for Development*, World Trade Organization, https://www.wto.org/english/tratop_e/invfac_public_e/invfac_e.htm, last visited on 18 March 2023.

书下的人权义务相兼容。谈判仍然处在早期阶段,各国的分歧还比较大。[1]

(二)国别(地区)探索

美国国际规则政策日益受国内和国际政治因素影响,呈现一种地缘投资仲裁模式:引入双轨制,实现差别待遇;[2]强调国家安全审查,驱逐特定国家的投资;[3]限缩投资定义条款,排除特定投资者,选择性吸引外国投资者;[4]修订拒绝授惠条款,纳入制裁因素;[5]引入非市场经济条款,更好地适应大国竞争政策的需要。[6] 总体来看,美国国际投资规则呈现外交工具色彩在加强,法律工具色彩在弱化的趋势,在开放与保守的波动之间逐渐倾向民族主义。

欧盟在早期是国际投资规则的大力推动者,现在却是国际投资仲裁的改革探索者,追求平衡性和民主性的投资政策,提出了一套保留投资者国际诉权、两审终审、法官常任的常设投资法庭体系。[7] 欧盟推广投资法庭体系面临内部批准博弈、内部投资条约中止、区域投资条约更新、日落条款等困境。[8]

---

[1] Details can be Found at Working Group on Business and Human Rights, OHCHR, https://www.ohchr.org/en/special-procedures/wg-business, last visited on 18 March 2023.

[2] 参见 USMCA 附件 14-C,附件 14-D,附件 14-E。关于投资争端解决规定,美国和墨西哥两国于对方投资者之间的投资争端可以通过 ICSID 解决,加拿大与美国和墨西哥投资者之间及加拿大投资者与美国和墨西哥之间的投资争端,将不得通过 ICSID 解决,除非符合附件 14-C 所规定的特殊情形。

[3] 参见 USMCA 第 14.1 条。

[4] 参见 USMCA 第 14.1 条。

[5] 参见 USMCA 第 14.14.2 条。

[6] USMCA 第 32 章第 10 条规定,缔约方若与"非市场经济"国家签署自由贸易协定,则其他缔约方可以考虑终止该缔约方在 USMCA 项下的权利,并代之以新的协定。USMCA 附件 14-D 第 1 条规定,如果附件缔约一方投资者由非缔约方的人拥有或控制,而且该非缔约方被附件缔约另一方视为"非市场经济"国家,那么该投资者就不能提起投资仲裁。除此之外,USMCA 还在第 22 章"国有企业与指定垄断"中对国有企业贸易和投资行为进行严格限制。

[7] See United Nations Commission on International Trade Law Working Group Ⅲ, Possible Reform of Investor-State Dispute Settlement (ISDS) Submission from the European Union and Its Member States, https://documents-dds-ny.un.org/doc/UNDOC/LTD/V19/004/19/PDF/V1900419.pdf? OpenElement:2019-02-24, last visited on 27 February 2023.

[8] 参见张庆麟:《欧盟投资者—国家争端解决机制改革实践评析》,载《法商研究》2016 年第 3 期。

日本总体上认同并维护已有国际投资仲裁机制,提出问题导向的"工具箱"方案,供有需要的国家在未来缔约实践中参考,而不是全盘改革既有国际投资仲裁体系。[1]

俄罗斯坚持并微调过去私法导向的国际投资仲裁实践,限缩了投资者范围,限制最惠国待遇条款在争端解决条款上的适用,排斥保护伞条款和纯粹的合同之诉,强调双边基础上的缔约国"意思自治",对公法导向的多边改革思路持一定怀疑态度。[2]

巴西的投资合作和便利化协定模式以协调中心(外国投资监察员)以及缔约方之间的联合委员会为核心,主张以预防、调解、"新型外交保护"等方式解决投资争端。[3] 类似地,印度主张有限制的国际投资仲裁改革,强化用尽当地救济规则,限缩了投资仲裁庭管辖权,有利于国内救济体系在投资争端解决过程中发挥更大作用。

(三)特点与趋势

由于保守政策群体对于所谓新自由主义华盛顿共识的反思,叠加中美大国竞争的结构性的影响,整个投资协定体系遵循从新自由主义到均衡自由主义的变化,在近期面临地缘法制主义(Geo-legalism)的竞争。

1. 多样的改革倡议

联合国国际贸易法委员会、ICSID 和《能源宪章条约》等多边改革在聚焦点、政策目标和进程方面差异明显:ICSID 修订聚焦于仲裁程序性问题,如仲

---

[1] See United Nations Commission on International Trade Law Working Group Ⅲ, Submission from the Governments of Chile, Israel and Japan, https://documents-dds-ny.un.org/doc/UNDOC/LTD/V19/015/35/PDF/V1901535.pdf? OpenElement:2019-03-15,last visited on 27 February 2023.

[2] See United Nations Commission on International Trade Law Working Group Ⅲ, Possible Reform of Investor-State Dispute Settlement (ISDS) Submission from the Government of the Russian Federation, https://documents-dds-ny.un.org/doc/UNDOC/LTD/V20/001/55/PDF/V2000155.pdf? OpenElement:2019-12-31,last visited on 27 February 2023.

[3] See United Nations Commission on International Trade Law Working Group Ⅲ, Possible Reform of Investor-State Dispute Settlement (ISDS) Submission from the Government of Brazil, https://documents-dds-ny.un.org/doc/UNDOC/LTD/V19/045/74/PDF/V1904574.pdf? OpenElement:2019-06-11,last visited on 27 February 2023.

裁员任命、行为守则、第三方资助、撤销等问题,致力于在程序上实现时间和成本效率、正当程序和当事人权利的平衡;《能源宪章条约》的修订重点以实体条款为主、兼顾投资仲裁程序问题;联合国国际贸易法委员会的讨论局限于投资仲裁程序性问题,不涉及实体问题,目前的讨论集中于仲裁时间、成本、第三方资助等议题。

依据内容倾向,国家(地区)层面的投资仲裁改革倡议可以分为激进派(欧盟)、修正派(印度、南非)、保守派(日本、美国奥巴马政府)和革命派。USMCA虽是区域性条约,但由于涵盖加拿大(接受欧盟版投资法庭设计,但主张包容性基础上的投资仲裁改良版)、墨西哥(新近签署ICSID公约、支持传统投资仲裁机制)和美国(特朗普政府制定了双轨制投资仲裁机制;拜登政府对投资仲裁机制的态度尚不明朗,但总体上趋于保守),因此值得继续追踪。

2. 涌现的新兴规则

以双边投资条约为主的国际投资协定呈现足够的多样性和灵活性,容纳不同国家的经济和政治诉求,甚至某种理念诉求。例如,以投资便利化条款为主的《巴西—印度投资合作和便利化协定》,以可持续发展条款为显著特征的《中欧全面投资协定》,以进口承诺和宏观经济政策协调为主的《中美第一阶段经贸协议》。这些实践解释了某种趋势:在传统的投资保护条款外,国际投资条约越来越多地纳入一些满足特定目标的新兴条款。新兴规则大约有两类:内部修正,将新自由主义升级为均衡自由主义;外部革命,探索地缘经济时代的投资规则新范式(地缘法制主义)。

(1)均衡自由主义:旧矛盾的新发展

在均衡自由主义之下,投资规则的基本原则和理念没有发生变化,具体规则和程序有修正,属于投资法旧矛盾的新发展。[1] 民粹主义崛起的一大经济原因就在于全球化的收益在国内的分配并不是均衡的,全球化受损群体的力量一直存在,只不过在经济危机之后,这种力量可能占据主导,或者至少影响力增大,削弱了投资协定的国内政治经济基础。均衡自由主义即对这种

---

[1] 参见单文华、王鹏:《均衡自由主义与国际投资仲裁改革的中国立场分析》,载《西安交通大学学报(社会科学版)》2019年第5期。

国内经济与政治诉求的回应。

① 微观引导投资

在投资促进方面,各国加大了对跨国投资的政策引导,改变了过去投资协定在微观层面不干涉跨国投资企业的思路。例如,中国在 2016 年加大了对中国企业海外良性投资的引导,避免中国企业扎堆投资某些行业。[1] 在特朗普政府执政期间,美国追求"美国复兴"政策,加大对中国赴美投资的审查,并且鼓励美国海外投资企业回流美国。美国拜登政府也主张加大对美国基础设施投资,号召美国企业投资美国制造业、投资美国就业。

② 负责任投资

在投资保护层面,投资协定逐渐从保护外国投资细化为保护(或排除)特定类型的投资,在某种程度上呈现从自由投资到管理投资的转变。在涵盖投资方面,投资协定过去只要求外国投资依据东道国法律作出,近来的一个趋势是要求外国投资开展实质性商业活动。即便是以自由化著称的荷兰也在新修订的投资协定范本中纳入实质性商业活动要求,不再保护所谓邮箱公司(mailbox company)。也有投资协定在涵盖投资方面纳入更多的限制性要件。在《能源宪章条约》现代化进程中,欧盟提议将不符合应对气候变化的传统化石能源投资排除在条约涵盖投资之外。考虑到一些国家在绿色投资、负责任投资、跨国公司人权义务、可持续发展等方面的诉求,不排除某些投资协定纳入更多的限制性要件。

③ 加速区域化

在新冠疫情影响之下,各国更加关注跨国供应链的韧性,[2] 要求跨国投

---

[1] 参见《李克强在第六届中国-中东欧国家经贸论坛上的主旨演讲》,载国务院新闻办公室官网 2016 年 11 月 8 日,http://www.scio.gov.cn/m/zxbd/tt/34849/Document/1515719/1515719.htm,2023 年 3 月 24 日访问;《中国企业海外投资并购增速快属正常现象》,载国务院新闻办公室官网 2016 年 9 月 22 日,http://www.scio.gov.cn/xwfbh/xwbfbh/wqfbh/33978/35181/zy35185/Document/1492089/1492089.htm,2023 年 3 月 24 日访问。《2015 年度中国对外直接投资统计公报》显示,中国企业对外投资并不局限于传统行业领域,从行业分布来看,对采矿业投资显著下降,信息传输、软件和信息技术服务业成为对外投资热点,大幅增长。

[2] See Shahriyar Gourgi, *The Great Rewiring: How Global Supply Chains Are Reacting to Today's Geopolitics*, CSIS, https://www.csis.org/analysis/great–rewiring–how–global–supply–chains–are–reacting–todays–geopolitics, last visited on 24 March 2023.

资承担更大的社会责任。传统的公私冲突要求平衡东道国监管权与外国投资者权利的平衡,包含为公共健康所采取的非歧视政策。然而,新冠疫情暴发后,公共健康已经上升为某种程度的国家安全。出于国家安全的考虑,有些国家要求跨国公司在友好国家布局跨国供应链,这加速了导致投资网络区域化和投资关系盟友化,例如 USMCA。

(2)地缘法制主义:新情景与新需求

在地缘法制主义下,投资法的基本原则和理念面临冲击,适应新情景,回应新需求,回应了投资规则体系正在变动地反映国际经济与政治基础(大国经济竞争)。[1] 保守国内政策也渗透到国际层面,引发一些新情景和新需求,主要是一些地缘经济竞争问题。这就导致了国际投资协定的基本原则和理念面临的冲击,即均衡自由主义面临地缘法制主义的挑战。传统的投资协定内含新自由主义理念。这种理念叠加投资流入的经济基础共同催生了投资协定。然而,地缘竞争加剧导致投资规则的工具性使用。国际投资协定因而出现了理念与价值的分离,即为了服务特定地缘目标,投资规则怎么好用怎么设计,并不过多考虑传统的、整体的价值理念。因此,地缘法制主义呈现一种单边主义要求,政治化的议题联系,强调规则的灵活性,要求回归国内救济等规则安排。

① 制裁投资

过去的拒绝授惠(Denial of Benefits)条款一般排除本国国民控制的缔约另一方投资,或者排除与本国没有建立外交关系[2]国家的国民控制的缔约另一方投资。各国出于国家安全的考虑将拒绝授惠条款的使用情形扩张到为国家安全而采取的某些制裁、限制措施,体现了拒绝授惠条款的功能扩展

---

[1] See Anthea Roberts, *Henrique Choer Moraes and Victor Ferguson, toward a Geoeconomic Order in International Trade and Investment*, 22 Journal of International Economic Law 655(2019).

[2] 如与第三国没有外交关系[如以色列—日本 BIT 第 21.1(a)条]。这些条款的适用往往没有问题,因为没有外交关系是可以被客观确定的。与第三国没有正常的经济关系[如美国—巴林第 XII(a)条]。"正常经济关系"一词相当模糊。它明确与单方面经济制裁诸如 1998 年美国与古巴或利比亚之间存在的情况有关[向美国国会发出的关于批准美国—莫桑比克 BIT 的信息(1998 年)第 2 条]。据推测,该条款还包括联合国安理会采取的旨在破坏"正常经济关系"的强制性措施。从这个角度看,《联合国宪章》第 103 条发挥了作用。

和迁移。第一,禁止与特定企业的交易。例如,USMCA 第 14.14.2 条就将拒绝授惠扩展至禁止与某些企业进行交易。第二,对特定国家的制裁。过去来看,制裁多通过国内法来实现,国际法承认并且配置相关条款,使国际法与国内法的互动更加复杂多样。[1] 例如,意大利 BIT 范本第 18 条涵盖东道国对第三国"在法治、民主和人权方面的政治局势严重恶化"的"适度反应"。此时,投资者因为母国的某些行为而丧失本应享有的条约权利,企业在某种程度上成为国家行为承担责任的"替罪羊"。美国《1930 年关税法》第 307 条禁止进口全部或部分由强迫劳动在任何外国开采、生产或制造的商品。美国也可以根据《国际紧急经济权力法》《国家紧急情况法》《移民和国籍法》等制裁某些个人。[2] 第三,企业本身的某些违法或违规行为。例如,违反东道国当地法律、恐怖主义行为[3]以及严重的侵犯人权的行为。[4] 在一些条约中,将保护人权纳入这些措施的内容仍然相当模糊。[5]

---

[1] See 2021 *Strategic Foresight Report*: *Enhancing the EU's Long-term Capacity and Freedom to Act*, European Commission (8 September 2021), https://ec.europa.eu/commission/presscorner/detail/en/ip_21_4581.

[2] 美国白宫发布《关于就埃塞俄比亚人道主义和人权危机制裁某些个人的行政命令》,被认定为威胁和平稳定、侵犯人权的行为,对这些行为负有责任,或者存在串通,或者直接或间接或试图参与这些行为的外国人进行制裁,包括(1)封锁被制裁人在美国境内、以后在美国境内、或现在或将来由任何美国人拥有或控制的所有财产和财产权益,并规定不得转让、支付、出口或撤回此类财产和财产权益,或以其他方式处理;(2)禁止任何美国人投资或购买被制裁人的大量股权或债务工具;(3)禁止任何美国金融机构向被制裁人提供贷款或信贷;(4)禁止受美国管辖的任何外汇交易,且被制裁人与之有任何利益关系;或对被制裁人的领导人、官员、高级执行官或董事,或(5)对履行类似职能和具有类似权力的人,如该领导人、官员、高级执行官或董事等。See Executive Order on Imposing Sanctions on Certain Persons with Respect to the Humanitarian and Human Rights Crisis in Ethiopia, The White House, https://www.whitehouse.gov/briefing-room/presidential-actions/2021/09/17/executive-order-on-imposing-sanctions-on-certain-persons-with-respect-to-the-humanitarian-and-human-rights-crisis-in-ethiopia/.

[3] 存在与维持和平和安全有关的措施,如 CETA 第 8.16(b)(i)条。

[4] 例如,2017 年哥伦比亚 BIT 范本(d)款允许东道国剥夺投资者的条约保护,如果投资者是具有以下特征的企业:严重侵犯人权;因严重侵犯人权或违反人道主义法而被判刑的受资助人员或组织,或受资助的国际恐怖主义组织;造成严重的环境破坏;严重的税务和财政欺诈;腐败行为;严重违反劳工法;或从事洗钱活动。此处,该条款发挥了额外的新功能,因为东道国可能会因企业本身所犯不法行为而剥夺企业的条约保护,所有权和控制权变得不那么具有决定性。该条款最终为东道国提供了重新调整其与投资者关系的重要工具。

[5] 参见《欧盟—日本经济伙伴关系协定》第 8.13 条。

② 驱逐投资

在大国地缘竞争之下,国家在特定情况下要"驱逐"来自某一国家或从事某种行业的投资者。传统上,投资准入的国家安全审查和投资保护的国家安全例外,分别从准入前审查和准入后待遇控制实现"驱逐"功能。例如,投资协定通常规定投资准入按照东道国当地法律进行,并且东道国据此进行的国家安全审查属于条约例外事项。国家安全审查多属于自审查事项,并不适用条约规定的投资仲裁程序。

例外条款是常见的灵活性条款,即投资条约规定的事项在一般情况下是适用的,除非满足缔约国设定的某些特定条款。例如,国家安全例外一般要求条约义务不得影响缔约方的国家安全或要求缔约方从事有悖于其国家安全的行为。这意味着即便可能影响国家安全,某些行为也不是完全被排除在条约适用范围外,只是在这些行为的确影响国家安全的程度和范围内予以排除。

更有针对性和歧视性的驱逐条款也逐渐出现。USMCA 的"毒丸条款"实质性限制了所有缔约方与某一缔约方自行认定的非市场经济国家开展条约谈判的空间。USMCA 要求缔约方对涵盖投资进行穿透式股权结构审查,排除所谓非市场经济国家投资者控制或所有的本应受 USMCA 保护的缔约一方投资者。

在贸易协定领域,类似的"连带条款"也出现了。例如,欧盟所主张的第三国补贴问题,即认定中国对第三国出口的产品构成补贴,并以此为由对第三国利用中国产品作为原材料而生产的产品进行反补贴调查。[1] 这在效果上也能部分实现将中国投资者或中国投资企业生产的中间产品驱逐出第三国市场的目的。

③ 爱国投资

在地缘竞争之下,某些国家可能要求本国企业"忠诚""爱国""讲大局"

---

[1] See *Commission Takes Action against Circumvention of Anti-dumping Duties on Chinese Aluminium Foil*, European Commission(15 September 2021), https://trade.ec.europa.eu/doclib/press/index.cfm?id=2300.

"购买国货"。[1] 传统投资协定要求政府不介入企业的微观运作,除非企业有某些违法行为。而爱国要求则是在合法合规运营之上更高的政策要求,要求企业作出某种更加积极的行为,而不仅仅是不违法的消极行为。例如,无论是特朗普政府,还是拜登政府,美国都在政策上呼吁在华投资的美国企业转移回国内,寻求替代性的美国供应商,要求亚马逊等平台企业加大对中国供应商的审查力度,并且讨论要求中国企业从美国股票市场退市的可能性。[2] 类似地,中国也要求中国海外投资企业有更高的大局意识,加大对中国企业海外上市和运营的指引。例如,中国近期加大对互联网平台企业限制竞争和垄断行为的监管,[3] 字节跳动将美国抖音(TikTok)业务出售给美国企业的方案被中国监管当局否决,滴滴海外上市被相关机构约谈等。[4]

此种爱国要求对跨国投资合规运营提出了更高的要求,也施加了更多的合规成本。这种政策可能将跨国公司置于两难境地:在某一国国内满足爱国政策要求的投资者,在另一国可能被视为出于政治目的而非商业目的的投资

[1] "President Biden has been clear: the key to our global competitiveness and creating shared prosperity begins at home. We have to make smart domestic investments to increase our own competitiveness. We must invest in research and development and clean energy technology, strengthen our manufacturing base, and incentivize companies to Buy American up and down the supply chain." See Remarks as Prepared for Delivery of Ambassador Katherine Tai Outlining the Biden - Harris Administration's "New Approach to the U.S. - China Trade Relationship", USTR (4 October 2021), https://ustr.gov/about-us/policy-offices/press-office/press-releases/2021/october/fact-sheet-biden-harris-administrations-new-approach-us-china-trade-relationship.
[2] 2021 年 5 月 12 日,美国国会参议院通过《无尽边疆法案》(Endless Frontier Act),旨在加强基础和先进技术研发以协助华盛顿抗衡与中国在有关领域的竞争,应对中国信息战与日俱增的影响力。See The Senate of the United States, Endless Frontier Act, https://www.young.senate.gov/imo/media/doc/Endless%20Frontier%20Act%20FINAL%20117th-2.pdf, last visited on 16 March 2023.
[3] 参见《中国反垄断执法年度报告(2020)》,http://www.samr.gov.cn/xw/zj/202109/t20210903_334364.html,2023 年 3 月 24 日访问。"坚决贯彻党中央、国务院关于强化反垄断和防止资本无序扩张的战略部署。"
[4] 在中国境外上市的中国科技公司都必须遵守中国有关个人数据和"关键信息基础设施"的规定。美国证券交易委员会(SEC)曾要求中国公司进一步披露信息,特别是关于政治和监管风险的信息。中国历来禁止中国公司在上市前提交 SEC 审计。See Abby Lemert, Eleanor Runde, China Considers Ban on Overseas Tech IPOs, LAWFARE (10 September 2021), https://www.lawfareblog.com/china-considers-ban-overseas-tech-ipos.

者,进而遭受某种歧视性或针对性监管。

三、国际投资规则向何处去?

(一)日益承载各国地缘安排的国际投资规则

多样的新兴条款为什么会产生?在动力上,随着经济全球化的动力衰弱,国际经济合作越来越需要考虑包容性,更加"下沉"到国内层面。这意味着国际经济合作的机会窗口更加微妙,规则设计更具针对性,因而更具差异化。在这一过程中,既有基于利益计算的规则攻守,也有基于理念和价值的规则倡议;既有长期价值导向的坚持,也有短期实用主义的考虑。国际与国内法律体系的隔膜将被大大削弱,国际政治与国内政治互动的广度和强度大大增加,国内政治过程将大大影响国际经济立法进程,这就表现为各种回应国内诉求(包括传统投资保护诉求和其他非经济诉求)的新兴投资条款。[1] 投资协定越来越不像投资条约,或者说,越来越转化为某种"超投资条约"。

新兴条款是否体现出某种政策趋势?在政策上,"投资+"趋势仍在扩张,但方向并不收敛趋同,并没有指向某种特定的理念或共识,而是不同国家在不同方向上进行的早期多元尝试。有更自由化的新兴规则,例如欧盟倡议的国际投资法庭;也有更民族主义的新兴规则;又如,USMCA 中的非市场经济条款。

新兴条款在设计上有哪些特点?在形式上,新兴条款呈现多样化的实体与程序条款组合。在实体条款上,有软法、有硬法,也有过渡状态;在程序条款上,有友好协商,有调解,有自我启动的报复程序,也有第三方争端解决机制。在联合国国际贸易法委员会第三工作组的讨论中,日本更是提出一种组合工具箱方案(suite 方案),为不同目的设置不同的规则,由有需求的国家自主选择和组合使用,体现了非常彻底的工具主义思路。

---

[1] See Bob Davis, *Biden Promised to Confront China. First He Has to Confront America's Bizarre Trade Politics*, POLITICO, https://www.politico.com/news/magazine/2022/01/31/biden-china-trade-politics-00003379?continueFlag=b38b8b4268b7e51516104433db2c31a2.

在百年未有之大变局下,传统的新自由主义国际法律秩序正在崩塌,法律已经成为大国竞争的制度工具。无论是特朗普政府,还是拜登政府,美国频频使用安全审查、经济制裁、上市规则等法律工具,针对性调查中兴、华为、微信、联通、抖音、瑞幸等中国跨国投资企业。2021年12月8日,欧盟委员会提出《关于保护欧盟及其成员国免受第三国经济胁迫的条例草案》,将经济合作与价值诉求绑定,打造欧洲版本的经济制裁工具箱。[1] 2021年6月10日,中国通过《反外国制裁法》,"外国国家违反国际法和国际关系基本准则,以各种借口或者依据其本国法律对我国进行遏制、打压,对我国公民、组织采取歧视性限制措施,干涉我国内政的,我国有权采取相应反制措施"。

(二)从以跨国公司为中心到以主权国家为中心的国际投资法

以跨国公司为中心的新自由主义国际投资法,总体上体现了"从外交到法律"的去政治化逻辑:在微观上,表达为微观自由主义,要求政府不干预市场;在宏观上,表达为宏观民族主义,总体上有利于资本输出国的利益,可以大致视为资本输出国的进攻工具。

然而,随着美国贸易政策转向保守和竞争,国际投资法逐渐迎来"国家的回归",政府越来越多地干预跨国企业。这恶化了中国跨国投资者的运营环境。

第一,来自发达国家的投资风险正在显著增加,投资准入难度增大。中国企业面临的传统政治风险来自国内政局相对不稳定、国内法制相对不健全的发展中国家。相比之下,发达国家法律制度比较健全,经济体系相对开放,是中国企业尤其是高科技企业和高端制造业的重要投资目的地。然而,自2008年国际金融危机爆发以来,发达国家经济复苏缓慢,国内保守主义抬头,出台了不少保守主义甚至是民族主义经济政策,加大了对外资准入

---

[1] See *Proposal for a Regulation of the European Parliament and of the Council on the Protection of the Union and Its Member States from Economic Coercion by Third Countries*, EUR-Lex, https://eur-lex.europa.eu/legal-content/EN/TXT/? uri = CELEX%3A52021PC0775#:~:text = The%20European%20Parliament%2C%20the%20Council%20and%20the%20Commission, by%20the%20end%20of%202021%20at%20the%20latest, last visited on 24 March 2023.

的国家安全审查、反垄断审查,对中国海外投资的影响较大。

第二,美国采取对华竞争策略,打击中国企业,经济制裁和域外管辖的风险增大。中兴被处罚案和华为孟晚舟案,充分体现了美国利用行政制裁打击中国企业的竞争优势,利用政治性司法域外执行和推广美国法律。

投资审查、经济制裁和域外管辖等新型政治风险,体现了国际投资法的某种转向,以跨国投资为中心转向以主权国家为中心,"从外交到法律"转向"从法律到法律斗争"。

这种斗争转向的直接动力是投资政策的政治性和地缘性上升,[1]干扰去政治化的经济逻辑,催生某种形态的斗争投资法。当然,这种转向处在政策驱动的早期阶段,规则设计的周延性还有待提高,可能催生一些新型规则,某些问题可能还需要根本性的制度改革。例如,如何区分和切割本国投资与外国投资、特定外国投资与其他外国投资?如何保证竞争和制裁政策与投资保护的义务相兼容?哪些投资条约条款(例外条款?退出条款?争端解决的管辖权条款?)可以容纳这种底层权力关系的变化?

或许令人遗憾的是,这种斗争转向有深刻的国内经济基础,可能成为主导性的政策趋势。全球化在总体上增进了各国的经济福利,然而,这种福利在国内的分配是不均衡的。相对而言,精英群体的获益更多,中下层群体的获益更少;这种脆弱的平衡在全球化"高歌猛进"的时期或许可以通过"做大蛋糕"的方式掩盖,但在技术突破迟迟不来、全球化乏力、各国经济进入"存量竞争"的时期,"做大蛋糕"无法实现,如何"切分蛋糕"成为国内经济和政治政策的主旋律。[2] 跨国投资的"某种特权式"的国际法待遇自然成为争议的对象。无论是中国强调"共同富裕"政策,收紧对垄断巨头企业的监管政策,还是美国提出以工人为中心的贸易政策,推动通过中国也参与的跨国公司最低税率,都体现了某种"向内看"、强调政府干预市场、规制跨国公司的某种趋势,体现了"国家的回归"、以主权国家为中心的国际投资法的政策底色。

---

[1] See JoachimKlement, *Geo-Economics: The Interplay between Geopolitics, Economics, and Investments*, CFA Institute Research Foundation, 2021.

[2] 参见张康乐:《国际法治对国家经济发展的塑造》,载《中外法学》2022年第5期。

(三)地缘法制主义兴起与中国国际投资政策的压力

新自由主义的国际投资法能够兼顾利益与价值,为经济合作提供一套基于市场经济实践的政治叙事。然而,国内经济政策一旦转向倡导政府干预,新自由主义理论就面临利益基础与价值话语的背离,无法"里子和面子都要"。

强调零和博弈、区分"你我"的地缘经济政策必然反映到规则层面,即地缘法制主义。斗争时代的国际投资法可能更多体现一种利益导向、价值中立、实用驱动的规则路径,以解决具体问题为核心出发点,并不再过多捆绑某种价值说教或建构。某些价值标签仍然可能是区分"你我"、打击对手的工具,但将丧失独立的政策驱动力,必须服务于某种利益追求。这种利益可能是经济利益,也可能是安全利益;可能是短期可实现的利益,也更可能是某种认知的长期利益。

换言之,企业层面的经济利益、国内层面的价值理念、国际层面的权力斗争将更加直接、更加不加区隔地作用在一起,改变传统的经济利益主导、去政治化驱动、与国际政治相对隔离的国际投资法发展路径。国际投资法或许将迎来某种地缘法制主义:剥离过去主张的某种价值指引式、全球广泛适用的国际理念内核,更多回归工具属性,服务更加现实主义的政治目标,让位于并附生于地缘战略。

在地缘法制主义时代,各国对外资重要性和贡献程度的理念认知发生了显著的分化。因此,在国内政治和法律环境发生快速或显著变化时,外国投资往往是第一受害者。源于美国对国际权力变化的焦虑认知和明确的权力竞争策略,美国有意识地针对中国和中国投资采取系统性、针对性的围堵措施,使中国海外投资环境面临显著变化,也将国际投资法体系引入了地缘竞争的"赛道"。

本质而言,地缘法制主义反映的是底层的国际权力结构变迁,以及由此引发的大国竞争,可能在规则层面有多种表现:借助行政审查体系,设定高门槛的投资审查,以此防止外国企业进入本国市场,维护本国竞争优势,尤其是高科技技术;借助行政制裁体系,通过选择性执法和经济制裁,打击某些企业的竞争优势;借助司法裁判体系,通过域外管辖,推广有利于本国和本国企业的单边规则,打击竞争对手的企业。

对中国和中国跨国企业来说,地缘法制主义已经不仅仅是某种趋势,而是十分紧迫的现实。以"301报告"为标志,美国特朗普政府正式对中国采取竞争策略,在贸易、投资问题上系统打击中国企业,在多次加征额外关税的同时,也对中国在美国领土内以及在美国领土外的投资者加大审查和制裁力度。[1] 由此,中国投资者在发达国家的投资也面临日益显著的、明显不同于传统政治风险的新型风险,包括日益严格的投资准入审查、日渐增多的经济制裁风险和美国国内法律的域外适用和管辖。[2]

中国面临的地缘法制主义压力更加繁重。从发生过程来看,法律风险呈现如下特征:主体上,以发达国家为主,尤其是美国的盟友国家;客体上,针对中国投资者,具有系统封杀和围堵的针对性和歧视性色彩;过程上,以执行国内规则为主、执行国际规则为辅,主要是国内行政和司法程序的域外适用和管辖。就中国而言,跨国投资法律风险呈现政治性(地缘竞争驱动)、针对性(针对中国和中国企业)、混同性(企业与政府的相互连带)、综合性(新旧风

---

[1] See *President Trump Announces Strong Actions to Address China's Unfair Trade*, Office of the United States Trade Representative(22 March 2018), https://ustr.gov/about-us/policy-offices/press-office/press-releases/2018/march/president-trump-announces-strong.

[2] "The more we invest in our workers at home and abroad, the stronger democracy will be worldwide. And by partnering with our allied democracies, we will more effectively respond to the threats of autocratic, non-market countries whose policies undercut our workers. We've shown in our first few months—through USMCA enforcement, our WTO forced labor proposal, and many other actions—that we can craft a worker-centered trade policy if we partner with you."美国贸易代表凯瑟琳·泰强调拜登-哈里斯政府对制定以工人为中心的贸易政策的承诺。该政策支持政府的重建更好的议程,以及拜登总统的信念,即经济必须自下而上和中产阶级发展,将工人置于美国贸易政策发展和实施的中心。同时她表示,尽早和在整个谈判过程中让工人参与谈判,对于确保他们获得贸易协议的回报至关重要。凯瑟琳·泰还讨论了她希望如何在国际舞台上提升以工人为中心的贸易政策,并利用其价值观来帮助世界贸易组织等机构实现现代化。See *U.S. Trade Representative Katherine Tai Outlines Biden-Harris Administration's Historic "Worker-Centered Trade Policy"*, Office of the United States Representative(10 June 2021), https://ustr.gov/about-us/policy-offices/press-office/press-releases/2021/june/us-trade-representative-katherine-tai-outlines-biden-harris-administrations-historic-worker-centered.

险叠加,法律风险与其他风险具有关联性和传导性)等新特点。

在更大范围上,中国海外投资面临更加复杂的国际环境。第一,中国企业海外投资环境发生结构性变化,直接原因是美国对华政策从接触到竞争的转变,根源则是国际权力转移、经济全球化与国际法律秩序变迁过程中的中美竞争。第二,国际投资治理的法制化进程放缓,并呈现某种程度的再政治化动向,中国投资者在美国(传统和新型政治风险并存、没有国际投资协定)、欧洲(传统和新型政治风险并存、中欧投资条约正在更新)、拉非(传统的政治风险为主、相对保守投资协定为主)等区域面临不同的风险结构和法律框架。第三,新型政治风险的防控重点呈现从国际法律框架到国内法律框架的转移,国际法与国内法议题混杂,公法与经济法、涉外关系法议题交织,涉及投资条约、公司治理、经济制裁、司法合作、国家豁免、外国人基本待遇、域外管辖权等多个问题。

(四)均衡自由主义与地缘法制主义的竞争

中国主张改革和完善"二战"后建立的多边国际经济秩序,但反对单边主义。[1] 在国际投资法问题上,中国坚持也应当继续坚持均衡自由主义,继续开放,继续夯实中国崛起的经济基础,不能故步自封。[2] 但是,美国的孤立、围堵、封锁和竞争是不可避免的。因此,在相当长的时间内,国际经济法(包括国际投资法)体系将面临均衡自由主义与地缘法制主义的竞争。

均衡自由主义与地缘法制主义在主体范围、议题范围、规则设计和争端解决机制方面存在显著差异。(见表13-4)

表13-4 均衡自由主义与地缘法制主义的特征比较

方面	均衡自由主义	地缘法制主义
主体范围	多边主义	单边主义

---

[1] 参见习近平:《高举这个特色社会主义伟大旗帜 为全面建设社会主义现代化国家而团结奋斗——在中国共产党第二十次全国代表大会上的报告》,人民出版社2022年版,第13页。

[2] 参见单文华、王鹏:《均衡自由主义与国际投资仲裁改革的中国立场分析》,载《西安交通大学学报(社会科学版)》2019年第5期。

续表

方面	均衡自由主义	地缘法制主义
议题范围	政治化、专业性、专门化	政治化的议题联系，设置合作前提
规则设计	规则的确定性	规则的灵活性
争端解决	制度化、集中化	去制度化、去中心化、回归国内救济

第一，前者以多边主义为导向，后者以单边主义为导向。第二，在议题范围上，前者主张去政治化、专业性、专门化合作，后者主张政治化的议题联系，为合作设置前提条件。第三，在规则设计上，前者强调规则的确定性，后者强调规则的灵活性。第四，在争端解决机制上，前者仍然坚持制度化、集中化的争端解决机构，后者则主张去制度化、去中心化，甚至回归国内救济的争端解决方案。

就发展前景而言，国际投资法体系是将分裂为两个体系，还是将容纳两种理念、促成不同国家间的共存式良性竞争？恐怕没有人能回答这个问题。从历史来看，国际投资法体系是个高度复杂的国际法体系，在体系、国家和个体等多个层次上，国家、国际组织、跨国企业、国内产业集团、仲裁员、律师与学者等密切互动、共同影响。

就未来而言，国际投资法能否走向共存式良性竞争的发展路径，可能至少面临如下几个不确定性。第一，中美双方能否负责任地管理大国竞争。[1] 第二，区域大国，例如日本、俄罗斯等，能否形成推动和改良多边国际经济秩序的合力。第三，全球化经济合作的国内分配能否优化，重新形成支持开放的国内政策多数？第四，跨国公司能否采取更加负责任的运营模式，促成各

---

[1] 自由主义代表人物伊肯伯里在2008年的《外交事务》杂志上发表了一篇题为《中国崛起与西方世界的未来》(The Rise of China and The Future of The West) 的文章，主张维持一个"开放的、基于规则的"国际秩序，并鼓励中国融入这一秩序，这是更高的追求。伊肯伯里意识到中国的崛起，以及美国的"单极时代"终将过去的事实，他认为，美国应该利用自己的权力，在其仍具有相对权力优势的时候，巩固现有秩序的规则。伊肯伯里说，美国必须"制定制度和强化规则，以维护其利益，不管其究竟处于何种层级，也不管权力在10年、50年或100年后将如何分配"。最近，伊肯伯里认为，回归这种制定规则和建设规范的国际主义精神，正是当下时代所需的。而现实主义代表人物米尔斯海默认为，美国从20世纪80年代到21世纪头十年与中国接触的努力，鼓励经济投资，并邀请中国加入美国领导的世界秩序，"可能是近代历史上任何国家犯下的最严重的战略错误：没有任何一个大国积极培育同行竞争对手的崛起的可比例子"。

国经济合作的正和博弈。就前景而言，上述四个条件，在民族主义崛起、技术突破乏力的当下，可能面临较大的挑战。国际投资法体系或许将在震荡中逐渐走向地缘法制主义，充满单边主义和政治化，面临不确定性和难以有效执行的困境。

以《中欧全面投资协定》为代表的新型协商式投资法可以发挥重大作用，[1]通过促进包容性对话，建设性地管理差异和纠纷，强调合作的渐进性和过程性，提供足够的灵活性，容纳国内政治周期变化，促进中美走向建设性制度竞争，包容两国权力关系的和平变化。[2] 传统国际投资法与《中欧全面投资协定》的比较见表13-5。

表13-5 传统国际投资法与《中欧全面投资协定》的比较

方面	传统国际投资法	《中欧全面投资协定》
范式	对抗式投资法	协商式投资法
基础	全球化与华盛顿共识	技术脱钩与大国权力竞争
目标	合作与共进	共存与接触
愿景	深化经济全球化	建设性制度竞争
政策冲突	利益平衡（投资者—国家间）	价值冲突（国家—国家间）
主要议题	投资保护与规制	公平竞争与冲突管理
法制化	专门化、硬法、自足规则体系	综合性、灵活性、包容性规则体系
争端解决目标	争议解决与执行规则	差异管理与对话
适合的缔约主体结构	南北关系	大国关系（如中国、美国等）

第一，促进包容性对话。《中欧全面投资协定》在争端解决阶段采取政府主导、社会参与的建构思路，注重吸纳与外国投资相关的所有利益相关者，让他们都有可能参与，都有机会发声，进而增强对争端解决方案的政治背书和社会认可。中美投资法律安排应当首重对话功能，促进国家之间对话、监管部门之间对话以及监管部门、投资者、利益相关方之间的对话。

---

[1] 参见石静霞、陈晓霞：《〈中欧全面投资协定〉：我国商签经贸条约的新范式》，载《国际法研究》2021年第5期。
[2] 参见王鹏：《中欧投资协定的争端解决机制展望：一个理念冲突的视角》，载张月姣主编：《国际争端解决研究》（第1卷），中国商务出版社2022年版，第268页。

第二,建设性地管理差异和纠纷。传统投资协定采取对抗式、私法化的条约仲裁方式化解纠纷,其政治与社会效果不能满足管理和引导大国竞争的现实需要。《中欧全面投资协定》采取务实的设计思路处理谈判争议,对共识议题进行强规则设计,对争议议题配置软性工作程序,并采取先程序后实体方案,建立常设性工作机制,通过交流促进政策共识。以时间换空间的思路,有助于中欧双方在动态的发展过程中为敏感议题寻找调和区间。这体现了高度的政治智慧,体现了各方政策的弹性,也体现了时间本身在国际经贸合作中的威力。

第三,强调合作的渐进性和过程性,在求同存异的基础上,制度框架先行,以程序导向实体政策聚合。《中欧全面投资协定》的争端解决机制不仅是一个定分止争的裁判机构,还是一个准立法的再谈判机构。作为《中欧全面投资协定》的常设机构,中欧投资委员会不仅负责日常性组织工作,还具有以下功能:一是促进政治共识,以副总理级别磋商机制为主;二是促进包容参与,以支持并保障社会团体参与条约的实施为主;三是促进公开透明,促进中欧双方(及人民)的相互理解和共情的重要性可能比我们想的要大,尤其是在经历了"妖魔化中国"的后疫情世界;四是促进再谈判,这为中欧双方的渐进立法提供了制度保障。通过司法程序促进共识,通过立法程序落实共识,通过制度设计确保司法与立法过程的衔接,这就是中欧投资争端解决机制的再谈判功能。

第四,提供足够的灵活性,容纳国内政治周期变化,促进大国权力对比的和平变化。在更大意义上,《中欧全面投资协定》的争端解决机制设计可能具有示范效应,能够促进投资仲裁整体转向从裁判型投资仲裁到协商型投资仲裁,强调政治背书与程序内协商。国际投资法的政治基础需要重建,必要方式之一就是将国家"重新"引入司法决策中,以促进各国对投资仲裁结果的政治背书和程序内协商。这要求投资仲裁的司法程序与某种常设性立法程序相结合。这意味着程序先于实体的 ICSID 经验需要矫正,某种"程序+实体"的改革方向或许是一种方向。当然,这要求投资仲裁进行某种变革,与某种常设性立法或谈判机构相连接。如此一来,投资仲裁过程就不仅是一个定分止争的争端解决程序,还具有促进对话和再谈判的准立法功能。[1] 如此,投资仲裁或许可以转型为一种更契合当下大国竞争关系的协商型投资司法过程。

四、结论

国际投资协议遵循国际化和去政治化的思路,通过法律让步来获取外资流入,以国际规则调整跨国投资流动。当然在它产生之初,欧洲和美国等两种主要实践路径在微观的政策追求上是有差异的,但总体来看,是一种去政治化的思路。随后,经历了从发达国家与发展中国家之间以及发达国家内部的扩散。这种体系内部的扩散,依赖于双边条约为主的灵活形式(尤其是与发展中国家的国际经济新秩序倡议的竞争),依赖于相关理念(新自由主义的华盛顿共识)和知识的扩散,特别是国际组织、仲裁员群体的积极促进。当然,这个扩散过程是一个规则竞争过程,体现了整个国际社会的集体行动。这是投资法体系的内部结构和扩散。从外部边界来看,投资协定之所以能够成立,是各国或多或少都认为跨国投资是好事,各国的政治关系尽量不构成投资保护与合作的障碍。

就"二战"之后出现的现代国际投资法而言,"从武力到外交、从外交到法律,从法律到斗争",历史走了一个循环;希望这个循环是螺旋式循环,能够在斗争中走向良性竞争,而不是简单的重复,在历史的周期中重复"冷战""热战"等昨天的错误。[2]

---

[1] See EU text proposal for the modernisation of the Energy Charter Treaty(ECT),25 May 2020,New Article 28A: Settlement of disputes on trade and sustainable development provisions between Contracting Parties.

[2] "International adjudication has come a long way from war to peace, from bilateral settlement to third-party adjudication, from diplomatic conciliation to legal settlement, from ad hoc adjudication to institutional adjudication, from bilateral to plurilateral and multilateral adjudication, from one stage to two stages of adjudication. It moves in a seemingly spiral trajectory in the evolution of adjudicatory form, aiming at achieving justice among stakeholders in relevant international fields." See Zhao Hong, *Farewell Speech of Appellate Body Member Prof. Dr. Hong Zhao*, World Trade Organization (30 November 2020), https://www.wto.org/english/tratop_e/dispu_e/farwellspeechhzhao_e.htm.

中美关系逐渐走向制度竞争，要求妥善解决两国企业的双重合规困境、高附加值供应链重构，并在政治性竞争中建立某种形式的去政治化争端解决方式。就国际投资法体系改革而言，中美竞争将加强当地化导向的争端解决机制，双轨制、区域化等趋势将深化，并可能引发区域安排冲突，多边主义前景不容乐观。投资关系作为两国关系的稳定器和"压舱石"，将是中美竞争的焦点议题，需要更有想象力和建设性的规则方案。制度竞争对中美关系的国际法安排提出了重对话、有底线、容纳必要的制度差异等要求。以《中欧全面投资协定》为代表的新型协商式投资法可以发挥重大作用，通过包容性、建设性、过程性和灵活性的规则与制度设计，促进中美走向建设性制度竞争，包容两国权力关系的和平变化。

国际投资法体系的前景比较暗淡，这可能更加凸显了国际法官和仲裁员、律师和国际法学者等跨国群体不可替代的作用。跨国群体应当充分发挥学术研究和职业实践的双重优势，通过研究、倡导和推广合作导向的规则设计方案，来积极影响、引导甚至促成国际投资法体系的良性发展。